CNEY

中国核能年鉴

2011年卷

中 国 核 能 行 业 协 会 编

CHINA
NUCLEAR
ENERGY
YEARBOOK

中国原子能出版社

编辑说明

一、《中国核能年鉴》是由中国核能行业协会组织编纂的一份综合性资料年刊，于2009年创刊。创办此刊旨在如实记载我国核能行业各个领域改革发展的历程和情况，力求具有全面、系统、详实、准确、权威的特点。《中国核能年鉴》的出版发行，可以为政府有关部门和各级领导科学决策提供支持，为广大会员单位提供丰富的行业信息资源，也为国内外各界人士了解、认识我国核能行业开启一扇窗口。

二、《中国核能年鉴》2011年卷采用分类编辑法，主体内容分为栏目、分目、条目3个层次，少数条目下设子目。全书40余万字，除了“编辑说明”、“序”、“《中国核能年鉴》编委会、编辑部组成人员名单”之外，共设8个栏目：特载、核能行业发展、核能骨干企业、行业协会与学会、企业风采、大事记、核能协会活动报道、附录。

三、由于2010年是我国国民经济和社会发展第十一个五年规划的收官之年，本卷所载资料除了反映该年的情况外，还包括了“十一五”期间的内容。文中记述时间，一般截至2010年12月31日。年鉴资料均取自政府有关部门和中国核能行业协会会员单位提供的材料。

四、本卷年鉴企业风采栏目的推介工作，由中国核能行业协会与中国网能源频道合作进行，较大增加了展示企业风采的会员单位数量，在此对中国网能源频道表示感谢。

五、由于编辑水平有限，缺点错误在所难免。我们祈盼广大读者的批评指正。《中国核能年鉴》编辑部将坚持中国核能行业协会的宗旨，不断提高年鉴质量，更好地为政府服务，为企业服务，为我国核能事业的发展服务。

本卷年鉴在编辑出版的过程中，得到了广大会员单位和政府有关部门的大力支持。在此，谨表诚挚的谢意。

《中国核能年鉴》2011年卷 编辑部

《中国核能年鉴》2011年卷编辑委员会

《中国核能年鉴》2011年卷编辑部

中国核能行业协会理事长

张华祝

《中国核能年鉴》2011 年卷

序

《中国核能年鉴》2011 年卷和大家见面了。

中国核能行业协会主编的《中国核能年鉴》已出版 2009 年卷、2010 年卷，受到会员单位和广大读者的好评，产生了一定的社会影响。

我再次向为年鉴的编辑、出版给予热情帮助和大力支持的有关单位和同志表示衷心感谢。

“十一五”是我国核能发展历史中非常重要的一个时期。2010 年是我国国民经济和社会发展第十一个五年规划的收官之年。面对国民经济持续快速发展，在党中央、国务院的正确领导下，在安全高效发展核电方针的指引下，我国核能行业抓住机遇，开拓进取，确保安全，加快发展，取得了一系列重大进展，为优化我国能源结构、减少温室气体排放、促进经济社会发展作出了新的贡献。

2010 年核电装机容量首超千万千瓦。截至 2010 年底，我国已核准 13 个核电项目共 34 台机组，核准规模 3702 万千瓦；其中建成投产 2 台，在建 28 台。我国在建核电规模 3097 万千瓦，占世界在建核电机组的 40% 以上。核电装备国产化取得新突破，二代改进型核电设备国产化率已达到 80% 以上，三代核电关键设备国产化稳步推进，并取得明显成效。新增铀资源量比“十五”期间翻了一番，核燃料供应保障能力大幅度提升。可以说，过去的五年，是我国核能行业实现重大转折的五年，健康快速发展的五年，取得举世瞩目成就的五年。

《中国核能年鉴》2011 年卷记录了核能行业“十一五”期间所取得的辉煌业绩，展示了核能企业的风采，记载了我国核能事业发展进步的足迹。

2011 年是“十二五”开局之年，也是我国核能行业发展面临严峻挑战的一年。

2011 年 3 月 11 日，发生里氏 9 级的东日本大地震并引发海啸，造成福岛第一核电厂发生放射性泄漏的严重事故。核安全再次引起全世界的广泛关注。当前，我们必须以对国家和人民高度负责的精神，充分认识核安全的重要性和紧迫性，切实把安全放在第一位。要认真汲取日本福岛核电厂事故的经验教训，进一步提高安全意识、质量意识和风险意识，更加注重严重事故的预防，更加注重应对自然灾害能力的提升，更加注重核安全的监管，确保核电安全运行，确保核电建设质量，确保从业人员、公众和环境的安全，让国家放心，让人民放心。

今后五年，在建核电机组将按计划全部建成投产，我国核电总装机容量将超过 4000 万千瓦，核电年发电量将达到 3200 亿千瓦时，核电占一次能源消费比重将达到 2.2%。就运行核电规模而言，我国将跨入核电大国的行列。今后五年，天然铀供应与核燃料保障能力将进一步得到加强；国家科技重大专项和其他一些重大科研项目将取得新进展，核电研发能力不断提升；设备制造与供应更加适应核电发展需要，三代核电关键设备国产化将成为攻关重点；人才紧缺状况可望得到缓解，人才建设的重点将更多地转向注重提高人员素质。

我们有充分理由相信，日本福岛核电厂事故不会让全球核电发展就此止步。通过各国核电同行加强合作与交流，在科学分析的基础上，认真吸取事故教训，针对薄弱环节采取得力措施，使核电安全建立在新的更加牢固的基础上，世界核能事业一定能实现安全高效发展的目标。

在这核电发展的关键时刻，《中国核能年鉴》愿为会员单位提供更广阔的交流与合作的平台。我相信，《中国核能年鉴》将为核电同行加强交流、坚定信念、强化共识、推动发展，发挥有益的作用。

衷心祝愿我国核能事业又好又快又安全地发展，为社会主义现代化建设作出更大的贡献。

目 录

特 载

核能行业发展

核能骨干企业

行业协会与学会

企业风采

大事记

核能协会活动报道

附 录

特　　载

党和国家领导人

对发展我国核能事业的关怀及重要指示

胡锦涛视察大亚湾核电基地

2010年9月5日，胡锦涛总书记视察大亚湾核电基地并发表重要讲话。他指出，核能是当前世界公认的清洁能源。积极发展核电是优化我国能源结构、减少温室气体排放的一项重大举措。希望中广核集团抓住当前的有利时机，依靠科技创新，加快建设进度，尤其要把安全放在最重要的位置，努力为我国经济、社会的可持续发展作出新的、更大的贡献

吴邦国视察上海重型机器厂有限公司

2010年1月30日，中共中央政治局常委、全国人大常委会委员长吴邦国视察上海重型机器厂有限公司，仔细询问了核电大型铸锻件生产情况，并对自主研制的世界最大吨位油压机等多种锻件制造设备表示赞赏

温家宝与普京共同见证签署《田湾核电站3、4号机组总合同》

2010年11月23日，在俄罗斯圣彼得堡举行中俄总理第十五次定期会晤，在国务院总理温家宝与俄罗斯总理普京的共同见证下，中核集团江苏核电有限公司与俄罗斯原子能建设出口公司签署了《田湾核电站3、4号机组总合同》，标志着田湾核电站3、4号机组工程项目进入了全面实施阶段

贾庆林出席《可再生能源领域合作备忘录》签字仪式

2010年11月11日，中共中央政治局常委、全国政协主席贾庆林、哈萨克斯坦总理马西莫夫在哈萨克斯坦首都阿斯塔纳出席并见证中国大唐集团公司与哈萨克斯坦萨姆鲁克卡兹纳国家财富基金股份公司《可再生能源领域合作备忘录》签字仪式

李长春视察中国第二重型机械集团公司

2010年6月24日，中共中央政治局常委李长春视察中国第二重型机械集团公司

习近平在宁德核电基地调研

2010年9月5日，中共中央政治局常委、国家副主席习近平在宁德核电基地调研并发表重要讲话。他指出，核电是新生的、今后发展更快的能源，这些年也是蓬勃发展的时期。希望我国核电事业能够把握机遇，乘势而上

李克强视察田湾核电站

2010年8月22日上午，中共中央政治局常委、国务院副总理李克强到田湾核电站视察。他强调，核电是我国大力发展的新能源，安全是核电的生命线，要始终把确保核安全放在第一位，加强安全监督力度，消除一切隐患，确保田湾核电站两台机组安全运行以及扩建工程前期准备和建设工作万无一失

贺国强视察东方汽轮机八角井新基地

2010年4月13日，中共中央政治局常委、中央纪律检查委员会书记贺国强视察东方汽轮机八角井新基地时说，东汽是我国的骨干企业，建厂几十年来，为国家作出了重要的贡献，这次抗震救灾经受住了特殊的考验

王兆国视察宁德核电基地

2010年10月29日上午，中共中央政治局委员、全国人大常委会副委员长、中华全国总工会主席王兆国到宁德核电基地视察并讲话。他指出，中广核集团与大唐集团、福建能源集团合作建设的宁德核电站，是对福建省经济建设和社会发展进步的重大贡献；核电站建设从经济发展、科技进步、自主创新等方面不仅带动了同行业发展，也带动了其他行业的发展；不仅要推动核电在国内的大发展，也要推动我国核电走出去

张德江出席纪念核工业创建55周年座谈会

2010年9月19日，在人民大会堂，中共中央政治局委员、国务院副总理张德江出席纪念核工业创建55周年座谈会

张德江参观第十一届中国国际核工业展览会

2010年3月24日，中共中央政治局委员、国务院副总理张德江参观了第十一届中国国际核工业展览会。并指出，要努力建设好高温气冷堆核电站示范工程，为我国掌握新一代先进核能技术、推动核能技术进步、提升自主创新能力、加快核电建设国产化进程和实现可持续能源发展作出新的更大的贡献

刘延东视察中国实验快堆

2010年4月18日，中共中央政治局委员、国务委员刘延东在中国原子能科学研究院视察中国实验快堆

汪洋视察台山核电现场

2010年4月1日上午，中共中央政治局委员、广东省委书记汪洋视察台山核电现场。他对于中广核集团关于加快广东核电机组建设速度的建议表示完全赞同，要求广大核电建设者把台山核电项目打造成中国三代核电的范本

法律法规

国务院关于加快培育和发展战略性新兴产业的决定

国发〔2010〕32号

各省、自治区、直辖市人民政府，国务院各部委、各直属机构：

战略性新兴产业是引导未来经济社会发展的重要力量。发展战略性新兴产业已成为世界主要国家抢占新一轮经济和科技发展制高点的重大战略。我国正处在全面建设小康社会的关键时期，必须按照科学发展观的要求，抓住机遇，明确方向，突出重点，加快培育和发展战略性新兴产业。现作出如下决定：

一、抓住机遇，加快培育和发展战略性新兴产业

战略性新兴产业是以重大技术突破和重大发展需求为基础，对经济社会全局和长远发展具有重大引领带动作用，知识技术密集、物质资源消耗少、成长潜力大、综合效益好的产业。加快培育和发展战略性新兴产业对推进我国现代化建设具有重要战略意义。

（一）加快培育和发展战略性新兴产业是全面建设小康社会、实现可持续发展的必然选择。我国人口众多、人均资源少、生态环境脆弱，又处在工业化、城镇化快速发展时期，面临改善民生的艰巨任务和资源环境的巨大压力。要全面建设小康社会、实现可持续发展，必须大力发展战略性新兴产业，加快形成新的经济增长点，创造更多的就业岗位，更好地满足人民群众日益增长的物质文化需求，促进资源节约型和环境友好型社会建设。

（二）加快培育和发展战略性新兴产业是推进产业结构升级、加快经济发展方式转变的重大举措。战略性新兴产业以创新为主要驱动力，辐射带动力强，加快培育和发展战略性新兴产业，有利于加快经济发展方式转变，有利于提升产业层次、推动传统产业升级、高起点建设现代产业体系，体现了调整优化产业结构的根本要求。

（三）加快培育和发展战略性新兴产业是构建国际竞争新优势、掌握发展主动权的迫切需要。当前，全球经济竞争格局正在发生深刻变革，科技发展正孕育着新的革命性突破，世界主要国家纷纷加快部署，推动节能环保、新能源、信息、生物等新兴产业快速发展。我国要在未来国际竞争中占据有利地位，必须加快培育和发展战略性新兴产业，掌握关键核心技术及相关知识产权，增强自主发展能力。

加快培育和发展战略性新兴产业具备诸多有利条件，也面临严峻挑战。经过改革开放30多年的快速发展，我国综合国力明显增强，科技水平不断提高，建立了较为完备的产业体系，特别是高技术产业快速发展，规模跻身世界前列，为战略性新兴产业加快发展奠定了较好的基础。同时，也面临着企业技术创新能力不强，掌握的关键核心技术少，有利于新技术新产品进入市场的政策法规体系不健全，支持创新创业的投融资和财税政策、体制机制不完善等突出问题。必须充分认识加快培育和发展战略性新兴产业的重大意义，进一步增强紧迫感和责任感，抓住历史机遇，加大工作力度，加快培育和发展战略性新兴产业。

二、坚持创新发展，将战略性新兴产业加快培育成为先导产业和支柱产业

根据战略性新兴产业的特征，立足我国国情和科技、产业基础，现阶段重点培育和发展节能环保、新一代信息技术、生物、高端装备制造、新能源、新材料、新能源汽车等产业。

（一）指导思想。

以邓小平理论和“三个代表”重要思想为指导，深入贯彻落实科学发展观，把握世界新科技革命和产业革命的历史机遇，面向经济社会发展的重大需求，把加快培育和发展战略性新兴产业放在推进产业结构升级和经济发展方式转变的突出位置。积极探索战略性新兴产业发展规律，发挥企业主体作用，加大政策扶持力度，深化体制机制改革，着力营造良好环境，强化科技创新成果产业化，抢占经济和科技竞争制高点，推动战略性新兴产业快速健康发展，为促进经济社会可持续发展作出贡献。

（二）基本原则。

坚持充分发挥市场的基础性作用与政府引导推动相结合。要充分发挥我国市场需求巨大的优势，创新和转变消费模式，营造良好的市场环境，调动企业主体的积极性，推进产学研用结合。同时，对关系经济社会发展全局的重要领域和关键环节，要发挥政府的规划引导、政策激励和组织协调作用。

坚持科技创新与实现产业化相结合。要切实完善体制机制，大幅度提升自主创新能力，着力推进原始创新，大力增强集成创新和联合攻关，积极参与国际分工合作，加强引进消化吸收再创新，充分利用全球创新资源，突破一批关键核心技术，掌握相关知识产权。同时，要加大政策支持和协调指导力度，造就并充分发挥高素质人才队伍的作用，加速创新成果转化，促进产业化进程。

坚持整体推进与重点领域跨越发展相结合。要对发展战略性新兴产业进行统筹规划、系统布局，明确发展时序，促进协调发展。同时，要选择最有基础和条件的领域作为突破口，重点推进。大力培育产业集群，促进优势区域率先发展。

坚持提升国民经济长远竞争力与支撑当前发展相结合。要着眼长远，把握科技和产业发展新方向，对重大前沿性领域及早部署，积极培育先导产业。同时，要立足当前，推进对缓解经济社会发展瓶颈制约具有重大作用的相关产业较快发展，推动高技术产业健康发展，带动传统产业转型升级，加快形成支柱产业。

（三）发展目标。

到2015年，战略性新兴产业形成健康发展、协调推进的基本格局，对产业结构升级的推动作用显著增强，增加值占国内生产总值的比重力争达到8%左右。

到2020年，战略性新兴产业增加值占国内生产总值的比重力争达到15%左右，吸纳、带动就业能力显著提高。节能环保、新一代信息技术、生物、高端装备制造产业成为国民经济的支柱产业，新能源、新材料、新能源汽车产业成为国民经济的先导产业；创新能力大幅提升，掌握一批关键核心技术，在局部领域达到世界领先水平；形成一批具有国际影响力的大企业和一批创新活力旺盛的中小企业；建成一批产业链完善、创新能力强、特色鲜明的战略性新兴产业集聚区。

再经过十年左右的努力，战略性新兴产业的整体创新能力和产业发展水平达到世界先进水平，为经济社会可持续发展提供强有力的支撑。

三、立足国情，努力实现重点领域快速健康发展

根据战略性新兴产业的发展阶段和特点，要进一步明确发展的重点方向和主要任务，统筹部署，集中力量，加快推进。

（一）节能环保产业。重点开发推广高效节能技术装备及产品，实现重点领域关键技术突破，带动能效整体水平的提高。加快资源循环利用关键共性技术研发和产业化示范，提高资源综合利用水平和再制造产业化水平。示范推广先进环保技术装备及产品，提升污染防治水平。推进市场化节能环保服务体系建设。加快建立以先进技术为支撑的废旧商品回收利用体系，积极推进煤炭清洁利用、海水综合利用。

（二）新一代信息技术产业。加快建设宽带、泛在、融合、安全的信息网络基础设施，推动新一代移动通信、下一代互联网核心设备和智能终端的研发及产业化，加快推进三网融合，促进物联网、云计算的研发和示范应用。着力发展集成电路、新型显示、高端软件、高端服务器等核心基础产业。提升软件服务、网络增值服务等信息服务能力，加快重要基础设施智能化改造。大力发展数字虚拟等技术，促进文化创意产业发展。

（三）生物产业。大力发展用于重大疾病防治的生物技术药物、新型疫苗和诊断试剂、化学药物、现代中药等创新药物大品种，提升生物医药产业水平。加快先进医疗设备、医用材料等生物医学工程产品的研发和产业化，促进规模化发展。着力培育生物育种产业，积极推广绿色农用生物产品，促进生物农业加快发展。推进生物制造关键技术开发、示范与应用。加快海洋生物技术及产品的研发和产业化。

（四）高端装备制造产业。重点发展以干支线飞机和通用飞机为主的航空装备，做大做强航空产业。积极推进空间基础设施建设，促进卫星及其应用产业发展。依托客运专线和城市轨道交通等重点工程建设，大力发展轨道交通装备。面向海洋资源开发，大力发展海洋工程装备。强化基础配套能力，积极发展以数字化、柔性化及系统集成技术为核心的智能制造装备。

（五）新能源产业。积极研发新一代核能技术和先进反应堆，发展核能产业。

加快太阳能热利用技术推广应用，开拓多元化的太阳能光伏光热发电市场。提高风电技术装备水平，有序推进风电规模化发展，加快适应新能源发展的智能电网及运行体系建设。因地制宜开发利用生物质能。

（六）新材料产业。大力发展稀土功能材料、高性能膜材料、特种玻璃、功能陶瓷、半导体照明材料等新型功能材料。积极发展高品质特殊钢、新型合金材料、工程塑料等先进结构材料。提升碳纤维、芳纶、超高分子量聚乙烯纤维等高性能纤维及其复合材料发展水平。开展纳米、超导、智能等共性基础材料研究。

（七）新能源汽车产业。着力突破动力电池、驱动电机和电子控制领域关键核心技术，推进插电式混合动力汽车、纯电动汽车推广应用和产业化。同时，开展燃料电池汽车相关前沿技术研发，大力推进高能效、低排放节能汽车发展。

四、强化科技创新，提升产业核心竞争力

增强自主创新能力是培育和发展战略性新兴产业的中心环节，必须完善以企业为主体、市场为导向、产学研相结合的技术创新体系，发挥国家科技重大专项的核心引领作用，结合实施产业发展规划，突破关键核心技术，加强创新成果产业化，提升产业核心竞争力。

（一）加强产业关键核心技术和前沿技术研究。围绕经济社会发展重大需求，结合国家科技计划、知识创新工程和自然科学基金项目等的实施，集中力量突破一批支撑战略性新兴产业发展的关键共性技术。在生物、信息、空天、海洋、地球深部等基础性、前沿性技术领域超前部署，加强交叉领域的技术和产品研发，提高基础技术研究水平。

（二）强化企业技术创新能力建设。加大企业研究开发的投入力度，对面向应用、具有明确市场前景的政府科技计划项目，建立由骨干企业牵头组织、科研机构和高校共同参与实施的有效机制。依托骨干企业，围绕关键核心技术的研发和系统集成，支持建设若干具有世界先进水平的工程化平台，结合技术创新工程的实施，发展一批由企业主导，科研机构、高校积极参与的产业技术创新联盟。加强财税政策引导，激励企业增加研发投入。加强产业集聚区公共技术服务平台建设，促进中小企业创新发展。

（三）加快落实人才强国战略和知识产权战略。建立科研机构、高校创新人才向企业流动的机制，加大高技能人才队伍建设力度。加快完善期权、技术入股、股权、分红权等多种形式的激励机制，鼓励科研机构和高校科技人员积极从事职务发明创造。加大工作力度，吸引全球优秀人才来华创新创业。发挥研究型大学的支撑和引领作用，加强战略性新兴产业相关专业学科建设，增加急需的专业学位类别。改革人才培养模式，制定鼓励企业参与人才培养的政策，建立企校联合培养人才的新机制，促进创新型、应用型、复合型和技能型人才的培养。支持知识产权的创造和运用，强化知识产权的保护和管理，鼓励企业建立专利联盟。完善高校和科研机构知识产权转移转化的利益保障和实现机制，建立高效的知识产权评估交易机制。加大对具有重大社会效益创新成果的奖励力度。

（四）实施重大产业创新发展工程。以加速产业规模化发展为目标，选择具有引领带动作用，并能够实现突破的重点方向，依托优势企业，统筹技术开发、工程化、标准制定、市场应用等环节，组织实施若干重大产业创新发展工程，推动要素整合和技术集成，努力实现重大突破。

（五）建设产业创新支撑体系。发挥知识密集型服务业支撑作用，大力发展研发服务、信息服务、创业服务、技术交易、知识产权和科技成果转化等高技术服务业，着力培育新业态。积极发展人力资源服务、投资和管理咨询等商务服务业，加快发展现代物流和环境服务业。

（六）推进重大科技成果产业化和产业集聚发展。完善科技成果产业化机制，加大实施产业化示范工程力度，积极推进重大装备应用，建立健全科研机构、高校的创新成果发布制度和技术转移机构，促进技术转移和扩散，加速科技成果转化为现实生产力。依托具有优势的产业集聚区，培育一批创新能力强、创业环境好、特色突出、集聚发展的战略性新兴产业示范基地，形成增长极，辐射带动区域经济发展。

五、积极培育市场，营造良好市场环境

要充分发挥市场的基础性作用，充分调动企业积极性，加强基础设施建设，积极培育市场，规范市场秩序，为各类企业健康发展创造公平、良好的环境。

（一）组织实施重大应用示范工程。坚持以应用促发展，围绕提高人民群众健康水平、缓解环境资源制约等紧迫需求，选择处于产业化初期、社会效益显著、市场机制难以有效发挥作用的重大技术和产品，统筹衔接现有试验示范工程，组织实施全民健康、绿色发展、智能制造、材料换代、信息惠民等重大应用示范工程，引导消费模式转变，培育市场，拉动产业发展。

（二）支持市场拓展和商业模式创新。鼓励绿色消费、循环消费、信息消费，创新消费模式，促进消费结构升级。扩大终端用能产品能效标识实施范围。加强新能源并网及储能、支线航空与通用航空、新能源汽车等领域的市场配套基础设施建设。在物联网、节能环保服务、新能源应用、信息服务、新能源汽车推广等领域，支持企业大力发展有利于扩大市场需求的专业服务、增值服务等新业态。积极推行合同能源管理、现代废旧商品回收利用等新型商业模式。

（三）完善标准体系和市场准入制度。加快建立有利于战略性新兴产业发展的行业标准和重要产品技术标准体系，优化市场准入的审批管理程序。进一步健全药品注册管理的体制机制，完善药品集中采购制度，支持临床必需、疗效确切、安全性高、价格合理的创新药物优先进入医保目录。完善新能源汽车的项目和产品准入标准。改善转基因农产品的管理。完善并严格执行节能环保法规标准。

六、深化国际合作，提高国际化发展水平

要通过深化国际合作，尽快掌握关键核心技术，提升我国自主发展能力与核心竞争力。把握经济全球化的新特点，深度开展国际合作与交流，积极探索合作新模式，在更高层次上参与国际合作。

（一）大力推进国际科技合作与交流。发挥各种合作机制的作用，多层次、多渠道、多方式推进国际科技合作与交流。鼓励境外企业和科研机构在我国设立研发机构，支持符合条件的外商投资企业与内资企业、研究机构合作申请国家科研项目。支持我国企业和研发机构积极开展全球研发服务外包，在境外开展联合研发和设立研发机构，在国外申请专利。鼓励我国企业和研发机构参与国际标准的制定，鼓励外商投资企业参与我国技术示范应用项目，共同形成国际标准。

（二）切实提高国际投融资合作的质量和水平。完善外商投资产业指导目录，鼓励外商设立创业投资企业，引导外资投向战略性新兴产业。支持有条件的企业开展境外投资，在境外以发行股票和债券等多种方式融资。扩大企业境外投资自主权，改进审批程序，进一步加大对企业境外投资的外汇支持。积极探索在海外建设科技和产业园区。制定国别产业导向目录，为企业开展跨国投资提供指导。

（三）大力支持企业跨国经营。完善出口信贷、保险等政策，结合对外援助等积极支持战略性新兴产业领域的重点产品、技术和服务开拓国际市场，以及自主知识产权技术标准在海外推广应用。支持企业通过境外注册商标、境外收购等方式，培育国际化品牌。加强企业和产品国际认证合作。

七、加大财税金融政策扶持力度，引导和鼓励社会投入

加快培育和发展战略性新兴产业，必须健全财税金融政策支持体系，加大扶持力度，引导和鼓励社会资金投入。

（一）加大财政支持力度。在整合现有政策资源和资金渠道的基础上，设立战略性新兴产业发展专项资金，建立稳定的财政投入增长机制，增加中央财政投入，创新支持方式，着力支持重大关键技术研发、重大产业创新发展工程、重大创新成果产业化、重大应用示范工程、创新能力建设等。加大政府引导和支持力度，加快高效节能产品、环境标志产品和资源循环利用产品等推广应用。加强财政政策绩效考评，创新财政资金管理机制，提高资金使用效率。

（二）完善税收激励政策。在全面落实现行各项促进科技投入和科技成果转化、支持高技术产业发展等方面的税收政策的基础上，结合税制改革方向和税种特征，针对战略性新兴产业的特点，研究完善鼓励创新、引导投资和消费的税收支持政策。

（三）鼓励金融机构加大信贷支持。引导金融机构建立适应战略性新兴产业特点的信贷管理和贷款评审制度。积极推进知识产权质押融资、产业链融资等金融产品创新。加快建立包括财政出资和社会资金投入在内的多层次担保体系。积极发展中小金融机构和新型金融服务。综合运用风险补偿等财政优惠政策，促进金融机构加大支持战略性新兴产业发展的力度。

（四）积极发挥多层次资本市场的融资功能。进一步完善创业板市场制度，支持符合条件的企业上市融资。推进场外证券交易市场的建设，满足处于不同发展阶段创业企业的需求。完善不同层次市场之间的转板机制，逐步实现各层次市场间有机衔接。大力发展债券市场，扩大中小企业集合债券和集合票据发行规模，积极探索开发低信用等级高收益债券和私募可转债等金融产品，稳步推进企业债券、公司债券、短期融资券和中期票据发展，拓宽企业债务融资渠道。

（五）大力发展创业投资和股权投资基金。建立和完善促进创业投资和股权投资行业健康发展的配套政策体系与监管体系。在风险可控的范围内为保险公司、社保基金、企业年金管理机构和其他机构投资者参与新兴产业创业投资和股权投资基金创造条件。发挥政府新兴产业创业投资资金的引导作用，扩大政府新兴产业创业投资规模，充分运用市场机制，带动社会资金投向战略性新兴产业中处于创业早中期阶段的创新型企业。鼓励民间资本投资战略性新兴产业。

八、推进体制机制创新，加强组织领导

加快培育和发展战略性新兴产业是我国新时期经济社会发展的重大战略任务，必须大力推进改革创新，加强组织领导和统筹协调，为战略性新兴产业发展提供动力和条件。

（一）深化重点领域改革。建立健全创新药物、新能源、资源性产品价格形成机制和税费调节机制。实施新能源配额制，落实新能源发电全额保障性收购制度。加快建立生产者责任延伸制度，建立和完善主要污染物和碳排放交易制度。建立促进三网融合高效有序开展的政策和机制，深化电力体制改革，加快推进空域管理体制改革。

（二）加强宏观规划引导。组织编制国家战略性新兴产业发展规划和相关专项规划，制定战略性新兴产业发展指导目录，开展战略性新兴产业统计监测调查，加强与相关规划和政策的衔接。加强对各地发展战略性新兴产业的引导，优化区域布局、发挥比较优势，形成各具特色、优势互补、结构合理的战略性新兴产业协调发展格局。各地区要根据国家总体部署，从当地实际出发，突出发展重点，避免盲目发展和重复建设。

（三）加强组织协调。成立由发展改革委牵头的战略性新兴产业发展部际协调机制，形成合力，统筹推进。

国务院各有关部门、各省（区、市）人民政府要根据本决定的要求，抓紧制定实施方案和具体落实措施，加大支持力度，加快将战略性新兴产业培育成为先导产业和支柱产业，为我国现代化建设作出新的贡献。

国务院

二〇一〇年十月十日

环境保护部令

（第11号）

《放射性物品运输安全许可管理办法》已经环境保护部2010年第一次部务会议审议通过。现予公布，自2010年11月1日起施行。

环境保护部部长 周生贤

二〇一〇年九月二十五日

放射性物品运输安全许可管理办法

第一章 总 则

第一条［立法目的］ 为了加强对放射性物品运输的安全管理，实施《放射性物品运输安全管理条例》规定的运输安全许可制度，制定本办法。

第二条［适用范围］ 从事放射性物品运输和放射性物品运输容器设计、制造等活动，应当按照本办法的规定，办理有关许可和备案手续。

第三条［分类管理］ 国家对放射性物品运输实施分类管理，根据放射性物品的特性及其对人体健康和环境的潜在危害程度，将放射性物品分为一类、二类和三类。

放射性物品的具体分类和名录，由国务院核安全监管部门按照《放射性物品运输安全管理条例》的规定，会同国务院公安、卫生、海关、交通运输、铁路、民航、核工业行业主管部门制定。

第二章 运输容器设计的批准与备案

第四条［设计基本要求］ 一类放射性物品运输容器的设计，应当在首次用于制造前报国务院核安全监管部门审查批准。

二类放射性物品运输容器的设计，应当在首次用于制造前报国务院核安全监管部门备案。

第五条［设计记录］ 放射性物品运输容器设计单位应当建立健全质量保证体系并有效实施，加强档案管理，如实记录放射性物品运输容器的设计和安全性能评价过程。

第六条［安全性能评价］ 放射性物品运输容器的设计应当满足国家放射性物品运输安全标准。

设计单位应当通过试验验证，采用可靠、保守的分析论证，或者采取两者相结合的方式，对设计的放射性物品运输容器的安全性能进行评价。

第七条［设计单位条件］ 申请领取一类放射性物品运输容器设计批准书的单位，应当符合下列条件：

（一）具有法人资格；

（二）具有与所从事设计活动相关或者相近的工作业绩；

（三）具有与所从事设计活动相适应并经考核合格的专业技术人员；

（四）具有健全的管理制度和完善的质量保证体系，以及符合国家有关核安全监督管理规定的质量保证大纲。

第八条［设计申请］ 申请批准一类放射性物品运输容器的设计，设计单位应当向国务院核安全监管部门提出书面申请，并提交下列材料：

（一）设计总图及其设计说明书；

（二）设计安全评价报告书；

（三）符合国家有关核安全监督管理规定的质量保证大纲。

放射性物品运输容器设计安全评价报告书的标准格式和内容，由国务院核安全监管部门另行规定。

第九条［设计审查］ 国务院核安全监管部门应当自受理一类放射性物品运输容器的设计批准申请之日起45个工作日内完成审查。对符合国家放射性物品运输安全标准的，颁发一类放射性物品运输容器设计批准书，并公告设计批准编号；对不符合国家放射性物品运输安全标准的，书面通知申请单位并说明理由。

国务院核安全监管部门在审查过程中，应当组织专家进行技术评审。技术评审方式包括文件审查、审评对话、现场见证等。

技术评审所需时间，不计算在本条第一款规定的期限内。

第十条［设计批准书］ 一类放射性物品运输容器设计批准书应当包括下列主要内容：

（一）设计单位名称、住所和法定代表人；

（二）运输容器类型和设计批准编号；

（三）放射性内容物特性；

（四）运输容器设计说明及适用的相关技术标准等；

（五）操作要求、运输方式、使用环境温度；

（六）有效期限；

（七）批准日期和批准书编号。

第十一条［设计批准延续］ 一类放射性物品运输容器设计批准书有效期为5年。

设计批准书有效期届满，需要延续的，持证单位应当于设计批准书有效期届满6个月前，向国务院核安全监管部门提出书面延续申请，并提交下列材料：

（一）原设计批准书复印件；

（二）质量保证大纲实施效果的说明；

（三）设计依据标准如有变化，是否符合新标准的说明。

对于设计单位提出的批准书延续申请，国务院核安全监管部门应当在设计批准书有效期届满前作出是否准予延续的决定。

第十二条［设计变更］ 设计单位修改已批准的一类放射性物品运输容器设计中有关安全内容的，应当按照原申请程序向国务院核安全监管部门重新申请领取设计批准书。

一类放射性物品运输容器设计单位变更单位名称、住所或者法定代表人的，应当自工商变更登记之日起20日内，向国务院核安全监管部门办理设计批准书变更手续，并提交变更申请、工商注册登记文件以及其他证明材料。

第十三条［特殊形式批准］ 为了控制放射性物品在运输过程中可能产生的弥

散，放射性物品设计成特殊形式或者低弥散形式的，其防弥散的形式可视为放射性物品运输容器包容系统的组成部分。

特殊形式放射性物品和低弥散放射性物品的设计方案，应当符合国家放射性物品运输安全标准的有关要求，并报国务院核安全监管部门审查批准。

特殊形式放射性物品和低弥散放射性物品的设计单位，应当向国务院核安全监管部门提交其设计方案符合国家放射性物品运输安全标准有关要求的证明材料。

国务院核安全监管部门对符合国家放射性物品运输安全标准有关要求的，颁发相应的设计批准书，并公告设计批准编号；对不符合国家放射性物品运输安全标准有关要求的，书面通知申请单位并说明理由。

对于特殊形式放射性物品和低弥散放射性物品设计的延续、变更依据本办法第十一条和第十二条规定进行。

第十四条［设计备案要求］　二类放射性物品运输容器的设计单位应当按照国家放射性物品运输安全标准进行设计，并在首次用于制造30日前，将下列文件报国务院核安全监管部门备案：

（一）设计总图及其设计说明书；

（二）设计安全评价报告表。

国务院核安全监管部门应当定期公布已备案的二类放射性物品运输容器的设计备案编号。

第三章 运输容器制造的许可与备案

第十五条［制造基本要求］　从事一类放射性物品运输容器制造活动的单位，应当向国务院核安全监管部门申请领取制造许可证。

从事二类放射性物品运输容器制造活动的单位，应当报国务院核安全监管部门备案。

第十六条［制造单位条件］　申请领取制造许可证的单位，应当具备下列条件：

（一）具有法人资格；

（二）有与所从事制造活动相关或者相近的工作业绩；

（三）有与所从事制造活动相适应的机械、焊接、材料和热处理、铸造和锻造等相关专业技术人员，以及取得焊工、焊接操作工或者无损检验资格证书的专业技术人员；

（四）有与所从事的制造活动相适应的生产条件和检测手段；

（五）有健全的管理制度、完善的质量保证体系和符合国家有关核安全监督管理规定的质量保证大纲。

第十七条［制造申请］　申请领取放射性物品运输容器制造许可证的单位，应当向国务院核安全监管部门提交申请书，并提交符合规定条件的证明文件。

第十八条［制造审查］　国务院核安全监管部门应当自受理申请之日起45个工作日内完成审查，对符合条件的，颁发制造许可证，并予以公告；对不符合条件的，书面通知申请单位并说明理由。

国务院核安全监管部门在审查过程中，应当组织专家进行技术评审。技术评审可以采取文件审查、审评对话和现场检查等方式。

技术评审所需时间，不计算在本条第一款规定的期限内。

第十九条 [制造许可证] 一类放射性物品运输容器制造许可证应当载明下列内容：

（一）制造单位名称、住所和法定代表人；

（二）许可制造的运输容器设计批准编号；

（三）有效期限；

（四）发证机关、发证日期和证书编号。

第二十条 [制造许可延续] 一类放射性物品运输容器制造许可证有效期为5年。

制造许可证有效期届满，需要延续的，制造单位应当于制造许可证有效期届满6个月前，向国务院核安全监管部门提出书面延续申请，并提交下列材料：

（一）原制造许可证复印件；

（二）原制造许可证有效期内的制造活动情况；

（三）原制造许可证有效期内所制造运输容器的质量情况；

（四）原制造许可证有效期内变更情况的说明。

国务院核安全监管部门应当在制造许可证有效期届满前作出是否准予延续的决定。

第二十一条 [制造许可变更] 一类放射性物品运输容器制造单位制造与原许可制造的设计批准编号不同的运输容器的，应当按照原申请程序向国务院核安全监管部门重新申请领取制造许可证。

一类放射性物品运输容器制造单位变更单位名称、住所或者法定代表人的，应当自工商变更登记之日起20日内，向国务院核安全监管部门办理制造许可证变更手续，并提交变更申请、工商注册登记文件以及其他证明材料。

第二十二条 [制造禁止事项] 禁止无制造许可证或者超出制造许可证规定范围从事一类放射性物品运输容器制造活动。

禁止委托未取得相应制造许可证的单位进行一类放射性物品运输容器制造活动。

禁止伪造、变造、转让制造许可证。

第二十三条 [制造单位备案] 从事二类放射性物品运输容器制造活动的单位，应当在首次制造活动开始30日前，将下列材料报国务院核安全监管部门备案：

（一）所制造运输容器的设计备案编号；

（二）具备与从事制造活动相适应的专业技术人员、生产条件、检测手段的证明材料；

（三）具有健全管理制度的证明材料；

（四）质量保证大纲。

国务院核安全监管部门应当定期公布已备案的二类放射性物品运输容器制造单位。

第二十四条 [使用基本要求] 使用境外单位制造的一类放射性物品运输容器

的，应当在首次使用前报国务院核安全监管部门审查批准。

使用境外单位制造的二类放射性物品运输容器的，应当在首次使用前报国务院核安全监管部门备案。

第二十五条［使用申请］ 申请使用境外单位制造的一类放射性物品运输容器的单位，应当向国务院核安全监管部门提出书面申请，并提交下列材料：

（一）设计单位所在国核安全监管部门颁发的设计批准文件的复印件；

（二）设计单位出具的设计安全评价报告书；

（三）制造单位相关业绩的证明材料；

（四）制造单位出具的质量合格证明；

（五）符合中华人民共和国法律、行政法规规定，以及国家放射性物品运输安全标准或者经国务院核安全监管部门认可的标准的说明材料。

第二十六条［使用审查］ 国务院核安全监管部门应当自受理申请之日起45个工作日内完成审查，对符合国家放射性物品运输安全标准的，颁发使用批准书；对不符合国家放射性物品运输安全标准的，书面通知申请单位并说明理由。

在审查过程中，国务院核安全监管部门可以组织专家进行技术评审。技术评审所需时间不计算在前款规定的期限内。

第二十七条［使用批准书］ 境外单位制造的一类放射性物品运输容器使用批准书应当载明下列内容：

（一）使用单位名称、住所和法定代表人；

（二）设计单位名称、制造单位名称；

（三）原设计批准编号；

（四）操作要求、运输方式、使用环境温度；

（五）运输容器编码；

（六）有效期限；

（七）批准日期和批准书编号。

第二十八条［使用批准延续］ 境外单位制造的一类放射性物品运输容器使用批准书有效期为5年。

使用批准书有效期届满，需要延续的，使用单位应当于使用批准书有效期届满6个月前，向国务院核安全监管部门提出书面延续申请，并提交下列材料：

（一）原使用批准书复印件；

（二）原使用批准书有效期内运输容器使用情况报告；

（三）原使用批准书有效期内质量保证大纲实施效果的说明；

（四）原使用批准书有效期内运输容器维护、维修和安全性能评价情况说明。

对于使用单位提出的批准书延续申请，国务院核安全监管部门应当在使用批准书有效期届满前作出是否准予延续的决定。

第二十九条［使用批准变更］ 持有境外单位制造的一类放射性物品运输容器使用批准书的使用单位，变更单位名称、住所或者法定代表人的，应当自工商登记之日起20日内，向国务院核安全监管部门办理使用批准书变更手续，并提交变更申请、工商注册登记文件以及其他证明材料。

第三十条［使用备案］ 使用境外单位制造的二类放射性物品运输容器的，应当在首次使用前将下列文件报国务院核安全监管部门备案：

（一）制造单位出具的质量合格证明；

（二）设计单位出具的设计安全评价报告表；

（三）符合中华人民共和国法律、行政法规规定，以及国家放射性物品运输安全标准或者经国务院核安全监管部门认可的标准的说明材料。

国务院核安全监管部门办理使用境外单位制造的二类放射性物品运输容器备案手续，应当同时为运输容器确定编码。

第四章 放射性物品运输批准与备案

第三十一条［运输基本要求］ 托运一类放射性物品的，托运人应当编制放射性物品运输的核与辐射安全分析报告书，报国务院核安全监管部门审查批准。

一类放射性物品从境外运抵中华人民共和国境内，或者途经中华人民共和国境内运输的，托运人应当编制放射性物品运输的核与辐射安全分析报告书，报国务院核安全监管部门审查批准。

二类、三类放射性物品从境外运抵中华人民共和国境内，或者途经中华人民共和国境内运输的，托运人应当编制放射性物品运输的辐射监测报告，报国务院核安全监管部门备案。

第三十二条［报告书编制］ 托运人应当委托持有甲级环境影响评价资格证书的单位编制放射性物品运输的核与辐射安全分析报告书。

放射性物品运输的核与辐射安全分析报告书的格式和内容，由国务院核安全监管部门规定。

第三十三条［运输审查］ 国务院核安全监管部门应当自受理放射性物品运输的核与辐射安全分析报告书之日起 45 个工作日内完成审查，对符合国家放射性物品运输安全标准的，颁发核与辐射安全分析报告批准书；对不符合国家放射性物品运输安全标准的，书面通知申请单位并说明理由。

在审查过程中，国务院核安全监管部门可以组织专家进行技术评审。技术评审所需时间不计算在前款规定的期限内。

第三十四条［运输批准书］ 放射性物品运输的核与辐射安全分析报告批准书应当载明下列主要内容：

（一）托运人的名称、地址、法定代表人；

（二）运输放射性物品的品名、数量；

（三）运输容器设计批准编号、运输方式和运输方案；

（四）操作管理附加措施和规定；

（五）有效期限；

（六）批准日期和批准书编号。

第三十五条［运输批准延续］ 一类放射性物品运输的核与辐射安全分析报告批准书有效期为 5 年。

核与辐射安全分析报告批准书有效期届满，需要延续的，托运人应当于核与辐射安全分析报告批准书有效期届满6个月前，向国务院核安全监管部门提出书面延续申请，并提交下列材料：

（一）原核与辐射安全分析报告批准书复印件；

（二）原核与辐射安全分析报告批准书有效期内运输容器使用情况报告，包括维护、维修和安全性能评价情况说明；

（三）运输活动情况报告，包括运输方案、辐射防护措施和应急措施执行情况说明。

对于托运人提出的批准书延续申请，国务院核安全监管部门应当在核与辐射安全分析报告批准书有效期届满前作出是否准予延续的决定。

第三十六条［运输批准变更］ 持有核与辐射安全分析报告批准书的单位，变更单位名称、地址或者法定代表人的，应当自工商变更登记之日起20日内，向国务院核安全监管部门办理核与辐射安全分析报告批准书变更手续，并提交变更申请、工商注册登记文件以及其他证明材料。

第三十七条［启运备案］ 一类放射性物品启运前，托运人应当将下列材料报启运地的省、自治区、直辖市人民政府环境保护主管部门备案：

（一）一类放射性物品运输辐射监测备案表；

（二）一类放射性物品运输的核与辐射安全分析报告批准书复印件；

（三）辐射监测报告。

前款规定的辐射监测报告，在托运人委托有资质的辐射监测机构对拟托运一类放射性物品的表面污染和辐射水平实施监测后，由辐射监测机构出具。

收到备案材料的省、自治区、直辖市人民政府环境保护主管部门，应当在启运前将备案表通报放射性物品运输的途经地和抵达地的省、自治区、直辖市人民政府环境保护主管部门。

第三十八条［特殊安排］ 有下列情形之一，放射性物品运输容器无法完全符合国家放射性物品运输安全标准，需要通过特殊安排来提高运输安全水平的，托运人应当编制放射性物品运输的核与辐射安全分析报告书，在运输前报经国务院核安全监管部门审查同意：

（一）因形状特异不适宜专门设计和制造运输容器的；

（二）只是一次性运输，专门设计和制造符合国家放射性物品运输安全标准的运输容器经济上明显不合理的。

第三十九条［过境运输审批］ 一类放射性物品从境外运抵中华人民共和国境内，或者途经中华人民共和国境内运输的，托运人或者其委托代理人应当编制放射性物品运输的核与辐射安全分析报告书，报国务院核安全监管部门审查批准。审查批准程序依照本办法第三十三条的规定执行。

托运人获得国务院核安全监管部门颁发的核与辐射安全分析报告批准书后，方可将一类放射性物品运抵中华人民共和国境内或者途经中华人民共和国境内运输。

第四十条［过境运输备案］ 二类、三类放射性物品从境外运抵中华人民共和国境内，或者途经中华人民共和国境内运输的，托运人应当委托有资质的单位监测，编制放射性物品运输的辐射监测报告，报国务院核安全监管部门备案。国务院核安全监管部门应当出具相应的放射性物品运输的辐射监测报告备案证明。

对于运输容器相同，放射性内容物相同，且半衰期小于60天的放射性物品，进口单位可以每半年办理一次辐射监测报告备案手续。

第四十一条［过境海关手续］ 放射性物品从境外运抵中华人民共和国境内，或者途经中华人民共和国境内运输的，托运人、承运人或者其代理人向海关办理有关手续时，应当提交相关许可证件和国务院核安全监管部门颁发的放射性物品运输的核与辐射安全分析报告批准书或者放射性物品运输的辐射监测报告备案证明。

第四十二条［运输资质］ 托运人应当委托具有放射性物品运输资质的承运人承运放射性物品。

自行运输本单位放射性物品的单位和在放射性废物收贮过程中的从事放射性物品运输的省、自治区、直辖市城市放射性废物库运营单位，应当取得非营业性道路危险货物运输资质。

第五章 附 则

第四十三条［术语］ 本办法下列用语的含义：

（一）特殊形式放射性物品：不弥散的固体放射性物品或者装有放射性物品的密封件。

（二）低弥散放射性物品：固体放射性物品，或者装在密封件里的固体放射性物品，其弥散性已受到限制且不呈粉末状。

（三）托运人：将托运货物提交运输的单位或者个人。

（四）承运人：使用任何运输手段承担放射性物质运输的单位或者个人。

第四十四条［生效日期］ 本办法自2010年11月1日起施行。

附一：

一类放射性物品运输容器设计和核与辐射安全分析报告批准编号规则

C N / X X X / X - X X - (NNSA-Ⅰ)

其中：

第1－2位：国家或地区代码，CN代表中国。

第3位：“/”，隔离符。

第4－6位：主管部门为该设计指定的设计批准编号或核与辐射安全分析报告批准编号，一类放射性物品运输容器设计批准编号范围为001－500。

第7位：“/”，隔离符。

第8位：批准书类型：

AF：易裂变A型运输容器设计批准书

B（U）：B(U)型运输容器设计批准书

B（U）F：易裂变材料B(U)型运输

容器设计批准书

B（M）：B(M) 型运输容器设计批准书

B（M）F：易裂变材料 B(M) 型运输容器设计批准书

C：C 型运输容器设计批准书

CF：易裂变材料 C 型运输容器设计批准书

IF：易裂变材料工业运输容器设计批准书

S：特殊形式放射性物品设计批准书

LD：低弥散放射性物品设计批准书

T：核与辐射安全分析报告批准书

X：特殊安排批准书

H：非易裂变物质或除六氟化铀以外的易裂变物质运输容器的设计批准书。

第 9 位：“–”。

第10 – 11位：依据IAEA标准的版本，用年份后 2 位数字表示。如 1996 年版本，则填写 96。

第 12 位：“–”。

第 13 位：（NNSA – I）代表国务院核安全监管部门批准的一类放射性物品运输容器。

附二：

二类放射性物品运输容器设计备案编号规则

C N / X X X / X - X X - (NNSA- II)

其中：

第 1 – 2 位：国家或地区代码，CN 代表中国。

第 3 位：“/”，隔离符。

第 4 – 6 位：主管部门为该设计指定的备案编号，备案编号 >500

第 7 位：“/”，隔离符。

第 8 位：运输容器类型，二类放射性物品运输容器类型有 A，IP3 等。

第 9 位：“–”。

第10 – 11位：依据IAEA标准的版本，用年份后 2 位数字表示。如 1996 年版本，则填写 96。

第 12 位：“–”。

第 13 位：(NNSA – II) 代表国务院核安全监管部门备案的二类放射性物品运输容器。

附三：

一类放射性物品运输辐射监测备案表

一类放射性物品运输辐射监测备案表

申请文号： 备案号：

托运人名称	（盖章）		
法定代表人	（签字）		
单位详细地址		邮编	
托运人联系人		联系电话 / 传真	
承运人名称			
承运人联系人		联系电话 / 传真	
运输车队联系人		联系电话	
放射性物品品名、数量		运输容器编码	
运输线路			
运输方案	至少应包括：车队编组、运输车辆的说明		
辐射监测结果	说明是否满足标准要求		
核与辐射安全分析报告批准书编号			

附件：□ 1. 放射性物品运输的核与辐射安全分析报告批准书复印件；
□ 2. 辐射监测报告。

省、自治区、直辖市人民政府环境保护主管部门：

经办人：

（盖章）

处领导：

日期：

厅 / 局领导：

说明：1. 一类放射性物品启运前，托运人报启运地的省、自治区、直辖市人民政府环境保护主管部门备案。

2. 除备案号由省、自治区、直辖市人民政府环境保护主管部门填写外，其余由申请单位填写。

3. 本表一式两份，备案后返回申请单位一份。

国家核安全局文件

国核安发 [2010]125 号

关于发布《核动力厂营运单位的应急准备和应急响应》等2项核安全导则的通知

各有关单位：

为提高核设施营运单位应急响应能力，我局组织修订了《核动力厂营运单位的应急准备》（HAD002/01–1989）和《民用核燃料循环设施营运单位的应急计划》（HAD002/07–1993），并更名为《核动力厂营运单位的应急准备和应急响应》（HAD002/01–2010）和《核燃料循环设施营运单位的应急准备和应急响应》（HAD002/07–2010），现予以发布，自发布之日起实施。

《核动力厂营运单位的应急准备》（HAD002/01–1989）和《民用核燃料循环设施营运单位的应急计划》（HAD002/07–1993）同时废止。

附件：

1. 核动力厂营运单位的应急准备和应急响应

2. 核燃料循环设施营运单位的应急准备和应急响应

二〇一〇年八月二十日

附件一：

核安全导则 HAD 002/01-2010

核动力厂营运单位的应急准备和应急响应

（2010年8月20日国家核安全局批准发布）

本导则自2010年8月20日起实施

本导则由国家核安全局负责解释

本导则是指导性文件。在实际工作中可以采用不同于本导则的方法和方案，但必须证明所采用的方法和方案至少具有与本导则相同的安全水平。

本导则的附录为参考性文件。

1. 引言

1.1 目的

核动力厂的选址、设计、建造、调试、运行和退役均需严格按照核安全法规进行。在采取种种预防性措施后，核动力厂因失误或事故进入核事故应急状态的可能性虽然很小，但仍不能完全排除。核紧急情况不同于其他紧急情况，它可能导致放射性物质不可接受的释放，或不可接受的照射。为了加强应急响应能力，以便在一旦发生事故时能快速有效地控制事故，并减轻其后果，每一核动力厂应有周密的应急计划和充分的应急准备。

本导则为营运单位编制场内应急计划、进行应急准备和应急响应提供指导。

在实际工作中可以采用不同于本导则的方案，但应向国家核安全监管部门证明所采取的方案具有不低于本导则的安全水平。

1.2 范围

本导则适用于核动力厂营运单位的应急准备与应急响应，以及国家核安全监管部门对营运单位应急计划的审评。

本导则概述了核动力厂营运单位实施应急准备与应急响应的要点，主要包括：

（1）应急计划的依据和内容；

（2）营运单位在制定和实施应急计划过程中的职责；

（3）营运单位和国家及地方应急组织、主管部门以及国家核安全监管部门之间应有的联系；

（4）应急组织；

（5）应急状态及应急行动水平；

（6）应急计划区；

（7）应急响应；

（8）场区人员的防护措施；

（9）应急设施和设备；

（10）应急终止和恢复活动；

（11）应急响应能力的保持；

（12）记录和报告。

2. 应急计划及相关文件的制定

2.1 不同阶段营运单位或有关单位的应急准备和应急响应的要求

2.1.1 厂址选择阶段

论证核动力厂厂址适宜性时，应评价厂址区域在整个预计寿期内执行应急计划的可行性。评价时要考虑下列与厂址有关的因素：

（1）人口密度和分布，离人口中心的距离，以及在核动力厂整个预计寿期内的变化；

（2）在应急状态下难以隐蔽或撤离的居民组，例如在医院或监狱内的人员或中、小学生；

（3）特殊的地理特征，例如半岛、山地地形、河流；

（4）当地的运输和通信网络的能力；

（5）场区周边和区域的经济、工业、农业、生态和环境特征；

（6）可能导致应急状态或限制应急响应有效性的灾害性外部事件或可预见的自然灾害。

在厂址选择阶段，在向国家核安全监管部门提交的文件中，应包括关于厂址执行应急计划可行性分析的内容。有关选址阶段应急准备的要求参见附录A。

2.1.2 设计建造阶段

在核动力厂设计建造阶段，应对核动力厂事故类型（包括严重事故）及其后果作出分析，对场内的应急设施、应急设备和应急撤离路线作出安排。

在初步安全分析报告（PSAR）有关运行管理的章节中，应提出应急计划的初步方案，其内容包括：应急计划的目的，依据的法规和适用范围，营运单位拟设置的应急组织及其职责的框架，应急计划区范围的初步测算及其环境（人口、道路、交通等）概况，主要应急设施与设备的基本功能和位置，撤离路线；说明应急资源及接口的安排。

若正在建设的核动力厂场区内或附近

已有正在运行的核动力厂，应保证正在建设的核动力厂工作人员的安全。对于扩建核动力厂，营运单位应在其原应急计划的基础上增加针对新建机组情况的内容；对于新建核动力厂，新建核动力厂营运单位应针对附近正在运行的核动力厂潜在事故，制定相应的应急计划。

2.1.3 首次装料前阶段

营运单位应编制场内应急计划，该应急计划在经主管部门审查后应作为独立文件，于首次装料前与最终安全分析报告一并报国家核安全监管部门审批，并按本导则的规定，进行装料前的综合应急演习。在首次装料前，核动力厂营运单位应作好全部应急准备。

新建的核动力厂只有在其场内和场外应急计划被审批后，方可装料。

2.1.4 运行阶段

在整个核动力厂运行阶段，应急准备应做到常备不懈；应急状态下需要使用的设施、设备和通信系统等必须妥为维护，处于随时可用状态。应定期进行应急演习和对应急计划进行复审和修订。

在核动力厂进入应急状态时，应有效实施应急响应，及时向国家核安全监管部门报告事故情况并与场外应急机构协调配合，以保证工作人员、公众和环境的安全。

2.1.5 退役阶段

在核动力厂退役报告中应有应急计划的内容，说明在退役期间可能出现的应急状态及其对策，考虑待退役的核动力厂可能产生的辐射危害，规定营运单位负责控制这些危害的组织和应急设施。在退役期间一旦发生事故，应有效实施应急响应，以保证工作人员、公众和环境的安全。

2.2 应急计划的制定

2.2.1 应急计划要考虑的事故

营运单位在编制场内应急计划时，不仅要考虑预期的运行工况和事故工况，而且应考虑那些发生概率很小、但后果更为严重的事故，包括其环境后果大于设计基准事故的严重事故。应急计划还应考虑到非核危害与核危害同时发生所形成的应急状态，诸如火灾与严重辐射危害或污染同时发生、有毒气体或窒息性气体与辐射和污染并存等，同时要考虑特定的厂址条件。

2.2.2 应急计划的内容

场内应急计划应包括如下基本内容：

（1）总则（目的、依据、适用范围等）；

（2）核动力厂及其环境概况；

（3）应急计划区；

（4）应急状态分级及应急行动水平；

（5）应急组织与职责；

（6）应急设施与设备；

（7）应急通信、报告与通知；

（8）应急运行控制与系统设备抢修；

（9）事故后果评价；

（10）应急响应与防护措施；

（11）应急照射控制；

（12）医学救护；

（13）应急纠正行动；

（14）应急终止和恢复活动；

（15）公众信息与沟通；

（16）记录；

（17）应急响应能力的保持；

（18）术语；

（19）附件。

对核动力厂营运单位场内应急计划的格式和内容提出的要求与建议见附录B。

2.3 应急计划执行程序

营运单位应根据其场内应急计划，编制相应的包括用于应急期间采取应急响应行动的程序和用于应急准备的执行程序。执行程序清单应列入应急计划中。不要求将执行程序纳入应急计划文本，一般也不要求将它们提供国家核安全监管部门审评。但国家核安全监管部门在审评应急计划或进行核安全检查时，可能会对这些程序文本进行检查。

应急计划执行程序应为应急工作人员执行应急计划提供全面的、具体的方法和步骤，以保证有协调一致和及时有效的行动。

营运单位应急计划执行程序清单示例见附录C。

2.4 应急计划的协调

场内应急计划和场外应急计划应相互补充和协调。在可能出现影响场外的应急期间，营运单位应对可能的事故估计放射性物质释放的数量，并向场外核应急组织提供相应的实施公众防护措施的内容和方法的建议。

多堆厂址的各营运单位的场内应急计划应相互进行协调；按本导则编制的针对核事故的场内应急计划，应与其他突发事件应急预案相协调。

3. 应急组织

3.1 应急组织的主要职责和基本组织结构

营运单位应成立场内统一的应急组织，其主要职责是：

（1）执行国家核应急工作的方针和政策；

（2）制定、修订和实施场内核应急计划，做好核应急准备；

（3）规定应急行动组织的任务及相互间的接口；

（4）确定核应急状态等级，统一指挥本单位的核应急响应行动；

（5）及时采取措施，缓解事故后果；

（6）保护场内和受营运单位控制的区域场内人员的安全；

（7）进行场内的辐射监测，必要时进行场外的辐射监测；

（8）及时向国家和省（自治区、直辖市）核应急组织、主管部门和国家核安全监管部门及规定的部门报告事故情况，并保持在事故过程中的紧密联系；

（9）提出进入场外应急状态和场外采取应急防护措施的建议；

（10）配合和协助省（自治区、直辖市）核应急组织做好核应急响应工作，并指定一名负责应急指挥部与场外组织联系的代表。

核动力厂典型的核应急组织结构框图举例见附录D。

3.2 应急指挥部及其职责

3.2.1 营运单位核应急组织包括核动力厂营运单位应急指挥部和若干应急行动组。

3.2.2 营运单位应急指挥部由总指挥、副总指挥和若干名其他成员组成。应急总指挥由核动力厂法人代表或法人代表指定的代理人担任，副总指挥由副总经理或运行负责人担任。应急计划中还应明确应急总指挥的替代顺序。指挥部成员应经过适当的培训。

3.2.3 应急总指挥的责任是统一指挥应急状态下场内的响应。

3.2.4 在向工作人员分派应急任务时，应考虑到各个班次的有效人员和该班次不在场区的人员。不应再分派其他任务给负责安全停堆和维修所需要的运行值班人员。

3.3 运行值班负责人

运行值班负责人负责核动力厂的运行，评价宣布应急所依据的情况和资料，并向应急总指挥报告。在应急总指挥尚未赶到指挥岗位之前，运行值班负责人应代行应急总指挥的职责，直至应急总指挥或其替代人赶来接替为止。

3.4 应急行动组

3.4.1 营运单位应根据积极兼容的原则设置若干应急行动组，并配备合适的人员。应急行动组一般应包括运行控制组、技术支持组、辐射防护组、运行支持组、公众信息组、行政后勤组等。

3.4.2 应急状态下运行控制组对事故机组的主要职责为：

（1） 发布初始应急通知和事故报警信号；

（2） 对应急状态进行初步评价，向应急指挥部提供应急等级的建议；

（3） 执行应急运行规程、控制并维持机组在安全状态；

（4） 向应急指挥部、技术支持组提供有关事故性质、事故规模的资料，并随时向应急指挥部报告事故发展情况。

3.4.3 技术支持组的主要职责为：

（1） 保持与主控制室、应急控制中心、运行支持中心及有关应急组织、人员通信联系；

（2） 掌握事故机组状态，分析、评价事故，向运行控制组提供有关诊断事故、采取对策方面的建议和指导；

（3） 向应急指挥部推荐可行的应急响应行动，或者根据事故诊断、评价，提出应采取的防护行动建议。

3.4.4 辐射防护组的主要职责为：

（1） 负责场内辐射和化学监测，对场内污染区域进行调查、评价、划分、标记和控制；

（2） 组织场外辐射调查、取样、分析和评价；

（3） 提出场内、外辐射防护行动建议，确定工作人员服用稳定碘的要求和发放；

（4）组织适当人员、提供相关设备，支持核动力厂应急运行和辐射防护应急响应行动；监督和控制应急工作人员的受照剂量；

（5） 核动力厂应急状态下其他辐射防护工作。

3.4.5 运行支持组的主要职责为：

（1） 管理应急状态下所需的应急设计、建造、施工和工程抢险工作；

（2） 负责专业维修，组织队伍、配备足够的各专业人员，并及时投入、补充、替换人员，对系统、设备进行维护、修理、故障的排除；

（3）及时向应急指挥部通报情况。

3.4.6 行政后勤组的主要职责为：

（1）提供通信设备，保证通信畅通；

（2）保证各应急组织和人员的办公条件，提供办公用品、器材；

（3）负责应急人员和临时增援工作人员的食宿生活安排和物资供应；

（4）负责场内安全保卫、消防、交通管理、应急医疗救护；

（5）负责设备、材料、医疗设备、药品的采购供应；

（6）负责文件、资料、通信等的整理、归档、保存；

（7）负责组织人员撤离。

3.4.7 公众信息组通常在应急总指挥直接领导下，管理应急期间公众信息工作。公众信息组的主要职责为：

（1）接待新闻媒体、地方或社会组织的公众代表，对他们的信息要求给予响应；

（2）收集公众、社会的反映，以便开展适当的沟通；

（3）为新闻发布准备和提供有关资料；

（4）在经授权后，公众信息组可代表营运单位回答新闻媒体、公众代表提出的有关核动力厂事故的问题。

3.5 与场外应急组织的接口

3.5.1 场内应急组织应明确与场外应急组织的接口，并明确职责分工。要求在应急计划中，对场外应急组织的有关部门（公安、消防、环保、应急管理、卫生、民防和救灾管理等部门）应明确说明如下：

（1）部门的职能和名称；

（2）地方核应急指挥中心的名称和位置；

（3）应急准备和响应方面的责任；

（4）委派的负责人和候补人员；

（5）主要的和备用的通信工具及信息。

3.5.2 必要时场内应急组织应当向地方应急组织提供以下支持：

（1）提供有关核动力厂状况、监测结果和剂量预测方面的资料；

（2）对特殊行动提出建议或要求；

（3）提供技术咨询；

（4）根据要求，派专人参与地方应急组织的工作。

4. 应急状态及应急行动水平

4.1 应急状态分级

4.1.1 核动力厂的四个应急等级

核动力厂的应急状态分为：应急待命，厂房应急，场区应急和场外应急四个等级：

（1）应急待命 出现可能危及核动力厂安全的某些特定工况或事件，表明核动力厂安全水平处于不确定或可能有明显降低。宣布应急待命后，核动力厂有关工作人员处于戒备状态。

（2）厂房应急 核动力厂的安全水平有实际的或潜在的大的降低，但事件的后果仅限于场区的局部区域，不会对场外产生威胁。宣布厂房应急后，营运单位按应急计划要求实施应急响应行动，场外应急响应组织得到通知。

（3）场区应急 核动力厂的工程安全设施可能严重失效，安全水平发生重大降低，事故后果扩大到整个场区，但除了场区边界附近，场外放射性照射水平不会超过紧急防护行动干预水平。宣布场区应急后，营运单位应迅速采取行动缓解事故后果，保护场区人员；场外应急组织可能采取某些应急响应行动（如开展辐射监测），并视情况做好实施防护行动的准备。

（4）场外应急 事故后果超越场区边界，场外某个区域的放射性照射水平大于紧急防护行动干预水平。宣布场外应急后，应立即采取行动缓解事故后果，实施场内、场外应急防护行动，保护工作人员和公众。

4.1.2 应急待命基本特征及实例

4.1.2.1 当发生某些特定工况可能导致紧急状况时，就应发布应急待命的通知。但此时尚有时间采取预防性的和积极的措施来防止紧急状况的发生或减小其后果。

4.1.2.2 能导致应急待命的事件示例如下：

（1）放射性气体或液体的异常释放；

（2）核动力厂场区附近的严重自然事件（诸如洪水、地震、海啸、台风、龙卷风）的预报或通告；

（3）核动力厂或其邻近地区的重大火灾；

（4）场区内或场区外有毒或有害气体的释放；

（5）核动力厂的保卫受到威胁；

（6）邻近的核设施发生事故。

4.1.3 厂房应急基本特征及实例

4.1.3.1 当紧急状态的评价表明放射后果可能仅限于场区的局部区域时，应宣布厂房应急，这种紧急状况可能引起安全系统自动动作，也可能要求运行人员采取纠正行动。虽然有时可以断定紧急情况能够由运行人员来纠正和控制，但也要通知在实施应急计划中负责任的核动力厂营运单位的其他人员，并使他们处于待命状态，营运单位应按照通知程序向主管部门、国家核安全监管部门和地方政府报告事件的性质和程度。

4.1.3.2 在安全评价时分析过的事故中，预计其辐射后果不会超越出厂房或场区的局部区域的那些事故属于这类应急状态。

4.1.3.3 在下述情况下，核动力厂受到影响的范围仅限于场区的局部区域：

（1）由区域监测和流出物监测以及其他专门的辐射监测结果表明在场外的辐射后果不是不可接受的；

（2）一回路系统边界或安全壳没有显著的失效。

4.1.3.4 能引起发生厂房应急的事件示例如下：

（1）燃料操作事故；

（2）放射性气体或液体的显著异常释放；

（3）不法分子或犯罪分子的活动导致场内处于危险状态，但不会导致整个场区采取紧急防护行动。

4.1.4 场区应急基本特征及实例

4.1.4.1 场区应急是指放射性物质事故释放的影响扩大到整个场区，但早期的信息和评价表明场外尚不必采取防护措施。

应通知主管部门、国家核安全监管部门和地方政府，并且为慎重起见，场外的应急组织应处于待命状态。场内非应急人员应从场区撤离。

4.1.4.2 当场区边界处的剂量率达到规定的水平时，应宣布场区应急，在场区应急计划中应规定达到这些水平时的条件，只要可能的话就要按照已与场区边界处的剂量率相互联系起来的仪表读数和报警装置指示来规定这些条件。为了提供确实的证据，宣布应急状态所依据的资料应尽可能来自不同的渠道。

4.1.4.3 能引起发生场区应急的事件示例如下：

（1）反应堆堆芯和乏燃料的保护水平明显恶化；

（2）任何附加的失效可能导致场外应急的条件；

（3）场外剂量接近紧急防护行动干预水平；

（4）不法分子和犯罪分子的活动，可能破坏关键安全功能，或者导致严重的释放和照射的发生。

4.1.5 场外应急基本特征及实例

4.1.5.1 场外应急的特征是有放射性物质大量释放，以至于有必要采取场外防护措施并通知主管部门、国家核安全监管部门和地方政府。非应急人员应从场区撤离。

4.1.5.2 营运单位的场内应急计划应明确规定宣布场外应急状态的特定条件和判别每个特定条件的准则。宣布场外应急的条件应以公众受照剂量限制和所预测的核动力厂状态为依据，并且应尽可能根据仪表的读数或报警指示来决定。而这类读数和指示应从场外的放射性水平及其与核动力厂特征参数的相互关系导出。为提供确切的证据宣布这类应急状态所依据的信息应尽可能来自不同的渠道。

4.1.5.3 能引起发生场外应急的事件示例如下：

（1）实际或预计的堆芯的严重损伤或者是从堆芯刚卸出不久的燃料大量的破损（例如：对于一个热功率为3000MW的反应堆大于1/3的堆芯）；

（2）实际的屏障或者关键安全系统的损坏，并可能导致放射性的释放有必要执行场外预防性的防护行动；

（3）发现场外的辐射达到需采取紧急防护措施的水平；

（4）不法分子或犯罪分子的行动导致无法对关键安全系统的监视和控制，可能有必要采取紧急防护行动。

4.2 应急行动水平

核动力厂营运单位应根据核动力厂的设计特征和厂址特征，提出确定应急等级的初始条件和应急行动水平。在申请首次装料批准书时，提出初步制定的应急行动水平；在申请运行许可证时，应提交经修订的应急行动水平供审评。

5. 应急计划区

5.1 确定应急计划区的原则

5.1.1 划分应急计划区并进行相应的应急准备，其目的是：在应急干预的情况下便于迅速组织有效的应急响应行动，最大限度地降低事故对公众和环境可能产生的影响。在多数事故情况下，需要采取应急响应行动的区域可能只局限于相应应急计划区的一部分，但在发生严重核事故的极个别情况下，也有可能需要在相应应急计划区之外的区域采取应急响应行动，但由于出现这种极个别情况的概率极小，因此，应急准备只在应急计划区内进行。

5.1.2 确定核动力厂应急计划区时，既要考虑设计基准事故，也应考虑严重事故，以使在所确定的应急计划区所进行的应急准备能应对严重程度不同的潜在事故后果。对于发生概率极小的事故，在确定核动力厂应急计划区时可不予考虑，以免使所确定的应急计划区的范围过大，从而造成不合理的经济负担。

5.1.3 应急计划区划分为烟羽应急计划区和食入应急计划区。前者针对放射性烟羽产生的直接外照射、吸入放射性烟羽中放射性核素产生的内照射和沉积在地面的放射性核素产生的外照射；后者则针对摄入被事故释放的放射性核素污染的食物和水而产生的内照射。

5.2 应急计划区的确定

5.2.1 营运单位在其应急计划中应提供确定应急计划区所考虑的事故及其源项、划定应急计划区的方法、安全准则。

5.2.2 确定应急计划区大小的准则、方法、应急计划区大小推荐值，可参照国家标准《GB/T 17680.1 核电厂应急计划与应急准备准则 第 1 部分：应急计划区的划分》。

5.2.3 核动力厂营运单位可在安全分析报告和应急计划中提出不同于推荐值的应急计划区大小申请值，但需论证其合理性。

5.2.4 确定核动力厂应急计划区时，所考虑的事故及其源项应经国家核安全监管部门认可。

5.2.5 确定应急计划区（特别是烟羽应急计划区）的实际边界时，除了遵循本节 5.2.2 和 5.2.3 要求外，还应考虑核动力厂周围的具体环境特征（如地形、行政区划边界、人口分布、交通和通信）、社会经济状况和公众心理等因素，使划定的应急计划区实际边界（不一定是圆形）符合当地的实际情况，便于进行应急准备和应急响应。

5.2.6 营运单位在其应急计划中提供在建或运行核动力厂的应急计划区的实际边界，应急计划区内的人口分布，说明特殊人群（例如医院、监狱和中、小学校等）的分布、基本情况和相关的应急安排。

5.3 多堆厂址的应急计划区

对于多堆厂址，其应急计划区应有统一的考虑。其范围应包括针对每一反应堆机组所确定的应急计划区的范围，其边界可以是各机组应急计划区边界的包络线。

6. 应急设施和应急设备

6.1 概述

核动力厂营运单位应急计划应考虑日常运行和应急相兼容的原则，对主要应急设施（主控制室，辅助控制室，技术支持中心，应急控制中心，运行支持中心，公众信息中心，通信系统，监测和评价设施，防护设施，应急撤离路线等）作出明确的规定和必要的说明。

6.2 主控制室

6.2.1 在应急的初始阶段，在启动应急控制中心以前，核动力厂主控制室可能是指挥应急响应的主要设施。安装在主控制室内的设备应足以满足应急期间对核动力厂的控制和监视。应当用诸如冗余度和多样化的办法来保证主控制室的通信系统的可靠性。

6.2.2 主控制室通常具有足够的屏蔽、密封和通风，使得在应急期间，工作人员能按所需要的时间在主控制室内进行操纵工作，并满足本节 6.13.3 所要求的可居留性准则。

6.2.3 其他必需的应急设备可在主控制室，或其附近的地方取得。

6.3 辅助控制室

6.3.1 在与核动力厂主控制室实体和电气分隔的辅助控制室内，应有足够的仪表及控制设备，以便在主控制室丧失其完成基本安全功能的能力时，能实施停堆、保持停堆状态、导出余热并监测电厂基本参数。

6.3.2 辅助控制室的可居留性要求与主控制室相同。

6.4 应急控制中心

6.4.1 应急控制中心是应急指挥部在应急期间举行会议及进行指挥的场所。此中心应满足下列要求：

（1）其位置应设在场区内与核动力厂主控制室相分离的地方；

（2）应保证应急期间的应急人员可以顺利地达到该中心；

（3）在中心内可取得核动力厂场内重要参数和核动力厂场内及其邻近地区放射性状况信息以及气象数据；

（4）应具有联络核动力厂主控制室、辅助控制室、场内其他重要地点以及场内外应急组织的可靠通信手段；

（5）应有适当的措施，长时间地防护因严重事故而引起的危害，确保其可居留性。

6.4.2 除非能证明应急控制中心对所有假设的应急状态都能适用，否则应在不大可能受到影响的合适地点设立一个备用的应急控制中心，其功能基本上应能达到应急控制中心的相关要求。

6.5 技术支持中心

6.5.1 技术支持中心执行的主要功能是对主控制室的工作人员提供技术支持以缓解事故后果，是获取核动力厂参数、信息和制定严重事故对策的工作场所，也可以作为与主控制室操作不直接相关的应急工作人员的会议地点。

6.5.2 技术支持中心应与核动力厂主控制室分开设置，两者之间有安全可靠的通信、信息交流设备，保障技术支持功能的实施；严重事故情况下，应采取防护措施以确保其正常的工作。技术支持中心的可居留性要求与主控制室相同，包括要求应设计成能抵御设计基准外部事件，如设计基准地震、强风和洪水等。应为技术支持中心设置常用电源和备用电源。

6.6 运行支持中心

6.6.1 运行支持中心是在应急响应期间供执行设备检修、系统或设备损坏探查、堆芯损伤取样分析和其他执行纠正行动任务的人员以及有关人员集合与等待指派具体任务的场所。

6.6.2 运行支持中心与主控制室、核动力厂场内的响应队伍及场外的响应人员（如消防队）有安全可靠的通信设备，有足够的空间用于响应队伍的集合、装备和安排工作。

6.6.3 运行支持中心应与核动力厂主控制室、技术支持中心分开设置。设置位置在核动力厂保护区内，或在能够快速进入保护区的其他合适位置。

6.6.4 应考虑应急期间该中心的可居留性要求。应确定专门用于运行支持中心的可居留性准则。当事故的实际影响使该中心不满足所要求的准则时，该中心的功能应转移到其他场所。

6.7 公众信息中心

6.7.1 公众信息中心的功能是在应急期间按规定向新闻媒体和公众提供有关核动力厂应急和公众防护行动的信息，对公众和新闻媒体的信息需求作出响应，澄清失真的传闻。

6.7.2 该中心可以设置在核动力厂所在场区以外、一般位于烟羽应急计划区之外的地方，具有足够的空间和为媒体安排的基础设施来进行信息的发布。它应是一个预先设计好的设施，无需考虑可居留性的要求。

6.8 通信系统

6.8.1 核动力厂营运单位的应急通信系统应具备下列功能：保障在应急期间营运单位内部（包括各应急设施、各应急组织之间）以及与国家核安全监管部门、场外应急组织等单位的通信联络和数据信息传输；具有向国家核安全监管部门进行实时在线传输核动力厂重要安全参数的能力。

6.8.2 为核动力厂正常运行所安装的通信系统，应具有足够的通信容量（冗余性）、通信手段的多样性，以确保在应急状态下的可运行性，例如，可以准备一些扩音器、报警系统、地面有线通信（电话）、微波和无线电。扩音器和报警系统应能通知到场区所有人员。

6.8.3 在核动力厂运行之前，在核动力厂主控制室、应急控制中心、车队、营运单位上级主管部门、其他指定的技术支援单位、国家核安全监管部门、地方政府以及新闻机构之间，应准备好应急期间所使用的附加电话、无线电、网络设备或其他通信网。

6.8.4 通信系统在应急情况下应有防干扰、抗过载、防窃听或在丧失电源时而不造成损坏的能力。除非得到不会阻塞的保证，否则紧急电话不应依靠公用的电话系统。确保对通信系统的升级或修改（如购买新的设备）不会造成通信系统中的关键部分的不兼容。为此，在不同的响应组织之间应定期（如每月）进行通信试验。

6.8.5 如果应急状态要求在场外立即开始行动，营运单位应做好准备，按营运单位应急计划的规定，及时向核动力厂所在省核应急机构发出警报。

6.9 监测和评价设施

6.9.1 核动力厂监测和评价设施应具备以下功能：

（1）监测、诊断和预测核动力厂事故状态；

（2）监测核动力厂运行状态和事故状态下的气载或液载放射性释放；

（3）监测事故状态下核动力厂厂房内有关场所、场区及其附近的辐射水平和放射性污染水平；

（4）按有关规定，监测厂址地区气象参数和其他自然现象（如地震）；

（5）预测和估算事故的场外辐射后果。

6.9.2 提供的设施应包括监测适当范围内有关参数的仪器设备，以便在可能的范围内可靠地调查分析事故的演变过程并进行合适的辐射防护评价。选用的仪表设备，尤其是辐射防护评价设备，即使在最严重的辐射条件下和恶劣环境条件下都应保持其充分的可运行性、灵敏度和精确度。在营运单位应急计划中，应列出用于应急测量以及连续评价应急状态的那些监测系统。

6.9.3 为进行场内的评价通常应提供下列仪表和设备：

（1）核动力厂测量与控制设备，监测事故演变过程的设备（例如，通过监测压力和温度、液面高度和流量率、反应堆冷却系统和安全壳内的氢浓度）；

（2）用于正常和应急状态时的工艺、区域、排出流等监测和测量的固定式和可携式辐射监测器及取样装置；

（3）自然现象监测仪，例如气象仪器、地震仪器等。

6.9.4 为开展场外的评价一般应配备下列仪表和设备：

（1）监测自然现象的仪器；

（2）测量外照射剂量、剂量率和气溶胶中 $\beta-\gamma$ 放射性的固定式和活动式的辐射监测仪器；

（3）实验室设备，包括配有全套监测、通信设备的活动实验室和设在核动力厂附近的取样设施；

（4）地图，例如标有通道和拟建路段位置、调查区域、撤离区域、取样点、学校、医院、私人和公共水源等的地图。

6.10 防护设施

为了有效地执行第 7.7 节中所列的防护措施，应提供掩蔽所之类的一些设施，并将它们列入营运单位应急计划。应说明具有防护功能设施的性能（如屏蔽、通风和物资供给）。

6.11 急救和医疗设施

在营运单位的辅助应急设施中，应建立场区医疗应急设施、淋浴与去污设施，具有必要的隔离和快速清除放射性污染的设备条件以及相应的实验室和仪器。

6.12 应急撤离路线和集合点

核动力厂应设置足够数量、具有醒目而持久标识的安全撤离路线和应急集合点，集合点应能抵御恶劣的自然条件，应考虑有关辐射分区、防火、工业安全和安保等要求，并配备为安全使用这些路线所必需的应急照明、通风和其他辅助设施。

6.13 可居留性要求

6.13.1 应采取适当措施和提供足够的

信息保护应急设施内的工作人员，防止事故工况下形成的过量照射、放射性物质的释放或爆炸性物质或有毒气体之类险情的继发性危害，以保持其采取必要行动的能力。

6.13.2 营运单位应对应急设施的可居留性进行评价。可居留性的评价和审查不应局限于设计基准事故，应当适当考虑严重事故的影响。

6.13.3 当考虑涉及放射性物质释放的事故情景时，应根据工作人员可能受照射剂量的大小确定是否满足可居留性准则。主控制室等重要应急设施应满足的可居留性准则如下：在设定的持续应急响应期间内（一般为 30 d），工作人员接受的有效剂量不大于 50 mSv，甲状腺当量剂量不大于 500 mGy。

6.13.4 核反应堆事故情况下可居留性的评价中，场外剂量的估算应考虑应急设施的有限空间，采用符合实际的有限 γ 射线烟云剂量模式。

6.13.5 大气弥散因子是评价事故后果、可居留性的重要输入参数。计算大气弥散因子所用的气象数据应从厂址气象测量中获取。确定大气弥散因子时应考虑建筑物尾流的影响。

7. 应急响应和防护措施

7.1 概述

营运单位的应急计划中应明确提出进行干预的原则、干预水平和行动水平，规定每级应急状态时应采取的对策、防护措施和执行应急行动的程序。

营运单位在事故期间应尽一切努力确保停堆、余热冷却、包容放射性等三项基本安全功能。

7.2 干预原则和干预水平

在应急干预的决策过程中，既要考虑辐射剂量的降低，也要考虑实施防护措施的困难和代价，因此，在应急干预的决策中，应遵循下列干预原则：

（1）正当性原则——在干预情况下，只要采取防护行动或补救行动是正当的，则应采取这类行动。所谓正当，指拟议中的干预应利大于弊，即由于降低辐射剂量而减少的危害，应当足以说明干预本身带来的危害与代价（包括社会代价在内）是值得的。

（2） 最优化原则——任何这类防护行动或补救行动的形式、规模和持续时间均应是最优化的，使在通常的社会、经济情况下，从总体上考虑，能获得最大的净利益。

（3） 应当尽可能防止公众成员因辐射照射而产生严重确定性效应。如果任何个人所受的预期剂量（而不是可防止的剂量）或剂量率接近或预计会接近可能导致严重损伤的阈值，则采取防护行动几乎总是正当的。

应急防护行动的干预水平和行动水平见附录 E。

营运单位的应急计划应根据使用的干预水平和行动水平，提出与环境测量（例如沉积物剂量率和沉积物放射性活度水平）和食品浓度有关的操作干预水平设定值及其修订方法。

7.3 各应急状态下的响应行动

核动力厂营运单位在各应急状态下应采取的主要响应行动如下：

（1）应急待命

营运单位的应急组织进入有准备的状态，适当地启动部分响应；需要分析和确定导致应急待命的条件，采取缓解措施，减轻潜在的威胁；根据需要在核动力厂附近实施监测；需要时向主控制室或操纵员提供技术支持；向场外通告。

（2）厂房应急

营运单位应实施场内应急计划，启动部分响应；采取措施使核动力厂恢复安全状态，缓解应急状态，对主控制室或操纵员提供技术支持；将无关人员和参观者撤离，并安置于安全区域；对场内应急响应人员和从场外到来的应急人员提供防护；对场内人员的污染情况进行监测，确保受污染的人员或物项不会未经检测就离开场区；在核动力厂附近实施监测，以确认场外无需防护行动；同时按规定向场外报告事故（或事件）的情况。

（3）场区应急

营运单位应实施场内应急计划，采取措施使核动力厂恢复安全状态，采取行动缓解应急状态，包括请求场外援助；对主控制室提供技术支持；撤离场内无关人员和参观者，并安置于安全区域，并清点所有现场人员；根据危险情况为场内应急响应人员和从场外到来的应急人员提供防护；按规定向场外报告事故（或事件）情况，在核动力厂附近的场外实施监测。

（4）场外应急

当需要进入场外应急状态时，核动力厂营运单位向省（自治区、直辖市）核应急组织及时提出进入场外应急状态的建议和场外实施防护行动的建议。营运单位应实施场内应急计划，启动所有的响应；将无关人员和参观者撤离，并安置于安全区域，并清点所有现场人员；根据危险情况为场内应急响应人员和从场外到来的应急人员提供防护；采取行动缓解应急状态，包括请求场外援助；对控制室提供技术支持；对核动力厂附近的场外实施监测。

当事故辐射后果影响或可能影响邻近省（自治区、直辖市）时，由营运单位按规定通报事故情况，并提出相应建议。

7.4 应急通知

应急总指挥应负责将实行应急的决定立即通知有关组织和人员。通知时应做到：

（1）严格按规定的程序和术语进行；

（2）通知的初始信息应简短和明确，提供的信息有：核动力厂名称，报警人姓名和职务，进入应急状态的时间，应急的等级、应急范围和气象条件等；

（3）确保信息可靠。

7.5 评价活动

应急状态期间评价工作应包括下列内容：

（1）利用核动力厂主控制室（或辅助控制室）的仪器仪表监视核动力厂运行状态；

（2）收集掌握事故的演变过程、源项、核动力厂所在地和附近地区的气象参数等评价所需的资料；

（3）进行场内和场外部分区域的辐射监测和对核动力厂的放射性排出流进行监测；

（4）对所收集的资料进行归纳和分析，从而预报事故工况下的辐射剂量；

（5）根据评价结论提出确认或修改应急状态的级别和采取相应措施的建议。

7.6 补救行动

为了在一旦出现事故的情况下迅速采取有效行动，减少事故的影响，营运单位的应急计划应包括工程抢险措施、伤员救护和扑灭火灾等补救行动计划。

7.7 防护措施

7.7.1 营运单位的应急计划应规定切实可行的应急防护措施。

7.7.2 制定的应急防护措施应符合下列基本要求：

（1）对不同的应急状态应规定相应的防护措施，而且采取的防护措施是正当的；

（2）在恶劣环境条件下，保证防护措施的可用性；

（3）营运单位的应急防护措施应与地方应急组织采取的应急防护措施相互补充和紧密协调一致。

7.7.3 具体的应急防护措施一般应包括：

（1）根据辐射监测结果，确定污染区并加以标志或警戒；

（2）对场内的人员和离开场区的车辆和物资进行监测，必要时加以洗消；

（3）对场区的出入和通道加以控制，限制人员进入严重污染区；

（4）提供具有良好屏蔽、密封和通风过滤条件的场所作隐蔽所，或告诫人们关闭门窗切勿外出；

（5）分发碘片和个人防护衣具；

（6）当污染水平超过标准时，人员的食物和饮料应在监控下供应；

（7）预先确定人员的撤离路线和撤离所需的时间。

7.8 应急照射的控制

7.8.1 应急响应行动的分类

根据应急工作人员的工作任务，通常把应急响应行动分类如下：

（1）为抢救生命的行动；防止或缓解核动力厂出现场外应急的条件；

（2）可能的抢救生命的行动，例如：执行场内紧急防护行动；防止或缓解潜在威胁生命的情况（如火灾）；在应急响应区域的居民区进行环境监测，以鉴明需要采取紧急防护行动的地方；场外实施紧急防护行动；

（3）防止演变成灾难性情况的行动，例如在核动力厂场内，防止或缓解导致应急状态的行动；

（4）防止人员受到严重损伤的行动，例如救援可能受到严重损伤威胁人员的行动，或者立即处理严重损伤人员的行动以及人员的去污；

（5）避免出现大的集体剂量的行动，例如通过居民区的环境监测，以鉴明需要采取防护和控制食品行动的地方以及在场外实施防护和控制食品的行动；

（6）其他应急响应行动，例如：长期对受照和受污染人员的处理；样品采集和分析；短期的恢复操作；局部的去污；随时向公众通报信息；

（7）恢复工作，例如：对与安全无关的设施进行修补；大范围的去污；废物处置；长期医学管理。

7.8.2 控制应急照射的原则与要求

为保证应急工作人员的健康与安全，控制应急工作人员受到的照射应满足下列原则与要求：

（1）应急工作人员所受照射应符合正当性要求；

（2）从事在7.8.1节所述响应行动时，除了抢救生命的行动外，应尽一切合理的努力，将工作人员所受到的剂量保持在最大单一年份剂量限值的两倍以下；

（3）当执行应急响应行动的工作人员可能接受超过职业照射最大年剂量时，采取这些行动的工作人员应是自愿的，事先将采取行动所面临的健康危险情况清楚而全面地通知工作人员，应在实际可行的范围内，就需要采取的行动对他们进行培训；

（4）对应急工作人员可能接受超过职业照射最大年剂量时，应严格履行审批程序，事先预计可能受到的剂量大小，并在防护人员的监护下工作；

（5）孕妇、哺乳妇女原则上不宜参加应急响应行动。未成年人不应参加应急响应行动；

（6）一旦应急干预阶段结束，从事恢复工作（如核动力厂与建筑物维修，废物处理，或场区及周围地区去污等）的工作人员所受的照射，应满足职业照射控制的全部具体要求；

（7）对参与应急干预的工作人员的受照剂量进行评价和记录。干预结束时，应向有关工作人员通知他们所接受的剂量和可能带来的健康危险；

（8）不得因工作人员在应急照射情况下接受了剂量而拒绝他们今后再从事伴有职业照射的工作，但是，如果经历过应急照射的工作人员所受到的剂量超过了最大单一年份剂量限值的10倍，或者工作人员自己提出要求，则在他们进一步接受任何照射之前，应认真听取合格医生的医学劝告。对应急工作人员的剂量控制水平见附录F。

7.9 医学救护

7.9.1 营运单位应建立应急医疗组，具有急救和医疗支持的响应能力，提供对人员的急救医疗支持，包括去污、受污染伤员的处理和将他们运送到场外医疗机构的急救和医疗人员支持。

7.9.2 营运单位应建立现场医学救护和场外医学支持程序。现场医学救护应包括医疗救护人员、设备、救护车等的启动以及急救去污、受伤、受污染人员的分类、登记与转运安排。场外医学支持程序应描述对场外医学组织的要求与计划安排，场外医疗支持人员进入核动力厂的程序等。

7.9.3 应急响应时，场内救治（或现场救护）的主要任务是发现和救出伤员，对伤员进行初步医学处理，初步估计受照人员的受照剂量，抢救需紧急处理的危重伤员等。

8. 应急终止和恢复行动

8.1 应急状态的终止

8.1.1 当营运单位确认事故已受到控制并且核动力厂的放射性流出物的量已低于可接受的水平时，可以考虑结束场内的应急状态。

8.1.2 对应急待命状态、厂房应急状态和场区应急状态，营运单位的应急总指挥可根据 8.1.1 的原则来决定并发布应急状态终止的命令，并报主管部门、省（自治区、直辖市）和国家核应急组织以及国家核安全监管部门。

8.1.3 对场外应急状态，营运单位根据核动力厂的状态，将终止场外应急状态的建议报省（自治区、直辖市）核应急组织，经省（自治区、直辖市）核应急组织审定后上报国家核应急组织，经批准后，由省（自治区、直辖市）核应急组织发布终止应急状态。

8.2 恢复行动

营运单位的应急计划应包括应急状态终止后的恢复行动，其主要内容包括：

（1） 制定解除营运单位所负责区域控制的有关规定；

（2） 制定污染物的处置方案；

（3）继续测量地表辐射水平和土壤、植物、水等环境样品中放射性含量，并估算对公众造成的照射剂量；

（4） 必要时，对反应堆的安全性重新作出评价，做好重新启动运行的相关准备，重新启动计划应报国家核安全监管部门审评。

9. 应急响应能力的保持

9.1 培训

9.1.1 培训的目的旨在使应急人员熟悉和掌握应急计划的基本内容，使应急人员具有完成特定应急任务的基本知识和技能。

9.1.2 在核动力厂首次装料前，营运单位负责对场内下列人员进行培训和考核：场内应急指挥部成员、控制室值班人员、通信人员、安全分析人员、评价人员、工程抢险人员、消防和医务人员等。

9.1.3 培训的主要内容包括：

（1） 应急计划的基本内容和完成应急任务的基本知识和技能；

（2） 应急状态下应急行动程序；

（3） 应急状态下应急人员的职责。

9.1.4 在核动力厂运行寿期内，营运单位对所有应急工作人员（包括应急指挥人员），每年至少进行一次与他们预计要完成的应急任务相适应的再培训与考核。

9.2 演习

9.2.1 演习的目的旨在检验应急计划的有效性、应急准备的完善性、应急能力的适应性和应急人员的协同性，同时为修改应急计划提供依据。

9.2.2 应急演习包括场内应急组织的单项演习（练习）、综合演习和与场外应急组织的联合演习，练习可以是演习的一个组成部分。每个核动力厂的综合演习至少每 2 年举行一次，但对拥有三台及三台以上机组的营运单位，综合演习频度应适当增加；单项演习至少每年举行一次，对通信和数据传输的练习要求更高的频度。

场内、外的联合演习每五年应至少一次。

9.2.3 应制定演习计划，计划中包括专门为演习或练习设计的合理的事故情景。演习前，原则上演习情景应对参演人员保密。综合演习情景设计在演习前一个月交国家核安全部门审评。

9.2.4 在核动力厂首次装料前，应举行一次有省（自治区、直辖市）核应急组织参加的联合演习。

9.2.5 在每次演习结束后，应对演习的效果、取得的经验和存在问题等进行评价，并对应急计划提出修改意见。

9.2.6 国家核安全监管部门派核安全监督员现场监督综合演习和联合演习，对演习进行评估。营运单位对国家核安全监管部门在演习评估报告中提出的营运单位在应急准备中存在的问题,应及时进行纠正。

9.3 应急设施、设备的维护

营运单位应保证所有应急设备和物资始终处于良好的备用状态，对应急设备和物资的保养、检验和清点等加以安排。

9.4 应急计划的评议和修改

9.4.1 营运单位应对应急计划及其实施程序定期、不定期进行复审与修订，以吸取培训及训练与演习的成果、核动力厂实际发生的事件或事故的经验，适应现场与环境条件的变化、核安全法规要求的变更、设施和设备的变动以及技术的进步等。

9.4.2 营运单位应至少每两年一次对应急计划进行修订，并在原应急计划有效期满前三个月报国家核安全监管部门，经审评后方可生效。同时营运单位应将应急计划和有关程序的修改及时通知所有有关单位。

9.4.3 营运单位应急人员替代表内记录的各项内容如有变动应及时更新和报告。

10. 记录和报告

10.1 记录

营运单位应把应急准备工作和应急期间的情况详细地进行记录并存档，其主要内容包括：

（1）培训和演习的内容，参加的人员和取得的效果等；

（2）应急设施的检查和维修，应急设备及其配件的清点、测试、标定和维修等情况；

（3）事故始发过程和演变过程；

（4）应急期间的评价活动、采取的补救措施、防护措施和恢复措施以及应急行动的程序和所需的时间等。

10.2 报告

10.2.1 营运单位应在每年的第一季度末向国家核安全监管部门提交上年度的应急准备工作实施情况的总结和当年的计划报告。

10.2.2 每次综合演习和联合演习结束后一个月内，营运单位应向国家核应急组织、国家核安全监管部门和主管部门提交总结报告。

10.2.3 营运单位的运行事件通告与报告、核事故应急报告的内容和格式，按核安全法规《中华人民共和国民用核设施安全监督管理条例实施细则之二附件一核动力厂营运单位报告制度》执行。

10.2.4 营运单位应在发生事故并进入应急待命或高于应急待命状态后 15 分钟内，向国家核安全监管部门发出应急通告，并在进入厂房应急或以上应急状态后 15 分钟内向所在省（自治区、直辖市）核应急指挥中心发出应急通告。

10.2.5 营运单位应在核事故发生并进入厂房应急或高于厂房应急状态后的 45 分钟内向国家核安全监管部门以及所在省（自治区、直辖市）核应急指挥中心发出应急报告；在应急初始报告发出后，每隔 1 小时向国家核安全监管部门和所在省（自治区、直辖市）核应急指挥中心发一次后续报告；在事故源项或应急状态级别变更时，应立即用电话传真方式向国家核安全监管部门报告。事故发生一段时间后若核动力厂事故状态变化相对缓慢，可每隔 2–3 小时报告一次，直到应急状态终止。

10.2.6 营运单位的应急指挥应及时将终止应急状态的决定向国家核安全监管部门和终止厂房应急或高于厂房应急状态的决定向所在省（自治区、直辖市）核应急指挥中心报告。

10.2.7 营运单位应在应急状态终止后 30 天内向国家核安全监管部门提交最终评价报告，在终止厂房应急或高于厂房应急状态时应同时向所在省（自治区、直辖市）核应急组织提交该报告。

10.3 事故最终评价报告

对厂房应急、场区应急和场外应急，在应急终止后一个月内，营运单位应向国家和地方核应急组织、国家核安全监管部门和主管部门提交事故最终评价报告。报告的主要内容包括：

（1）事故发生前核动力厂工况、主要运行参数和事故演变过程；

（2）事故过程中，放射性物质的释放方式，释放的核素及其数量；

（3）事故的根本原因和导致其发生的直接原因；

（4）事故发生后采取的补救措施和应急防护措施；

（5）对发布的应急状态及其变更情况说明和事故后对场内外剂量分布的测量和估算；

（6）事故造成的损失和场内外污染情况及场内外人员受照射情况；

（7）取得的经验教训和防止其再发生的预防措施；

（8）需要说明的其他问题和参考资料。

名词解释

本安全导则出现的名词术语的含义如下。

核事故

核设施或核活动中极少出现的对正常状况的严重偏离。若有关的专设安全设施不能按设计要求发挥作用，则放射性物质的释放可能会达到不可接受的水平。

积极兼容

充分利用日常运行所设置的各种设施、设备、机构和人员。

场区

具有确定的边界、在核动力厂管理人

员有效控制下的核动力厂所在区域。

应急计划区

在核设施周围，根据事故分析及厂址特征预先确定的、应制定有应急计划并在事故应急中能执行应急防护措施的区域。

烟羽应急计划区

针对烟羽照射途径（烟羽浸没外照射、吸入内照射和地面沉积外照射）建立的应急计划区。

食入应急计划区

针对食入照射途径（污染的水和食物的食入内照射）建立的应急计划区。

可居留性

用于描述某一区域是否满足可以在其中连续或暂时居留的程度。

干预水平

针对应急照射情况或持续照射情况所制定的可防止剂量水平，当达到这种水平时应考虑采取相应的防护行动或补救行动。

操作干预水平（OIL）

通过仪器测量或通过实验室分析确定的并与干预水平或行动水平相当的一种计算水平。OIL 通常可表示为剂量率或所释放的放射性物质的活度、时间积分空气浓度、地面或地表浓度或环境、食品或水样中的放射性核素的活度浓度。OIL 是行动水平的一种类型，可以立即或并直接（无需进一步评价）根据环境测量结果用来确定适当的防护行动。

应急行动水平

用来建立、识别和确定应急等级和开始执行相应的应急措施的预先确定和可以观测的参数或判据。它们可以是特定仪表读数或观测值、辐射剂量或剂量率、气载、水载和地表放射性物质或化学有害物质的特定的污染水平。

应急防护行动

核动力厂辐射事故情况下用于控制工作人员和公众所接受的剂量而采取的保护措施。

确定性效应

通常情况下存在剂量阈值的一种辐射效应，超过阈值时，剂量愈高则效应的严重程度愈大。

附录 A 有关选址阶段应急工作的要求

A.1 总的要求

考虑对人的辐射后果的可能性和执行应急计划的可行性以及可能妨碍执行应急计划的任何外部事件或现象，应建立拟建厂址的外围地带。在核动力厂选址阶段，应当确认：在核动力厂整个寿期内，外围地带在实施应急计划方面不存在不可克服的困难。

外围地带包括核动力厂场区周围直接邻近的地区，应当考虑在区域中的人口分布、人口密度、人口增长率、特殊的地理特征、当地运输网络和通信网络的能力、公众应急撤离路线、区域中的工业和农业、土地与水的使用、军事设施及其他潜在的人为或外部事件等影响因素与执行应急措施可行性的关系。

A.2 区域土地和水的使用

为评价核动力厂在厂址区域的潜在影响，特别是为了制定应急计划，应当调查、描述土地和水的使用特征。调查应涵盖土地和水体的使用，此水体可能被居民使用或处于食物链的生物作为栖息地的水体。

A.3 人口分布

在评价制定应急响应计划的可行性时，应当考虑在该区域中的人口（包括常住人口和流动人口两类）分布、预计的人口增长率。

应评估在外围地带的流动人口的最大规模和停留时间。为应急计划的目的，应查明在外围地带的特殊类型的单位，如学校、医院、监狱和军事基地。

A.4 应急计划的可行性考虑

A.4.1 在进行核动力厂厂址的选择过程中，厂址应急计划的可行性应加以论证。不应当有可能妨碍该区域中居民的隐蔽或撤离的，或者妨碍应对应急所需的场外服务机构进出有害的厂址条件。

A.4.2 应急计划的有效性应基于在该区域的厂址特定的自然和基础结构的条件加以论证。基础结构是指运输和通信网络、工业活动和总的来说可能影响厂址区域人员和车辆运输畅通的任何情况。该区域的其他信息（如隐蔽所可利用的信息，牛奶和其他农产品收集、分配的体系，在社会公共机构（如医院和监狱）的那些特殊居民组，环境条件（如天气条件的范围））应加以收集，以论证应急计划的可行性。

A.4.3 在论证应急计划可行性时，应考虑与厂址有关的很多因素。最重要的因素是：

—— 地区内人口密度和分布；

—— 厂址离人口中心的距离；

—— 很难撤离或隐蔽的特殊居民组，如在医院或监狱的人；

—— 特殊的地理特征，如半岛，山脉和河流；

—— 当地运输和通信网络的特征；

—— 可能使人承受产生潜在危害活动的工业设施；

—— 对可能排放的放射性核素敏感的农业活动；

—— 可能同时发生的外部事件；

—— 当地经济社会发展规划对厂址区域核应急工作的可能影响。

A.4.4 在区域中有大的人口中心或城市，可能降低核动力厂厂址应急计划的有效性。另外，任何特殊居民组的特定环境应加以认识和考虑。当存在居民撤离的路线必须通过邻近核动力厂时，如果没有其他任何应急措施可以克服这个困难时，可能导致认为该厂址是不合适的。

A.4.5 灾害性外部事件（如雾或雷）或可预见的自然现象、交通事故，可能影响和限制对核动力厂事故进行响应的有效性。例如，事件可能使交通、通信、电力供应等基础设施损害或隐蔽设施损害。为了确保该区域居民有效隐蔽和撤离，应考虑适用设施和替代路线。

A.4.6 根据对上述因素及其可靠的后果评估，可以确定：不能制定切实可行的应急计划，那么所选的厂址应考虑为不可接受。

A.4.7 当厂址靠近国界时，按照我国

签署的《及早通报核事故公约》、《核事故或辐射紧急情况援助公约》与《核安全公约》的相关要求，还应考虑该核动力厂潜在核事故对境外的影响与可能涉及核应急领域的双边或多边合作问题。动力厂营运单位或筹建单位应会同所在地省级人民政府有关部门，分析核动力厂放射性越境释放的可能性与对境外（包括海域界外）的可能影响，提出必要的建议。

附录B 核动力厂场内应急计划的格式和内容

B.1 总则

描述编制应急计划的目的，列出所依据的法规、规章标准和文件，说明应急计划的适用范围。

B.2 核动力厂及其环境概况

描述厂址的地理位置（标出经纬度），给出厂址地理位置图，标出场区边界、非居住区边界和规划限制区边界，并概要描述厂址周围的主要环境特征，包括地形、地貌、气候与气象、水体分布、工业、交通运输与农牧业，以及人口分布等。

B.3 应急计划区

给出用于确定应急计划区大小的事故源项，描述核动力厂厂址周围建立烟羽和食入应急计划区的原则和方法，给出应急计划大小划分的建议，并在地图上标出两个应急计划区的边界，概述应急计划区内的人口分布，特别应说明特殊人群（例如医院、监狱和中、小学等）的分布。此外，还应给出场区及其附近营运单位负责的应急责任区（包括场区、职工宿舍社区以及受营运单位委托为核动力厂服务的单位的工作区与职工宿舍区）的区划图。

B.4 应急状态分级及应急行动水平

描述四级应急状态的基本特征，并简要说明场内外应急组织应采取的相应响应行动，列表给出用于认识和判断应急状态的初始条件和应急行动水平。应根据核动力厂的设计特征和厂址特征提出应急行动水平。

对于多堆厂址的核动力厂，还应当说明事故电厂处于某一应急状态时非事故电厂可能受到的影响和应处的应急状态。

B.5 应急组织与职责

概述核动力厂正常运行组织和应急响应组织，提供相应的组织框图，给出应急指挥部的组成及各成员的职责、替代顺序，描述各应急行动组（其工作范围应覆盖通信、应急运行、堆安全分析、环境监测、事故后果评价、应急维修与工程抢险、治安保卫、后勤保证、消防、医学救护等方面）的组成及职责。

明确应急组织负责制定应急计划和进行应急准备，统一指挥在应急状态下的应急响应，并负责与国家核安全监管部门及场外应急组织的联系。

对于多堆厂址的核动力厂，其应急指挥部的组成，应保证具有统一协调场内应急响应行动的能力。

说明核动力厂应急指挥部与场外各应急组织（包括：国家核应急组织、地方核应急组织、国家核安全监督部门、核行业主管部门、上级主管部门及其他应急支援组织）的接口，重点描述与地方应急组织的接口、联络人、相互支援与责任分工等。

B.6 应急设施与设备

列出应设置的主要应急设施，包括主控制室、辅助或备用控制室（点）、技术支持中心或支持点、应急控制中心、运行支持中心（或支持点）、监测与评价设施以及通信系统等的位置，基本功能及应配置的主要设备与器材，同时说明某些设施是否满足可居留性的要求。应急控制中心和应急技术支持中心应能获得核动力厂的重要安全参数、场内及其邻近地区的辐射状况，具有向国家核安全监管部门进行通信联络、实时在线传输核动力厂重要安全参数的能力，以及与核动力厂所在省（自治区、直辖市）场外应急机构进行通信联络的能力。

概要描述公众信息中心，医学救护设施、淋浴与去污设施以及消防设备等应急辅助设施、设备的配置。

描述核动力厂设置的安全撤离路线、集合点以及所需满足的安全要求。

B.7 应急通信、报告与通知

描述对应急通信系统的基本要求（冗余性、多样性、畅通性、保密性以及抗干扰能力和覆盖范围）、所拥有的通信能力与系统（包括语音通信系统、数据收集和传输系统）；描述应急通知方法与程序，包括向国家核安全监管部门、国家核应急组织、地方核应急组织、核行业主管部门、上级主管单位等的应急报告，警报通知场内应急工作人员和非应急工作人员（包括承包商及外来参观人员）的方法和程序。

B.8 应急运行控制与系统设备抢修

描述应急状态下的运行控制（例如事故诊断与事故规程应用）及对系统设备抢修的工作安排。

B.9 事故后果评价

描述事故后果评价的目的、任务和主要工作内容：事故工况评价、堆芯损伤评价、工作场所与场内场外辐射水平监测与评估以及场外辐射后果的预测与评价，说明获取参数（预估源项、安全壳与流出物的辐射测量结果、气象参数、环境监测结果）的方法与安排，并重点描述场外辐射后果评价方法与应急环境监测内容及安排。

在应急计划中对堆芯损伤评价的方法和模式应有概要的描述，在程序中应说明堆芯损伤状况与一回路冷却剂中放射性核素比活度、安全壳 γ 辐射水平、堆芯裸露时间等参数的关系。

B.10 应急响应与防护措施

列出经场内、外协调一致的通用干预水平与通用行动水平，说明在应急状态下，如何根据监测结果对操作干预水平进行修改的原则与方法，并在附件中给出针对本核动力厂及厂址特点建立的操作干预水平。

应规定各应急状态下的通知（通知场内应急部门及人员，国家核安全监管部门，场外应急机构）与报告、启动应急组织、开展评价工作、应急抢修、采取纠正及补救行动和采取防护行动的决策及其实施的方法和程序；补救行动包括工程抢险措施、伤员救护和扑灭火灾等行动等。描述有关场内防护行动决策的原则和实施场内防护行动（包括人员的通知、清点、隐蔽和撤离等）的计划；说明对场外实施防护行动所承诺的责任和提出公众防护行动建议的方法和程序。

B.11 应急照射控制

说明控制应急工作人员辐射照射的基本原则，给出应急工作人员在各类应急行动中的剂量控制水平；概述控制应急工作人员照射的方法和应急照射的批准等程序。

B.12 医学救护

描述可用于应急状态下医学救护的设施、设备和能力，对受伤和受污染人员实施医学救护的计划的安排，以及可以获得的外部医学救护支援及计划安排。

B.13 应急补救行动

概述应急状态下可能采取的应急补救行动、相应的计划安排、可获得的场外消防支援，抗其它自然灾害的能力与安排等。

B.14 应急终止和恢复活动

概述应急状态终止的条件和应急状态终止的批准与发布程序；给出场内恢复组织的组成和职责；说明应急组织向恢复组织的职责转移及拟采取的主要恢复措施。

B.15 公众信息与沟通

描述核动力厂营运单位在与公众信息沟通中的职责，信息沟通的内容与方法，以及公众获得信息的渠道和新闻媒体信息传播的统一管理。

B.16 记录

描述对记录的基本要求和基本内容，包括制定、维持、修改应急计划的记录，应急响应的记录，以及应急终止与恢复阶段的记录。

B.17 应急响应能力的保持

应急响应能力的保持包括：

（1）培训：描述应接受培训的各类人员，说明对他们培训和再培训的内容和计划安排；

（2）演习：说明各类演习的目的、类别、规模、频度和情景设计，以及对演习的评议要求；

（3）应急设施、设备的检查、测试和维护：描述对主要应急设施、设备的定期检查、测试及日常维护工作的安排；

（4）应急计划的评议与修改：概要说明对应急计划进行评议和修改的要求、频度和方法，以及修改后的应急计划的审批和发放。

B.18 术语

列出本应急计划中使用的、使用者并不十分熟悉的或为本核动力厂及其营运单位专用的主要名词术语及其定义。

B.19 附件

列出本应急计划有关的各主要文件、资料的名称与内容，包括与各级应急组织及外部应急支援单位的协议文件、信件，以及操作干预水平与应急执行程序目录。

附录C 核动力厂营运单位执行程序清单示例

应急响应程序

1. 应急状态分级和应急行动水平

2. 事故机组状态诊断及分析或堆芯损伤评价程序

3. 应急组织的启动

4. 应急设施的启动与工作

5. 通知和报告程序

6. 事故后果评价

7. 场内应急防护行动

8. 应急工作人员受照控制

9. 场外应急防护行动建议

10. 公众信息与沟通

11. 应急状态终止和核动力厂恢复应急准备程序

12. 应急设施、设备、物资的管理、维护和检查

13. 培训

14. 演习

15. 应急计划与执行程序的评议、修改与发放

（列表）附录D 核动力厂应急组织举例

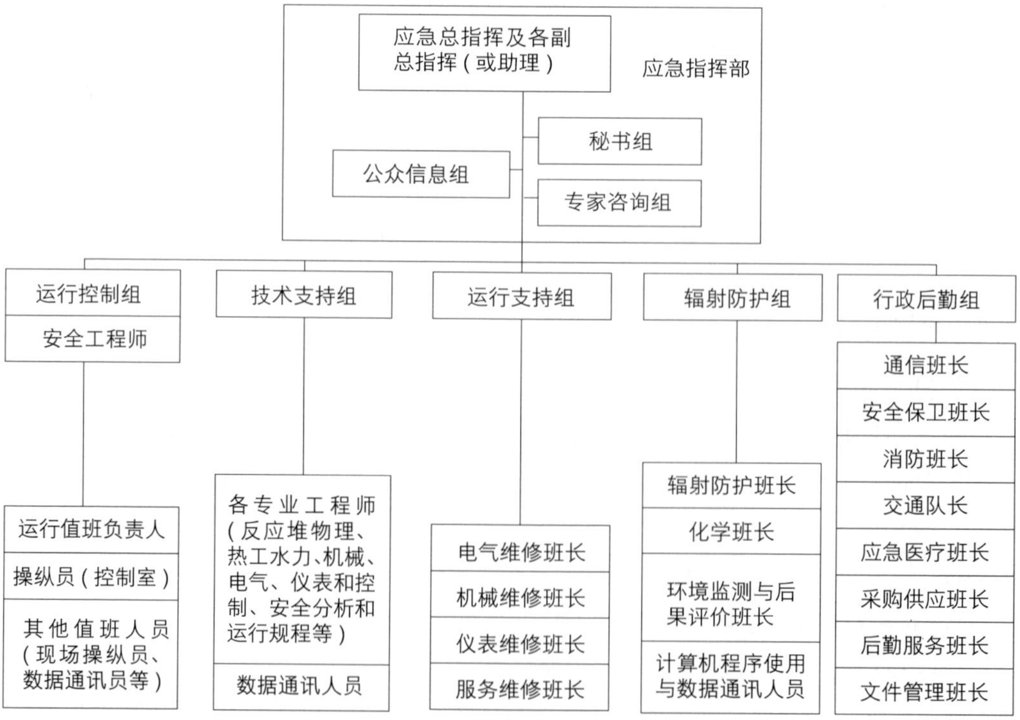

附录E 通用优化干预水平、食品通用行动水平

E.1 紧急防护行动的通用优化干预水平

紧急防护行动的通用优化干预水平如表E.1所列。

表E.1 紧急防护行动的通用优化干预水平

防护行动	适宜的持续时间（天）	干预水平[1]（可防止剂量）
隐蔽	<2	10 mSv
撤离	<7	50 mSv
碘防护	–	100 mGy[2]

注1：适当选择的受照人群的辐射剂量平均值。

注2：甲状腺的可防止剂量。

E.2 临时避迁和永久再定居的通用优化干预水平

临时避迁和永久再定居的通用优化干预水平如表E.2所列。

表E.2 临时避迁和永久再定居的通用优化干预水平

防护行动	适宜的持续时间（年）	干预水平[1]（可防止剂量）
临时避迁	<1	第一个月30mSv，随后的每一个月10mSv
永久再定居	永久	终身[2] 1Sv

注1：受避迁影响人群的辐射剂量平均值。

注2：为了保护最敏感的居民组（儿童），通常取70年。

E.3 食品通用行动水平

食品通用行动水平如表E.3所列。

表E.3 食品通用行动水平（kBq/kg）

放射性核素	一般食品	牛奶、婴儿食品饮水
Cs–134，Cs–137，Ru–103，Ru–106，Sr–89	1	1
I–131	1	0.1
Sr–90	0.1	0.1
Am–241，Pu–238，Pu–239	0.01	0.001

注1：表中建议的数值用于容易得到替代食品的地方，缺少食品的地方可采用较高的行动水平。

注2：不同核素组的准则应独立地应用于每组中放射性核素的总活度。

注3：少量消费的食品（例如每人每年少于10kg的香料调味品），因对个人产生的附加照射很小，可以采用比主要食品的行动水平高10倍的行动水平。

附录F 应急响应工作人员的剂量控制水平

对应急响应工作人员的剂量控制水平列于表F.1。

表F.1 对应急响应工作人员的剂量控制水平

响应行动类别	应急任务	剂量控制水平（mSv）
1	为抢救生命的行动	>500
2	可能的抢救生命的行动	500
3	防止演变成灾难性情况的行动	500
4	防止人员严重损伤的行动	100
5	避免出现大的集体剂量的行动	100
6	其他应急响应行动	50
7	恢复工作	单一年份，50

附件二：

核安全导则 HAD002/07-2010

核燃料循环设施营运单位的应急准备和应急响应

（2010年8月20日国家核安全局批准发布）
本导则自2010年8月20日起实施
本导则由国家核安全局负责解释

本导则是指导性文件。在实际工作中可以采用不同于本导则的方法和方案，但必须证明所采用的方法和方案至少具有与本导则相同的安全水平。

本导则的附录为参考性文件。

1. 引言

1.1 目的

依据《中华人民共和国民用核设施安全监督管理条例》和《核电厂核事故应急管理条例》以及其他核安全法规文件制定本导则，目的是为民用核燃料循环设施（以下简称核燃料循环设施）营运单位制定应急计划、进行应急准备及事故时开展应急响应行动提供指导。

本导则是指导性文件，营运单位在制定应急计划及开展应急响应行动时，可以不采用本导则推荐的方案和方法，但必须向国家核安全监管部门证明其所采用的方案和方法具有不低于本导则的安全水平。

1.2 范围

本导则适用于除核反应堆外的民用核燃料循环设施（包括铀矿冶、转化、同位素分离、元件制造、燃料后处理设施，以及放射性废物处理处置设施）营运单位的应急计划、应急准备和应急响应，以及国家核安全监管部门对营运单位应急计划的审评。

本导则对核燃料循环设施营运单位应急计划的制定提出了基本要求；对营运单位应急计划的内容与编写格式以及应急准备与应急响应能力的保持提出了比较详细的指导性建议；此外，还对应急计划实施程序的编制提供了指导原则。

对于不同类型的核燃料循环设施，由于它们加工、处理或贮存的核材料及其他放射性物质的数量、物理化学形态、核素组成、放射性活度和特性等差别颇大，它们的工艺技术、工程安全设施和运行方式等亦各有特点，从而使它们之中潜在的核事故的性质及其辐射后果可能存在相当大的差别。因此，对它们的应急计划、应急准备和应急响应的要求也有所不同。本导则将不对上述这些差别进行专门讨论。营运单位在使用本导则时，必须结合本核燃料循环设施的特点，开展威胁评估分析，以各种可能发生的核与辐射事故后果的评价为基础，参照本导则，制定应急计划和应急响应方案。

2. 应急计划的制定

2.1 不同阶段应急准备和应急响应的要求

2.1.1 厂址选择阶段

在评价核燃料循环设施厂址适宜性

时，应根据厂址自然与社会特征，论证核燃料循环设施厂址区域在整个预计寿期内执行应急计划的能力和实施应急计划的可行性。

2.1.2 设计建造阶段

在设计建造阶段，营运单位及有关单位应对核燃料循环设施事故状态（包括严重事故）及其后果作出分析，对场内的应急设施、应急设备和应急撤离路线作出安排，并编制场内应急计划和执行程序，开展相应的应急准备工作（包括完成应急设施的建设），编写应急演习计划。

在初步安全分析报告（PSAR）有关运行管理的章节中，应提出应急计划的初步方案，其内容包括：应急计划的目的，依据的法规和适用范围，营运单位所设置的应急组织及其职责的框架，应急计划区范围的初步测算及其环境（人口、道路、交通等）概况，主要应急设施与设备的基本功能和位置，撤离路线；说明应急资源及接口的安排。

若新建核燃料循环设施厂址内已有正在运行的其他核设施，则新建的核燃料循环设施营运单位及有关单位应针对正在运行的核设施潜在事故，编制相应的应急准备程序并进行适宜的应急准备。

2.1.3 首次装料前阶段

营运单位的应急计划应在经主管部门审查后作为独立文件，于首次投料试车前与最终安全分析报告一并报国家核安全监管部门审批，并按本导则的规定，进行投料前的应急演习。在运行开始前核燃料循环设施营运单位应作好全部应急准备。

2.1.4 运行阶段

在整个核燃料循环设施运行阶段，应急准备应做到常备不懈；应急状态下需要使用的设施、设备和通信系统等必须妥为维护，处于随时可用状态；应定期进行核应急演习和对应急计划进行复审和修订。

在核燃料循环设施进入应急状态时，应有效实施应急响应，及时向国家核安全监管部门报告事故情况并与场外应急机构协调配合，以保证工作人员、公众和环境的安全。

2.1.5 退役阶段

在核燃料循环设施退役报告中应有应急计划的内容，说明在退役期间可能出现的应急状态及其对策，考虑待退役的核燃料循环设施可能产生的辐射危害，规定营运单位负责控制这些危害的组织和应急设施。在退役期间一旦发生事故，应有效实施应急响应，以保证工作人员、公众和环境的安全。

2.2 应急计划的制定

核燃料循环设施营运单位必须根据本核设施特点和所在厂址周围的环境条件，制定营运单位的应急计划。营运单位的应急计划的主要内容包括：

（1）核燃料循环设施的一般特性（建造目的；设施类型；许可进行的核活动的运行计划；主要设施和功能等）；

（2）厂址的一般情况（地理位置和场区平面布置；厂址周围人口分布；厂址的气象条件、交通条件等）；

（3）应急组织；

（4）应急状态及应急行动水平；

（5）应急计划区；

（6）应急响应设施、设备和器材；

（7）应急响应和防护措施；

（8）应急终止和恢复行动；

（9）应急响应能力的保持；

（10）记录和报告。

本导则附录 A 对核燃料循环设施营运单位应急计划的格式和内容提出了要求与建议，营运单位可根据这些建议编写应急计划。考虑到核燃料循环设施的类型、特点及周围环境条件的差异很大，营运单位在制定应急计划时可对本导则规定的内容、格式做适当变动，但应保证，应急计划已覆盖了本导则规定的主要内容，且变动后的内容、格式已经国家核安全监管部门认可。

2.3 应急计划考虑的事故

核燃料循环设施营运单位应急计划主要针对那些导致或可能导致放射性物质释放失控，从而危及工作人员或公众健康或环境安全或财产损失的潜在核事故。所考虑的事故范围不仅要包括预期的运行工况和事故工况，而且应考虑那些发生概率更低，但后果更严重的事故，包括环境后果比设计基准事故更严重的严重事故。营运单位应开展全面的安全分析，确定适合本设施的用于应急计划的假想事故谱（特别是严重事故）及相应的源项大小。在确定用于应急计划的事故范围时，可部分基于设施的安全分析报告，并补充做进一步的分析。补充分析中可假设部分设计和运行性能失效，尽管这种失效是不大可能的。附录 C 给出了各主要核燃料循环设施的参考事故，可供营运单位制定应急计划时参考。

2.4 应急计划执行程序

营运单位应参照本导则附录 B 提供的指导原则编写各种必要的应急计划执行程序，包括实施应急响应行动的执行程序和为做好应急准备的应急准备支持程序。这些程序应为应急工作人员执行应急计划提供全面、具体的方法和步骤，保证应急准备规范、有序地进行和应急计划协调有效地实施。

不要求将执行程序纳入应急计划文本，一般也不要求将它们提供国家核安全监管部门审评。但国家核安全监管部门在审评应急计划或进行核安全检查时，可能会对这些程序文本进行检查。

3. 应急组织

3.1 营运单位的应急组织

3.1.1 营运单位应本着“积极兼容”的原则，在设施常规运行组织的基础上，成立场内应急组织。其主要职责是：

（1）执行国家核应急工作的方针和政策；

（2）制定、修订和实施场内核应急计划，做好核应急准备；

（3）确定核应急状态等级，统一指挥本单位的核应急响应行动；

（4）发生事故时立即采取措施，缓解事故后果；

（5）保护场区内的工作人员的安全；

（6）进行辐射监测；

（7）及时向国家和省（自治区、直辖市）核应急组织、主管部门和国家核安全监管部门及规定的部门报告事故情况，并保持在事故过程中的紧密联系；

（8）当核设施可能存在场外应急状态时，提出进入场外应急状态和采取场外应急防护措施的建议；

（9）根据需要，配合和协助省（自治区、直辖市）核应急组织做好核应急响应工作。

3.1.2 营运单位的应急组织包括应急指挥部和各应急行动小组。营运单位应在其应急计划中明确参加应急准备、应急响应和应急恢复等活动的各应急小组的人员组成及任务与职责。

3.1.3 营运单位的应急组织应具备在各级应急状态下昼夜24小时连续工作的能力。

3.2 应急指挥部

3.2.1 应急指挥部是场内应急准备和应急响应的领导和指挥机构，并负责与场外应急组织、上级主管部门及国家核安全监管部门的联系。应急指挥部由营运单位的主要行政与技术负责人及各相关部门（运行、维修、安防、保卫、后勤等）负责人组成。设应急总指挥一人（由营运单位的法人代表或其指定的人员担任），副总指挥若干人。

3.2.2 营运单位的应急计划应明确规定应急指挥的最高权限和具体职责，包括：

（1）组织制定和修改应急计划；

（2）组织落实和检查营运单位的应急准备工作；

（3）宣布和终止除场外应急外的其他应急状态；

（4）指挥实施场内应急响应行动，包括

——采取控制、缓解事故的行动；

——采取保护场内工作人员的应急防护行动；

——对场外是否需要采取保护公众的防护行动提出建议；

——向场外各级应急组织、上级主管部门和国家核安全监管部门报告或通报核应急信息，请求核应急支援或向场外应急组织提供核应急支援；

——组织指挥场内恢复行动。

3.3 应急行动小组

3.3.1 营运单位应根据本设施特点建立其职责可以涵盖下述各方面的应急行动小组：

——场内各系统的运行、操作；

——辐射测量与后果评价；

——临界安全评价；

——防护行动实施（隐蔽、撤离及人员清点、营救与寻找等）；

——医学救护；

——应急通讯；

——消防与保卫；

——交通运输与器材、物资供应等后勤保障。

3.3.2 营运单位的应急计划应明确规定各应急行动小组的应急负责人及其权限和责任；还应明确应急负责人的替代人员及替代顺序，并在相关的执行程序中列表给出他们的名字、电话号码和家庭住址。

3.4 与场外应急组织的接口

3.4.1 应在应急计划中明确营运单位应急组织与场外应急组织及其有关部门（如公安、消防、环保、应急管理、卫生、民防和救灾管理等部门）的接口，明确职责分工，并安排专门部门或专人担任与地方应急组织联系的联络员。

3.4.2 必要时营运单位应急组织应当向地方应急组织提供支援，包括提供有关核设施状况、辐射监测和事故后果预测方面的资料；提出场外防护行动的建议；根据地方应急组织的要求提供其他的技术咨询。

3.4.3 必要时营运单位应急组织可以请求地方应急组织向场内应急组织提供有关消防、公安、医疗、辐射监测等方面的支援。

3.4.4 应做好与各技术支持单位的接口，明确相互关系和职责分工，必要时，以协议的形式明确对技术支持单位的要求及它们应提供支持的内容。

4. 应急状态及应急行动水平

4.1 应急状态分级

4.1.1 四个应急等级

核燃料循环设施按其可能出现的事件、事故的辐射后果的严重程度和需要采取的应急响应行动，将应急状态划分为四级，依次为应急待命、厂房应急、场区应急和场外应急：

（1）应急待命 出现可能危及核设施安全的某些特定工况或事件，表明设施安全水平处于不确定或可能有明显降低，设施有关工作人员处于戒备状态。

（2）厂房应急 设施的安全水平有实际的或潜在的大的降低，但事件的后果仅限于厂房或场区的局部区域，不会对场外产生威胁。宣布厂房应急后，营运单位按应急计划要求实施应急响应行动，场外应急响应组织得到通知。

（3）场区应急 设施的工程安全设施可能严重失效，安全水平发生重大降低，事故后果扩大到整个场区，但除了场区边界附近，场外放射性照射水平不会超过干预水平。宣布场区应急后，营运单位应迅速采取行动缓解事故后果，保护场区人员；场外应急组织可能采取某些应急响应行动（如开展辐射监测），并视情况做好实施防护行动的准备。

（4）场外应急 事故后果超越场区边界，场外某个区域的放射性照射水平大于干预水平。宣布场外应急后，应立即采取行动缓解事故后果，实施场内、场外应急防护行动，保护工作人员和公众。

4.1.2 应急待命基本特征及实例

4.1.2.1 该级应急状态意味着核设施已出现可能引发潜在事故危险的特定事态，对工作人员的防护水平不确定或可能明显下降，但一般而言，尚无明显异常的放射性释放发生，营运单位有足够的时间采取有组织的预防性步骤和措施，防止事件进一步恶化或升级，避免可能发生的事故或减轻其后果。

4.1.2.2 某些设备故障、内部或外部人为事件（如设施的实体保护因爆炸物或骚乱而受到威胁或破坏）或严重的自然灾害（洪水、地震、台风、海啸、龙卷风等）均可能导致应急待命状态。

4.1.2.3 宣布处于应急待命后，营运单位应急组织应迅速采取的主要响应行动是评估和缓解事故及其后果和适当提高应急准备水平（如：设施有关人员进入准备状态、尽可能停止设施内暂不重要的某些常规工作或活动、做好应对事件升级所需要的各种预防工作）；同时按规定程序将事态的性质和严重程度报告国家核安全监管部门。

4.1.3 厂房应急基本特征及实例

4.1.3.1 该级应急状态意味着已发生或预计要发生某种事故，而且在场区的局部区域已产生或预计产生辐射后果，说明设施处于对工作人员防护水平严重下降的状态，但评价表明，辐射危害仅限于场区的局部区域（如某些厂房内），并未扩大到整个场区，更不会对场外构成威胁。

4.1.3.2 在最终安全分析报告中分析的、预期辐射后果仅限于厂房内或场区局部区域的事故可能导致厂房应急状态，厂房内发生的不具有厂房外辐射后果的火灾或爆炸属于这一级应急状态。

4.1.3.3 宣布处于厂房应急状态后，营运单位应急组织应当首先采取的响应行动是改善设施的运行状态，有效控制与缓解事故及其后果；同时按规定程序将事态的性质和严重程度报告国家核安全监管部门，并通报相关的场外技术支持单位；在这级应急状态下，可能还需要采取某些防护行动，例如事故现场附近人员的撤离或隐蔽，以及受影响区的出入控制。

4.1.4 场区应急基本特征及实例

4.1.4.1 该级应急状态意味着已发生或预计要发生某种事故，而且事故的辐射后果已经或预计会扩大到整个场区，场区边界附近的剂量预计会达到采取紧急防护行动的干预水平，说明设施处于对工作人员防护水平严重下降的状态，但评价表明，辐射危害仅限于场区内及场区边界附近，不会对场外构成威胁。

4.1.4.2 在最终安全分析报告中分析的、预期辐射后果可能涉及整个场区范围的事故可能导致场区应急状态。

4.1.4.3 宣布处于场区应急状态后，营运单位应急组织应当首先采取的响应行动是改善设施的运行状态，有效控制与缓解事故及其后果；同时按规定程序将事态的性质和严重程度报告国家核安全监管部门和地方政府，并通报相关的场外技术支持单位；需要采取的防护行动可能包括立即撤离除控制室或应急指挥中心以外的场区人员，实施进出入控制及开展辐射后果评价行动，包括进行场区外环境的监测。

4.1.5 场外应急基本特征及实例

4.1.5.1 该级应急状态意味着已发生或预计要发生某种事故，而且事故的辐射后果已经或预计会扩大到场外，场区边界附近的剂量预计会超过采取紧急防护行动的干预水平。评价表明，辐射危害已经或预期会对场外地区构成威胁。

4.1.5.2 宣布处于场外应急状态后，营运单位应急组织应当首先采取的响应行动是采取有效措施控制与缓解事故及其后果；同时按规定程序将事态的性质和严重程度报告国家核安全监管部门和地方政府，并通报相关的场外技术支持单位；向地方政府提出进入场外应急及采取保护公众的防护行动的建议。需要采取的防护行动可能包括立即撤离除控制室或应急指挥中心以外的场区人员，实施进出入控制及开展辐射后果评价行动，包括进行场区外环境的监测。

4.2 核燃料循环设施应急状态级别的确定

核燃料循环设施的应急状态可能包含两级（应急待命、厂房应急），也可能包含三级（应急待命、厂房应急和场区应急），甚至包含四级（应急待命、厂房应急、场区应急和场外应急），因核燃料循环设施的类型、特征等条件而异。因此，核燃料循环设施可能出现的应急状态级别，必须通过对该核设施可能发生的核事故及其辐射后果的分析评价确定。必须保证所建立的应急状态分级系统能覆盖其设施中可能出现的所有紧急状态。

对我国大多数核燃料循环设施，一般可不考虑场外应急，但潜在危险较大的设施。有可能需要实施场外应急，具体可参照附录 D。

对于可能发生较大量 UF_6 释放的核燃料循环设施，在确定应急状态分级系统时需考虑 UF_6 与空气作用产生的 HF 等的化学毒性的危害。

4.3 应急行动水平

营运单位的应急计划或应急计划执行程序中应根据核燃料循环设施的设计特征和厂址的环境特征提出可能导致核燃料循环设施出现各级应急状态的各种初始条件，说明判定每种应急状态的判据和准则。

营运单位应根据影响核燃料循环设施安全功能的设施和环境相关参数（例如，核材料系统边界的安全性、临界安全特征、场区辐射水平及各种自然灾害现象等）和流出物排放水平建立对应各级应急状态的应急行动水平，并在申请首次装料批准书时，提出初步制定的应急行动水平；在申请运行许可证时，提交经修订的应急行动水平供审评。判定核燃料循环设施应急状态的应急行动水平的部分实例见附录 D。

5. 应急计划区

5.1 对建立应急计划区的一般要求

5.1.1 营运单位应基于可能发生的事故及其辐射后果的分析，在其应急计划中明确需要建立的应急计划区类型以及应急计划区的范围大小。

5.1.2 应急计划区划分为烟羽应急计划区和食入应急计划区。前者针对放射性烟羽产生的直接外照射、吸入放射性烟羽中放射性核素产生的内照射和沉积在地面的放射性核素产生的外照射；后者则针对摄入被事故释放的放射性核素污染的食物和水而产生的内照射。

5.1.3 考虑到核燃料循环设施的类型、威胁等级、安全特征等差别颇大，从而使它们之中潜在的核事故的性质及其辐射后果可能存在相当大的差别。因此，对应急计划区类型和大小将因核燃料循环设施类型、规模、设计特征等情况的不同而有不同的要求。一般说，多数核燃料循环设施可能只需要建立一个应急计划区，且应急计划区的范围可能仅限于场区内。少量潜在危险较大且有可能需要实施场外应急的核燃料循环设施，有可能需要在其周围环境建立烟羽应急计划区和食入应急计划区。

5.1.4 对于可能发生较大量 UF_6 释放的核燃料循环设施，在确定应急计划区的范围时需考虑 UF_6 与空气作用产生的 HF 等的化学毒性的危害。

5.2 应急计划区的确定

5.2.1 营运单位应在其应急计划中提供确定应急计划区所考虑的事故及其源项、划定应急计划区的方法、安全准则。

5.2.2 确定应急计划区大小的准则、方法，可参照国家标准 GB/T 17680.1《核电厂应急计划与应急准备准则 第 1 部分：应急计划区的划分》。

5.2.3 潜在危险较大且有可能需要实施场外应急的核燃料循环设施的营运单位，应在其安全分析报告和应急计划中提出需建立的应急计划区类型及大小的申请，并论证其合理性。

5.2.4 确定核燃料循环设施应急计划区时，所考虑的事故及其源项应经国家核安全监管部门认可。

5.2.5 确定应急计划区（特别是烟羽应急计划区）的实际边界时，除了遵循本节 5.2.2 和 5.2.3 要求外，还应考虑核燃料循环设施周围的具体环境特征（如地形、行政区划边界、人口分布、交通和通信）、社会经济状况和公众心理等因素，使划定的应急计划区实际边界（不一定是圆形）符合当地的实际情况，便于进行应急准备和应急响应。

6. 应急设施和应急设备

6.1 概述

核燃料循环设施营运单位应根据日常运行和应急相兼容的原则，建立相应的应急设施，并在应急计划中对主要的应急设施（应急控制中心、控制室、通信系统、监测和评价设施、防护设施与设备、急救和医疗设施、其他必要的设备和物资等）做出必要的说明。

6.2 应急控制中心

6.2.1 营运单位应在其应急计划中明确应急控制中心的位置、功能和设计要求。

6.2.2 营运单位应在场区适当的地点建立应急控制中心。在应急状态下，应急控制中心是营运单位实施应急响应的指挥场所，还可以是某些应急行动小组的集合与工作场所。

6.2.3 应急控制中心应满足的主要设计要求有：

（1）在任何应急状态下都具有可居留性，采取防非法入侵的措施，保证应急指挥人员和应急工作人员在应急状态下可以在此中心安全地实施应急指挥与响应行动。因此，该中心应具有一定的屏蔽、密封与通风净化功能——视可能的事故后果而定；

（2）其位置应与可能的事故地点及

其他应急活动场所保持适当的距离，以保证应急指挥中心内的指挥、响应人员能够安全和不受干扰地工作；

（3）应配置必要的接收、显示设备，以获得有关设施工况的重要参数和厂址环境辐射状况的相关信息；还需要配备必要的个人防护用品、个人剂量监测仪表与环境辐射监测仪表等；此外，还应配置应急计划及其他相关文件（各种应急行动的实施程序；最终安全分析报告和环境影响报告；场区平面布置图、厂址地理位置图和场区周围地形图；应急人员花名册及其电话号码和家庭住址等）。

6.2.4 必要时建立备用应急控制中心。

6.3 控制室

6.3.1 营运单位应在其应急计划中明确控制室的位置、功能和设计要求。

6.3.2 控制室的主要功能是对核燃料循环设施的运行实施控制，并用于探明应急状态及对其进行分级，执行缓解行动以及启动响应组织。

6.3.3 控制室应满足应急状态下的可居留性要求，适当采取防非法入侵的措施，并配置有必要个人防护用品、辐射监测仪表、应急计划及其他相关文件（例如各种应急行动的实施程序）等。

6.4 通信系统

6.4.1 营运单位应配置必要的通信系统，满足场内应急通信（应急控制中心、生产调度室等各应急设施间的通信）、应急通知及场外应急通信（与国家和地方应急组织、上级主管部门、国家核安全监管部门以及技术支持单位等的通信）的要求。

6.4.2 应急通信系统应具有一定的裕度，满足可靠性和多重性要求。

6.5 监测、评价设施与设备

6.5.1 营运单位应在其应急计划中列出可用于应急监测，包括场所监测、个人监测、流出物监测、环境监测以及气象观测的设施与设备，描述它们的功能（或性能）、用途、数量，以及设施位置和仪表设备贮存或安装的地点，并说明它们可以满足监测与评价的要求。

6.5.2 营运单位应建立监测、诊断事故状态的手段和相应的事故（包括放射性释放与非放有害化学物质释放）后果评价系统。后果评价系统应能针对本燃料循环设施及其可能发生的事故特点，应用较快速简洁的模式开展事故后果评价（大气或水弥散估计和剂量估算，以及必要时进行核临界计算）。

6.6 防护装备与器材

应按应急计划安排，准备好现场应急工作人员的辐射防护装备与器材，例如，呼吸防护用的口罩、配有滤毒罐的防毒面具以及防护衣、帽、手套、鞋等。

6.7 急救和医疗设施

营运单位应在应急计划中明确营运单位所配备的现场人员去污、急救和医疗设施、设备与器材，可以提供支援的地方医院的名称、地点、功能和提供的服务项目，可以接收放射损伤救治的专科医院的名称、地点、功能和提供的服务项目。

6.8 其他应急设备和物资

需要准备的其他应急设备和物资包括：

消防器材、交通控制与人员撤离路线使用的标识物、事故抢救用的物资等。

6.9 应急撤离路线和应急集合点

营运单位应针对可能实施的人员撤离，设置具有醒目而持久标识的安全撤离路线和应急集合点，集合点应能抵御恶劣的自然条件，并配备为安全使用这些路线所必需的应急照明、通风和其他辅助设施。

7. 应急响应和防护措施

7.1 概述

核燃料循环设施营运单位应在其应急计划中明确所遵循的干预原则、干预水平，及出现每级应急状态时应采取的响应行动、防护措施以及执行的应急行动的程序。

7.2 干预原则和干预水平

7.2.1 干预原则

在应急干预的决策中，应遵循下列干预原则：

（1）正当性原则——在干预情况下，只要采取防护行动或补救行动是正当的，则应采取这类行动；

所谓正当，指拟议中的干预应利大于弊，即由于降低辐射剂量而减少的危害，应当足以说明干预本身带来的危害与代价（包括社会代价在内）是值得的。

（2）最优化原则——任何这类防护行动或补救行动的形式、规模和持续时间均应是最优化的，使在通常的社会、经济情况下，从总体上考虑，能获得最大的净利益；

（3）应当尽可能防止公众成员因辐射照射而产生严重确定性健康效应。如果任何个人所受的预期剂量（而不是可防止的剂量）或剂量率接近或预计会接近可能导致严重损伤的阈值（如国标 GB18871 – 2002 附录 E1 所列），则采取防护行动几乎总是正当的。

7.2.2 干预水平

用于核燃料循环设施核应急状态下公众防护行动的干预水平和控制食品的行动水平，应采用国标 GB18871 – 2002 附录 E2 中规定的应急照射情况下的通用干预水平与通用行动水平值。

7.3 应急响应行动

营运单位在应急状态下可能采取的应急响应行动有：

（1）应急启动与应急通知或报告；

（2）评价活动；

（3）补救行动；

（4）防护行动；

（5）应急照射的控制；

（6）医学救护。

7.4 各级应急状态下的应急响应行动

7.4.1 应急待命

（1）启动应急指挥中心；

（2）启动部分场内应急组织，通知必要的应急人员进入岗位，其他应急人员进入待命状态；

（3）实施部分应急响应行动，如运行人员应采取措施使核设施恢复和保持安全状态，并做好进一步行动准备；以及加强场区辐射监测等；

（4）按规定向国家核安全监管部门等有关机构报告。

7.4.2 厂房应急

（1）启动场内各应急组织，通知全体应急人员进入应急岗位；

（2）按应急计划的要求实施相应的应急响应行动，包括评价行动、补救行动和局部区域的防护行动、应急照射的控制和医学救护行动；

（3）按规定向国家核安全监管部门等有关机构报告；

（4）向地方应急组织或地方有关应急机构报告核事故情况、应急响应行动和必要的数据资料；必要时向应急技术支持单位通报情况。

7.4.3 场区应急

（1）应急工作人员全部到位，各应急行动组全面实施应急响应行动，包括评价行动、补救行动和防护行动，以及应急照射的控制和医学救护行动；

（2）适时实施场区内非应急工作人员的撤离；

（3）按规定，向国家核安全监管部门等有关机构报告；

（4）保持与地方应急组织或地方有关应急机构的信息交换与协调，必要时请求地方应急组织或地方有关应急机构以及应急技术支持单位的支援。

7.4.4 场外应急

（1）实施 7.4.3 节的所有响应行动；

（2）加强场区外辐射监测和辐射后果评价工作；

（3）向场外应急组织提出进入场外应急和实施公众防护行动的建议；

（4）明确应急总指挥应负责将实行应急的决定立即通知有关组织和人员，并提出进行通知时的要求，如提供初始信息的内容等。

7.5 评价活动

7.5.1 应急评价（包括应急监测）是应急响应行动决策的基础，应急评价结果则是实施防护行动的依据。在每一级应急状态下，营运单位都必须开展评价活动，判断事故性质、发展趋势、可能的后果及严重程度，估算场内外人员可能受到的辐射剂量（包括预期剂量、可防止剂量和剩余剂量），为确定是否采取校正行动和防护行动，以及采取什么校正行动和防护行动提供决策基础。

7.5.2 需要采取的评价活动主要包括应急辐射监测和事故后果评价，主要工作内容有：

（1）工艺参数的监测；

（2）流出物监测和场区与工作场所辐射水平监测；

（3）环境辐射监测及必要时空气中 HF 浓度的监测；

（4）气象参数的获取；

（5）事故后果评价与发展趋势的预测。

7.5.3 宜开发、使用与事故工况评价相结合的快速、简洁的事故后果评价模式（某些核燃料循环设施可能还需要建立临界安全评价模式）。通过评价获得场内外预期剂量、可防止剂量的分布，在与相应的干预水平比较的基础上，结合最优化分析，确定需要采取的应急防护行动。

7.5.4 应制定具有可操作性的应急

辐射监测方案和具体的实施程序或操作步骤。

7.6 补救行动

7.6.1 补救行动是应急状态下营运单位必须立即开展的最主要的响应行动之一，目的是控制和缓解事故，使核设施尽快和尽可能恢复到受控的安全状态，并减轻对工作人员和公众的辐射后果。

7.6.2 可能采取的补救行动有工艺系统或整个设施的紧急停闭、灭火、抢修，或其他纠正与缓解事故、减轻事故后果的行动。

7.7 防护行动

7.7.1 营运单位应在应急计划中描述在各级应急状态下场内可能需要采取的应急防护行动和具体的实施方案。对于有可能出现场外应急状态的核燃料循环设施还应在应急计划中描述提出进入场外应急和实施场外应急防护行动建议的安排。

7.7.2 场内可能采取的防护行动包括:

（1）非应急工作人员的部分或全部撤离。应在应急计划中对撤离条件、撤离路线和撤离方案做概要描述；

（2）人员集合、清点。应在应急计划中概要描述集合、清点方案，规定集合地点；

（3）受伤、受污染、受照射人员的现场医学救治和向地方或专科医院的转送；

（4）防止污染扩散和出入通道控制。应在应急计划中概要描述人员、车辆去污、污染区隔离及出入通道控制的安排；

（5）其他防护措施，如找寻失踪人员、使用个人防护用品等。

7.8 应急照射的控制

必须控制应急工作人员受到的辐射照射。营运单位应在应急计划中描述控制应急工作人员辐射照射的基本原则，规定各类应急工作人员剂量控制水平及受照审批程序，并概要描述应急状态下需要采取的控制应急工作人员照射的措施。

7.9 医学救护

7.9.1 现场医学救护的首要任务是抢救生命和外伤救治，辐射损伤救治则是核与辐射应急响应中特有的医学救治问题。辐射损伤的现场医学救治的主要内容包括：受污染、受照射状况的评估与受照剂量的估算、体表或伤口去污、受伤受污染人员分类、处理及病人转送等。

7.9.2 营运单位应建立现场医学救护和场外医学支持程序，并在应急计划中以附件形式给出与场外医学救护支持单位的协议及联系方式。

8. 应急终止和恢复行动

8.1 应急状态的终止

8.1.1 当核事故（或事件）的威胁和危害得到控制或消除，核设施已处于可控的安全状态，放射性物质的释放已停止或低于可接受的水平时，可以考虑终止应急状态。

8.1.2 营运单位应在应急计划中规定终止应急状态的条件和判断满足应急状态终止条件的准则，以及批准与发布终止各级应急状态的程序。

8.1.3 应急待命、厂房应急和场区应

急状态终止的决定由营运单位应急组织决定，由应急指挥宣布，并报告国家核安全监管部门和地方政府；场外应急状态的终止由营运单位提出建议，由核设施所在省应急组织决定，报国家核应急组织批准后发布。

8.2 恢复行动

8.2.1 应急状态终止后营运单位应采取相应的恢复行动，使核设施及场区环境尽快恢复到正常的状态。

8.2.2 营运单位的应急计划应提出应急状态终止后需要采取的恢复措施。应急状态终止后可能采取的主要恢复措施有：

（1）解除区域控制；

（2）评估设施、设备的损伤或破坏情况，对设施、设备做必要的检修；

（3）处理、处置放射性废物；

（4）继续开展辐射监测和放射性去污；

（5）必要时，评估核设施与重要核安全物项的安全功能，做好重新启动运行的相关准备，重新启动计划报国家核安全监管部门审评；

（6）开展事故总结与核应急响应工作总结。

9. 应急响应能力的保持

9.1 培训

9.1.1 为保持各类应急工作人员的应急响应能力，营运单位应制定各类应急工作人员的培训和定期再培训计划或大纲，明确应该接受培训的人员、培训的主要内容、培训和定期再培训的频度和学时要求、培训方法（授课、实际操作、考试等），以及培训效果的评价等。

9.1.2 需要接受培训的应急工作人员有：

（1）营运单位应急组织的负责人员；

（2）事故评价人员，包括控制室值班人员；

（3）辐射监测人员；

（4）消防与保卫人员；

（5）营救与医学救护人员；

（6）场外支援人员。

场区非应急工作人员，包括外来人员也应接受必要的培训。

9.1.3 培训的主要内容包括：

（1）应急计划的基本内容和完成应急任务的基本知识和技能；

（2）应急执行程序；

（3）人员防护技能，包括个人防护衣具的使用；

（4）应急状态下应急人员的职责。

9.1.4 在核燃料循环设施运行寿期内，营运单位对所有应急工作人员（包括应急指挥人员），每年至少进行一次与他们预计要完成的应急任务相适应的再培训与考核。

9.2 演习

9.2.1 营运单位应通过经常和适时地组织应急演习检验和提高核应急组织的应急响应能力、核应急工作人员熟悉和胜任核应急工作的程度，以及核应急计划和应急执行程序的适宜性和有效性。

9.2.2 应急演习分为三类，即场内外应急组织同时参加的联合演习、场内不同方面应急工作人员共同参加的综合演习和仅由场内某一方面的应急工作人员进行的单项演习。

9.2.3 综合演习每 2 年进行 1 次，单项演习每年进行 1 次；涉及场外应急时，联合演习每 5 年进行 1 次。在核设施首次装料启动前，营运单位应进行一次全体应急人员共同参加的全面的综合演习（对可能出现场外应急状态的核燃料循环设施，则应开展有场内场外核应急组织共同参加的联合演习）。

9.2.4 在每次演习之前应设计演习情景，编制演习计划。营运单位应将演习计划和演习情景事先报国家核安全监管部门。演习结束后，应对演习的效果、取得的经验和存在的问题等进行评价，并对应急计划提出修改意见。

9.2.5 应不断提高演习的实效性。原则上要求演习情景在演习前对参演人员保密。

9.2.6 营运单位对国家核安全监管部门在演习评估报告中提出的营运单位在应急准备中存在的问题，应及时加以纠正。

9.3 应急设施、设备的维护

9.3.1 营运单位应保证所有应急设施、设备和物资始终处于良好的备用状态，为此，应做好对应急设施、设备和物资的经常性保养、维护、检修和清点。

9.3.2 营运单位应定期不定期地对应急设施、设备和物资进行检查，确定它们是否存在，是否可以正常使用或操作，以及是否满足应急响应功能的要求。

9.4 应急计划的评议与修改

为使应急计划不断改进和完善，维持其有效性和可实施性，营运单位应根据设施及环境条件的变化，以及培训和演习中揭示的问题，每 2 年对应急计划及其执行程序进行评议和修订。修订后的应急计划应在原计划有效期满前三个月报国家核安全监管部门，经审评后方可生效。在发生重大核事故或国家相关法律、法规有重大变化时也应进行修订。修订后的应急计划应按规定程序报国家核安全监管部门审评。

10. 记录和报告

10.1 记录

营运单位应把应急准备工作和应急期间的情况详细地进行记录并存档，其主要内容包括：

（1）培训和演习的内容，参加的人员和取得的效果等；

（2）应急设施的检查和维修，应急设备及其配件的清点、测试、标定和维修等情况；

（3）事故始发过程和演变过程；

（4）应急期间的评价活动、采取的补救措施、防护措施和恢复措施以及应急行动的程序等。

10.2 应急通告和报告

10.2.1 营运单位应在进入应急状态后 1 小时内，用电话传真方式向国家核安全监管部门和所在地区监督站发出应急通告。

10.2.2 营运单位应在核事故发生并进

入厂房应急或高于厂房应急的状态后的1小时内用电话传真方式向国家核安全监管部门和所在地区监督站发出初始应急报告；在应急初始报告发出后，每隔2小时用电话传真方式向国家核安全监管部门和所在地区监督站发一次后续报告，直到退出应急状态为止。源项及应急状态变化时要立即报告。

10.2.3 营运单位必须在核事故应急状态终止后及时发出应急状态终止报告。

10.2.4 营运单位的核应急通告、初始应急报告和后续应急报告的内容和格式，按核安全法规《中华人民共和国民用核设施监督管理条例实施细则之二附件三——核燃料循环设施的报告制度》执行。

10.3 事故最终评价报告

营运单位应在终止应急状态后30天内向国家核安全监管部门和所在地区监督站提交核事故最终评价报告。报告的主要内容包括：

（1）事故的始发和演变过程；

（2）事故过程中放射性物质释放方式，释放的核素及其数量；

（3）事故发生的直接原因和根本原因；

（4）事故发生后采取的补救措施和应急防护措施；

（5）对事故后果的估算，包括场内外剂量分布、环境污染水平和人员受照射情况；

（6）事故造成的经济损失；

（7）经验教训和防止再发生的措施。

名词解释

场区

具有确定的边界，由核设施营运单位有效控制的核设施所在区域。

应急行动水平

用来建立、识别和确定应急等级和开始执行相应的应急措施的预先确定和可以观测的参数或判据。它们可以是特定仪表读数或观测值；辐射剂量或剂量率；气载、水载和地表放射性物质或化学有害物质的特定的污染水平。

预期剂量

若不采取防护行动，预期会受到的剂量。

可防止剂量

采取防护行动所减少的剂量，即不采取防护行动的情况下预期会受到的剂量与采取防护行动的情况下预期会受到的剂量（剩余剂量）之差。

应急计划区

指在核设施周围，根据事故分析及厂址特征预先确定的、应制定有应急计划并在事故应急中能执行应急防护措施的区域。该区域可以是在场区内，也可能包括场外某些地区。

执行程序

一些有卷可查的指令。它详细说明为实现应急计划的目标而需要采取的行动和执行方法。

干预水平

针对应急照射情况所制定的可防止的剂量水平，当达到这种水平时应考虑采取相应的防护行动。

行动水平

在应急照射情况下，应考虑采取防护行动的剂量率水平或活度浓度水平。

附录A 核燃料循环设施场内应急计划的标准格式与内容简述

A.1 总则

A.1.1 目的

说明营运单位编制应急计划的必要性、目的。

A.1.2 依据

列出应急计划的编制依据（法律、法规、导则、标准和相关文件）。

A.1.3 适用范围

说明应急计划所适用的设施或区域，并概要给出应急计划与下列程序或计划的关系：

（1）应急计划本身的实施程序；

（2）设施的运行、辐射照射控制和实体保护程序；

（3）营运单位的其它应急计划（例如多设施厂址其他设施的应急计划、本核燃料循环设施其他非核突发事件应急预案）。

A.2 设施及其环境概况

A.2.1 设施概况

概述核燃料循环设施的地理位置、建造目的、许可进行的核活动及其运行计划、主要设施与功能（附场区平面布置图），以及主要安全特性与工程安全设施等。

A.2.2 环境概况

简要说明场区周围与应急准备和响应相关的主要环境特征，包括：地形、气象、水文、土地与水资源利用、人口分布、居民中心（可能存在场外应急状态的核设施还应提供有关特殊居民组：敬老院、幼儿园、监狱等的情况）以及重要工业设施、交通条件等。

A.3 应急状态分级与应急行动水平

A.3.1 假定的核事故类型

给出营运单位制订应急计划时所考虑的各种核事故类型。描述事故发生的可能部位、原因、可能的后果，以及与应急状态的对应关系，特别注意分析是否可能出现场外应急。

A.3.2 应急状态分级

详细描述各级应急状态的特征，简要说明场内外应急组织应采取的应急响应行动。

对于多设施厂址的核燃料循环设施，还应当说明发生事故的设施处于某一应急状态时，非事故设施可能受到的影响和应处的应急状态。

A.3.3 应急行动水平

详细说明用于识别、确认并宣布各级应急状态的判据或应急行动水平。所给出的判据应尽可能是定量的，并且是基于核设施的设计特征和厂址环境特征得到的。

A.4 应急组织

A.4.1 设施的常规运行组织

给出设施的常规运行组织框图，标明其主要机构的负责人及职责关系。要清楚地指出谁处于对整个设施直接负责的一线值班岗位，并说明他在宣布应急方面的最高权限和具体责任。

A.4.2 场内应急组织

A.4.2.1 场内应急组织与职责

描述场内应急组织及其职责；给出场内应急组织框图，标明各机构的职责及相互关系。

A.4.2.2 应急指挥部

给出应急指挥部的组成、应急指挥及应急指挥部成员的职责、替代顺序。

A.4.2.3 应急行动组

说明营运单位根据应急准备与常规运行积极兼容的原则所建立的应急行动组和它们的组成、任务及相互间的接口。

A.4.3 与场外应急组织的接口

说明场内应急组织与场外各应急组织（包括：国家核应急组织、地方核应急组织、国家核安全监管部门、以及上级主管部门等）间的接口，重点描述与地方应急组织的接口，包括联络人、相互支援与责任分工等。

A.4.4 与场外应急支持机构的协调

说明场外应急支持机构（如医疗、消防和辐射监测机构等）所提供的应急支援，包括机构的名称、位置，以及支援的种类、提供方式和联系手段等。应将与这类机构所签订的协议或合同收入附录。

A.5 应急计划区

对于可能存在场外应急状态的核燃料循环设施，应在本章描述用于确定应急计划区大小的事故源项、确定应急计划区的方法、推荐的应急计划区大小及应急计划区的主要环境特征。

A.6 应急设施与设备

本章应列出并扼要描述营运单位根据积极兼容原则要利用或保持的应急设施与设备，并给出各物项的位置。如果可能，可以引用最终安全分析报告的有关章节。

A.6.1 应急控制中心

应说明应急控制中心和备用应急控制中心的位置、主要功能、所配备的应急设备与物资及可居留性。

A.6.2 控制室

说明控制室的位置、主要功能、所配备的应急设备与物资及可居留性。

A.6.3 通信系统

应对工厂内部和场内、外之间的通信系统及它们的应急电源进行扼要说明，包括通信工具的种类、通信能力和人员安排及进行功能试验的频度等。

A.6.4 监测与评价设施

本节应列出各种可以用于应急评价的应急监测与评价系统和设备。这类系统和设备应包括：地球物理观测仪表（如气象、水文等监测仪表）或获得有关资料的手段；辐射监测仪表；工艺参数监测仪表；火灾探测与报警系统；事故后果评价系统等。

说明这些系统或设备的数量和位置，论证它们的可利用性。

A.6.5 防护设施与设备

应对计划安排的防护设施和设备，包括撤离人员安置场所的功能等进行说明。如果在最终安全分析报告中已经给出了有关的设计细节，则这里只需给出一个简单的摘要。

A.6.6 急救和医疗设施

应对现场急救和医疗设施进行简要描

述（对于场外急救和医疗设施，要在附录中将它们列出，给出关于使用这些设施的协议）。

A.6.7 控制损坏所需的设备和物资

应扼要说明应急条件下为控制安全重要构筑物、系统或部件遭受的损坏计划利用的设备和物资。

A.7 应急响应和防护措施

A.7.1 干预原则和干预水平

描述采用的干预原则、各种防护行动下使用的通用干预水平和控制食品的通用行动水平。

A.7.2 应急响应行动

概述各级应急状态下计划采取的应急响应行动或措施，特别要对拟采取的即时响应行动进行详细说明。

A.7.3 应急组织的启动与应急通知和报告

概述在工作和非工作时间发布每一级应急状态的具体方法、启动应急组织的程序、描述每一级应急状态下通知或调动应急人员的通信方法，以及向场外应急组织的报告程序。

A.7.4 监测和评价活动

列出应急状态期间营运单位监测和评价工作的目的、任务和主要内容，描述事故工况评价（含临界安全评价）和场外辐射后果评价方法、应急状态下流出物监测、工作场所监测与环境监测内容及安排。

A.7.5 补救行动

概述应急状态期间营运单位补救行动的主要内容，包括控制事态、减轻事故后果等方面的工作，例如设施设备的关闭、工程抢险和扑灭火灾等。

A.7.6 防护行动

描述营运单位计划实施的保护场区人员的具体应急防护行动，包括采取人员隐蔽、撤离和清点，使用防护设备与器材以及污染控制等措施，说明实施这些防护措施的计划安排，包括人员集合清点的地点、人员撤离路线、车辆安排及交通控制等的安排。

A.7.7 应急照射的控制

描述控制应急人员受照剂量的措施，说明控制应急工作人员辐射照射的基本原则，规定各类应急工作人员剂量控制水平及受照审批程序。

A.7.8 医学救护

描述应急医学救护的任务和计划安排，说明与医疗服务机构所达成的医学处理安排，并说明它们所具有的急救及内、外照射评价和医学处理能力。与有关医疗机构所签订的合同收入应急计划的附录。

A.8 应急终止和恢复行动

A.8.1 应急状态的终止

给出终止应急状态的条件，规定批准与发布终止各级应急状态的程序。

A.8.2 恢复行动

恢复行动的主要内容，包括恢复行动的组织与责任划分等。

A.9 应急能力的保持

A.9.1 培训

描述需要进行培训的各类应急人员，给出培训和定期再培训大纲，概要说明培训的主要内容、时间安排、课程计划、实际操作、定期考核和培训效果的评价等。

还应对非应急组织人员的教育或培训进行说明。

A.9.2 演习

说明演习的目的、类别、规模、频度和情景设计，以及对演习的评议要求。

A.9.3 应急设施、设备的维护、测试和检查

描述对主要应急设施、设备的定期检查、测试及日常维护工作的安排.

A.9.4 应急计划的评议与修改

规定对应急计划进行评议和修改的要求、频度和方法，以及修改后的应急计划的审批和发放。

A.10 记录与报告

A.10.1 记录

列出对记录的基本要求和记录的主要内容，包括：（1）应急计划的制定、复审和修改；（2）培训与演习；（3）应急设施与设备的检查与维修；（4）紧急事态的始发与演变过程、造成的破坏程度及污染部位；（5）应急响应与恢复等。

A.10.2 报告

给出向主管部门、国家核安全监管部门及其他有关部门的报告制度，说明报告的要求。

A.11 附录

营运单位应急计划的附录应包括下列内容：

（1）所有专门用于所考虑的核燃料循环设施应急计划的术语，或者其含义和通常不同的术语的定义；

（2）与场外支持机构所签订的合同或协议的副本；

（3）应急计划书面实施程序的名称清单；

（4）场区及其周围附近地区的地图，要以适当的比例和醒目的标记绘制，特别要将非居住区标示清楚；

（5）在设施现场备有的各种书面程序和防护设备与物资的详细分类目录。

附录B 核燃料循环设施场内应急计划执行程序的内容简述

B.1 应急启动程序

对应于每一级应急状态均应有一个启动程序，用以规定和实施该级应急状态所要求的预先周密计划好的启动行动。每一个这样的程序均应：（1）明确规定宣布进入这一级应急状态的应急行动水平或条件；（2）将需要通知和动员的应急组织按优先顺序列出；（3）规定指定人员和应急组织必须迅速采取的应急行动。

B.2 应急行动程序

B.2.1 通知和通信

对应于每一级应急状态均应规定通知和动员应急组织和场外支持机构的呼叫核对表。如果该核对表不太长或不太复杂，则应将它们纳入应急启动程序。

通信程序应包含对应急命令和通知进行应答的规定，同时应包含关于出事地点、场区应急控制中心、控制室和有关场外机构等相互间进行通信联络的相对优先级规定。为了确保内部与外部信息的迅速传送，程序应对声响通信设备（电话和无线传呼

装置）和远距离传真设备的使用做出详细说明，并应要求将通知核对表事先置于指定位置。

B.2.2 辐射监测

程序应规定在场区内和场区周围进行应急辐射监测所用的方法，如果可能，还要给出事先计划的监测位置。程序还应包括或引用向负责应急评价工作的人员或组织提供所获得的数据和信息的有关要求。

B.2.3 人员监测和去污

程序应规定，必须对离开已知或预期受污染区域的人员进行监测。应对需要采取去污措施的污染水平做出规定。程序还应包括或引用适用于不同类型及水平的放射性污染的去污方法。

B.2.4 撤离

撤离程序要给出需要实施撤离行动的应急行动水平。要说明第一和第二撤离路线和集合地点。撤离程序与人员清点和人员监测程序有关，因此应与这些程序联合使用或直接引用这些程序。

B.2.5 人员清点

程序中应规定人员清点方法，以保证所有在现场的人员均能及时得到紧急通知或警告，并从需要撤离的区域撤出。

程序应指定专人负责现场人员的清点。程序中应含有适当的人员清点核对清单和签字要求，并应对需要向应急指挥中心报告的信息做出规定。

B.2.6 评价行动

程序应对信息和数据获取系统进行描述；应将在应急控制中心可以利用的信息的类型和来源，由辐射仪表和气象仪表获取的数据的类型和测量位置，以及在厂房内、场区内、场区边界和场外所测定的辐射水平和污染水平等区分清楚。程序应以来自多个传感器的读数为基础确定是否达到应急行动水平或应急干预水平。程序还应将获取评价数据和利用评价数据的职责加以划分。

B.2.7 医学救护

程序应对受伤人员的接收、转送、护理和医疗处理的方法作出详细规定，还应对处理受污染人员的注意事项和所需的特殊处理给出详细说明。应对场内、外医疗设施及它们的可利用程度分别加以说明。

B.2.8 消防

应根据可能发生的各类火灾分别制定消防程序，包括对需要启动的场内、外消防队的响应能力的要求。特别应对扑灭可能涉及放射性物质的火焰或消防人员可能受到辐射照射情况下的注意事项和消防人员的受照监测做出专门规定。程序还应包括对场内、外消防队的责任、能力及装备做出说明。

B.2.9 再进入

重新进入已撤离区域的目的可以是营救生命、寻找并救出失踪和受伤人员或操作修理或恢复关键设备或系统等。应为再进入行动制订程序和指导原则。在这种程序中，应包括用于确定再进入人员和抢险人员的最大应急受照剂量的原则。程序还应规定批准应急人员为抢救生命而接受应急照射的手续。

B.2.10 保卫

保卫程序应为应急期间设施的安全保

卫和通告管制提供保证；同时应对应急车辆和人员的通行不受阻碍做出规定。

B.2.11 恢复

程序应包括恢复行动的行动水平和指导原则。虽然要为所有可能情形都事先计划好详细的恢复行动是不现实的，但是，制订一些程序对设施中可能受影响部分的检修、去污和恢复等作出初步考虑，不仅是需要的，也是可能的。

在进行现场恢复操作期间，工作人员的受照剂量应保持在国家规定的限值以内。

B.3 辅助程序

B.3.1 通信保障

程序应对启动、运行、检查和维护应急通信系统的要求、步骤做出明确的规定。

B.3.2 记录及其保存

程序应包括关于应急响应行动的实施、完成或终止的记录要求、评价数据的记录要求、人员清点的报告要求和各项记录或报告的保存要求等。

B.3.3 设备与仪表

应编写或备好设备和仪表的操作说明书，并将其和设备或仪表保存在一起。程序中应包括工具、设备和仪表的储备清单，同时应包括对它们进行定期盘点、检查、校准和保养的各项规定。

B.3.4 培训

应将应急培训大纲写成书面文件，明确规定需要培训的各类人员，并根据各类人员在事故应急中的任务制定授课计划或讲课提纲、实际操作训练和定期考核制度。大纲应包括对营运单位工作人员和场外支援人员的培训。

B.3.5 检查与训练

程序应对利用逼真的情景进行实际训练作出规定，以检验专用程序和应急计划主要部分的可实施性。应对所用的情景进行设计，以模拟各种紧急事态；并应对所设计的情景的适用范围和适宜程度进行评审。应考虑进行事先通知和不通知的这样两种类型的检查和训练。

B.3.6 程序的审查与批准

应制定执行程序的编制规则和修改与更新细则。细则中应规定一些方法，用以保证对各种程序及其修改的适宜性进行审查，对程序的下发使用进行批准，并保证将程序分发给对程序的实施负有责任的组织和个人。

附录C 用于核燃料循环设施应急计划的参考事故

1. 铀矿开采

常规工业事故（如火灾、爆炸）；

废石场垮塌事故；

严重自然灾害（如龙卷风、洪水、地震）；

全厂正常供电和应急电源全部长时间失电事故。

2. 铀选冶加工

火灾（如来自溶剂萃取回路的火灾）；

尾矿库溃坝事故；

严重自然灾害（如龙卷风、洪水、地震）；

全厂正常供电和应急电源全部长时间失电事故。

3. UF_6 转化

大量 UF_6 释放事故，特别是数吨级 UF_6 热罐破裂（特别关注 HF 和重金属铀的化学毒性的危害）；

火灾、化学爆炸；

严重自然灾害（如龙卷风、洪水、地震）；

全厂正常供电和应急电源全部长时间失电事故。

4. 铀浓缩

大量 UF_6 释放事故（类同 UF_6 转化）；

临界事故；

常规工业事故（如火灾、爆炸）；

严重自然灾害（如龙卷风、洪水、地震）；

全厂正常供电和应急电源全部长时间失电事故。

5. 铀燃料元件

元件制造临界事故；

大量 UF_6 释放事故；

氢爆炸事故；

严重自然灾害（如龙卷风、洪水、地震）；

全厂正常供电和应急电源全部长时间失电事故。

6. 乏燃料贮存水池

燃料组件掉落，燃料棒破损事故；

临界事故；

水池水位不可控下降事故；

严重自然灾害（如龙卷风、洪水、地震）；

全厂正常供电和应急电源全部长时间失电事故。

7. 乏燃料干罐贮存

丧失屏蔽事故；

装贮全是破损燃料棒的贮罐盖子脱落事故；

严重自然灾害（如龙卷风、洪水、地震）。

8. 乏燃料后处理

临界事故；

火灾；

爆炸事故（如红油爆炸、高放废液蒸发器爆炸）；

锆合金粉末着火事故；

液体贮存大罐破裂事故；

严重自然灾害（如龙卷风、洪水、地震）；

全厂正常供电和应急电源全部长时间失电事故。

附录 D 核燃料循环设施应急行动水平的示例

应急待命：

1. 放射性流出物排放明显超过技术规范值

2. 获悉在设施周围将发生严重的自然现象，如台风、地震、飓风、龙卷风等

3. 场区内或场区附近发生火灾或爆炸

4. 设施实体保护受到威胁，例如有人企图强行闯入

厂房应急：

1. 可能影响放射性物质或安全系统的场内火灾

2. 可能影响放射性物质或安全系统的

自然现象（如地震，洪水，海啸，狂风，龙卷风袭击核设施）

3. 可能影响放射性物质或安全体系的其他严重事件——飞机坠落进设施，爆炸引起设施的损坏，在设施中有毒或易燃气体不可控制的释放

4. 设施中的辐射水平或气载浓度水平升高（比正常水平高出 100 倍），或场区内出现接近紧急防护行动干预水平的高剂量

5. 保安正受到危害，例如恐怖分子或犯罪分子的活动可能导致场区处于危险状态

6. 反应堆乏燃料事故，放射性释放到包容屏障或燃料处理建筑物

7. 发现易裂变材料不处在几何安全的条件容器中或其他条件下会引起临界危险，或在远离厂址边界处发生临界事故

场区应急：

1. 涉及放射性物质或损坏安全系统的场内火灾

2. 实际损坏安全系统或放射性物质的整体性的严重自然现象（如地震，洪水，海啸，狂风，龙卷风袭击核设施）

3. 实际损坏安全系统或放射性物质的整体性的其他严重事件——飞机坠落进设施，爆炸引起设施的损坏，在设施中有毒或易燃气体不可控制的释放

4. 在设施外的辐射水平或气载浓度水平升高（比正常水平高出 100 倍），或场区边界附近出现接近或大于紧急防护行动干预水平的高剂量

5. 设施的实体控制立即的或实际的丧失

6. 反应堆乏燃料严重损坏，放射性释放到包容屏障或燃料处理建筑物外

7. 不可控的临界立即或实际发生

8. 不法分子或犯罪分子的活动可能破坏关键安全设施的功能，或导致严重的释放或照射的发生

场外应急：

1. 处于加热状态的数吨级 UF_6 热罐破裂

2. 大型铀尾矿库溃坝

3. 靠近场区边界处发生临界事故

4. 乏燃料贮存水池池水排干事故

5. 乏燃料后处理厂高放废液蒸发器爆炸

6. 高放废液大罐爆炸

核能行业发展

核能行业综述

2010年是“十一五”的收官之年。“十一五”是我国核能发展历史中非常重要的时期。在党中央、国务院的正确领导下，在“积极发展核电”方针的指引下，我国核能行业抓住机遇，开拓进取，确保安全，加快发展，取得了一系列重大进展，为优化我国能源结构、减少温室气体排放、促进经济社会发展作出了新的贡献。可以说，过去的五年，是我国核能行业实现重大转折、健康快速发展、取得举世瞩目成就的五年。

一、在役核电机组安全生产业绩稳步提升，核电装机容量首超千万千瓦

在役核电的安全稳定运行是核能行业持续发展的基本前提。2010年，我国“十五”期间唯一开工建设的核电项目岭澳核电二期1号机组、“十一五”期间首个开工建设的核电项目秦山二期扩建工程3号机组正式投入商业运行，结束了我国连续三年没有新的核电机组投运的状况，进入了核电建设的收获期。当年新增核电装机容量174万千瓦，使我国大陆在役核电机组数达到13台，装机容量达到1080.8万千瓦，占全国电力装机总量的1.1%。2010年，我国在役核电机组继续保持安全稳定运行，年累计发电量747.42亿千瓦时，同比增加6.7%；年累计上网电量707.36亿千瓦时，同比增加6.5%，11台机组的平均负荷因子达到91.5%。“十一五”期间，累计发电量为3318.1亿千瓦时，累计上网电量为3129.4亿千瓦时，五年平均负荷因子达到85.7%。没有发生国际核事件分级表界定的2级和2级以上运行事件；职业人员个人剂量和集体剂量均在较低水平；核电厂放射性流出物排放指标远低于国家标准限值。按世界核电运营者协会（WANO）11类、13项性能指标对照，在全球400余台运行机组中，我国在役核电机组总体处于中等偏上水平，其中8台机组处于世界先进行列。我国核电运营实践表明：崇尚安全文化、培育专业团队、实施规范管理、采用先进技术、重视经验反馈、追求持续改进等做法，是夯实行业安全基础的良好实践，也是不断提高核电运行业绩的必由之路。在役核电站良好的运行记录，不仅为我国核电安全高效发展提升了信心，也为核电可持续发展奠定了坚实基础。

二、核电建设加快推进，在建规模世界领先

为贯彻“积极发展核电”的方针，2007年国家颁布了《核电中长期发展规划（2005—2020年）》。五年来，国家加大了核电领域投资力度，陆续规划、开发了一批核电厂址，核准、开工了一批核

电项目，核电中长期发展规划加快推进，我国核电进入规模化、批量化发展新阶段。在2009年新开工9台机组的基础上，2010年又有宁德3号、台山2号、昌江1号、海阳2号、防城港1号、宁德4号、阳江3号、昌江2号、防城港2号、福清3号等10台机组相继开工建设。到2010年底，我国已核准13个核电项目共34台机组，核准规模3702万千瓦；其中建成投产2台，在建28台，在建规模3097万千瓦，占世界在建核电机组的百分之四十以上。特别是，三代核电自主化依托项目、世界首批4台AP1000机组，已先后于2009、2010年在浙江三门、山东海阳开工；与法国合作建设的2台EPR三代核电机组，也相继在广东台山开工，标志着我国三代核电引进工作正在顺利实施。

三、以核电工程建设为依托，核电装备国产化取得新突破

核电装备制造业的自主化能力对国家核电发展战略的实现具有举足轻重的影响，为核电建设提供设备是装备制造业的光荣使命，核电的快速、批量发展又为装备制造业提供了难得的历史机遇。“十一五”期间，国家实施了《“十一五”重大技术装备研制和重大产业技术开发专项规划》、《装备制造业调整振兴规划》，以辽宁红沿河、福建宁德和福清、广东阳江、浙江方家山和三门、山东海阳以及后续核电站建设工程为依托，推进二代改进型、AP1000核电设备自主化，重点实现压力容器、蒸汽发生器、控制棒驱动机构、核级泵阀、应急柴油机等主要设备的国内制造。五年来，以东方电气、上海电气、哈电集团、中国一重、中国二重等为代表的国内主要核电制造企业都进行了大规模的投入和专项技术改造，重型装备制造基地和锻铸件改扩建生产基地相继投入使用，使我国核电制造基地的装备水平可与国际先进水平相媲美，研发水平和制造能力大幅提升。反应堆压力容器、蒸汽发生器、堆内构件、控制棒驱动机构、应急电源、核级泵阀等一大批核电关键设备实现了国产化，数字化仪控系统国产化取得积极进展，二代改进型核电设备国产化率已达到80%以上。三代核电关键设备国产化稳步推进，取得显著成效。

四、核电项目管理实行集约化、专业化方式，核电站施工达到国际先进水平

在核电加快发展的形势下，我国核电工程设计、建设和管理自主化能力持续提升。中核集团、中广核集团、中电投集团、国家核电按照“集团化管理、专业化经营”的理念，不断推进管理模式的创新。以设计为基础，集设备采购、建设与调试管理为一体的核电工程总承包专业化运作模式得到推行。在多项目、多基地建设的新形势下，通过建立大工程管理模式和大团队组织模式，进一步发挥集约化和规模化建设的优势，确保在建核电项目质量、进度和投资等得到有效控制。

二代改进型核电建设创造新业绩，三代核电建设取得新经验。2010年投产的2台核电机组建设工期缩短到57个月以内；模块化制造与建造技术在AP1000项目上首次成功应用，为现场施工实现里程碑计划节点目标创造了条件；重视国外先行机组的建设经验反馈并采取有效措施，EPR核电机组按工程计划推进。

中核建设集团承担了国内所有核电站的核岛工程、部分常规岛工程以及出口巴基斯坦核电机组的工程项目。截至2010年底，该公司同时承担的核电站核岛工程机组数量达到29台。通过不断提高“集约化、标准化、专业化、信息化”管理运作水平，形成了适应核电群堆建设与多项目管理要求的管理模式，培养和造就了一支经验丰富、能打硬仗、管理和技术水平国际领先的核电建设队伍。浙江火电、广东火电、江苏电建、山东电建等建设公司在核电站常规岛工程建设中发挥了重要的作用。

五、加强铀资源勘查开发，提高核燃料保障能力

在铀矿地质勘查领域，“十一五”期间，累计完成钻探工作量260万米，新增铀资源量比“十五”期间翻一番，巩固和发展了伊犁、吐哈、鄂尔多斯、二连4个万吨级铀资源基地，探明我国规模最大的超大型铀矿床，北方砂岩型铀矿基地被国土资源部列入我国新的10大资源基地之一。

在天然铀生产领域，理顺了天然铀产品价格，加强了地矿合作，以及与石油、煤炭等单位的合作，加强了安全环保和节能减排工作，天然铀产能连续五年保持两位数增长。

在核燃料供应领域，中核四〇四有限公司建成了年产3000吨铀的铀转化生产线，核电乏燃料后处理中间试验厂热调试取得圆满成功；建中核燃料元件有限公司完成了扩建改造工程，生产能力由每年200吨铀提高到400吨铀，首批国产VVER燃料组件已通过出厂验收，预计2012年将达到800吨铀的年生产能力,2015年形成1500吨铀的年生产能力；北方核燃料元件有限公司在“十五”建成年产200吨铀的重水堆元件生产线的基础上，“十一五”建成年产200吨铀的压水堆元件生产线，正在建设200吨铀的压水堆元件生产线扩建改造工程，AP1000元件生产线、高温气冷堆元件生产线建设正在组织实施；兰州铀浓缩有限公司二期工程于2010年建成投产，三期工程正在建设中；陕西铀浓缩有限公司二期工程将在2011年建成投产。五年来，在国家的统筹规划下，我国核燃料供应保障能力大幅度提升，不仅保证了在运核电站的安全稳定运行，也为我国核电的可持续发展奠定了良好基础。

六、大力推进核科技创新，高度重视核专业人才培养

“十一五”期间，核能领域国家重大科技专项《大型先进压水堆和高温气

冷堆核电站》研发和示范工程建设全面推进。国家核电技术有限公司协同国内“产学研”单位全面开展从美国西屋公司引进AP1000技术的消化吸收工作，AP1000国产标准化设计的初步设计和施工设计已经完成，CAP1400概念设计已通过国家评审。高温气冷堆核电站示范工程项目开工前准备工作已经完成。

与此同时，我国在核能各领域都取得了一批新的重大科技成果。在核电与反应堆技术方面，中国实验快堆于2010年7月实现首次临界，具有自主知识产权的CP1000核电站初步设计通过了国内专家同行评议；在核燃料循环技术方面，成功探明超大型铀矿床，先进铀转化技术实现工业化应用，专用设备研究取得重大跨越，乏燃料后处理中试厂热调试圆满成功；在核基础研究方面，中国先进研究堆于2010年5月实现首次临界。

核能领域研发平台建设取得新的进展。国防科工局支持的原子能院总体规划建设全面铺开，新的核动力研发基地建设顺利推进；国家能源局设立了38个国家能源研发（实验）中心，其中与核能相关的大型清洁高效发电设备研发中心、核级锆材研发中心、核电站核级设备研发中心、压水反应堆技术研发中心、先进核燃料元件研发中心、核电工程建设技术研发（实验）中心、核电站仪表研发（实验）中心、快堆工程研发（实验）中心、核电站寿命评价与管理研发中心、核电站数字化仪控系统研发中心、重大装备材料研发中心等已正式挂牌；科技部组织的国际热核实验反应堆计划（ITER）国内配套项目在“十一五”期间正式启动，

在核电加快发展的形势下，核专业人才教育培训工作受到各方高度重视。目前，我国已有40余所高校设立了核专业，教育培训机构建设进一步加强。建立校企合作机制，推进“产、学、研”结合，已成为核专业人才培养的重要途径。核专业人才培养和培训工作的推进，有效地缓解了核电快速发展与核专业人才不足的矛盾。

七、核能国际合作进一步深化，海外开发取得重大成果

五年来，我国积极推进核能国际合作，成功承办了国际原子能机构“面向21世纪核能部长级国际大会”等国际会议，与美国、法国、俄罗斯等国在核能领域的合作进一步加强。

核电、核燃料领域国际合作日趋活跃。中核集团出口巴基斯坦的恰希玛二期核电工程项目顺利推进，新的后续项目正式生效；对外引进技术和设备的AP1000核电项目、EPR核电项目顺利实施，台山核电公司引进外国资本建立了合营企业；田湾二期核电项目、中国示范快堆项目、和平利用核能研发、核电技术服务、大型商用后处理－再循环工厂项目等一系列合作协议或谅解备忘录已经签署。

海外铀资源开发成效显著。中核集团、中广核集团积极开展境外天然铀资源开发，在哈萨克斯坦、乌兹别克斯坦、尼日尔等的合作项目进展顺利。与国外签署

的铀资源开发和采购协议的落实，为满足我国核电发展需求提供了保障。

八、核行业管理进一步加强，促进了核能行业健康、快速发展

为适应核能行业加快发展的需要，2008年国务院机构改革对我国核能行业管理做出重大调整。与核能行业相关的政府管理部门大力加强行业管理工作，促进了核能行业健康、快速发展。

工业和信息化部、国家国防科工局积极推进《原子能法》的立法工作。国家国防科工局组织开展了核工业“十二五”规划的编制工作，大力加强核工业核心能力建设和科技自主创新，促进核燃料循环产业生产能力和技术水平的提升，努力做好核设施退役治理、核安全和核应急工作。

国家能源局大力推进核电中长期发展规划和国家重大科技专项的组织实施，并开展规划调整工作，组织开展核电安全规划和核电管理条例的编制工作，开展全国核电安全大检查，推动核电运行与建设管理经验交流活动。

国家核安全局着力加强民用核设施的安全监管，发布了《民用核安全设备监督管理条例》、《放射性物品运输安全管理条例》和《关于进一步加强商用核电厂建造阶段核安全管理的通知》。进一步加强了核电站建设、运行及与核安全相关各领域的监管工作，明确了核电厂营运单位和核电厂核岛工程总承包单位的责任和条件。

核 电

发展现状

2010 年，中国核电建设、运行取得显著成效，在建机组工程质量得到有效控制，在役机组继续保持安全稳定运行。年度在建核电机组 28 台，装机容量 3097 万千瓦；运行核电机组 13 台，装机容量 1080.8 万千瓦，占全国电力装机总量的 1.1%。年发电量 747.42 亿千瓦时，同比增加 6.7%，约占全国总发电量的 1.8%。

2010 年，核电对节能减排贡献显著，相当于少燃烧标准煤 2400 万吨，少排放二氧化碳 7100 万吨、二氧化硫 40 万吨、氮氧化物 18 万吨。

（中国台湾省核电厂数据暂缺）

一、2010 年全国发电量统计分析图

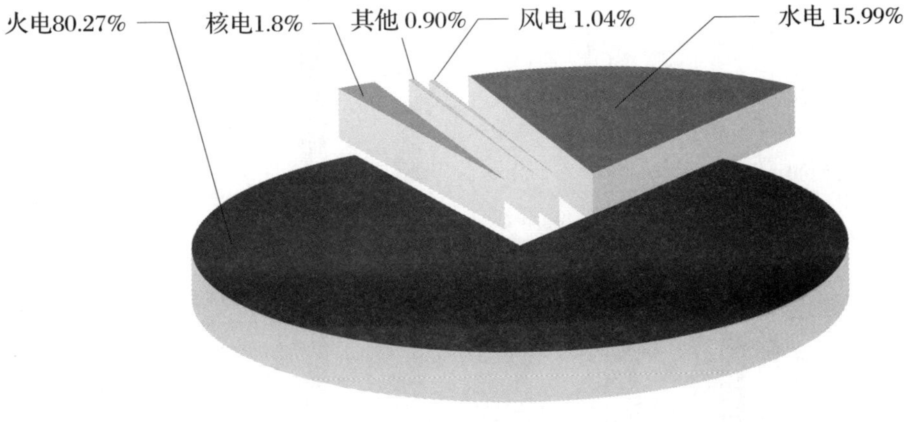

二、2006–2010年核电机组数量统计

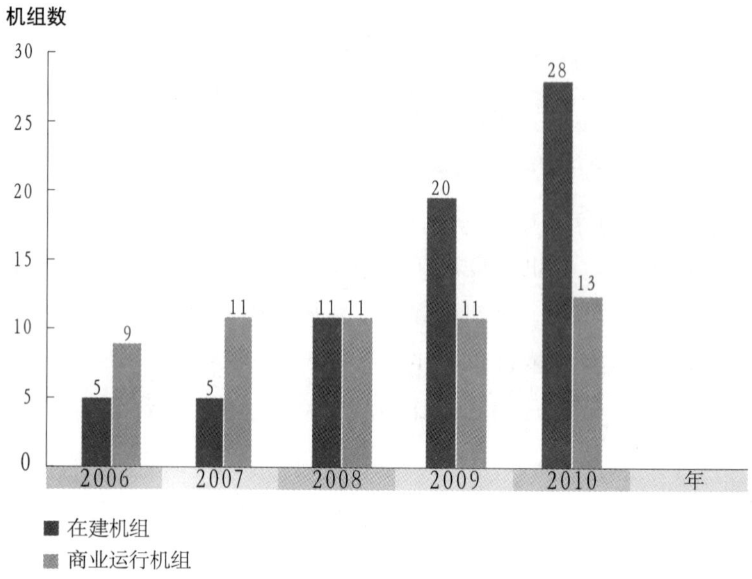

三、2006–2010年核电装机容量统计

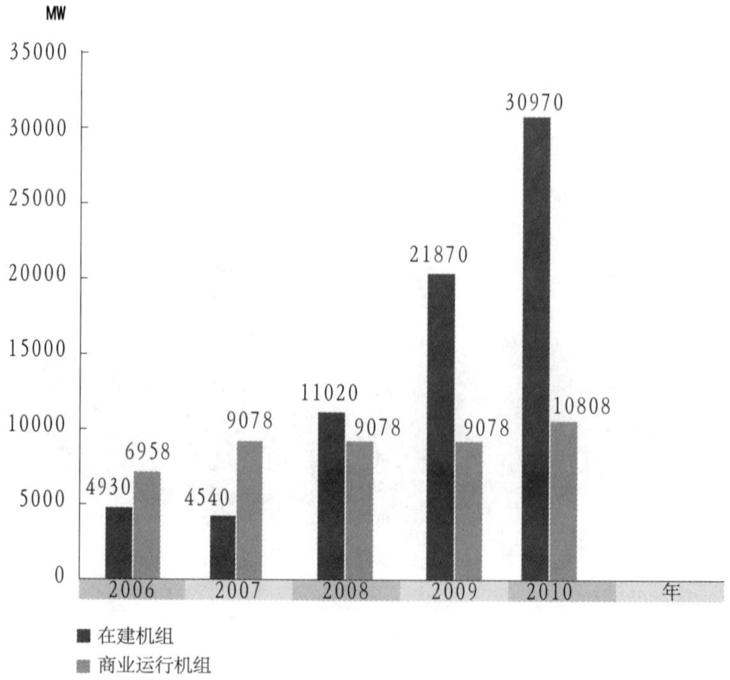

四、2010年中国大陆投运、在建、拟建核电厂分布图

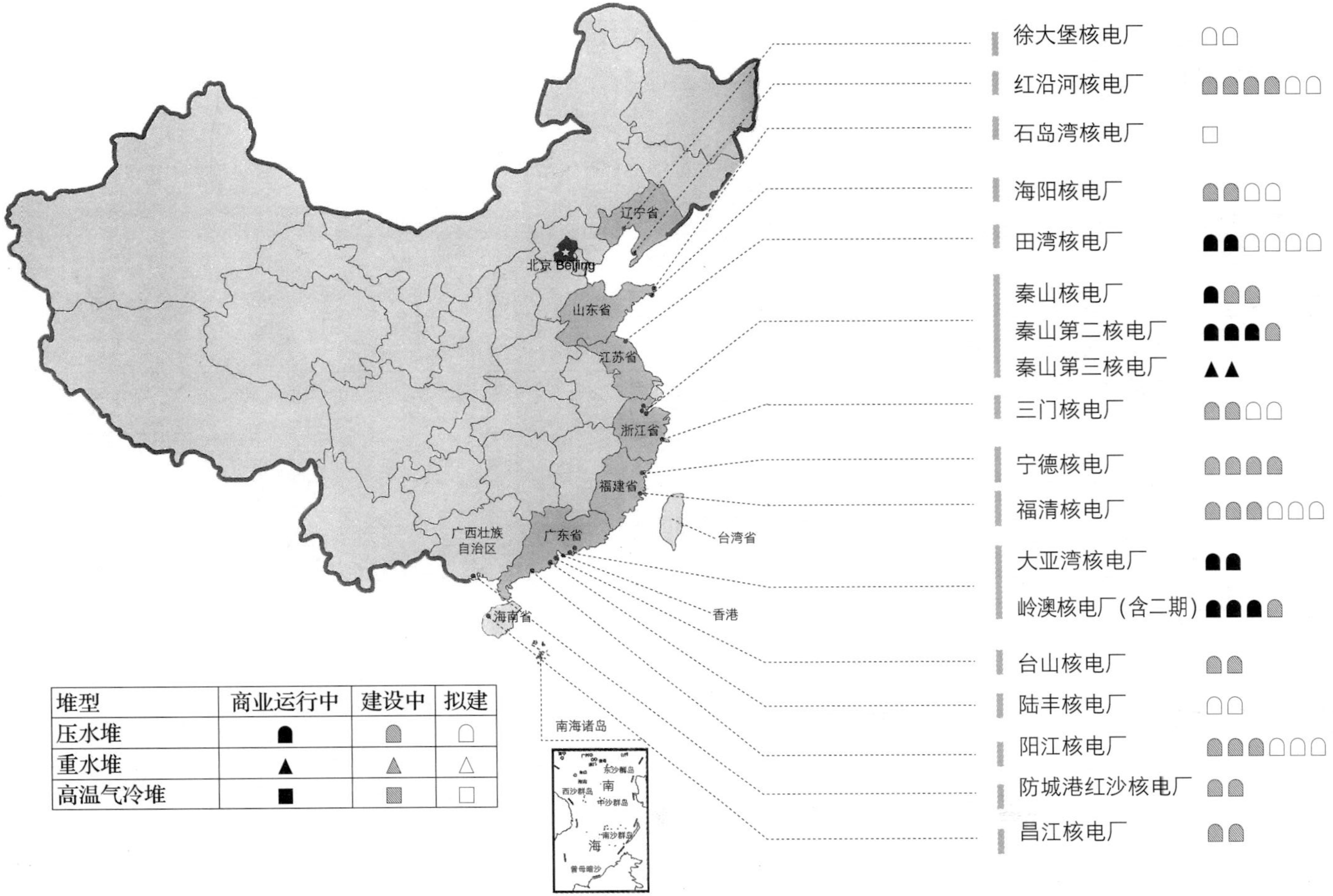

堆型	商业运行中	建设中	拟建
压水堆	◖(黑)	◖(灰)	◠(空心)
重水堆	▲	▲(灰)	△
高温气冷堆	■	▩	□

五、2010 年中国核电厂清单

状态	核电厂名称		堆型	额定功率（MW）	开工日期	首次并网日期	商业运行日期
运行中	秦山核电厂		压水堆	310	1985-03-20	1991-12-15	1994-04-01
	大亚湾核电厂	1 号机组 2 号机组	压水堆	2×983.8	1987-08-07 1988-04-07	1993-08-31 1994-02-07	1994-02-01 1994-05-06
	秦山第二核电厂	1 号机组 2 号机组 3 号机组	压水堆	3×650	1996-06-02 1997-04-01 2006-04-28	2002-02-06 2004-03-11 2010-08-01	2002-04-15 2004-05-03 2010-10-05
	岭澳核电厂	1 号机组 2 号机组	压水堆	2×990.3	1997-05-15 1997-11-28	2002-02-26 2002-09-14	2002-05-28 2003-01-08
	岭澳核电厂二期	1 号机组	压水堆	1080	2005-12-15	2010-07-15	2010-09-20
	秦山第三核电厂	1 号机组 2 号机组	重水堆	2×700	1998-06-08 1998-09-25	2002-11-19 2003-06-12	2002-12-31 2003-07-24
	田湾核电厂	1 号机组 2 号机组	压水堆	2×1060	1999-10-20 2000-09-20	2006-05-12 2007-05-14	2007-05-17 2007-08-16
合计				10808.2			
建造中	岭澳核电厂二期	2 号机组	压水堆	1080	2006-06-15		
	秦山第二核电厂	4 号机组	压水堆	650	2007-01-28		
	红沿河核电厂	1 号机组 2 号机组 3 号机组 4 号机组	压水堆	4×1080	2007-08-18 2008-03-28 2009-03-07 2009-08-15		
	宁德核电厂	1 号机组 2 号机组 3 号机组 4 号机组	压水堆	4×1080	2008-02-18 2008-11-12 2010-01-08 2010-09-29		
	福清核电厂	1 号机组 2 号机组 3 号机组	压水堆	3×1080	2008-11-21 2009-06-17 2010-12-31		
	阳江核电厂	1 号机组 2 号机组 3 号机组	压水堆	3×1080	2008-12-16 2009-06-04 2010-11-15		
	秦山核电厂扩建项目（方家山核电工程）	1 号机组 2 号机组	压水堆	2×1080	2008-12-26 2009-07-17		
	三门核电厂	1 号机组 2 号机组	压水堆	2×1250	2009-03-29 2009-12-15		
	海阳核电厂	1 号机组 2 号机组	压水堆	2×1250	2009-09-24 2010-06-20		
	台山核电厂	1 号机组 2 号机组	压水堆	2×1750	2009-11-18 2010-04-15		
	海南昌江核电厂	1 号机组 2 号机组	压水堆	2×650	2010-04-25 2010-11-21		
	防城港红沙核电厂	1 号机组 2 号机组	压水堆	2×1080	2010-07-30 2010-12-28		
合计				30970			
拟建中	海阳核电厂	3 号机组 4 号机组	压水堆	2×1250			
	阳江核电厂	4 号机组 5 号机组 6 号机组	压水堆	3×1080			
	田湾核电厂	3 号机组 4 号机组 5 号机组 6 号机组	压水堆	2×1060 2×1080			
	徐大堡核电厂	1 号机组 2 号机组	压水堆	2×1080			
	陆丰核电厂	1 号机组 2 号机组	压水堆	2×1080			
	红沿河核电厂二期	5 号机组 6 号机组	压水堆	2×1080			
	石岛湾核电厂	示范工程	高温气冷堆	200			
	福清核电厂	4 号机组 5 号机组 6 号机组	压水堆	3×1080			
	三门核电厂	3 号机组 4 号机组	压水堆	2×1250			
合计				22440			

注：本报告数据不包括中国台湾省。

在役核电机组运行情况

2010年已投运核电机组继续保持安全稳定运行，取得良好业绩。与世界核电运营者协会（WANO）2010年压水堆核电厂13项业绩指标一年标杆值比较，全年已投运的机组共计95项次（总共143项次）指标达到世界先进水平。其中，大亚湾核电厂在法国电力公司（EDF）2010年度核电安全业绩挑战赛六项评比中获得"能力因子"、"工业安全"、"核安全/自动停堆"、"辐射防护"四项第一名，超过来自法国、英国、南非等国的64个核电厂，是我国核电厂在国际核电评比中的最好成绩，也是挑战赛举办13年以来单个核电厂取得单项第一最多的一次。

一、发电量和上网电量

2010年，中国核电厂年累计发电量747.42亿千瓦时，年累计上网电量707.36亿千瓦时，其中，送往香港电网105.1亿千瓦时。

1. 2006—2010年核发电量和上网电量

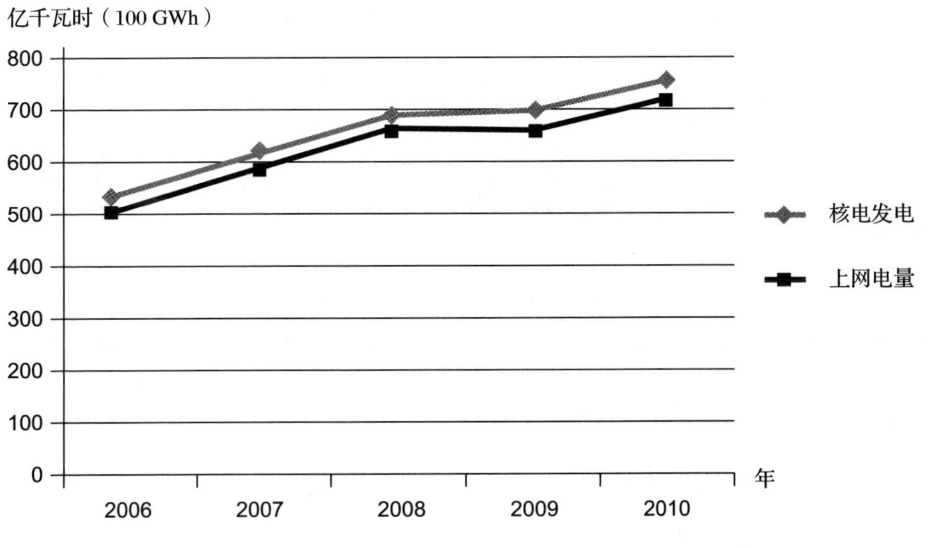

2. 2006—2010年核发电量和上网电量统计

2006—2010年核发电量和上网电量

核电厂名称	项目	发电量（亿千瓦时）	上网电量（亿千瓦时）
秦山核电厂	2006	24.83	23.10
	2007	22.17	20.63
	2008	26.24	24.31
	2009	23.62	21.95
	2010	23.24	21.70
大亚湾核电厂	2006	155.15	148.58
	2007	154.41	147.75
	2008	160.81	154.30
	2009	163.74	156.62
	2010	157.04	151.07
秦山第二核电厂	2006	82.85	77.29
	2007	89.05	83.20
	2008	99.58	93.13
	2009	99.41	92.86
	2010（含3号机组）	119.41	112.36
岭澳核电厂	2006	156.99	150.62
	2007	147.40	141.23
	2008	152.44	146.20
	2009	154.67	148.25
	2010（含二期1号机组）	176.59	169.55
秦山第三核电厂	2006	114.58	106.16
	2007	115.41	106.96
	2008	112.38	104.12
	2009	117.23	108.53
	2010	114.12	106.02
田湾核电厂	2006（1号机组）	14.06	12.34
	2007	100.18	92.85
	2008	140.75	131.19
	2009	142.67	132.81
	2010	157.02	146.66

二、机组能力因子、负荷因子和厂用电率

2006—2010 年商业运行核电厂机组能力因子、机组负荷因子和厂用电率

核电厂名称 \ 项目		机组能力因子（%）					机组负荷因子（%）					厂用电率（%）				
		2006	2007	2008	2009	2010	2006	2007	2008	2009	2010	2006	2007	2008	2009	2010
秦山核电厂		91.84	82.22	95.55	87.43	83.35	91.44	81.62	96.36	86.98	83.99	6.76	6.72	6.75	6.95	6.62
大亚湾核电厂	1 号机组	80.32	91.20	99.79	91.23	89.08	80.31	90.85	99.61	90.20	88.90	4.04	4.02	3.89	4.05	3.80
	2 号机组	99.88	88.80	86.25	99.99	92.80	99.68	88.29	86.44	99.76	93.29					
秦山第二核电厂	1 号机组	55.24	64.12	85.35	82.66	91.70	55.20	65.69	87.41	84.46	93.45	6.00	5.90	5.88	5.91	5.90
	2 号机组	88.78	88.30	85.21	88.21	86.64	90.30	90.70	87.00	90.12	88.71					
	3 号机组	/	/	/	/	96.65	/	/	/	/	95.04	/	/	/	/	
岭澳核电厂	1 号机组	90.08	83.16	92.11	90.38	93.71	89.16	82.65	90.72	89.05	92.93	3.92	3.98	3.99	3.89	3.98
	2 号机组	92.44	87.73	85.24	91.09	91.12	91.86	87.31	84.57	89.30	90.52					
岭澳核电厂二期	1 号机组	/	/	/	/	98.60	/	/	/	/	98.75	/	/	/	/	
秦山第三核电厂	1 号机组	96.34	86.42	91.21	91.93	89.73	98.18	88.35	93.52	93.88	91.92	7.35	7.32	7.35	7.42	7.10
	2 号机组	86.73	97.55	87.32	95.37	92.07	88.68	99.87	89.43	97.30	94.19					
田湾核电厂	1 号机组	/	/	70.97	74.12	87.02	/	/	74.76	77.84	86.92 (92.13)	/	/	6.79	6.91	6.60
	2 号机组	/	/	81.20	80.70	82.28	/	/	85.47	85.02	82.18 (87.11)					

注：田湾核电厂括号内数据是以额定电功率 1000MW 计算得到。

三、非计划自动停堆

2010 年，中国已投入商业运行核电厂机组中有 11 台机组全年实现了无非计划自动停堆的良好业绩。

2006—2010 年商业运行核电机组非计划自动停堆次数统计

核电厂名称 \ 年份		2006	2007	2008	2009	2010
秦山核电厂		0	0	1	1	1
大亚湾核电厂	1 号机组	0	0	0	0	0
	2 号机组	0	2	1	0	0
秦山第二核电厂	1 号机组	1	0	0	0	0
	2 号机组	0	0	1	0	1
	3 号机组	/	/	/	/	0
岭澳核电厂	1 号机组	0	0	0	0	0
	2 号机组	1	1	0	0	0
岭澳核电厂二期	1 号机组	/	/	/	/	0
秦山第三核电厂	1 号机组	0	0	0	0	0
	2 号机组	0	0	0	0	0
田湾核电厂	1 号机组	/	1	1	2	0
	2 号机组	/	1	0	0	0
合计		2	5	4	3	2

四、职业照射

国家标准《电离辐射防护与辐射源安全基本标准》（GB 18871—2002）中规定了工作人员职业照射的剂量限值：连续5年的年平均有效剂量不超过20mSv；任何一年中的有效剂量不超过50mSv。2010年，中国已投入商业运行核电厂工作人员所受到的照射剂量均低于国家标准规定的限值。

2006—2010年商业运行核电厂工作人员的职业照射情况

核电厂名称	年份	年人均有效剂量 mSv	年度最大个人剂量 mSv	年度集体有效剂量 人·Sv	归一化集体有效剂量 人·mSv/GWh
秦山核电厂	2006	0.400	8.050	0.538	0.217
	2007	0.650	8.450	0.997	0.450
	2008	0.153	3.577	0.149	0.057
	2009	0.336	4.257	0.453	0.192
	2010	0.265	4.814	0.401	0.172
大亚湾核电厂	2006	0.436	5.921	1.205	0.078
	2007	0.378	9.476	1.053	0.068
	2008	0.307	5.988	0.826	0.051
	2009	0.278	5.240	0.715	0.044
	2010	0.343	10.843	0.946	0.060
秦山第二核电厂	2006	0.335	6.318	0.713	0.086
	2007	0.347	8.164	0.785	0.088
	2008	0.300	4.881	0.588	0.059
	2009	0.345	7.899	0.710	0.071
	2010	0.218	4.940	0.440	0.042
岭澳核电厂（含二期1号机组）	2006	0.284	7.155	0.722	0.046
	2007	0.456	8.533	1.231	0.083
	2008	0.600	12.169	1.772	0.116
	2009	0.502	10.586	1.531	0.099
	2010	0.346	10.490	0.957	0.076
秦山第三核电厂	2006	0.272	5.990	0.519	0.045
	2007	0.277	5.900	0.572	0.0495
	2008	0.364	9.102	0.788	0.0701
	2009	0.327	6.415	0.748	0.0638
	2010	0.329	5.430	0.7269	0.064
田湾核电厂	2007	0.136	2.693	0.327	0.0326
	2008	0.209	3.460	0.557	0.0396
	2009	0.244	3.199	0.548	0.0384
	2010	0.174	2.160	0.4261	0.0271

五、放射性排出流的排放和环境监测

按照国家环境保护法规和环境辐射监测标准，依据管理部门批准的排放限值，中国核电厂对放射性排出流的排放量进行严格控制，对核电厂周围环境进行有效监测。2010年环境监测结果表明，各商业运行核电厂运行期间放射性排出流的排放量均远低于国家标准限值。

2010年商业运行核电厂放射性排出流的排放量及占国家标准规定排放年限值的百分比

核电厂名称		秦山核电厂		大亚湾核电厂		秦山第二核电厂		岭澳核电厂（含二期1号机组）		秦山第三核电厂		田湾核电厂	
项目		年累计排放量(Bq)	占国家标准规定排放年限值的百分比	年累计排放量(Bq)	占国家标准规定排放年限值的百分比	年累计排放量(Bq)	占国家标准规定排放年限值的百分比	年累计排放量(Bq)	占国家标准规定排放年限值的百分比	年累计排放量(Bq)	占国家标准规定排放年限值的百分比	年累计排放量(Bq)	占国家标准规定排放年限值的百分比
气态排出流	惰性气体	4.54E+12	5.896%	9.44E+11	0.097%	1.45E+13	4.93%	1.47E+12	0.152%	1.78E+12	0.249%	3.44E+12	0.415%
	卤素	8.47E+06	0.099%	4.31E+06	0.013%	2.91E+06	0.163%	6.90E+06	0.020%	5.78E+05	0.0027%	1.11E+07	0.044%
	气溶胶	7.90E+06	7.596%	2.49E+06	0.066%	4.09E+06	0.0852%	6.31E+06	0.166%	2.69E+06	0.0047%	1.53E+07	0.102%
液态排出流	氚	3.11E+12	46.418%	6.01E+13	26.72%	3.03E+13	43.3%	5.60E+13	24.86%	4.26E+13	6.09%	2.29E+13	45.76%
	其余核素	3.44E+08	2.646%	2.05E+08	0.049%	1.09E+09	0.293%	2.08E+08	0.049%	5.74E+09	2.68%	1.33E+09	0.533%

注：放射性排出流的排放量与核电厂的功率大小有关。

六、运行事件

国际核事件分级表（INES）将运行事件分为7级，较高级别的（4至7级）定为事故，较低级别的（1至3级）定为事件，对不具有安全意义的事件定为0级或称为“偏差”。

2010年，中国已投入商业运行核电厂共计发生了17起0级运行事件，1起1级运行事件。

1. 2006—2010年商业运行核电厂运行事件统计

核电厂名称	机组号	0级运行事件					1级运行事件				
		2006	2007	2008	2009	2010	2006	2007	2008	2009	2010
秦山核电厂		1	3	3	1	3	0	1	0	0	0
大亚湾核电厂	1号机组	1	0	0	2	1	1	1	0	0	1
	2号机组	0	1	1	0	1	0	2	0	0	0
秦山第二核电厂	1号机组	2	0	2	0	0	0	0	0	0	0
	2号机组	0	0	3	0	1	0	0	0	0	0
	3号机组	/	/	/	/	1	/	/	/	/	0
岭澳核电厂	1号机组	0	2	1	1	0	0	0	0	0	0
	2号机组	1	3	1	0	1	1	1	0	0	0
岭澳核电厂二期	1号机组	/	/	/	/	5	/	/	/	/	0
秦山第三核电厂	1号机组	1	2	1	0	1	0	0	0	0	0
	2号机组	0	0	3	0	1	1	0	0	0	0
田湾核电厂	1号机组	/	6	1	3	1	/	1	0	0	0
	2号机组	/	1	1	1	1	/	0	0	0	0

2. 2006—2010 年商业运行核电厂运行事件统计趋势图

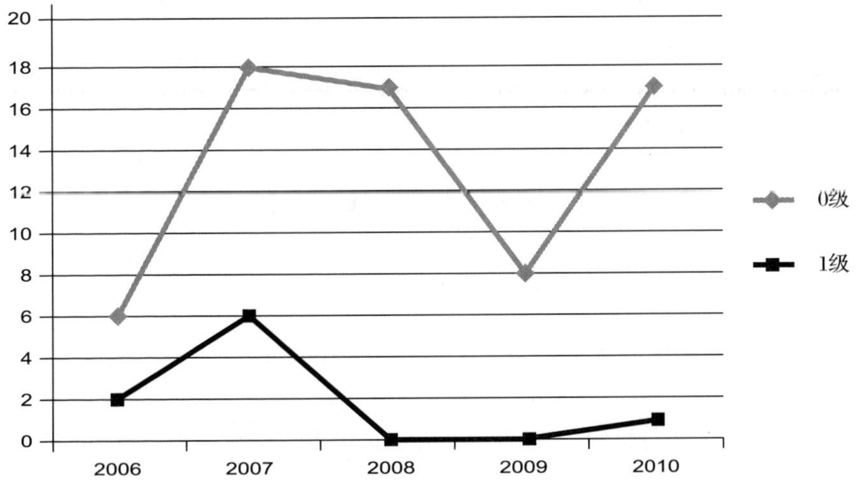

3. 国际核事件分级表

	影响的方面		
	厂外影响	厂内影响	对纵深防御的影响
7 特大事故	大量释放；大范围的健康和环境影响		
6 重大事故	明显释放；可能要求全面执行计划的相应措施		
5 具有厂外风险的事故	有限释放；可能要求部分执行计划的相应措施	反应堆堆芯 / 放射性屏障受到严重损坏	
4 无明显厂外风险的事故	少量释放；公众受到相当于规定限值的照射	反应堆堆芯 / 放射性屏障受到明显损坏 / 有工作人员受到致死剂量的照射	
3 重大事件	极少量释放；公众受到相当于规定限值一小部分的照射	污染严重扩散 / 有工作人员发生急性健康效应	接近发生事故 安全保护层全部失效
2 事件		污染明显扩散 / 有工作人员受到过量照射	安全措施明显失效的事件
1 异常			超出规定运行范围的异常情况
0 偏差		无安全意义	

七、大修情况

2010 年，中国已投入商业运行核电机组按计划进行了 11 台次换料大修。

2010 年商业运行核电机组大修情况统计

核电厂名称	机组号	工 期
秦山核电厂		2010.07.02–2010.08.27 56.29 天
大亚湾核电厂	1 号机组	2010.10.22–2010.11.28 36.91 天
	2 号机组	2010.04.23–2010.05.16 23.46 天
秦山第二核电厂	1 号机组	2009.11.01–2010.01.28 88.58 天
	2 号机组	2010.05.15–2010.06.25 41.58 天
岭澳核电厂	1 号机组	2010.02.12–2010.03.03 19.70 天
	2 号机组	2010.12.07–2010.12.30 22.94 天
秦山第三核电厂	1 号机组	2010.05.11–2010.06.12 32.36 天
	2 号机组	2009.12.15–2010.01.22 37.96 天
田湾核电厂	1 号机组	2010.03.18–2010.05.03 46.55 天
	2 号机组	2010.05.20–2010.07.03 44.09 天

八、执照情况

核电厂操纵人员必须经过严格的培训和考核，通过国务院核电主管部门的严格审查，取得由国家核安全局核准并颁发的核电厂操纵员执照或高级操纵员执照，方具备上岗操作资格。

核电厂操纵人员执照情况统计（截至2010年底）

项目 \ 单位		中核集团	中广核集团
操纵员	年度取照人数	80	97
	累计有效持照人数	224	151
	累计取照人数	416	495
高级操纵员	年度取照人数	33	83
	累计有效持照人数	205	180
	累计取照人数	294	327

九、2010年运行核电机组WANO性能指标

性能指标 \ 机组		秦山核电厂	大亚湾核电厂		秦山第二核电厂		岭澳核电厂		秦山第三核电厂		田湾核电厂		中间值	先进值
			1号机组	2号机组	1号机组	2号机组	1号机组	2号机组	1号机组	2号机组	1号机组	2号机组		
机组能力因子（%）		83.35	89.08	92.80	91.70	86.64	93.71	91.12	89.73	92.07	87.02	82.28	87.98	94.39
非计划能力损失因子（%）		6.02	1.61	0.01	0.19	0.37	0.16	0.35	0.02	1.81	0.00	0.08	1.04	0.08
强迫损失率（%）		0.45	0.00	0.01	0.21	0.43	0.17	0.38	0.03	1.93	0.00	0.09	0.55	0.01
电网相关损失因子（%）		0	0	0	0	0	0	0	0	0	0	0	0	0
临界7000小时非计划自动停堆次数		0.94	0	0	0	0.90	0	0	0	0	0	0	0	0
安全系统性能	高压安注系统性能	0.0001	0.0000	0.0000	0.0000	0.0000	0.0000	0.0000	0.0006	0.0293	0.0000	0.0000	0	0
	辅助给水系统性能	0	0	0	0	0	0	0	0	0	0	0	0	0
	应急交流电系统性能	0.0000	0.0000	0.0000	0.0001		0.0000	0.0000	0.0018		0.0000		0	0
燃料可靠性（Bq/g）		0.037	0.037	11.9237	0.037	0.037	0.037	8.570	0.037	0.037	0.037	0.037	0.228	0.037
化学指标		1.00	1.00	1.00	1.00	1.00	1.00	1.00	1.00	1.00	1.00	1.00	1.00	1.00
集体辐照剂量（人·mSv）		0.401	0.556	0.391	0.220	0.220	0.519	0.407	0.363	0.363	0.213	0.213	0.55	0.28
工业安全事故率		0	0.099	0.099	0		0	0	0		0		0.09	0
承包商工业安全事故率		0	0	0	0		0	0	0.07		0		0	0

注：□表示达到WANO先进值，■表示该值介于WANO中间值和先进值之间，■表示在WANO中间值以下。

在建核电项目进展情况

2010年，中国在建核电机组28台，装机容量3097万千瓦，世界在建核电机组67台，总装机容量6680.4万千瓦；我国在建核电装机容量占世界的46%。

2010年世界在建核电信息（取自IAEA数据）

国 家	机组数	装机容量（万千瓦）	国 家	机组数	装机容量（万千瓦）
阿根廷	1	69.2	日本	2	265
巴西	1	124.5	韩国	5	556
保加利亚	2	190.6	俄罗斯	11	915.3
中国	28	3097	斯洛伐克	2	78.2
芬兰	1	160	乌克兰	2	190
法国	1	160	美国	1	116.5
印度	6	376.6	中国台湾	2	260
伊朗	1	91.5	巴基斯坦	1	30
合计：机组数67　装机容量6680.4万千瓦					

2010年在建核电机组数

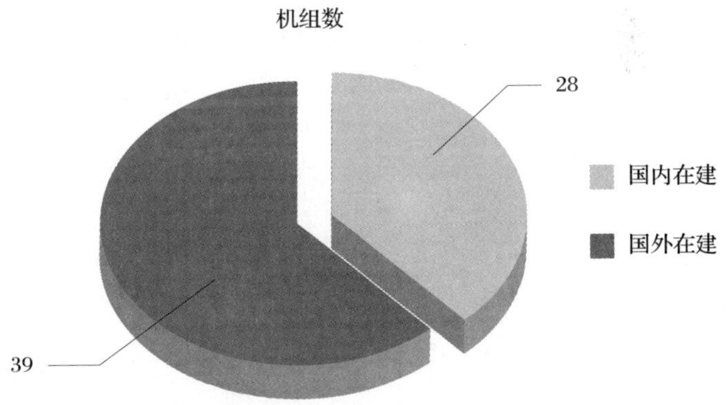

2010年在建核电机组装机容量占世界的比率

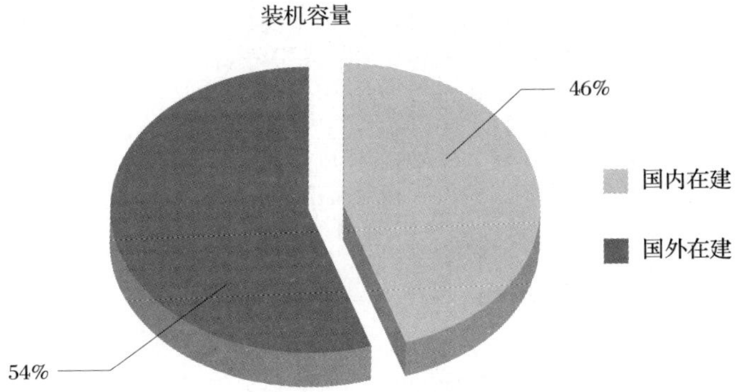

一、岭澳核电厂二期 1、2 号机组

一、基本情况	
业主单位	岭东核电有限公司
主要股东	中国广东核电集团有限公司、广东核电投资有限公司
装机容量	2×108 万千瓦
开工日期	1 号机组：2005-12-15 2 号机组：2006-06-15
二、2010 年项目建设重大节点	
● 1 月 15 日，1 号机组核岛主回路热试开始； ● 4 月 21 日，1 号机组开始装料； ● 5 月 8 日，2 号机组核岛主回路冷试开始； ● 6 月 10 日，1 号机组首次临界； ● 7 月 15 日，1 号机组首次并网； ● 9 月 20 日，1 号机组正式投入商业运行； ● 9 月 26 日，2 号机组核岛主回路热试开始； ● 12 月 31 日，2 号机组开始装料。	
三、2010 年项目建设亮点	
首个“自主设计、自主制造、自主建设、自主运营”的百万千瓦级核电项目。1 号机组正式投入商运，使我国核电总装机容量突破千万千瓦。	

二、秦山第二核电厂 3、4 号机组

一、基本情况	
业主单位	核电秦山联营有限公司
主要股东	中国核工业集团公司、浙江省电力开发公司、申能股份有限公司、江苏省国信资产管理集团有限公司、中电投核电有限公司、安徽省能源集团公司等
装机容量	2×65 万千瓦
开工日期	3 号机组：2006-04-28 4 号机组：2007-01-28
二、2010 年项目建设重大节点	
● 1 月 28 日，3 号机组役前检查结束； ● 2 月 10 日，3 号机组安全壳密封性试验完成； ● 3 月 16 日，3 号机组热试开始； ● 4 月 21 日，3 号机组非核蒸汽冲转； ● 4 月 27 日，4 号机组主管道开始焊接； ● 5 月 30 日，3 号机组开始装料； ● 7 月 13 日，3 号机组临界； ● 8 月 1 日，3 号机组首次并网； ● 10 月 5 日，3 号机组投入商业运行； ● 11 月 10 日，4 号汽轮机扣盖。	
三、2010 年项目建设亮点	
3 号机组实际建设期是 53 个月零 7 天，比计划工期提前 6 个多月。	

三、红沿河核电厂1–4号机组

一、基本情况	
业主单位	辽宁红沿河核电有限公司
主要股东	中国广东核电集团有限公司、中电投核电有限公司、大连市建设投资有限公司
装机容量	4×108万千瓦
开工日期	1号机组：2007–08–18 2号机组：2008–03–28 3号机组：2009–03–07 4号机组：2009–08–15
二、2010年项目建设重大节点	
● 1月25日，首个单系统调试开始； ● 1月26日，1号机组反应堆厂房环吊投用； ● 5月7日，2号机组安全壳穹顶吊装； ● 6月9日，海水淡化厂房投用； ● 10月12日，2号机组反应堆厂房环吊投用； ● 12月13日，3号机组核岛安装开始。	
三、2010年项目建设亮点	
2010年工程建造一级里程碑全部提前实现，实现工程进度“零拖期”。6月9日，国内核电厂首个海水淡化系统在红沿河投用，每天可提供淡水10080吨。	

四、宁德核电厂1–4号机组

一、基本情况	
业主单位	福建宁德核电有限公司
主要股东	广东核电投资有限公司、大唐国际发电股份有限公司、福建省能源集团有限公司
装机容量	4×108万千瓦
开工日期	1号机组：2008–02–18 2号机组：2008–11–12 3号机组：2010–01–08 4号机组：2010–09–29
二、2010年项目建设重大节点	
● 1月8日，3号机组核岛主体工程开工； ● 4月13日，宁德核电主管道自动焊模拟焊接启动； ● 4月15日，1、2号机组常规岛安装开始； ● 8月8日，2号机组安全壳穹顶吊装； ● 9月4日，4号机组常规岛浇筑第一罐混凝土； ● 9月29日，4号机组核岛浇筑第一罐混凝土，进入一期工程四台机组全面施工的新阶段； ● 12月28日，首台国产百万千瓦级核电厂全范围模拟机投用。	
三、2010年项目建设亮点	
2010年，宁德核电项目一期工程四台机组进入了全面施工的新局面。同时正式出版项目执行概算，对国内核电项目造价管理的标准化建设起到积极推动作用。	

五、福清核电厂 1–4 号机组

一、基本情况	
业主单位	福建福清核电有限公司
主要股东	中国核工业集团公司、华电福建发电有限公司、福建投资开发总公司
装机容量	4×108 万千瓦
开工日期	1 号机组：2008–11–21 2 号机组：2009–06–17 3 号机组：2010–12–31
二、2010 年项目建设重大节点	
● 4 月 1 日，1 号机组环吊到现场； ● 5 月 28 日，1 号机组核岛安装开始； ● 8 月 18 日，1 号机组穹顶吊装； ● 12 月 31 日，3 号机组核岛浇筑第一罐混凝土。	
三、2010 年项目建设亮点	
1 号机组反应堆厂房提前 2.5 个月穹顶吊装。	

六、阳江核电厂 1–3 号机组

一、基本情况	
业主单位	阳江核电有限公司
主要股东	中国广东核电集团有限公司、广东核电投资有限公司
装机容量	3×108 万千瓦
开工日期	1 号机组：2008–12–16 2 号机组：2009–06–04 3 号机组：2010–11–15
二、2010 年项目建设重大节点	
● 1 月 20 日，1、2 号机组核岛辅助厂房安装开始； ● 6 月 8 日，1、2 号机组核岛安装开始； ● 8 月 30 日，1 号机组安全壳穹顶吊装； ● 9 月 15 日，2 号常规岛汽轮机厂房框架基础完工（含回填）； ● 11 月 8 日，3、4 号机组常规岛建安工程开工； ● 11 月 15 日，3 号机组核岛浇筑第一罐混凝土； ● 12 月 13 日，首个单系统（除盐水系统）调试开始。	
三、2010 年项目建设亮点	
改进了阳江核电项目 1 号机组穹顶吊装多项技术，编写了“穹顶吊装标准化作业流程”，形成了“穹顶吊装标准文件包”，并对技术改进项目进行了标准化梳理。	

七、秦山核电厂扩建项目（方家山工程）1、2号机组

一、基本情况	
业主单位	秦山核电有限公司
主要股东	中国核工业集团公司
装机容量	2×108万千瓦
开工日期	1号机组：2008-12-16 2号机组：2009-07-17
二、2010年项目建设重大节点	
● 3月30日，1号机组核岛厂房穹顶拼装开始； ● 5月13日，核岛辅助厂房安装开始； ● 5月19日，2号机组反应堆厂房底部及锥部混凝土浇筑（F~H层）完成； ● 5月23日，2号机组反应堆厂房筒体混凝土浇筑（第1~23层）施工开始； ● 7月2日，1号机组核岛厂房核岛安装开始； ● 9月28日，1号机组核岛厂房穹顶吊装。	
三、2010年项目建设亮点	
9月28日，1号机组反应堆厂房穹顶整体一次性吊装成功，比合同工期提前79天，标志着该机组土建工期缩短至21个月。	

八、三门核电厂1、2号机组

一、基本情况	
业主单位	三门核电有限公司
主要股东	中核核电有限公司、浙江省电力开发有限公司、中电投核电有限公司、中国华电集团公司、中国核工业建设集团公司
装机容量	2×125万千瓦
开工日期	1号机组：2009-03-29 2号机组：2009-12-15
二、2010年项目建设重大节点	
● 3月12日，1号机组核岛附属厂房开始施工； ● 3月18日，1号机组钢制安全壳第一环开始安装； ● 5月16日，2号机组常规岛浇筑第一罐混凝土； ● 6月27日，2号机组CA20模块就位； ● 6月13日，2号机组钢制安全壳底封头就位。	
三、2010年项目建设亮点	
1. 2号核岛第一罐混凝土实际浇筑时间是2009年12月15日，比计划时间2010年1月31日提前了47天；2. 1号核岛钢制安全壳第二环（CV2环）实际就位时间是2010年5月16日，比计划时间2010年5月31日提前了15天；3. 1号核岛钢制安全壳第三环（CV3环）实际就位时间是2010年9月12日，比计划时间2010年12月31日提前了110天。	

九、海阳核电厂1、2号机组

一、基本情况	
业主单位	中电投山东核电有限公司
主要股东	中国电力投资集团公司、山东省国际信托有限公司、烟台蓝天投资控股有限公司、中国国电集团公司、中核核电有限公司、华能核电开发有限公司
装机容量	2×125万千瓦
开工日期	1号机组：2009-09-24 2号机组：2010-06-20
二、2010年项目建设重大节点	
● 1月30日，1号核岛CA20就位； ● 4月9日，1号核岛CV底封头就位； ● 5月15日，1号常规岛基础底板浇筑第一罐混凝土； ● 6月20日，2号核岛浇筑第一罐混凝土； ● 9月16日，2号常规岛基础底板浇筑第一罐混凝土； ● 10月30日，2号核岛CV底封头就位； ● 12月20日，2号核岛CA20模块就位。	
三、2010年项目建设亮点	
1. 1号机组CA20模块吊装总重量1046.41吨，是目前全球核电厂建造过程中吊装总重量最大的结构件。吊装采用了目前世界上起吊重量最大的3200吨覆带式起重机，堪称世界第一吊；2. 与参建单位共同签署《安全质量宣言》，形成统一的安全质量管理理念；3. 邀请来自中国工程院、核能行业协会、核安全专家委员会、核与辐射安全中心、中核集团、中广核集团、国家核电等单位的十名专家组成山东核电专家咨询委员会，作为海阳核电项目技术和管理决策咨询平台，为海阳项目的顺利实施提供指导。	

十、台山核电厂1、2号机组

一、基本情况	
业主单位	台山核电合营有限公司
主要股东	中国广东核电集团有限公司、广东核电投资有限公司、法国电力公司
装机容量	2×175万千瓦
开工日期	1号机组：2009-11-18 2号机组：2010-04-15
二、2010年项目建设重大节点	
● 3月13日，2号机组常规岛浇筑第一罐混凝土； ● 4月15日，2号机组核岛浇筑第一罐混凝土； ● 7月12日，首台模拟机正式用于台山核电厂操纵人员培训； ● 11月1日，1号机组核岛安装工程开工。	
三、2010年项目建设亮点	
3月20日，采用模块化施工方法，成功吊装重达115吨的1号机组核岛钢衬里第一块模块。4月15日，2号机组再次成功应用大体积混凝土浇筑筏基技术实现第一罐混凝土浇筑。	

十一、昌江核电厂1、2号机组

一、基本情况	
业主单位	海南核电有限公司
主要股东	中国核工业集团公司、中国华能集团公司
装机容量	2×65万千瓦
开工日期	1号机组：2010-04-25 2号机组：2010-11-21
二、2010年项目建设重大节点	
● 4月25日，1号反应堆厂房浇筑第一罐混凝土； ● 10月18日，联合泵房底板浇筑第一罐混凝土； ● 10月21日，1号汽轮机厂房底板浇筑第一罐混凝土； ● 11月21日，2号机组反应堆厂房底板浇筑第一罐混凝土。	
三、2010年项目建设亮点	
开展"三标一体"认证工作，启用行动跟踪系统，推行TOP10事项管理和覆盖全工程的指标管理体系。	

十二、防城港核电厂1、2号机组

一、基本情况	
业主单位	广西防城港核电有限公司
主要股东	中国广东核电集团有限公司、广西投资集团有限公司
装机容量	2×108万千瓦
开工日期	1号机组：2010-07-30 2号机组：2010-12-28
二、2010年项目建设重大节点	
● 1月31日，2号机组核岛基坑负挖通过验收； ● 7月30日，1号机组主体开工建设； ● 11月21日，1号机组核岛筏基全部施工完成； ● 11月28日，1号机组核岛钢衬里截锥体吊装完成； ● 12月23日，2号机组主体开工建设。	
三、2010年项目建设亮点	
12月23日，2号机组核岛筏基浇筑采取分层分段浇筑方案，提前98天实现第一罐混凝土浇筑。	

安全文化建设

安全是核电发展的生命线，是一切工作的重中之重。我国核电企业已将核安全文化建设作为确保核电安全的首要条件。

2010年度，各核电相关企业为开展核电安全教育，宣传安全知识，开展了丰富多彩的活动。例如，中国核工业集团公司组织开展了核安全文化评估体系建设工作；中国核工业建设集团公司通过开展“质量安全年”活动，全面提升集团公司的质量、安全管理水平，推动“安全第一、质量第一”成为全体员工的工作理念；中国广东核电集团有限公司以“学习、传承和发扬核安全文化”为主题，组织超过了100场讲课；中国电力投资集团公司发布了核电安全工作理念，在全系统组织了1000余人次的专项培训，对600余份管理程序进行了全面梳理；华能石岛湾公司编辑出版了多期《安全文化专刊》等。

注：有关核电的部分资料来源于国家能源局《2010中国核电报告》

核燃料循环

发展现状

在铀矿地质勘查领域，“十一五”期间，累计完成钻探工作量260万米，新增铀资源量比“十五”期间翻一番，巩固和发展了伊犁、吐哈、鄂尔多斯、二连等4个万吨级铀资源基地，探明我国规模最大的超大型铀矿床，北方砂岩型铀矿基地被国土资源部列入我国新的10大资源基地之一。

在天然铀生产领域，理顺了天然铀产品价格，加强了地矿合作，以及与石油、煤炭等单位的合作，加强了安全环保和节能减排工作，天然铀产能连续五年保持两位数增长。

在核燃料供应领域，中核四〇四有限公司建成了年产3000吨铀的铀转化生产线，核电乏燃料后处理中间试验厂热调试取得圆满成功；建中核燃料元件有限公司完成了扩建改造工程，生产能力由每年200吨铀提高到400吨铀，首批国产VVER燃料组件已通过出厂验收，预计2012年将达到800吨铀的年生产能力,2015年形成1500吨铀的年生产能力；北方核燃料元件有限公司在“十五”建成年产200吨铀的重水堆元件生产线的基础上，“十一五”建成年产200吨铀的压水堆元件生产线，正在建设200吨铀的压水堆元件生产线扩建改造工程，AP1000元件生产线、高温气冷堆元件生产线建设正在组织实施；兰州铀浓缩有限公司二期工程于2010年建成投产，三期工程正在建设中；陕西铀浓缩有限公司二期工程将在2011年建成投产。五年来，在国家的统筹规划下，我国核燃料供应保障能力大幅度提升，不仅保证了在运核电站的安全稳定运行，也为我国核电的可持续发展奠定了良好基础。

铀矿勘查和采冶

1. 铀矿勘查成果显著

经过10多年的努力，我国地质工作者在内蒙古发现大型铀矿，除了在鄂尔多斯盆地，内蒙古二连盆地中部地区目前也已探明产于白垩纪河湖相地层中的3万吨以上的超大型铀矿床。

《鄂尔多斯盆地北部地浸砂岩型铀矿时空定位和成矿机理研究》项目当选为“地质科技十大进展”之一，《新疆察布查尔县蒙其古尔铀矿床勘查取得重大突破》项目当选为“地质找矿十大成果”之一。

2010年完成钻探工作量58.3万米，其中中央财政的项目51.3万米，中核集团投资的项目7万米。重点成矿区带主要矿田铀矿勘查成果显著，资源潜力调查评价进展明显，超额完成了下达的资源量目标任务。

（1）北方地区

伊犁盆地蒙其古尔铀矿床的矿带规模继续扩大，在洪海沟落实了1个中型铀矿床，乌库尔其铀矿床以东落实了1个可供普查的矿产地，新层位探索取得了突破；鄂尔多斯盆地在呼斯梁地区纳岭沟、罕台庙、柴登壕等地控制了工业铀矿体，资源储量有较大增加，已发展成为我国规模最大的砂岩型铀矿集中区；吐哈盆地十红滩铀矿床北带东段完成了39–55线的详查，发现了新的找矿层位；二连盆地乌兰察布坳陷落实了1个可供预查的矿产地，外围探索也取得了突破；松辽盆地白兴吐地区初步估算资源量达到中型矿床规模；巴音戈壁盆地塔木素地区有望成为新的万吨级后备铀矿勘查基地；雪米斯坦白杨河地区有望落实为1个特大型铀矿产地；柴达木北缘查查香卡落实了小型铀矿产地。

（2）南方地区

广西苗儿山矿田向阳坪、大坪里地区和张天堂地区均发现了厚度较大的工业铀矿体，铀资源量进一步扩大；浙西大桥坞地区发现了受断裂构造和火山机构共同控制的厚大富矿体，找矿潜力大；江西相山矿田居隆庵北部、荷上和河元背地区发现了品位较高的工业铀矿化，新确定3条控矿构造带，资源储量有较大增加，分别接近大型和中型矿床规模；粤北诸广南部长排地区和下庄白水寨、湖子地区发现了受断裂构造控制的工业铀矿体和受构造交点控制的富矿体，新增资源量可观；此外，江西马岭再里地区、桃山小源地区以及陕西丹凤小花岔地区也发现了较多的工业铀矿化，指示了良好的成矿远景。

2. 天然铀产能保持增长

“十一五”期间，中核金原铀业公司全面完成天然铀生产、基建和技改任务。通过开展在役铀矿山生产能力整治，加强了铀矿山生产管理；铀矿山基建和技改项目顺利实施，一批有助于天然铀产能提升的铀矿冶项目得以建成并投入生产，天然铀产能保持增长。

公司积极争取国拨资金并自筹经费用于铀矿采冶科技创新，致力于采冶关键技术研发，着力于提高资源利用率和降低生产成本。经过努力，铀矿冶突破了地浸碱法浸出、堆浸强化浸出两大工艺技术的工程化应用，实现了地浸工艺从酸法向碱法、堆浸工艺从粗放向精细、常规水冶工艺从单铀向多金属综合回收的三大转变，为铀矿新资源开发储备了必要的技术。

公司贯彻执行国家有关部委整顿铀矿开采冶炼秩序的决定，在全国范围内开展了铀矿开采冶炼秩序专项整治，彻底遏制了私采滥挖铀矿石和乱收购铀浓缩物等非法行为，保护了国家铀矿资源的储备和合法有序开采，保证了铀矿山安全生产，强化了环境保护意识，保障了我国天然铀采冶的可持续发展。

公司着力打造安全环保型铀矿山，提出了“不安全不生产，不环保不生产”的铀矿山经营理念；深入开展“反三违”、“安全月”和“安全年”活动；铀矿山实现废水处理达标排放，加强个人剂量监测和矿井周边环境辐射监测，保护铀矿山职工和周围公众健康安全。

中核金原铀业公司先后与中核集团核地质局、华北地勘局、辽河石油勘探局、属地化核地勘队等达成了合作开发铀矿的协议。

3. 海外铀资源保障、开发能力提高

（1）中核集团2010年完成进口8000吨天然铀（其中国储铀5800吨）。新落实合同量4.8万吨，包括：与哈萨克斯坦签订了10年3万吨天然铀长期采购协议；与加拿大CAMECO公司签订了10年1.1万吨天然铀长期采购合同；与纳米比亚签订5年7000吨天然铀长期采购合同。此外，与俄罗斯、乌兹别克等国家商谈了长期供应合同。

（2）中国国核海外铀业有限公司控股的尼日尔阿泽里克铀矿项目工程克服重重困难，积极推进，于2010年12月30日投料试车。

（3）积极推进蒙古古尔万布拉克铀矿项目。中国国核海外铀业有限公司已完成古尔万布拉克铀矿床储量评审报告的修订工作并上报蒙古有关政府部门；项目可行性研究工作正在开展；完成覆盖古尔万布拉克铀矿床的4969X等3个勘探许可证的延期工作，共完成钻探工作量1500米。

（4）中广核集团，6月9日，与乌兹别克斯坦纳沃伊矿业联合企业签署天然铀贸易合同；6月12日，与哈萨克斯坦国家原子能工业公司签订1100吨天然铀采购合同；6月13日，在乌兹别克斯坦首个铀资源合资开发企业——中乌铀业有限责任公司揭牌；6月24日，与Cameco集团签署战略合作框架协议；6月24日，与澳大利亚北部省资源部签署谅解备忘录；11月4日，与阿海珐集团签署天然铀长期供应合同；11月11日，与哈萨克斯坦原子能工业公司签署天然铀长期供应合同。

中广核集团并购、投资的澳大利亚EME公司、谢米兹拜伊铀公司已经在经济上取得良好回报。

核燃料生产

1. 核燃料加工能力大幅提升

中核集团新建的大型压水堆元件生产线投产，大幅度提升了国内元件生产能力，满足了国内核电站和出口核电站的需求。

2. 核燃料制造技术水平不断提高

2010年，首次在国际上成功研制出等效天然铀重水堆燃料组件，共计26只入秦山三核核电站反应堆内辐照考验，堆内运行良好，部分组件已经出堆，已出堆的部分燃料棒束结构完整，无泄漏等制造缺陷。该项目开辟了我国回收铀再利用的新途径，对提高铀资源利用率、实现核燃料闭合循环具有重要意义。自主品牌元件研制、先进铀转化研究进展顺利。

中核集团自主研发的大型UO_2粉末干法化工转化工艺装置取得了实质性突破。ADU法陶瓷UO_2粉末制备工艺装置改进已成功投入应用并通过成果鉴定。AP1000、高温气冷堆核电站等新型燃料元件设计技术取得新突破，具备了同时开展多条、多种类型核燃料元件生产线设计工作的能力。

3. 核燃料出口工作取得新进展

核燃料专用保税库已得到海关总署批准，为亚洲核燃料储备、加工和交易中心的建设打下了基础。

分离功推销取得初步成效，落实三个销售合同，与韩国的合同得到积极推进。

乏燃料后处理和放射性废物处理及处置

1. 后处理中试厂热调试成功，后处理技术取得重大突破

2010年底，后处理中试厂圆满完成放射性调试，获得了合格 UO_3 产品和 PuO_2 产品，各项指标达到设计要求。标志着我国已掌握了动力堆乏燃料后处理的自主设计、建造和运行技术，并拥有了该项技术的全部知识产权，为实现我国核燃料闭式循环迈出关键一步。中试厂热调试的成功，使我国成为世界上少数几个掌握动力堆乏燃料后处理技术的国家之一，增强了我国在世界上的话语权，在国内外产生了重要影响。

2. 大型商用后处理厂建设前期工作积极稳步推进

大型核燃料后处理厂科技重大专项科研工作正式全面启动并陆续与国家签订了第一批、第二批共14项科研项目任务合同书。核燃料后处理大厂对法谈判已签署合作模式备忘录，内陆厂址可研阶段的厂址调查和实验工作任务书的编制已完成。核燃料后处理工程技术研发中心和核设施退役与放射性废物处理工程技术研发中心落户中核集团，核设施退役与放射性废物治理研发平台建设的首批资金已到位。八二一核废物处理总承包项目有序推进，较好地实现了年度考核节点任务。该项目现已完成所有子项施工图设计并正式提交了工程初步安全分析报告。八二一退役治理项目高放废液玻璃固化工程总承包合同已签订，并在年内完成了该项目概念设计阶段的中德联合设计。

核能科研

国家科技重大专项

1. 大型先进压水堆核电站进展情况

大型先进压水堆核电站CAP1400的目标是在消化、吸收、全面掌握第三代核电技术AP1000的基础上开发具有自主知识产权、更大功率的非能动大型先进压水堆技术，并建成CAP1400核电站示范工程。

（1）AP1000技术引进、标准化设计取得重大进展。技术转让合同执行顺利。截至目前，技术文件和软件已累计接收75%；技转培训和技术服务累计完成50%。技转文件验收评估完成88%，软件安装测试完成80%。在国家能源局的指导下，技术转让国内分许可工作积极稳妥推进。国产化AP1000内陆核电标准设计的初步设计和FCD前的施工图设计如期完成；内陆核电标准设计的（B版）设计工作正式启动；AP1000后续项目开工前的准备工作积极推进。

（2）AP1000反应堆压力容器制造技术是“大型先进压水堆及高温气冷堆核电站”专项中的一个重要研究任务，共设立了11个研究专题。课题牵头单位中国一重承担接管与安全端异种钢自动TIG焊接技术及超声波检测技术、堆芯支承块与过渡段异种钢焊接技术、上封头组件J坡口堆焊及驱动机构管座密封焊焊接技术、焊接及热处理防变形技术、Quickloc焊接技术研究、反应堆压力容器加工及装配技术、窄间隙焊缝串列扫查技术、制造工艺流程等8个研究内容。

（3）CAP1400概念设计通过了国家重大专项专家委员会审查。CAP1400初步设计全面开展，启动了CAP1700非能动先进核电技术预研。确定了重大专项合同管理模式，组织签署了2010年计划的17个课题合同。完成并上报了重大专项“十二五”实施计划，发布了科研和示范工程二级进度计划、设计三级进度计划。确立了各系统总师及专业学科带头人，国家核电技术有限公司重大专项组织管理体系进一步完善。

（4）CAP1400示范工程进入实质性推进阶段，完成厂址勘查、总平面布置优化设计，以及可行性研究报告和环境影响、厂址安全“两评”报告的编制与报审。场地平整初步设计通过审查，进场道路工程开始施工。

2. 华能山东石岛湾高温气冷堆核电站示范工程进展情况

高温气冷堆采用包覆颗粒燃料，全陶瓷型堆芯结构，以氦气作冷却剂，石墨作慢化剂，以及具有余热的非能动排出，功率密度低、热惯性大、温度裕量大，负温度反应性系数等固有安全性的特点。高温气冷堆由于安全性好、出口温度高，具有潜在的经济竞争力和广阔的应用前景，既可用于高效发电，又可用作高温工艺热源。高温气冷堆核电站示范工程的成功建设不仅能够适应国家核电发展的需求，而且可以有力地推动我国的核能技术进步，提升自主创新能力。

（1）示范工程设计工作满足项目整体进度要求，核岛及其BOP共89项设计项的方案设计已固化，各系统流程图完成编制，设备规格书的编制和提交满足采购工作需要。核岛厂房基础底板施工图等已提交，满足现场施工准备需要。常规岛各专业的施工图设计总图已提交并完成审查。

（2）设备采购监造工作有序推进。核岛主设备已全面进入锻件及原材料、外购件的采购制造阶段。反应堆压力容器14件大锻件已经全部投料，已交付6件。主氦风机技术方案通过评审，电磁轴承及电气贯穿件合同已签订。反应堆保护系统、全厂分布式控制系统（DCS）、全范围模拟机供货合同已签订。常规岛主设备、主要辅机设备订货合同已全部签订。

2010年7月12日，单件钢锭重量国内最大、高达460吨的反应堆压力容器下筒体1锻件在上海重型机器厂有限公司完成粗加工阶段车白探伤工序，检验结果合格。这标志着高温气冷堆示范工程反应堆压力容器设备制造的大锻件研究制造工作取得了突破性进展。

2010年12月13日，高温气冷堆核电站示范工程反应堆压力容器设备下筒体2（10H167）在上海重型机器厂有限公司制造完成并检验合格，为高温气冷堆示范工程反应堆压力容器设备国产化研制奠定了坚实基础。

通过制造技术攻关，已成功实现高温气冷堆核电站示范工程金属堆内构件设备所用主体材质12Cr2Mo1合金钢锻件的开发和制造，标志着我国在拥有自主知识产权的高温气冷堆核岛主设备原材料制造方面已取得重大突破，在核级材料的研究与制造方面正逐步跨入世界先进行列。

（3）高温气冷堆核电站示范工程核燃料供应工作有序推进，核燃料元件生产线开工前的各项准备工作已完成。元件运输容器和运输方案的相关工作按计划推进，并已申报为重大专项科研项目。

（4）示范工程以人才规划为依托，大力开展人才引进与吸纳工作，积极协调落实培训资源，人才培养和岗位培训工作取得阶段性成果。2010年3月31日，52名生产准备员工顺利通过10 MW高温气冷实验堆操纵员执照考试并获得操纵员执照。先后与核工业研究生部、美国杜克能源公司、秦山核电、苏州热工院等单位签订人员培训协议，确保了培训工作的有序开展。培训工作组织规范，成效显著，促进了公司干部员工队伍的核安全文化素养及业务水平的持续提升。

3. 大型核燃料后处理厂科技重大专项进展情况

科研工作正式全面启动并陆续与国家签订了第一批、第二批共14项科研项目任务合同书。

重大科研开发项目

1. 中国实验快堆

根据世界未来能源发展预测和分析，

开发利用核能仍然是解决人类后续能源供应的重要途径之一。快堆以其在提高铀资源利用率和有利于核燃料废物处理两方面的优势，成为继以压水堆为主的热中子反应堆发展以来的新核电堆型，也是本世纪以美国为首提出的第四代核能系统的主力堆型。它和压水堆匹配形成先进的闭式燃料循环体系，是在聚变堆应用之前实现核能大规模、可持续发展的现实选择。

中国实验快堆7月21日实现首次临界，见证仪式及新闻发布会在中国原子能科学院举行。这是我国核电领域的重大自主创新成果，我国因此成为世界上少数几个掌握快堆技术的国家之一。

临界是实验快堆的一个重要节点，它标志着中国人掌握了快堆技术。我国快堆发展拟采取三步走的发展战略，即实验快堆—示范快堆—大型商用快堆，建造中国实验快堆是我国快堆发展的第一步。下一步我国将加快推进中国示范快堆的建造，并以此为契机，推动我国铀钚混合燃料制造等制造技术的发展，逐步建立我国先进核能体系。

中国实验快堆是国家“863”计划项目。该堆采用已在美、法、俄、日等少数几个核能发达国家有多堆运行经验的钠冷快堆技术，其热功率65 MW，电功率20 MW。其形成的核燃料闭合式循环，可使铀资源利用率提高至60%以上，也可使核废料产生量得到最大程度的减少，实现放射性废物最小化。

多年来，我国一直坚持自主创新，自主完成快堆概念设计、初步设计、施工设计及建筑、安装调试工作，初步建立起钠冷快堆技术的研发体系和标准规范体系，全面掌握了快堆物理、热工、力学以及总体、结构、回路、仪控、电气设计技术，取得了以钠工艺为代表的一批自主创新成果，申请了百余项专利，还实现了高达70%的设备国产化率。通过快堆项目实施，建立了快堆工程研发中心，成为我国唯一的快堆技术研发基地，为我国快堆发展打下了坚实的基础。

2010年4月28日，中核集团福建三明核电有限公司在福州挂牌成立，标志着我国建设以商业应用为目标的示范快堆掀开新的一页。该项目由中核集团控股，福建投资开发总公司和三明市政府参与出资。项目充分利用出资三方的资源优势，前期工作进展顺利，为后续工作的开展创造了良好的开端。2007年完成厂址踏勘；2008年完成项目初步可行性研究并上报项目建议书；2009年加强与俄罗斯合作，确定了厂址对于建设中国示范堆的适宜性，当年10月中俄合作建设示范堆的预先设计研究合同签订，并全面启动了可行性研究工作；2010年3月中俄签订了示范快堆合作计划备忘录。三明示范快堆拟建设总装机3740 MW，分两期建设，项目总投资约800亿元人民币。其中一期工程装机2×870 MW。

2. 中国先进研究堆

中国先进研究堆5月13日成功实现首次临界。该堆的主要技术指标居世界前列、亚洲第一，整体设计和实验能力达到世界先进水平。

中国先进研究堆，也被称为“新堆”，是相对于建成于1958年的“老堆”——重水研究堆而言的。因重水研究堆已超期服役，设备老化，亟需建造一座新型研究堆。1989年5月，国务院领导作出了“适时建设新型的、能够替代这座反应堆的研究堆”的指示。为此，中国原子能研究院组织了专门的研究、设计队伍，着手进行新型研究堆的预可行性研究分析。1994年12月，预可行性研究报告完成。该堆正式定名为中国先进研究堆。

中国先进研究堆堆型为轻水冷却慢化、重水反射紧凑堆芯布置，这是当前国际上中子束流堆的主流趋势。该堆设计功率为60 MW。在其堆芯和重水反射层内，还设置了不同用途的垂直孔道和水平孔道，以及与其配套的设备仪器。研究堆建成后，可以进行中子散射研究，放射性同位素辐照生产，电离辐射计量标准，核能开发研究，单晶硅中子掺杂及中子活化分析，核物理、核化学基础研究等。

就安全性而言，中国先进研究堆拥有电磁驱动控制棒系统、水力驱动安全棒系统、排重水停堆系统三种互相独立的可靠停堆手段；堆芯采用了不裸露的设计，设置了两套可靠的余热排出系统；放射性物质的包容设计也遵循了纵深防御和多重屏障的原则。

对安全性能的高要求，也是自主化设计中的一个难题。中国先进研究堆是对照核电站的核安全标准来进行设计建造的。其中，反应堆大厅建成了一个低泄漏的密封厂房，钢筋混凝土有1米厚。这样一来，即使发生事故，厂区边界的辐射剂量也会很低，人员不需撤离。另外，为控制反应堆产生的大量剩余反应热，电磁控制棒的控制精度比一般核电站所要求的还高出一个数量级。如此高精度的控制棒，其研制应用在国内也是首次。

中国先进研究堆100%自主设计、90%自主建造和100%自主调试。自主设计是自主化的关键。设计人员要自主选定设计目标，确定技术方案，选择技术参数，确定关键设备的功能、指标和制造工艺。为做好科研攻关，中国先进研究堆的设计人员多次组织方案论证，花大力气解决遇到的技术难题，一次次提出、讨论、否定、再提出，群策群力，终于解决了铀密度高、燃料元件热流密度高、冷却剂流速高等一系列影响设计的难题。正是解决了这“三高”，中国先进研究堆的主要技术指标和性能达到了国际先进水平。

建造自主化是中国先进研究堆自主化属性的又一个方面。先进研究堆设备的采购、制造、研制等，90%都是在国内完成。其中，燃料元件、堆本体及堆芯容器、控制棒驱动机构、全数字化的控制及保护系统、反应堆密封操作大厅、装卸料机等技术在国内均为首次研制应用。其后期的调试过程，更是全靠原子能院自己完成。

中国先进研究堆是一个涉及多学科、多领域的大科学平台，是面向21世纪科学技术发展需要而研发的一座高性能、多用途、安全可靠的核反应堆装置，并配套相关实验终端。因其功率大、中子通量高，中国先进研究堆在多品种、高产量、高比活度放射性同位素的研发与生产方面将发挥重要作用。它的高通量同位素辐照孔道，能使多种重要同位素的质量指标达到世界先进水平，对于提高现有产品的质量，满足国内市场需求具有重要作用。

中国先进研究堆的另一个重要用途是中子散射研究。由于中子不带电，具有磁矩，穿透性强，能分辨轻元素、同位素和近邻元素且具有非破坏性，从而使该技术成为探测物质微观结构的理想工具和探针，在物理、化学、生命科学、材料科学及工业应用等领域，发挥着不可替代的作用，成为衡量一个国家科技能力的标志之一。

由原子能院承担的国家“973”计划项目——“中国先进研究堆中子束应用关键技术及若干科学问题”已于2010年1月正式启动。项目的开展，不仅将使我国在某些优势基础科研领域，如高温超导、稀土永磁、纳米材料的研究上获得突破，而且将在国内首次实现中子散射技术在工业生产中的应用，解决当前工程建设中面临的诸多实际问题。项目执行也促使原子能院与中国散裂中子源的主要承担单位——中国科学院高能物理研究所展开合作，形成的人才和技术储备，将为中国散裂中子源及其周边科学平台的建设提供支持。原子能院正计划围绕中子散射研究申请设立国家实验室，同时向社会开放共享，提高其配套设备的使用效益。

在反应堆燃料和材料的辐照考验方面，中国先进研究堆也可以开展广泛工作：进行压水堆燃料在高燃耗下的辐照行为研究，以及环形燃料芯块等新型燃料辐照试验，燃料安全特性研究，包壳材料、结构材料、材料与水化学相容性等材料辐照性能研究。目前，原子能院正在实施高温高压瞬态综合试验回路研究，若与将来专门设计的堆内辐照容器配套使用，即可实现燃料与材料的堆内综合性能验证。

此外，在地球化学、宇宙学、环境科学、考古学、医学、材料科学和法医学等领域，在中子活化分析、单晶硅中子掺杂、中子照相、人员培训等方面，中国先进研究堆也将发挥重要作用。中国先进研究堆已成为体现我国核工业和核科技综合实力的重要标志性研究装置。

3. 其他重要核能技术研发项目

（1）在天然铀采冶方面，突破了地浸碱法浸出、堆浸强化浸出两大工艺技术的工程化应用，实现了地浸工艺从酸法向碱法、堆浸工艺从粗放向精细、常规水冶工艺从单铀向多金属综合回收的三大转变，为铀矿新资源开发储备了必要的技术。

（2）在燃料元件制造方面，首次成功研制出等效天然铀重水堆燃料组件，共计26只燃料棒束入秦山三核核电站反应堆内辐照考验，堆内运行良好，部分组件已经出堆，已出堆的部分燃料棒束结构完整，无泄漏等制造缺陷。该项目开辟了我国回收铀再利用的新途径，对提高铀资源利用率、实现核燃料闭合循环具有重要意义。

（3）中核集团自主研发的大型 UO_2 粉末干法化工转化工艺装置取得了实质性突破。ADU 法陶瓷 UO_2 粉末制备工艺装置改进已成功投入应用并通过成果鉴定。

（4）中广核集团成功自主实施岭澳核电站二期核岛役前检查，成功开发福建宁德核电站数字化全范围模拟机；成功研制核安全级数字化控制平台，各项性能指标达到要求，填补了国内空白；自主研发的控制棒驱动系统通过冷态联合试验，关键技术指标达到预期要求

核能研发（实验）中心建设

国防科工局支持的原子能院总体规划建设全面铺开，新的核动力研发基地建设顺利推进；国家能源局设立了38个国家能源研发（实验）中心（2009年设立了16个，2010年设立了22个），其中与核能相关的有：重大装备材料研发中心、核级锆材研发中心、核电站核级设备研发中心、核电站数字化仪控系统研发中心、快堆工程研发（实验）中心、压水反应堆技术研发中心、先进核燃料元件研发中心、核电站寿命评价与管理研发中心、核电工程建设技术研发（实验）中心、大型清洁高效发电设备研发中心、核电站仪表研发(实验)中心等11个研发中心已正式挂牌。《中国核能年鉴》2010年卷介绍了5个，即国家能源重大装备材料研发中心、国家能源核级锆材研发中心、国家能源核电站核级设备研发中心、国家能源核电站数字化仪控系统研发中心和国家能源快堆工程研发(实验)中心。以下介绍其他6个中心。

1. 国家能源压水反应堆技术研发中心

国家能源压水反应堆技术研发中心是依托中核集团中国核动力研究设计院而设立的。该中心主要是从事先进反应堆研究与开发的综合性研发机构，以提高核电产业自主创新能力及核心竞争力为宗旨，逐步建设成为具有国际先进水平的反应堆研发技术的研究基地。

研发中心的研发目标是：新型反应堆研发、技术推广和应用；承担反应堆关键技术和试验研究、工程设计验证和试验验证；促进引进技术的消化、吸收、再创新，推动国际合作交流；结合现有核电站反应堆运行经验反馈，大力开展反应堆安全运行及保障技术研究，提供专业化的反应堆安全运行及保障技术支持服务；提供工程技术、标准的评价与咨询服务；解决制约核电产业发展的关键技术及瓶颈问题，为国家重点工程提供技术支持和保障，同时为国家核能科技发展及战略规划提供技术支持；培养核能领域的创新型人才和技术带头人，并为国家核能发展提供人员培训。

通过研发中心的建设，将有效地整合现有资源，优化资源配置，加强核电基础研究与产业研发之间的有机衔接，从产业技术源头上强化技术创新体系布局，加快建立中国的核电技术创新体系，提高持续创新能力，加大力度开发具有自主知识产权的核电产品。

目前研发中心拥有专业技术人员及技术工人400名。其中，中国工程院院士2名，研究员78名，副研究员150名，博士29名，硕士115名。近3年来，研发中心已获得“国防科学技术奖”及“中核集团科学技术奖”共计31项，其中一等奖6项，

二等奖25项。取得有效专利106项，其中发明专利约占60%。

2. 国家能源先进核燃料元件研发中心

国家能源先进核燃料元件研发中心是依托中核集团中国核动力研究设计院、中广核集团中科华核电技术研究院而共同设立的。研发中心以提高我国核电燃料元件自主创新能力及核心竞争力为宗旨，以培养国内一流的核燃料元件研发技术团队为使命，逐步形成技术研发与工程应用相结合的科技创新体系，并建设成为具有国际先进水平、向国内外开放的核燃料元件技术平台和研究基地。

研发中心涉及先进堆芯及燃料设计、研制及评价等多个环节，主要从事核电燃料元件研发的系统规划，核电先进燃料元件的开发，燃料元件标准法规技术研究与建立、评价与咨询，燃料元件技术的国际合作交流，燃料元件研发人才的培训及技术储备，为我国核能科技发展及战略规划提供技术支持。

国家能源先进核燃料元件研发中心的研发重点将涵盖五大板块：燃料研发设计、试验验证、锆合金研制、燃料组件池边检查以及燃料管理研究。燃料研发设计是坚持"消化吸收、优化改进、自主创新"原则，开展燃料设计方法论研究、燃料组件结构设计研究、性能验证试验研究、性能分析平台建设及燃料设计标准化研究，研制出自主品牌并具有自主知识产权的高性能燃料组件；试验验证是燃料研发的重要环节，主要包括机械性能试验验证、热工水力性能试验验证和专项试验验证；锆合金研制是开展先进锆合金成分、锆合金板材以及管材的压制工艺研究，研制出高性能锆合金，实现我国核级锆、燃料组件包壳、导向管的国产化；燃料组件池边检查是汲取中广核集团机组的运行经验反馈以及其他机组的运行经验反馈，开发出自有知识产权的系列化燃料检查装置；燃料管理研究是开发出与自主化燃料组件相适应的燃料管理策略，建立相应的物理和热工分析方法，搭建自主化燃料物理及热工的分析平台，为自主化燃料组件的入堆使用创造条件。

目前研发中心拥有专业技术管理人员210名。近3年来，研发中心已获得"国防科学技术奖"及"中核集团科学技术奖"一等奖2项，二等奖11项。并取得有效专利112项，其中发明专利51项。同时，从2008年起至今，研发中心共获受理专利94项，其中发明专利占86%，多达81项。

3. 国家能源核电站寿命评价与管理研发中心

国家能源核电站寿命评价与管理研发中心依托中广核集团苏州热工研究院有限公司设立。研发中心的建成将填补我国在核电站寿命评价与管理领域的空白，引领我国核电站寿命评价和管理方向，建立我国核电站寿命评价和管理体系，提升核电站安全性、可靠性及经济性。

研发中心将采用产、学、研、用相结合的运行机制，在六大领域方面开展政策、法规、标准体系，寿命评价技术，寿期经济性分析技术，重大设备更换技术，状态监测与在役检查技术，定期及延寿的环境影响评价技术的研究开发工作。完全具备核电站寿命评价与管理科学研究，先进工程应用技术研发，政策、法规、标准体系技术支持，工程技术支持，专业人才培养，国内外合作交流等六大功能。中心发展目标是开展核电站寿命评价和管理技术研究与开发、成果转化、技术服务、国际合作和学术交流，推动核电技术的可持续发展。

目前，研发中心已开展了大量研发工作并取得一系列成果。参与或主持研究了 7 项国家级研发项目、20 多项行业纵向课题，制定和修订了 34 项核电标准，编写了 20 多项核电站老化管理大纲，申请 39 项专利与著作权，组织了 7 次国际会议。

国家能源核电站寿命评价与管理研发中心建成后，将形成核电站金属材料寿命评估研发平台、在役检查研发平台、仪控板件老化研发平台、结构安全分析研发平台、核岛主设备设计分析研发平台、材料辐照监督研发平台、辐射环境研发平台、电气绝缘老化评估研发平台，以及核电站设备制造工艺评定等研发平台。针对我国堆型多样和技术参数不统一的现状，重点开展核电站寿命管理政策、法规、标准体系的研究，完善我国核电站寿命管理导则、标准，从关键系统、结构以及部件（SSCs）的老化机理等方面入手，建立先进的寿命评价与管理体系。重点开发状态监测与在役检查新技术、核电站寿期经济性分析技术、核电站定期及延寿的环境影响评价技术及进行关键设备更换策略的研究。

4. 国家能源核电工程建设技术研发（实验）中心

国家能源核电工程建设技术研发（实验）中心是为提升我国核电工程建设能力与水平，以及核电建设快速发展形势和需求，而由中广核集团中广核工程有限公司设立的。研发（实验）中心以国家核电产业政策为导向，以市场需求为依托，以核电站建设相关技术的研究开发为主要内容，旨在建设成为我国核电工程人才培养的基地、国际核电工程建设领域技术合作与交流的平台，核电工程技术、标准评价与咨询服务机构，核电工程技术引进、消化、吸收、再创新的平台，以及我国核电工程设计技术、设备成套技术、施工技术、调试技术和工程项目管理技术（EPCSM）的协同技术支撑平台。

目前研发（实验）中心主要包括 8 个研究方向：核电工程 EPCSM 协同技术研究、全生命周期数字化核电站及仿真技术研究、模块化设计与建造技术研究、核电工程管理技术研究、施工技术研究、调试技术研究、数字化仪控设计及验证技术研究，以及 EPCSM 总承包“走出去”关键技术研究。同时，结合行业符合现阶段的研发方向，提出了 5 个重大研发课题：核电建设项目协同管理技术研究、核电站数字化仪控系统的安全评价方法及体系研究、重大关键调试技术研究、模块化设计与建造技术研究和全寿期三维数字化电厂仿真技术研究。

研发（实验）中心建成后，将具有 6 个专业实验室和 1 个协作平台。它的建立对协同整合核电工程建设领域技术资源、对核电工程建设重大技术开展集成创新研究、对提升我国核电工程建设质量和降低工程造价都具有重要的现实意义，为促进我国核电事业发展和带动产业链发挥积极的作用。

研发（实验）中心作为核电工程建设技术的集成创新平台，以鼓励产、学、研和工程实践相结合的技术研发机制为原则，以面向国内外开放的研发合作机制为基础，积极参与国家标准和行业标准的建设，有效地促进研究成果应用于后续核电工程建设项目。在研发中心外部，上游利用国内外高校、科研院所和行业协会的技术实力和背景，下游联合国内外核电设备制造厂商及核电建设施工单位，依托重点科研专项开展核电领域的合作研究。在研发中心内部，协同核电工程设计、采购、施工、调试等各专业领域，充分发挥利用研发中心的基础条件和技术能力，依托在建核电项目，开展集成创新研究与应用。

5. 国家能源大型清洁高效发电设备研发中心

国家能源大型清洁高效发电设备研发中心依托中国东方电气集团有限公司设立，致力于大型水电机组、大型高参数火电机组、核电、重型燃机及联合循环、风电等大型清洁、高效发电设备及节能环保产品的研究开发。该研发中心已于2010年4月16日通过了国家能源局组织的专家鉴定，评审专家组充分肯定了集团公司“国家能源大型清洁高效发电设备研发中心”科学有效的组织管理体系以及在技术引进、消化吸收和再创新方面取得的突出业绩。

6. 国家能源核电站仪表研发（实验）中心

国家能源核电站仪表研发（实验）中心依托上海工业自动化仪表研究院设立，是国家能源科技创新体系的重要组成部分。中心将以创新研发、试验验证、标准研究、推进交流为主要工作内容，以加快提升我国核电仪表和控制系统（I&CS）自主化研发能力，提高核电仪控产品的国产化率，促进我国核电I&CS质量测评与验证技术的标准化为主要目标，争取建成国际先进、国内一流的具有专业性、独立性和综合性的核电仪表研发与试验中心。该中心的主要功能涵盖了四方面的内容：开展核电站仪表关键技术创新性研究，提供核电仪表国产化的技术支持；建设我国独立第三方核电站仪表和控制系统质量鉴定、检测认证平台；基于核电仪表共性技术（包括质量鉴定方法）的研究，建立健全我国核电仪表标准体系；建立核电站仪表与控制系统技术辐射与信息交流平台。

核工程设计、建设与管理

发展现状

在核电加快发展的形势下，我国核电工程设计、建设和管理自主化能力持续提升。中核集团、中广核集团、中电投集团、国家核电按照“集团化管理、专业化经营”的理念，不断推进管理模式的创新。以设计为基础，集设备采购、建设与调试管理为一体的核电工程总承包专业化运作模式得到推行。在多项目、多基地建设的新形势下，通过建立大工程管理模式和大团队组织模式，进一步发挥集约化和规模化建设的优势，确保在建核电项目质量、进度和投资等得到有效控制。

中核建设集团承担了国内所有在建核电站的核岛工程和部分常规岛工程的建设任务。按照不同技术路线、业主差异性需求以及所属各建设公司的实际情况，集团认真进行了核电建造市场的统一部署。同时，组织力量，成立项目筹备机构，积极开展前期准备工作；进行专项检查，总结经验、吸取教训，确保在建核电工程安全质量管理全面处于受控状态。

2010 年，中国核电工程建设迎来新的一轮建设高峰，全年新开工 10 台核电机组，同时在建的核电机组数达到 28 台，其中多座核电厂于年内相继进入建造高峰期，在建核电机组总装机容量超过 3000 万千瓦。

核工程设计与管理

1. 中国核工业集团公司

（1）中核集团持续完善“安全为基础、质量为保证、进度为主线、投资为核心”的管理模式，核电前期工作取得积极进展，核电总承包工程项目有效实施“四大控制”并按工程节点要求顺利推进。

核电前期工作，龙游、南阳核电项目已完成可研工作，现正积极配合筹建单位争取早日获得“路条”；三明、万安核电项目正在开展可研工作；甘肃核电项目已完成项目建议书编制；莆田、漳州、吉阳、荆门核电项目正积极配合筹建单位争取早日进入国家规划；川东、湖南二核项目已完成初可研评审及项目建议书编报；川南、抚宁核电项目正在编制项目建议书；三门湾、海丰、抚州核电项目正在筹备初可研评审；云南、吉林核电项目正在开展初可研；广西、贵州、陕西、黑龙江核电项目的厂址普选已展开。

2010 年，该集团开工建设的总承包机组已达 7 台，并同时承担了八二一核化工总承包项目等任务。公司进一步践行和完善集设计、采购、施工、调试于一体的专业化、规范化核电建设管理模式，确保了所有项目重大节点的顺利实现。其中：

福清核电工程总承包项目 1 号机组提前 78 天完成反应堆厂房穹顶吊装，2 号机组土建阶段关键路径工作顺利进行，3

号机组12月31日FCD，4号机组已获开工核准。

方家山核电工程总承包项目1号机组提前79天实现反应堆厂房穹顶吊装，2号机组土建阶段关键路径工作顺利进行。因业绩突出，本项目部被中核集团授予年度突出贡献奖。

海南昌江核电工程总承包项目1号机组于4月25日FCD，2号机组于11月21日FCD，各项工作进展顺利。

田湾核电工程总承包项目5、6号机组进入核准程序，5号机组已于10月底具备FCD条件。

田湾核电工程3、4号机组FCD前工程总承包框架协议已签订。目前，该项目已获发改委批复，同意开展前期工作。

湖南桃花江核电工程完成了进厂道路、土石方、应急道路的验收，并签订了1、2号机组工程总承包框架协议。

徐大堡核电工程总承包项目一期工程已获国家发改委批复，并拟于2011年9月开工建设。

秦山二期扩建BOP项目已平稳度过土建、安装施工期，进入收尾阶段。

（2）中国核电工程有限公司是中核集团为加强集团化运作、集中优势资源、发挥整体优势而组建的核电工程公司。公司主营业务领域涉及项目前期策划、项目咨询、工程设计、环境评价、项目评估、工程总承包、设备采购、材料订货、施工管理、试车调试、工程监理、招标代理、人员培训等各个方面。公司以高质量、高效率地从事核电、反应堆、核化工、核材料及核燃料元件等核工程，火电、民用建筑、环保等其它工程。实施专业化经营以来，集中全部优质资源于核电、核化工、核燃料等目标业务领域，在实施专业化公司运作、获取规模化经济效益、快速提升工程总承包多项目管理能力的同时，核电业务板块的带动作用更加明显，核设备集成供货逐步做大，核化工、核燃料领域的优势地位也得到了进一步的巩固和提高。公司大力推进先进核电技术攻关，核心竞争力进一步增强。CP1000成为近期国家唯一具备出口条件的百万千瓦级核电技术，ACP100、ACP600成为中核集团公司重点科技专项，将成为集团公司实施核电“走出去”战略和把握核电差异化发展先机的重要支撑技术。AP1000的消化、吸收工作正在加紧推进；中试厂设计项目取得热试成功，大型核燃料后处理厂列入国家重大科技专项；AP1000、高温气冷堆核电站等新型燃料元件设计技术取得新突破，燃料运输容器成为集团重点科技专项。公司先后获得中核集团科技创新先进单位、中核集团成立十周年杰出科技成就奖、中关村高新技术企业证书、国家高新企业证书，成为北京专利试点单位和国家发改委认可的、核工业系统内唯一的具有咨询评估资格的机构。《中国核电工程有限公司“十二五”发展规划的报告》已编制完成，中国核电工程有限公司朝着建立现代企业制度的方向，形成了“以核工程研发设计为龙头，工程总承包建设为核心，核设备集成为特色的国际型、综合性工程公司”的中长期发展愿景。

2010年，核电工程公司战略规划工作、目标管理工作得到加强，基础管理建设工作全面推进。科技创新管理机制更加完善，研发投入进一步加大，成为国内承担核电标准编制项目最多的单位，国际合作不断取得新成绩。公司的多项目管理模式实施了持续改进，形成了标准化的核电项目组织机构，管理和工作程序的标准化建设均取得阶段性成果。初步建立了总承包项目的经验反馈机制，公司的市场及客户服务意识得到进一步强化。项目信息化建设取得重要进展，P6软件被应用于对总包项目的管理，针对多个项目开展了三维设计工作。调试准备工作取得重要进展，成立了调试中心和联合调试队，调试工作人才队伍实力得到加强。

核电设计方面，方家山核电工程1、2号机组，福清核电工程1、2号机组及3、4号机组，海南昌江核电厂1、2号机组，田湾核电站扩建工程5、6号机组等核电总承包工程项目设计工作按照设计计划的要求完成和开展了了相关设计和技术服务工作，发挥设计优势，为核电总承包工程的建设提供了有力的保证，三维中心继续针对多个核电项目开展了三维设计工作。开展了AP1000技术转让和消化吸收工作，完成了自主化总体设计，具备了正式启动AP1000自主设计的条件。秦山核电二期扩建工程、岭澳核电站二期工程按时完成年度设计任务，并开展相关工程经验总结工作。公司新承接台山核电站1、2号机组核岛HVAC系统施工图设计和设备采购任务。

在核电运行技术服务方面，公司除继续承担实验快堆的运行技术服务工作、积极参与中核核电运行技术服务公司筹建外，还承接了秦山二期1、2号机组十年定期安全评价、淡水厂改造PSA服务和大亚湾和岭澳一期火灾报警系统改造等项目。

核化工方面，经过二十多年的坚持和持续技术攻关，公司技术总负责的四〇四中试厂于12月21日取得了100%热调试的圆满成功。它标志着公司已全面掌握了动力堆乏燃料后处理技术，并拥有了该项技术的全部知识产权。

2. 中国广东核电集团有限公司

（1）2010年，在建核电机组达到16台。工程线攻坚克难，精心组织，充分发挥集约化和规模化优势，动员由各参建单位组成的核电“大团队”，着力解决主设备供货延误等主要矛盾，有效控制安全质量风险，工程建设进展顺利。

广东岭澳核电站二期1号机组作为CPR1000示范项目首台机组顺利投产，运行稳定，以事实证明了CPR1000在技术、经济、安全上的竞争优势。广东台山核电站一期两台机组进入土建高峰期，克服了联合设计接口复杂等困难，年度工程一级里程碑均按期实现；通过管理创新，组织国内外承建商建立项目联盟，制定了共同目标和标准，为全面打造国际三代核电站EPR标杆工程创造了条件。广东阳江核电站3号机组顺利开工，在岭澳核电站二期参考电站的基础上采用了28项重大改进，为中广核集团CPR1000系列化发展创造了良好条件。辽宁红沿河核电项目克服核岛主设备首次国产化因素的影响，工程全面转入安装阶段，二期工程5、6号机组负挖开工。福建宁德项目成功应对土建、安装、调试工作同时进行的挑战，实现4台机组同时在建。广西防城港核电项目优质高效推进，展现了中广核集团批量化建设的优势和实力。

（2）工程设计方面，资质不断增多，成功取得民用核一、二、三级安全机械设备设计，民用核安全电气设备设计等资质，完全具备独立承担二代改进型核电项目核级设备设计能力。中广核集团不断深化与相关单位战略合作，实现了对更多优质资源的掌控。通过跨国三维异地协同设计平台，提供统一平台，制定统一设计标准，实施流水线作业，加强了对设计能力与设计资源的掌控。

3. 中国电力投资集团公司

在建核电项目进展顺利。海阳项目全年顺利按计划完成了1、2号机组核岛、常规岛第一罐混凝土浇筑、钢制安全壳底封头就位、CA01和CA20模块就位等十一个重要工程里程碑节点，现场形成了良好的工程形象。6月20日，海阳核电2号核岛开工，标志着我国四台AP1000国产依托机组全部开工。生产和调试准备工作全面开展，项目进度基本符合计划。两台机组核岛常规岛进入全面施工阶段，项目的管理体系进一步完善、各方职责进一步清晰，现场形成了良好的工程形象，得到了各级领导的充分肯定；生产准备和调试扎实推进，开展操纵员培养，已有72人获得预备操纵员资格。

红沿河一期确定了工程设计概算，1、2号机组完成安全壳穹顶吊装，进入全面安装阶段，3、4号机组进入土建高峰期。

核电前期项目稳步推进。海阳3、4号机组前期工作扎实进行，项目厂址安全分析报告、选址阶段环境影响报告书和可研报告编制工作已经完成；16项核准支持性文件中已经取得5项批复；设计工作和长周期设备订货工作已经启动，现场具备负挖条件。

江西彭泽项目，“四通一平”和长周期设备采购工作基本完成，初步设计已经开展，核准报告和建造许可证申请报告初稿编制完成，现场基本具备负挖条件。

红沿河核电项目二期工程，按照一期模式开发，9月份开始核岛负挖。

调整了项目公司管理层级、组织机构、人员配备，开展了环评公众调查、项目可研、四通一平设计等工作。

吉林赤松、广西桂东、湖南小墨山、重庆涪陵等前期项目，扎实开展了项目可研、四通一平设计及厂址保护等工作。

4. 国家核电技术有限公司

2010年，依托项目三门和海阳两地4台AP1000机组全面开工建设。国家核电进一步优化了依托项目管理模式，加强了项目管理体系建设，形成了以项目控制、设计管理、设备采购、施工管理、调试管理为主的核电工程总承包架构，大大提升了项目管控能力。从第1台机组到第4台机组，对应工程节点的施工效率明显提高。在有关方面的配合支持下，圆满实现了年度全部18个重大工程节点目标，保证了依托项目里程碑形象进度。

5. 中核能源科技有限公司

作为国家高温气冷堆技术成果产业化的主要承担单位，中核能源科技有限公司积极开展有关科研及示范工程设计工作。2010年，公司各项工作有序推进，其中部分课题取得了重大研究成果。

在研发设计平台建设方面，随着高温气冷堆技术工程化研究中心竣工落成，搭建起高温气冷堆工程转化研究与设计平台、工程试验验证与设备鉴定平台、示范工程EPC信息化管理平台，成为高温气冷堆以及未来超高温气冷堆、核能制氢等前沿核能技术的工程化研究以及推广应用的重要基地。

在高温气冷堆模块化设计技术研究方面，运用国际先进的模块化设计理念，选取高温气冷堆核电站示范工程中的典型系统开展了模块化设计方法的研究，将为高温气冷堆全面采用模块化方法进行设计和建造奠定基础，推动示范工程乃至核电工程的建造质量，缩短工程建造的工期。其中“高温气冷堆一回路舱室”的模块化设计已经初步完成，并将在示范工程施工中进行应用。

在20万千瓦高温气冷堆核电站核岛三维工艺布置模型的研究与开发方面，利用美国鹰图公司Intergraph软件，经过适用功能的再开发，相继解决了二维和三维的智能关联、核工程部分材料等级库、电缆自动敷设、自动加法兰管等难点，先后在国际上获得多项三维设计技术应用奖项，已申请了多项软件版权和发明专利。目前，公司在工厂布置三维设计领域已经达到国内先进水平。预计在高温气冷堆核电站示范工程施工图设计中，约有30%的图纸可以由该课题开发的三维布置软件自动出图。2010年，在高温气冷堆核电站示范工程施工图设计中，通过先进的三维设计技术和模块化设计技术的运用，有效提高了施工图设计的出图效率和出图质量。

核电工程建设

为确保国家核电建设任务的顺利开展，作为国家核电工程建设的主要承担企业，2010年，中核建设集团承担了国内所有在建核电站的核岛工程和部分常规岛工程以及出口巴基斯坦的恰希玛核电站的工程建设，同时在建机组达到29台，成为全球最大的核电建造承包商。集团公司承建的浙江三门、山东海阳、广东台山、广东阳江、秦山二期扩建、方家山、岭澳二期、辽宁红沿河、福建宁德、福建福清等核电工程重大节点基本提前或按时完成，质量全部达到合同标准，其中岭澳二期1号机组和秦山二期扩建3号机组分别于2010年9月和10月提前投入商运。

在国家三代核电AP1000自主化依托项目建设方面，集团公司坚持吸收、消化、创新并举，浙江三门、山东海阳AP1000项目建造继续向前推进，大量模块吊装目标顺利实现。为确保AP1000核电自主化依托项目安装工作按计划顺利开展，集团公司承建单位成立了AP1000主管道安装联合工作队等机构，开展AP1000主管道安装等工程的模拟实验、工艺评定和技术研究的攻关工作。

在高温气冷堆示范工程建设方面，2010年，集团公司稳步推进，所属中核能源科技有限公司作为示范工程EPC工程总包单位，采用国际先进核电工程建造的管理模式和手段，充分发挥设计的龙头作用，通过加强设计管理、优化设计方案等措施，进一步提高设计质量，有效控制工程投资、质量和进度，全面构建起工程质量、进度、费用、安全和风险五大控制体系。在采购管理方面，着重加强设备监造能力的建设，强化核电质保体系，完善供应商信息数据库、采购价格数据库、设备技术信息数据库等核心资源，确保核电设备的制造质量和进度。通过不懈努力，核岛设备已完成80%的设备采购任务，工程设计、主设备制造等按照三级进度计划有序进行，已完全具备开工(FCD)条件。

该集团下属主要核电建设公司核电工程开展情况分述如下：

1. 中国核工业第二二建设有限公司

2010年，该公司承担了秦山核电二期扩建工程4号机组，方家山核电1、2号机组，三门核电1、2号机组，海南昌江核电1、2号机组的工程建设。其中：方家山核电两台核电机组于年内同时进入施工高峰阶段，9月28日，1号机组穹顶提前79天成功完成吊装，使核岛主工期由合同计划的23.5个月缩短为21个月。三门核电工程2号常规岛5月16日浇筑第一罐混凝土，2号常规岛比三级计划提前实现FCD，标志着一期工程进入全面开工建设阶段。海南昌江核电工程1号核岛于4月25日顺利浇筑第一罐混凝土，创造核电工程从负挖开始到FCD最短的时间，1号常规岛于10月21日正式开工，2号核岛于11月21日实现FCD节点目标，比二级网络进度计划提前34天。在高标准完成在建核电工程的同时，公司还圆满完成了田湾核电T103\T203的大修工作，进行了湖南桃花江核电、湖北咸宁核电的施工准备工作。

2. 中国核工业二三建设有限公司

“十一五”期间，该公司在核电市场开发取得重大突破，获得了秦山核电二期扩建工程3号机组、方家山核电2个机组、岭澳二期核电2个机组、红沿河核电4个机组、宁德核电4个机组、阳江核电4个机组、福清核电2个机组、防城港核电2个机组、台山核电2个机组、高温气冷堆示范工程1个机组，共计24台机组的核岛安装合同，其中台山核电为国内首次EPR堆型核电建造项目。

截至2010年底，该公司签订核电项目合同额达164亿元，创造了公司历史最高纪录。2010年，所有核电项目进展顺利，8台在建机组（以穹顶吊装为节点）的核岛安装各里程碑目标按期完成，预计开工机组为5台；秦山核电二期扩建工程3号机组，岭澳二期核电1、2号机组完成热试，其中秦山二扩3号机组与岭澳二期1号机组于年内成功实现商运；防城港、昌江、桃花江、咸宁、田湾5/6号、辽宁徐大堡、福建三明，以及高温气冷堆，共计8个项目15台机组进入筹备/准备阶段。

3. 中国核工业第二四建设有限公司

2010年，该公司进行了AP1000特种混凝土施工技术研究、AP1000土建钢筋模块组件施工技术、AP1000叠合式穹顶施工技术研究、高温气冷堆核电站建筑工程关键技术研究等国家科技重大专项课题研究，进行了《百万千瓦级核电站吊环钢牛腿制作施工工法》、《AP1000核电站钢制安全壳底部灌浆施工工法》、《核电站安全壳钢衬里穹顶现场拼装支撑系统施工工法》等23篇核电建设施工方面的企业级工法的编制。

2010年，该公司承担了秦山核电二期扩建工程、福清核电、海阳核电的建设任务，积极进行了石岛湾高温气冷堆示范工程、彭泽核电的筹备工作，完成核电建安施工产值8.4亿元，所有核电项目进展顺利。其中：海阳核电于8月15日，顺利完成2号核岛CR10模块支架吊装和拼接，继FCD后完成了又一重要节点工程；福清核电工程1号机组，8月18日，比计划提前81天完成穹顶吊装；福清核电3号机组，12月31日，顺利实现FCD零点目标，仅用了44小时就完成了底板A、B、C三层混凝土整体浇筑；石岛湾高温气冷堆示范工程已具备FCD条件。2010年1月，正式组建彭泽核电项目部，前期准备工作进展顺利，与此同时，对三明核电项目进行了跟踪准备。2010年由该公司承建的中国原子能科学研究院自主研发的中国第一座实验快堆实现首次临界。

4. 中国核工业华兴建设有限公司

2010年，华兴公司共承担了国内外15台机组的土建施工任务，其中宁德核电4号机组，防城港核电1号、2号机组为新开工项目。各核电工程项目进展顺利，施工质量、安全、进度和成本均处于受控状态，各重大里程碑节点均按期或提前完成。其中：岭澳二期核电完成里程碑49个，1号机组于年内成功实现商运。红沿河核电完成里程碑542个，5月7日，2号核岛穹顶提前39天吊装成功；7月28日，红沿河核电二期基础工程正式开工。宁德核电完成里程碑508个，1月8日，3号机组核岛主体工程正式开工，标志着宁德核电建设进入三台机组全面施工阶段；8月8日，2号核岛穹顶提前68天顺利吊装成功；9月29日，4号机组核岛主体工程正式开工；10月31日，1号机组顺利实现了核岛混凝土的封顶目标。阳江核电项目完成里程碑374个，8月30日，1号机组穹顶提前16天吊装成功；11月15日，3号机组正式开工。防城港核电完成里程碑153个，7月30日，防城港核电1号机组施工建设正式开工；12月23日，2号机组施工建设正式开工。台山核电完成里程碑228个，1月31日，HK厂房筏基浇筑顺利完成；9月7日，1号核岛钢衬里筒体模块化施工圆满结束。巴基斯坦恰希玛核电C1项目进入收尾阶段。

在搞好在建核电项目建设的同时，公司还积极进行了国内外核电项目的施工准备和跟踪，为下一阶段的核电建设打好基础。

5. 中国核工业第五建设有限公司

2010 年，公司承担了秦山二期核电扩建工程、三门核电、海阳核电、福清核电、巴基斯坦恰希玛二期核电 5 个国内外核电建造工程项目，共有核岛机组 6 个，常规岛机组 4 个，其中三门核电为 AP1000 型核电世界首堆。各核电工程项目进展顺利，施工质量、安全、进度等均处于受控状态。秦山二期核电扩建工程 4 号机组核岛、常规岛及 BOP 子项安装施工进入到工程建设的关键时期，先后完成了反应堆厂房压力容器吊装就位、主管道焊接、常规岛汽轮机扣缸等工作。作为 AP1000 三代核电施工总包单位，三门核电完成 1 号核岛 CA04、CA05 、CA01 等模块组装与就位，CV 筒体一环、二环、三环、四环组焊与吊装就位；2 号核岛 CV 底封头组焊及就位，CA20、 CA04、CA05、 CA01 模块组焊与就位，CV 筒体一环组焊与吊装等重大里程碑和关键节点。海阳核电完成了 1 号核岛 CV 底封头组装与吊装，CV 筒体一环、二环、三环吊装就位，模块 CA01、CA20、CA04、CA05 组装与吊装工作；2 号核岛第一罐混凝土浇筑、CVBH 吊装就位、CA20 就位等重大里程碑和关键节点。福清核电作为 1、2 号机组常规岛安装单位，完成了有关施工组织准备。恰希玛二期工程核岛、常规岛及 BOP 子项安装施工进入到工程建设的最后时期，12 月底完成了首次装料。

在搞好在建核电项目的同时，对江西彭泽核电工程、恰希玛核电后续工程进行了积极的准备。

核设备制造

发展现状

“十一五”期间，国家实施了《“十一五”重大技术装备研制和重大产业技术开发专项规划》、《装备制造业调整振兴规划》，以辽宁红沿河、福建宁德和福清、广东阳江、浙江方家山和三门、山东海阳以及后续核电站建设工程为依托，推进二代改进型、AP1000核电设备自主化，重点实现压力容器、蒸汽发生器、控制棒驱动机构、核级泵阀、应急柴油机等主要设备的国内制造。

五年来，以东方电气、上海电气、哈电集团、中国一重、中国二重等为代表的国内主要核电制造企业都进行了大规模的投入和专项技术改造，重型装备制造基地和锻铸件改扩建生产基地相继投入使用，使我国核电制造基地的装备水平可与国际先进水平相媲美，研发水平和制造能力大幅提升。反应堆压力容器、蒸汽发生器、堆内构件、控制棒驱动机构、应急电源、核级泵阀等一大批核电关键设备实现了国产化，数字化仪控系统国产化取得积极进展，二代改进型核电设备国产化率已达到80%以上。三代核电关键设备国产化稳步推进，取得显著成效。

设备自主化研制情况

一、核电关键设备国产化

1. 东方电气股份有限公司

（1）东方电气制造的岭澳二期核电站的核岛主回路包重型设备、常规岛汽轮发电机组已经全部交货。

（2）在成功进入第三代核电核岛领域基础上，2010年11月4日签订了江西彭泽项目两台AP1000汽轮发电机组供货合同。成为同时获得AP1000、EPR核岛重型设备和常规岛汽轮发电机组订单的发电设备制造企业。

（3）核岛项目取得新进展。2010年，4套蒸汽发生器、5套反应堆压力容器及多套锚固件、5套稳压器、多套安注箱、硼注箱及各类重型支撑的制造在东方电气全面展开。

红沿河、宁德、阳江项目核岛设备从2008年底开始陆续进入交货阶段，截至2010年12月，红沿河、宁德、阳江项目共交付安注箱24台，红沿河、宁德项目硼注箱已经交货6台，宁德1号机组1台蒸汽发生器于12月20日发运。福清1、2号机组的蒸汽发生器制造已全面展开，3号机组蒸汽发生器主要部件已经开工。台山EPR项目克服了订单签订晚、开工晚的困难，生产渐入正轨，各部件制造进展良好。

（4） 常规岛设备制造实现了多台汽轮发电机组的批量生产，红沿河 2 号和宁德 1 号机组已按期交付。

（5）核设备设计所人员逐步到位，开展了蒸汽发生器、主泵制造的国家标准编制，核 2、3 级设备设计许可证申领工作已全面展开，向国家核安全局提交了取证申请。

2. 上海电气（集团）总公司

（1） 8 月 28 日，国内首台自主设计和制造的二代改进型核电百万千瓦级蒸汽发生器在上海电气临港基地隆重举行发运仪式。百万千瓦级蒸汽发生器研制成功，是上海电气、中广核集团和中国核动力研究设计院等单位在核电主设备国产化过程中，联合攻关、精诚合作所取得的一项重要突破。

（2）上海电气核电设备有限公司（上核公司）完成了以红沿河 1 号机组 3 台蒸汽发生器为标志的 15 台产品交货，上海第一机床厂有限公司（一机床公司）完成了两套设备（堆内构件和控制棒驱动机构）的交付和四套设备的工作量。

（3） 上海重型机器厂有限公司（上重公司）的核电大锻件完成了 CPR1000 堆内构件全套不锈钢大锻件；反应堆压力容器顶盖法兰、容器法兰、接管段筒体；蒸汽发生器管板锻件、筒体类锻件（上筒体、接管筒体、中筒体、下筒体）、过渡锥体件等评定工作。在产品供货方面，配套上核公司的 CPR1000、AP1000 和高温气冷堆产品的大型锻件中，已交付 86 件；配套一机床公司堆内构件锻件中，已交付 159 件。

3. 哈尔滨电气集团公司

（1） 目前正在执行的合同，其中核岛部分包括，三代 AP1000 项目三门核电厂 2 号 2 台蒸汽发生器，三门、海阳核电厂 2 套主泵电机，二代改进型项目阳江核电厂 3 台蒸汽发生器，方家山、福清核电厂 4 套主泵及阳江、宁德核电厂 6 台稳压器，恰希玛三期、四期蒸汽发生器，三门 1 号、2 号机组、海阳 1 号、2 号机组堆芯补水箱，三门 2 号机组非能动余热换热器，高温气冷堆石岛湾核电厂 2 台蒸汽发生器。常规岛部分包括三代 AP1000 项目三门、海阳核电厂 4 套 T/G，高温气冷堆石岛湾核电厂 1 台发电机，海南昌江 2 套 T/G，高温气冷堆 1 套高加、除氧器，岭澳二期项目常规岛阀门，红沿河、宁德核电项目安全阀，三门核电厂常规岛配套阀门等项目。

（2） 通过 AP1000 三代项目核岛主设备的技术引进和消化、吸收，同时兼顾二代改进型、高温气冷堆等项目的核岛主设备的生产制造，将实现主设备的自主开发能力。核岛目标产品包括蒸汽发生器、稳压器、非能动余热换热器、核二三级容器、支承、反应堆冷却剂主泵及主泵电机（三代 AP1000 屏蔽电机及二代改进型轴封电机）、反应堆压力容器、控制棒驱动机构、堆内构件、一体化堆顶构件、主管道及核级阀门等。

（3）通过积极消化吸收三代 AP1000 常规岛汽轮发电机组、辅机技术，掌握常规岛主要设备设计、制造技术以及系统设计技术，将实现全面国产化。在三代核电技术基础上，逐步扩大 AP1000 常规岛供货范围，在系统设计及大型辅机设备上拓展空间，同时兼顾二代改进型、高温气冷堆等项目的常规岛设备的设计和制造。常规岛目标产品包括汽轮机、汽轮发电机、冷凝器、MSR、高加、低加、除氧器、阀门、配套辅机及汽轮发电机组配套控制系统等。

（4）成功研制核电 K1 类电机、1E 级 K3 类电机，成为同类产品国内核电市场上唯一获得核电认证资质的核电产品供应商。

4. 中国第一重型机械集团公司

（1）2 月 9 日，秦山核电二期扩建工程 4 号机组反应堆压力容器在中国一重竣工。

（2）4 月 29 日，国内首台 AP1000 压力容器项目在中国一重开工。

（3）12 月 7 日，中国一重成功浇注 580 吨大钢锭，这支大钢锭是为咸宁核电项目——AP1000 低压转子生产的。AP1000 低压转子是 AP1000 核电常规岛中最关键设备之一，由于其材质纯净度高，世界上仅有极少数国家掌握该项冶炼技术，这支大钢锭的浇注成功，标志着我国在核电国产化研制道路上又迈出了重要一步。

（4）12 月 18 日，由中国核动力研究设计院设计、中国第一重型机械集团公司制造的我国首台完全自主化的红沿河核电站 1 号机组核反应堆压力容器，各项技术指标全部满足要求，在一重大连制造基地完工并发往红沿河核电站。核反应堆压力容器的研制成功，标志着我国百万千瓦级核岛主设备的制造已基本实现国产化，达到了国际先进水平，具备了提供成套装备的能力。

5. 中国第二重型机械集团公司

（1）2010 年 3 月，采用 560 吨钢锭成功冶炼国内首支 1100MW 常规岛发电机半速转子顺利交货。2010 年 5 月，第三代 AP1000 主管道热段弯管试制件通过国家核电技术有限公司组织的专家技术鉴定。

（2）2010 年，中国二重继续以 CPR1000 和 AP1000 主设备用大型铸锻件为载体，集中优势资源进行核电大型铸锻件的研发，完成 CPR1000 压力容器和蒸汽发生器全套锻件的评定和制造。

6. 中国核工业集团公司

目前中核集团核设备制造业以西安核设备有限公司、中核科技有限公司为骨干企业，主要产品有核一级稳压器，核二、三级压力容器和热交换器，大型核级设备支撑，核岛辅助系统相关设备和机具，核燃料运输容器，燃料储存格架，民用各类容器、换热器、塔器、反应釜，各种工业用闸阀、截止阀、球阀、调节阀、隔膜阀、止回阀、蝶阀、真空阀等。

“十一五”期间共开发科研项目 63 项，主要有：

（1）含硼不锈钢高密度乏燃料贮存格架的成功研制，通过消化吸收西班牙 ENSA 公司先进技术，掌握该项目的全部制造关键技术，实现了国产化，填补了含硼不锈钢高密度乏燃料贮存格架在我国核电市场上的空白。

（2）高真空耐压阀、核一级稳压器电动卸压阀、核一级快速启闭隔离阀、双向多重密封金属密封球阀、清焦硬密封双闸板电动闸阀。

（3）核电燃料组件离线啜吸检测装置（简称啜吸装置）的设计制造顺利完成，成为国内啜吸装置的唯一设计制造厂家。目前，已为秦山二期，岭澳一期、二期，恰希玛一期、二期核电站成功制造了8套啜吸装置。

（4）核电阀门样机共计38台，基本能覆盖百万千瓦核电机组大部分阀门，这些样机均具有自主知识产权，表明中核苏阀已经具备百万千瓦核电机组大部分阀门的设计、制造能力。

2010年3月，中核苏阀积极与中国核电工程公司联合研发的4个规格阀门样机，通过中核集团组织的国内权威专家验收。

核电站关键阀门的研发取得重大突破，这些阀门的成功研制，打破了发达国家的技术封锁，填补了国内空白，下一步工作即是将这些成果进行产业化推广应用。

二、AP1000关键设备研制进展

1. 三门、海阳依托项目4台机组核岛设备供货责任

三门1号机组反应堆压力容器(RV)、蒸汽发生器(SG)、屏蔽电机泵、爆破阀、堆内构件、控制棒驱动机构、装卸料机、钢制安全壳等，供货责任属于西屋联合体，中国第一重型机械集团公司负责为首两台机组提供部分锻件，主管道和稳压器由中方负责。下表为三门、海阳依托项目4台机组核岛设备供货情况。随着4台机组工程建设的进展，中方对核岛关键设备的自主化程度逐步提高。

三门、海阳依托项目4台机组核岛设备供货情况

设备名称	三门1号	海阳1号	三门2号	海阳2号
屏蔽电机主泵	西屋	西屋	西屋	西屋/中方
爆破阀	西屋	西屋	西屋	西屋/中方
反应堆压力容器	西屋	西屋	中方	中方
蒸汽发生器	西屋	西屋	中方	中方
堆内构件	西屋	西屋	中方	中方
控制棒驱动机构	西屋	西屋	中方	中方
装卸料机	西屋	中方	中方	中方
钢制安全壳	西屋	中方	中方	中方
主管道	中方	中方	中方	中方
稳压器	中方	中方	中方	中方

2. 关键设备制造进展情况

(1) 钢制安全壳容器(CV)和设备模块

AP1000钢制安全壳容器是实现AP1000先进非能动技术的关键设备之一。安全壳的内径为39624 mm，整体高度为65633 mm，总重3249吨，由1个底封头、3个筒体环、1个顶封头五部分组成。

国家核电技术有限公司专门成立了山东核电设备公司，承担世界上第一台AP1000机组具有非能动安全功能的钢制安全壳容器研制攻关，并为依托项目供货。在国家核电技术有限公司统一组织下，山东核电设备公司钢制安全壳容器研制突破了工艺技术难关，取得了钢板研制（上海宝钢和中国鞍钢）、模压成型、拼装、焊

接技术以及焊材全部实现国产化的重大进展，自主研制出具有非能动安全功能的钢制安全壳容器并为世界上第一台 AP1000 机组供货，标志着我国基本掌握了钢制安全壳的全部制造技术。三门 1 号机组 CV 底封头符合 ASME 规范和设计要求，已经成功安装就位，1 号环焊接进展顺利。海阳 1 号机组 CV 底封头已经完成焊接，待现场条件成熟后吊装就位。

山东核电设备公司同时承担世界首批 AP1000 机组设备模块的研制和供货。经过努力攻关，成功制造出世界首批 CA20 模块。三门 1 号机组、海阳 1 号机组 CA20 模块分别于 2009 年 6 月 29 日和 2010 年 1 月 30 日成功吊装就位。

(2) 主管道

三门、海阳自主化依托项目 4 台机组的锻造主管道全部由中方负责采购，这也是世界上首次使用锻造主管道。为此，国家核电技术有限公司组织我国多家单位（中国一重、勃船重工联队、上重集团、中国二重）进行主管道制造技术攻关。在特殊不锈钢冶炼、锻造研制、特殊机械加工工艺研制等方面取得重大突破：成功冶炼出符合规格要求的 316LN 不锈钢钢锭；完成锻件相关技术指标，达到世界先进水平；主管道 1 : 0.7 弯管试验的相关指标，也达到世界领先水平；完成 1 : 1 模拟件 119 吨锻件的锻造。

中国二重自主研制的主管道 1 : 1 模拟件综合技术指标完全符合设计技术标准，标志我国装备制造业成功掌握了 AP1000 主管道制造关键技术。2010 年 1 月 11 日，国核工程公司与中国二重签订合同为依托项目首两台机组供货。主管道自主研制成功，使得我国第三代核电自主化依托项目 4 台机组的主管道能够实现国内采购，大幅度降低了采购成本，与从国外进口相比可节约 8 亿多元人民币。目前，勃船重工也成功研制出主管道 1 : 1 模拟件。

(3) 屏蔽电机泵

屏蔽电机泵是 AP1000 先进非能动核电技术的关键设备之一，技术来源方是美国 EMD 公司。美国 EMD 公司供货的 AP1000 机组首台屏蔽电机泵已完成原型产品制造，于 2009 年 9 月 9 日开始进行全尺寸台架型式试验 。国家核电技术有限公司组织技术人员全过程跟踪并参与试验工作。EMD 公司和分包商 kingsbury 针对试验过程中的问题，经过分析和评估，制定解决方案，并于 2010 年 1 月继续进行中间试验。

三门、海阳自主化依托项目 4 台机组的 16 台屏蔽电机泵（主泵），其中前 14 台由美国 EMD 公司负责供货，海阳 2 号机组的后 2 台屏蔽电机泵由中方自主供货。国家核电技术有限公司组织哈尔滨电机集团、沈鼓集团组成联合攻关团队。

(4) 爆破阀

爆破阀是 AP1000 先进非能动核电技术实现非能动安全功能的另一项关键设备之一，技术来源方是美国 SPX 公司。三门、海阳自主化依托项目前 3 台机组的爆破阀由美国 SPX 公司负责供货，海阳 2 号机组的爆破阀 50% 由中方自主供货。

SPX 公司针对爆破阀的第一轮原型试

验已经完成，共进行了8次爆破 。西屋公司已完成中间阶段的设计评审。第二轮原型试验11月份开始。西屋于2010年6月进行最终设计评审。

苏阀ASME“N”和“NPT”认证于2009年10月16日成功通过了ASME联检组的审查，这比SPX要求获得ASME认证的时间提前了近1年，为爆破阀的制造工作赢得了宝贵的时间

(5) 压力容器 (RPV)

依托项目三门1号机组、海阳1号机组的压力容器，由西屋联合体负责采购，韩国斗山重工制造。中国一重集团为三门1号机组、海阳1号机组压力容器供货部分锻件。到目前为止，中国一重集团研制成功并向用户供货的压力容器部分锻件包括：压力容器顶盖锻件，压力容器接管段，压力容器出水管嘴锻件等。AP1000压力容器其他锻件正在研制中。

(6) 蒸汽发生器 (SG)

依托项目三门1号机组、海阳1号机组的蒸汽发生器，由西屋联合体负责采购，韩国斗山重工制造。中国一重集团为三门1号机组、海阳1号机组蒸汽发生器供货部分锻件。到目前为止，一重集团研制成功并向用户供货的蒸汽发生器部分锻件包括：SG水室封头，SG锥形段，SG管板，SG下筒体组件锻件等。

(注：有关AP1000关键设备研制进展的材料来源于“王俊，朱书堂.AP1000在中国的进展情况，《2010中国核能可持续发展论坛文集》，p. 53-55”)

核安全监管和核事故应急

核安全监管

2010年，在役核设施安全运行，在建核设施质量得到有效控制。运行核电厂、研究堆、核燃料循环设施、放射性废物贮存和处理处置设施以及放射性物品运输活动均未发生二级及二级以上的安全事件或事故，运行和在建核设施的事件、不符合项得到了及时处理。

2010年，全国核设施和核技术利用项目数量不断增加，辐射环境质量总体保持良好。环境电离辐射水平保持稳定，核设施、核技术利用项目周围环境电离辐射水平总体未见明显变化，环境电磁辐射水平总体情况较好，电磁辐射设施周围环境电磁辐射水平总体未见明显变化。

协调指导了甘肃舟曲泥石流和青海玉树地震核与辐射应急救援工作；完成了上海世博会及广州亚运会等重大活动的核与辐射安保督导检查、技术支持和应急备勤任务。

发布了《核与辐射安全法规体系（五年计划）》。进一步规范了核与辐射安全监管项目管理，初步建立了全国辐射环境监测项目绩效考评体系，组织编制了绩效考评实施方案，并对部分省市和外协单位开展绩效考评工作。

一、规划

为适应核能与核技术利用事业快速发展的需要，在科学分析我国当前核与辐射安全监管能力现状及未来发展趋势的基础上，国家核安全局启动了核安全与放射性污染防治“十二五”规划和核与辐射安全监管能力建设“十二五”规划的编制工作，提出了“十二五”期间我国核安全工作的原则、目标、重点任务和相关保障措施。

二、能力建设

环境监管能力建设“十一五”规划中的核安全监管技术支持系统项目进展顺利，将为核与辐射安全中心配备必要的安全分析软件、验证模拟机及配套数据库。

策划在“十二五”期间，建设核与辐射安全监管技术研发基地。成立了核与辐射安全监管技术研发基地建设工作领导小组及领导小组办公室，负责核与辐射安全监管技术研发基地建设筹划（筹建）事宜。截至2010年底，研发基地建设前期工作进展顺利，总体规划设计初稿已经完成。

编制并落实了《2010年核与辐射安全监督执法能力建设实施方案》，为核与辐射安全中心和各地区核与辐射安全监督站配备了便携式辐射环境监测设备和监督执法装备。

三、队伍建设

2010年，核与辐射安全监管队伍得到加强。中央机构编制委员会办公室下发了《关于增加环境保护部核安全监管人员编制等问题的批复》（中央编办复字[2010]40号），批准核与辐射安全监管站编制增加231人；核与辐射安全中心编制增加438人，在核与辐射安全中心加挂“环境保护部核安全设备监管技术中心”的牌子。

截至2010年底，核与辐射安全监管站在编人员达到173人，核与辐射安全中心在编人员达到239人。

四、核安全监管

依法对全国核设施实施了严格、有效的监管，全国核设施处于安全状态。

按照“积极稳妥、有序推进、均衡发展”的原则，严格审评不同堆型核电机组，全年颁发了10台核电机组的建造许可证，核电厂建造质量处于受控状态。制定了安全性能指标评价体系，对运行核电厂加强了重要安全改造审评和运行经验反馈。有计划地开展研究堆定期安全审查，换发了4座研究堆的运行许可证；严格进行研究堆调试工作的监督检查。中国实验快堆安全地实现了首次临界。

五、辐射安全监管

2010年，国家核技术利用辐射安全管理系统上线运行，实现了辐射安全许可证、放射性同位素进出口、转移和转让等的信息化管理；开展γ辐照装置防卡源专项整治工作；加快各省、自治区、直辖市放射性废物库建设，至2010年底，已有29个省、自治区、直辖市完成建设。

核事故应急

2010年我国核应急的工作以邓小平理论和“三个代表”重要思想为指导，深入贯彻科学发展观，认真落实突发事件应对法，以服务于国家经济社会发展为宗旨，以完善核应急“一案三制”为主线，以推进核应急基础能力为重点，以强化演习演练和人员培训为关键，坚持预防为主、综合治理、积极减容、常备不懈，进一步提升应对各类核与辐射突发事件的能力，更好地适应我国核事业快速发展的需要。

各应急组织均保持常备不懈，扎实做好核应急日常工作。认真落实核应急法规、预案，将各项规定落实到日常工作中，保持信息渠道畅通，保持应急设施和物资装备处于良好状态。严格执行核应急值班制度和报告制度，参与了上海世博会、广州亚运会等重大活动期间的值班备勤工作，切实做好应对各类核与辐射突发事件的准备。

国家核应急办认真落实胡锦涛主席在华盛顿核安全峰会上的讲话精神，会同公安部、总参应急办等部门，组织核与辐射安全领域的专家组成联合检查组，对上海世博会核安全措施落实情况进行专项检查，提出了3项整改措施建议，并予以督促落实。

加强对省级核应急组织，尤其是新建核电站省份核应急工作的指导，举办了有16个省级核应急管理机构主要领导参加的首届省级核应急领导干部培训班，提高了各省级核应急管理机构对核应急工作重要性、紧迫性的认识和执行力，促进了各省级核应急办领导干部的沟通交流。

重点开展核应急培训演练和宣传，推动各项工作不断取得突破。加强演习的指导和评估。国家核应急协调委在北京、南京、连云港地区组织了三级联动、军地协同、实兵实站，具有里程碑意义的首次国家核事故应急演习。国务院应急办评估团认为此次演习填补了核应急管理工作的空白，综合评估为优秀。之后国家核应急办对此次演习进行了全面细致的总结，包括参与演习的各单位之间的协作、人员培训、计划与资源方面的关键点，以及在演习组织、人员状况、硬件设施等方面进一步完善的计划。

2010年，国家核应急办组织国家评估团对岭澳核电站二期1号机组、秦山第二核电厂3号机组首次装料前的综合演习进行了评估。

在核应急领域国际合作方面，切实履行核事故国际通报义务，积极参与国际演习、培训和交流。组织有关部门参加了国际原子能机构举行的2010ConvEx-2b国际核应急演习，有效提升了与国际原子能机构的合作。落实中美和平利用核能协议，举办了中美核应急技术交流研讨会，深入探讨了技术合作的方向和重点内容。组织专家团观摩美国国家核应急演习，借鉴美国管理经验。

成立了国防科工局核应急响应中心（国家核应急响应技术支持中心），主要负责国家核应急准备与响应的技术支持工作。

核专业人才培养和职工培训

在核电加快发展的形势下，核专业人才教育培训工作受到各方高度重视。目前，我国已有40余所高校设立了核专业，教育培训机构建设进一步加强。建立校企合作机制，推进“产、学、研”结合，已成为核专业人才培养的重要途径。核专业人才培养和培训工作的推进，有效地缓解了核电快速发展与核专业人才不足的矛盾。下面重点介绍有关集团公司核专业人才培养和职工培训的情况 .

一、 中国核工业集团公司

1. 以组团招聘为载体，实施紧缺专业人才培养引进

本着“集团运作、统筹谋划,统一招聘、强化品牌，保障重点、适当储备”的原则，两上两下，严格审核，报批2010年集团公司校园招聘4389人，社会招聘（集团公司外部）169人。在此基础上，采取以点圈面的方式，历时20天，横跨13省市涉及57所高校，共组织了20个核工业专场校园招聘会，现场招聘接待学生达到25000余人次。中核人才招聘网共接收简历96387人次，经简历筛选、笔试或面谈，各单位及时确定了意向人选，圆满完成了校园招聘计划任务。此次组团招聘体现了集团运作的优势，首次借力第三方服务，影响大、效果好，展示了良好的“中核集团”雇主品牌，受到成员单位及各高校师生的广泛好评。

与此同时，为确保集团公司中长期发展战略的人才需求，积极推进与相关高校的战略合作，先后与上海交通大学等5所高校就紧缺专业人才“订单+联合”培养、设立“核工业人才培养基地”等事宜进行商洽并初步达成一致意见，完成与哈尔滨工程大学核电人才培养协议签订工作。反复沟通协商，继续巩固与清华大学定向生的培养。

2. 以境外培训为切入点，职工教育培训有了新拓展

为进一步解放思想、开拓视野，培育战略思维和国际眼光，在中组部有关部门的协助下，分两批次组织30名集团公司中层管理骨干赴加拿大、新加坡进行专题研修。这是中核集团首次实施的领导干部境外专题培训，也是实施“走出去”战略的重要举措。

在组织实施境外培训的同时，按计划举办了两期企事业单位领导干部工商管理培训班、两期核工业党校班等专题培训。推荐集团公司总部部门和成员单位领导成员30人次赴中央党校、国资委培训中心等参加培训。完成2010年集团公司职工教育培训计划及预算的编制、研究生分专业招生计划及2009年度研究生培养基本情况信息表的上报、国家留学基金资助出国留学申请受理申报工作。起草《集团公司干部教育培训档案管理办法》，发布了《集团公司集中使用部分职工教育经费管

理使用实施细则》、《集团公司干部职工教育培训实施办法》。统一协议文本、统一合作期限，继续做好与9所高校战略合作协议的续签工作。

二、中国核工业建设集团公司

2010年，为满足大规模核电建设对各类人才的需要，实现人力资源保障有力，集团公司及所属单位，采取走出去、请进来、岗位培训等多种形式，积极与国际原子能机构、国内知名大学、科研机构、培训机构广泛进行交流合作，开展行之有效的各类管理人才、技术人才和技能人才的教育培养，建立起分层次、分类别的员工培训工作体系。2010年，集团公司针对系统内中高层干部组织了工商管理培训班和党校培训班；针对核电项目管理举办了核电项目经理高级培训班。各成员单位根据本单位实际情况，结合新一轮核电建设需要，积极开展了有针对性的员工教育培训，特别是充分利用核电在建项目，通过在关键岗位增设人员，采取“1带1”，“1带多”等多种形式，实现岗位人才培养，进行核电人才的“孵化”和再造。2010年，集团公司投入人才培训资金达2372.5万元，组织各类人员培训共49217人次，其中，对管理人员培训2509人次，对专业技术人员培训9701人次，对技能人才培训37007人次。

三、中国广东核电集团有限公司

为共享集团培训管理的数据，统一集团培训管理和学习方式的语言，以较快的速度提升新业务板块、新培训基地培训管理水平，结合市场上国际和国内公司的良好实践，组织设计并开发形成了具有中广核自主知识产权、具有中广核鲜明特色的U–e培训学习平台和网上在线学习系统，并于2010年6月1日实现系统正式上线运行，实现了培训资料、授权资料的全集团数据共享，从而实现了集团培训管理上的历史性跨越。2010年10月，中广核集团主要几家公司都部署了培训管理系统和e–learning学习平台。目前中广核集团12家公司70%的培训管理流程、80%的培训数据已经实现系统管理和数据化，集团统筹的培训课程中，e–learning课程占比达到近30%。

四、中国电力投资集团公司

实施《2020年核电人力资源规划》，确定了“适度引进、立足培养”的核电人才开发方针，明确了引进、选拔常规电人才培训转岗和高校招聘的三种人才培养方式，加强核安全文化理念培训，利用在建项目的工程实践，建立滚动机制，实现从在建项目向前期项目的人员合理有序流动。建立了较为完善的培训管理体系，开展了培训软硬件能力的建设，初步形成了一整套核电人力资源开发体系。

大力开展核电培训能力建设。组织编制了AP1000核电培训系列教材，组建了近100人专兼职相结合的核电培训师资队伍。建设和完善三大核电培训基地。

上海高级培训中心的AP1000核电基础理论培训基地、上海大漕泾超超临界百万千瓦火电厂的核电常规岛运行和维修技能培训基地已建成投入使用；烟台核电技能培训基地已开工建设，将配备AP1000全尺寸模拟机和核岛主要设备模拟体，具备AP1000核电运行维修培训功能，计划2012年投入运行。

截至2010年底，中电投核电从业人员队伍已达到2100余人，山东海阳项目已有72人具备了核电厂预备操纵员资格，为4台机组运行进行了人才储备，江西彭泽项目首批24名预备操纵员已在国内核电厂培训。已形成可以基本满足山东海阳项目建设、运营，江西彭泽工程开工和其他多个核电项目前期工作需要的核电人才队伍。

五、国家核电技术有限公司

继续广泛引进人才，全年共引进各类人才1555人，员工总数达到6037人。引进海外高层次人才取得突破，德籍华人程旭教授入选国家“千人计划”。评选产生了公司首批2名专家和16名专业技术带头人，确立了16名重大专项系统技术总师、副总师，以及各课题负责人和技术负责人，评选出了121名“科技创新骨干”和122名“优秀青年科技创新人才”。公司专家委员会在重大问题决策和人才培养等方面发挥了重要作用。一支担当重任的专业骨干人才队伍基本形成。

学习型企业建设取得积极进展。建立了公司总部和所属单位两级管理、国核大学业务支撑的公司培训组织体系。初步建成了面向全员的网络培训平台，为实施全员培训和员工学习创造了良好条件。加快了自主培训课程开发工作。选聘了公司首批102名内部讲师。实施了《学分管理制度》。以领导力训练、工程项目管理培训等为重点，认真开展全员培训，全年共培训8.5万人次，促进了人才的成长和工作效能的提升。

六、中国华能集团公司

华能山东石岛湾高温气冷堆核电站示范工程以人才规划为依托，大力开展人才引进与吸纳工作，积极协调落实培训资源，人才培养和岗位培训工作取得阶段性成果。2010年3月31日，52名生产准备员工顺利通过10 MW高温气冷实验堆操纵员执照考试并获得操纵员执照。先后与核工业研究生部、美国杜克能源公司、秦山核电、苏州热工院等单位签订人员培训协议，确保了培训工作的有序开展。培训工作组织规范，成效显著，促进了公司干部员工队伍的核安全文化素养及业务水平的持续提升。

七、中国大唐集团公司

10月18日，集团公司第一期核电工程管理人员培训班在上海举行。集团公司领导对此次培训班高度重视，刘董事长和陈总经理分别给予指示。集团公司党组成员、副总经理王森出席开学典礼，并授开学第一课。本期参加学员共计43人，主要从集团公司系统内从事过大功率火力发电厂工程管理和运行管理的一线骨干人员中选拔。本次培训历时6个半月，主要包括八个模块：核电基础理论、法律法规/安全质保、工程项目管理、专业英语、专家讲座、论文及答辩、参观实习和团队建设活动，理论培训阶段完成后，将选拔优秀学员派往核电厂进行现场学习。

11月9日至12日，集团公司第一期核电检修质保培训班在大唐淮北职业技术培训基地举办。本次培训班共有来自大唐国际、安徽分公司、河南分公司的50名学员，课程包括核电系统和设备介绍、核电质量保证体系以及核电检修管理。旨在提高集团公司核电检修人员的管理能力，强化专业技能，培养和储备核电检修人才队伍，同时也为集团公司积极开拓核电市场提供了有力前提和充分保障。

八、中国华电集团公司

2010年5月，中国华电举办了核电前期工作培训班，来自集团公司系统内各核电筹备处及二级机构相关人员参加了培训，邀请核电行业资深专家授课，并对核电前期工作中各个阶段应关注的问题进行了深入探讨。积极参与核能行业组织的各类培训，全年共组织100人次参加了核电质保、防人因失误研讨班、世界核大学等核电项目培训。

九、哈尔滨电气集团公司

注重引进人才、培养人才、留住人才，做好老、中、青制造技术人员的梯队建设，避免技术人员年龄结构不合理现象。

通过核电吸引人才，从社会上吸收优秀的核电人才，吸收国内外优秀的技术、质保、管理人才。加大高层次人才的引进力度，积极探索高层次人才吸引和科研合作之路，不求所有，但求所用。通过人才引进、退休返聘、兼职项目负责人、联合攻关等方式，引进公司需要的高层次人才。加大高层次人才的培养力度，选派优秀的专业技术人员、管理人员到国外先进的公司进行核电技术考察或培训。通过上述方式，满足公司对核电高层次人才的需求以及公司的长远发展。

同时加强培训的针对性，提升操作人员技能水平和技术管理人员的业务水平。加大技能人才的培训力度，全面提高员工知识、技能，提高员工与岗位要求的匹配度。创造有利于人才发展的政策环境。强化舆论宣传，采取多种形式宣传人才引进、培养、使用和管理等方面的政策措施，宣传各类优秀人才的先进事迹和突出业绩，在公司形成“尊重知识、尊重人才、尊重创造”的良好氛围。采取有效措施保证员工队伍的稳定。从员工事业成长的角度出发，通过感情留人、待遇留人，加强事业留人，形成合力，为哈电集团的核电事业作出贡献。

十、东方电气股份有限公司

以产业结构调整和形成自主创新能力为主线，在引进高层次人才、国际化人才和社会成熟人才方面取得明显进展。引进博士 15 名，聘请 1 名中国工程院院士担任技术顾问，引进了符合“千人计划”和“百人计划”要求的外籍专家并在东方电气全职工作。利用党校和管理学院平台，强化职工培训工作，抽调 490 名企业干部先后参加共 14 期、为期一个月的集训，举办财务管理高级培训班，组织 20 名生产一线管理骨干赴日立公司学习交流新技术和现代管理方法，提高了各类人才现代企业经营管理能力，促进了人才队伍知识结构优化。

十一、中国第一重型机械集团公司

2010 年，按照国家核安全局关于加强核体系人员全员培训的工作要求，制定了《关于开展核体系人员全员培训工作的通知》，并组织重型装备事业部、铸锻钢事业部、核电石化事业部、轧辊电站事业部的技术质量部门负责人和相关业务骨干，针对核法规要求和各部门、各岗位的工作性质及特点，对培训内容进行了细化，提高了培训的针对性和实效性。培训结束后，还组织了公司副科职以上管理人员的闭卷考试工作，并对培训的效果进行了评估，培训评估报告得到了核电业主和上级主管部门的认可。

在二级培训工作方面，中国一重核电石化事业部每月至少举办两次核电相关知识培训。2010 年举办核安全文化培训班 3 期，培训课时 29 学时，参培人数 1758 人次，有 675 人参加了核安全文化考试，并全部合格。举办由管理人员、技术人员、各关键工种一线人员参加的包括核电管理程序、CPR1000、AP1000、RCC-M、HAF003 等培训班 46 期，培训课时 257 学时，参培人数 7795 人次。

在强化核电人才内部培养和教育培训的同时，中国一重还选派相关人员参加国内相关机构开展的无损检测资质培训、核能行业质量保证监查员培训等。同时，选派业务骨干到韩国斗山重工集团等国外同行业知名企业进行学习，不断开拓视野，汲取先进的管理理念和实践经验，通过核电制造方面人才的培养，不断提升中国一重核电制造的业绩和管理工作水平。

国际合作与交流

政府方面

一、公约履约

1. 5月4日，中国代表团团长、中国常驻联合国代表李保东在第八次《不扩散核武器条约》审议大会上发言说，中国坚决反对任何形式的核武器扩散。中国欢迎美国和俄罗斯最近签署新的双边核裁军条约。他又说，和平利用核能是各国的合法权利，应当得到充分尊重和维护。

2. 8月30日，国家核安全局向国际原子能机构提交了第五次《核安全公约》中国国家报告。10月13日，环保部副部长兼国家核安全局局长李干杰作为《核安全公约》第五次审议大会主席，赴奥地利国际原子能机构总部出席《核安全公约》第五次审议大会筹备会，听取了公约秘书处对大会筹备情况所作的报告，并对大会的组织和筹备工作作出部署。

3. 为做好联合公约缔约国第四次审议大会的履约准备工作，国家核安全局牵头完成了第二次联合公约国家报告编写委员会换届工作，成立了第二次联合公约国家报告编审委员会，对首次履约工作进行了总结，并完成了第二次联合公约中国国家报告的大纲和工作计划。

二、多边领域

1. 3月9—11日，环保部代表出席了2010年度核管制合作大会及核电厂多国设计评价（MDEP）政策组会议，讨论各国核安全监管机构如何加强合作，如何对新一代核电厂建造进行核安全评审及监督，以及如何对全球运行核电厂进行监管。

2. 4月12—13日，首届核安全峰会在华盛顿举行，包括中国在内的47个国家的领导人或代表，以及联合国、国际原子能机构和欧盟等国际和地区组织负责人或代表出席会议。与会各方签署了《华盛顿核安全峰会公报》和《华盛顿核安全峰会工作计划》，就加强全球核安全达成了一致共识。胡锦涛主席出席峰会并发表题为《携手应对核安全挑战 共同促进和平与发展》的讲话。

3. 7月6—8日，主题为钠冷快堆法规及标准“国际核工业标准化学术研讨会”在京召开，来自俄罗斯、印度、日本、国际原子能机构以及国内有关单位的50名专家代表出席了会议。并就快堆设计规范和标准的发展趋势等方面进行了深入讨论。

4. 7月18—30日，国际原子能机构副总干事长谷口富裕亲自率领由15个国家监管当局的22名核与辐射安全监管领域资深专家组成的核与辐射安全监管综合评估团来华，对我国核与辐射安全监管体系进行全面、系统评估，历时13天。国家能源局、国家原子能机构、卫生部等政府部门和中国核工业集团公司及中国广东核电集团有限公司等单位的代表参加了此次评估活动。通过评估，国际原子能机构对我国核与辐射安全监管工作作出了全面评价，认为中国政府在核与辐射安全监管工作中坚持了“安全第一、质量第一”的原则，充分肯定了我国核与辐射安全监管工作所取得的成就，对中国监管体系保障中国核能快速发展充满信心。

5. 9 月 20—24 日，中国国家原子能机构主任陈求发率团出席在维也纳召开的国际原子能机构第 54 届大会。中国代表在大会上提出，全球核能发展复苏为国际原子能机构在相关领域发挥更大作用带来了历史性机遇，国际原子能机构应重点在促进核能可持续发展、加强核安全和解决敏感地区核问题方面发挥更大作用。环保部代表出席了国际原子能机构第 54 届大会暨核安全监管者高官会，就如何提高核安全监管当局的监管有效性进行讨论，并向其他国家介绍了我国在建设 AP1000、EPR 机组及运行核电厂的核安全审评与监督方面的经验。

6. 10 月 18—22 日，由国际原子能机构（IAEA）主办、国家原子能机构（CAEA）承办、中国核能行业协会（CNEA）协办，亚洲核安全网（ANSN）指导委员会第 12 次会议暨 ANSN 能力建设协调组（CBCG）第 3 次会议在北京国家会议中心召开。来自 15 个国家的 37 名代表出席会议。

7. 11 月 16—18 日，2010 中国国际矿业大会在天津梅江会展中心召开。国务院副总理李克强出席会议并致辞。大会活动包括高峰论坛、行业展览和专题活动等三部分，来自 50 多个国家和地区的 3500 多名代表参会。

8. 11 月 18 日，由中国国家原子能机构、日本内阁府、日本原子能委员会共同主办，中国核能行业协会承办的第十一届亚洲核合作论坛（FNCA）部长级会议在北京举行，来自中国、日本、韩国等 12 个成员国的政府主管部长级高官及 60 余位代表出席会议。中国国家原子能机构主任陈求发出席会议，提出了加强成员国核领域合作的四点建议。

9. 11 月 25—26 日，第三次中日韩核安全高官会暨第五次亚洲核安全信息交流会在北京召开。会议由国家环保部主办，来自日本经济产业省原子力安全保安院、日本原子力安全基盘机构、韩国核安全研究院以及环保部核安全中心的三方代表出席会议，就共同推动中日韩区域和亚洲地区的核安全合作进行了交流。

三、双边领域

1. 中国与国际原子能机构

（1）2010 年，中国参加了国际原子能机构举行的 2010ConvEx-2b 国际核应急演习。

（2）6 月，中国与国际原子能机构签订了 2010—2015 年技术合作国家计划框架，为今后 5 年合作制定了系统规划。

（3）8 月 16 日，中国国家原子能机构与国际原子能机构签署了核安保合作协议。

（4）8 月 16 日，由中国国家原子能机构主办，中国核能行业协会承办的“国际原子能机构与中国研讨会”在北京召开。中国国家原子能机构主任陈求发、国际原子能机构总干事天野之弥出席会议并讲话。会议邀请了国际原子能机构、中国国家原子能机构等政府部门和研究单位的8名官员和专家作报告。140余名代表出席了研讨会。

（5）8月17日，国际原子能机构总干事天野之弥一行，在国家原子能机构秘书长王毅韧的陪同下，来到中国原子能科学研究院参观访问。

2. 中国与俄罗斯

（1）3月23日，中国国家副主席习近平在访问俄罗斯期间，与俄罗斯副总理茹科夫共同出席了《中国核工业集团公司与俄罗斯国家原子能集团公司关于在中国合作建造BN-800型示范快堆核电站2台机组的谅解备忘录》，以及田湾核电站扩建工程3号和4号机组框架合同签字仪式。

（2）8月30日，中俄总理定期会晤委员会核问题分会第十四次会议在北京召开。中方代表团团长、国防科工局局长陈求发、俄方代表团团长、俄罗斯国家原子能集团公司总经理C.B基里延科主持会议，并代表中俄双方签署了本次会议纪要。

（3）9月27日，国家主席胡锦涛和俄罗斯总统梅德韦杰夫共同见证了《田湾核电厂3、4号机组技术设计合同》签署。

（4）11月23日，国务院总理温家宝与俄罗斯总理普京共同见证了《田湾核电厂3、4号机组总合同》签署。

3. 中国与美国

（1）5月，中国代表团观摩了美国国家核应急演习，借鉴美国管理经验。

（2）5月24—25日，第二轮中美战略与经济对话在北京举行，中美两国主管部门就能源安全、核安全、气候变化等问题举行了对口磋商和会见。此次对话取得26项具体成果，签署了7项合作协议，其中包括中国国家核安全局和美国核管理委员会《关于进一步加强西屋AP1000核反应堆安全合作备忘录》。李干杰副部长陪同王岐山副总理和戴秉国国务委员出席第二轮中美战略与经济对话会议，参加了能源安全对口磋商并作题为《中美核安全合作成就与展望》的发言。

（3）自中美关于西屋AP1000核安全备忘录实施以来，环保部已派5人赴美国核管制委员会进行为期半年的在职培训，学习美方在核与辐射安全监管方面的成功经验。同时，美国核管理委员会也先后派4名高级监督员分别至上海核与辐射安全监督站和三门核电有限公司，进行有关AP1000机组现场建造及设备制造监督方面的考察学习。

4. 中国与法国

（1）由于具有相同堆型的核电站，每年环保部广东监督站与法国核安全监督站保持着彼此派监督员到对方进行为期3个月的交流合作，2010年扩大到北方监督站与法国监督站互派监督员进行快堆监督的合作。

（2）5月11日至13日，中法核安全指导委员会年度会议在北京举行。李干杰副部长和法国核安全局局长拉考斯特共同出席会议并致辞。中法双方就共同关心的有关EPR核反应堆的技术问题和核电项目的进展等问题进行了深入讨论。

（3）11 月 4 日，在胡锦涛主席和法国总统萨科奇的见证下，中国核工业集团公司与法国阿海珐集团签署了《关于中国大型商业后处理——再循环工厂项目的谅解备忘录》和《中国阿海珐上海营业有限公司合资合同》；中国广东核电集团有限公司与法国阿海珐集团签署了铀产品采购合同，未来十年向中广核集团提供 2 万吨铀。

5. 中国与日本

（1）2 月 14 日—3 月 26 日，日本原子力安全基盘机构邀请环保部 18 人分两批赴日进行核电厂抗震安全等内容的核安全技术培训，为我国在突发事件情况下的核应急响应提供了指导。

（2）11 月 29 日，在京召开第 11 次中日核安全研讨会，中日双方的核安全当局及技术支持单位共 88 名代表参会，就核电厂监督检查制度、核电厂老化及延寿管理、快堆监督检查等议题进行了深入讨论和交流。

6. 中国与其他国家

（1）6 月 9 日，在国家主席胡锦涛和乌兹别克斯坦总统卡里莫夫的见证下，中广核集团与乌兹别克斯坦纳沃伊矿业联合企业签署《天然铀贸易合同》。

（2）6 月 12 日，在国家主席胡锦涛和哈萨克斯坦总统纳扎尔巴耶夫的见证下，中广核集团与哈萨克斯坦国家原子能工业公司签订 1100 吨天然铀采购合同。

（3）11 月 11 日，全国政协主席贾庆林与哈萨克斯坦总理马西莫夫在哈萨克斯坦首都阿斯塔纳出席并见证中国广东核电集团有限公司与哈萨克斯坦国家原子能工业公司签订 天然铀长期供货合同。

（4）11 月，中韩和平利用核能合作联委会第九次部长级会议在京召开。

（5）11 月 11—13 日，第五次中巴核安全合作指导委员会会议在北京召开，李干杰副部长和巴基斯坦核管局主席哈比布共同出席会议并致辞。双方肯定了中巴核安全合作机制的重要性，都表示将巩固已有的基础，继续拓展合作成果。

（6）11 月 15 日，罗马尼亚核管会主席博乐巴拉访华，与李干杰副部长就中罗开展坎杜堆和核燃料循环领域的核安全合作以及签署中罗核安全合作协议事宜进行了会谈。

部分企业集团

一、中国核工业集团公司

2010 年，在各级政府的支持下，中核集团积极实施“引进来”和“走出去”战略，为实现“五个一工程”发展目标，打造 10 个海外科工贸平台，围绕“做大做强、国际一流”的集团公司发展目标开展工作，取得了显著成果。

1. 积极推进海外核电开发

（1）召开了研讨会，谋划核电出口；积极参加国际展览会，获取信息；利用 IAEA 平台扩大集团的影响，推动出口。

集团公司召开了核电海外开发实施方案座谈会，谋划核电出口工作，初步形成了中核集团“走出去”战略草案。

2010年先后参加了莫斯科核工业展览会和首届阿拉伯核能及海水淡化会议，获取了埃及、突尼斯、苏丹等国的核电发展信息，扩大了集团公司的影响。

通过IAEA渠道，获取相关信息，了解和掌握受援国核能发展计划和进程。目前，已向IAEA（通过国家原子能机构）推荐CNNC专家，列入IAEA后备人才库中，使其能够参与IAEA对新兴核电国家的专家服务合作项目；根据集团具有完整产业链的优势，拟定覆盖全部核电环节（可研、厂址、法规监管体系、人力资源、建造运行等）的培训方案，形成有特色的培训体系，并接收IAEA资助的利比亚技术人员在中国为期3个月的培训。

（2）签订巴基斯坦CPK1000核电项目出口协议。

在执行好巴基斯坦恰希玛核电项目的同时，积极推动对巴CPK1000项目的出口，于12月下旬签订出口框架协议。协议的签订将对CPK1000项目的国内项目审批和出口产生积极影响。

（3）阿根廷项目积极推进。

经过积极努力，促成在阿根廷总统访华期间，国家能源局与阿根廷计划部签署了《合作谅解备忘录》，为中阿核电合作打下了良好基础。2010年，双方进行了两轮互访，进行了充分的技术交流。

（4）积极参与埃及核电投标，积累市场化营销经验。

2010年10月，中核集团代表团赴埃及进行CP1000技术推介，宣传了中核集团的实力和核电品牌。此次推介会完全是在没有任何国外合作伙伴可依托的情况下，通过自己的力量完成的市场化的营销推介会，通过此次会议，积累了海外营销经验。

（5）与苏丹电力和大坝部签署了《核电项目合作备忘录》，占得了对苏合作的先机。

2. 海外核电工程建设进展顺利

巴基斯坦C2工程实现安全壳打压试验、主系统升温升压、汽轮机非核蒸汽冲转等具有重要里程碑意义的施工节点，于2010年12月22日装料；2010年3月31日，C3、C4项目合同已经正式生效，C3项目开始了负挖。

3. 开辟渠道，资源保障能力提高

（1）2010年完成进口8000吨天然铀（其中国储铀5800吨）；新落实合同量4.8万吨，包括：与哈萨克斯坦签订了10年3万吨天然铀长期采购协议；与加拿大CAMECO公司签订了10年1.1万吨天然铀长期采购合同；与纳米比亚签订5年7000吨天然铀长期采购合同。此外，与俄罗斯、乌兹别克等国家商谈了长期供应合同。

（2）分离功推销取得初步成效，落实3个销售合同，与韩国的合同得到积极推进。

（3）核燃料专用保税库已得到海关总署批准，为亚洲核燃料储备、加工和交易中心的建设打下了基础。

4. 克服困难，推进海外铀资源开发

（1）尼日尔阿泽里克铀矿项目工程克服重重困难，积极推进，于2010年12月30日投料试车。

（2）积极推进蒙古古尔万布拉克铀矿项目。

已完成古尔万布拉克铀矿床储量评

审报告的修订工作并上报蒙古有关政府部门；项目可行性研究工作正在开展；完成覆盖古尔万布拉克铀矿床的4969X等3个勘探许可证的延期工作，共完成钻探工作量1500米。

5. 国际合作引进资源，推动集团科研能力的提升

（1）中法合作年度项目得到落实。

与法国原子能委员会签署2010–2011年度中法科技合作项目5项。“快堆技术”等协作实验室项目合作进展顺利。

（2）积极利用IAEA平台，开展对外交流合作。

全年落实了多项日常交流活动。包括专业性会议35人次、研讨班/培训班/专家服务25人次、专家会/咨询会/顾问会20人次。执行IAEA2009–2011年度技术合作（TC）项目9项，受援金额251.4万美元，通过项目派出30人次科访/进修，15名机构专家来华技术服务。接受新兴核电国家利比亚4名进修和4名科访人员来华。2010年是国际原子能机构2012–2013年技术合作（TC）项目的申报年，中核集团组织申报了22个项目。

促成原子能院利用IAEA渠道和资金进行微型反应堆低浓化项目。原子能院与美国阿贡国家实验室签订了《微型反应堆低浓化零功率实验》合同，合同总费用162万美元，由原子能院利用现有微堆进行低浓化实验，以便向我出口的微堆实现低浓化的燃料装料。

（3）与WANO的交流与合作提升了集团核电运营水平。

作为WANO的重要一员，集团公司积极参加了WANO的日常活动，参与执行多个技术项目，扩大集团公司影响力，争取集团公司利益最大化。

2010年完成了事件报告的提交；组织各电厂厂长参加了WANO东京中心厂长会；组织翻译了东京中心有关技术报告和资料；完成三门和福清核电站加入WANO东京中心的准备工作；组织各电厂向东京中心申报2010年项目；组织WANO东京中心对秦山二期进行综合评估活动，评估团对秦山二期在建和运行的机组提出了多项改进意见。

（4）抓好智力引进，促进集团科研水平。

根据集团公司科研、生产任务和工程建设的需求，编制了中核集团2010年引智项目计划。2010年获国家外国专家局批准引进专家项目68项，引进专家188名，派出培训15项，派出培训专业技术人员79名，共获资助金额530万元。2010年引智项目总体执行良好，为集团公司技术进步和经济发展作出了积极贡献。

二、中国核工业建设集团公司

作为全球唯一一家二十多年从未间断地从事核电建设的企业，集团公司积累了各种堆型的核电建造经验，形成了一批拥有自主知识产权的核电建造技术。2010年，为贯彻国家“走出去”战略，掌握国际核电工程建造市场信息，策划、培育国际核电工程建造资源，实现进军国际核电工程建造市场的目标；切实提升集团公司在国

际核电领域知名度、影响力，借鉴国际核电建造的先进管理经验和技术，进一步提升核心竞争能力，打造国内一流、国际知名的国际化企业集团，集团公司进一步加大了国际合作与交流，大力拓展海外核电市场。

2010年，集团公司所属中国核工业华兴建设有限公司、中国核工业第五建设有限公司等单位按照计划、进度圆满完成了所承建的巴基斯坦恰希玛核电厂二期工程，并再次顺利承接后续工程，为中国核电走向世界、为中巴两国的友谊再建新功。

2010年6月13日，集团公司所属中国核工业二三建设有限公司与俄罗斯原子能建设出口有限公司签订战略合作框架协议，为双方的国际化合作交流奠定了基础。

2010年6月，中国核工业建设集团公司派团参加了国际原子能机构在维也纳召开的“核电站和核燃料循环设施运行安全经验及业绩”国际会议。在会上向各国参会人员介绍了中国核电建设的情况和经验，得到了与会者的高度评价。会议提出“国际原子能机构应建立相应机制，通过这个机制能够让其他成员国更好地分享中国大规模核电建设经验”，并写进大会总结。为此，国际原子能机构确定将与中核建设集团在核电工程建造人才培养方面开展全面合作，拟在北京建立国际核电建造人才培训基地。

2010年8月28日，中国核工业第五建设有限公司与美国西屋公司所属的PCI能源服务有限公司在美国Lake Bluff就AP1000核岛主管道施工专用设备采购及技术支持合同达成共识，并正式签署了《AP1000主管道安装技术支持合同》等合同，在AP1000主管道安装技术领域实现了深层次合作，提升了技术和质量保障能力，为AP1000引进、吸收、再创新自主化核电依托项目的全面完成进一步奠定了基础。

三、中国广东核电集团有限公司

“走出去”上升为中广核集团的长期发展战略。国际化是中广核集团的战略定位之一。中广核集团将坚持国内开发与国际开拓相结合，走专业化、自主化、市场化和国际化的发展战略。

“走出去”的能力获得大幅提升。2010年，中广核集团根据国际市场开发形势，和国际一流企业对标，总结经验，摸索规律，加强交流和学习，不断优化管理流程，加强企业核心竞争力建设，增强国际化人才的培养，走出去的能力得到稳步提升。

海外市场开发取得积极进展。核电方面，正在积极推进东南亚、非洲、欧洲等区域的12个主要目标市场。与乌克兰国家核电公司在印度新德里签署了《中广核集团与乌克兰国家核电公司合作谅解备忘录》，成功获得了2项泰国电力公司的核电培训合同，以及西班牙ASCO核电站的蒸汽发生器传热管涡流检查合同。铀资源方面，在加拿大、纳米比亚和乌兹别克斯坦等国取得明显进展。在风电、太阳能方面也取得了一定成绩，完成了新加坡光电生物质能发电一体化（20 MW）项目的合作谈判，签署了投资协议。同时在美国、泰国等国的太阳能项目取得积极进展。

走出去的形式更加灵活。在核电项目上，根据不同市场需求，结合自身能力和优势，分别采取了造船出海（自主）、拼船出海（组成联合体）和借船出海（分包）的方式。同时在“走出去”过程中，既做好以EPC或更大范围合作的准备，又积极把握各类技术服务输出的机会，包括工程分包、系统设备输出、技术服务合作等。

走出去的效益初现。中广核集团并购、投资的澳大利亚EME公司、谢米兹拜伊铀公司、银建国际实业有限公司、美亚电力有限公司，已经在经济上取得良好回报。

四、中国电力投资集团公司

1. 2月1日，集团公司副总经理丁中智率团赴印度出席世界核电运营者协会（WANO）第十届双年会并作题为《中国电力投资集团公司核电发展》的演讲。

2. AP1000核电厂采用集中式厂址废物处理设施，中电投集团公司引进美国ES公司技术路线，由中电投远达环保与美国ES公司联合体共同承担海阳SRTF项目，于2010年7月30日正式签订海阳SRTF的设计、供货和技术服务采购合同，为今后独立承担SRTF系统的设计和供货奠定基础。

五、国家核电技术有限公司

1. 进一步拓展与美国西屋公司在重大专项研发、核级海绵锆、燃料元件制造、联合研发机构、海外市场开拓等方面战略与务实合作。与美国绍尔集团签署了后续项目技术支持服务协议。4月8日，公司与美国西屋合资建设的核级海绵锆项目进行主体工程奠基。

2. 11月3日，国核自仪系统工程有限公司与美国洛克希德·马丁公司在华盛顿签署合作开发反应堆保护系统平台合同。

3. 11月12日，公司与西屋公司在北京签署了大型非能动核电站业务开发、技术咨询服务以及AP1000后续项目仪控合作等共5个协议。

4. 11月15日，世界首台AP1000屏蔽电机主泵在美国宾夕法尼亚州匹兹堡市柯蒂斯·怀特公司EMD主泵制造厂成功完成型式试验，进入最终鉴定试验阶段。

六、中国华能集团公司

2010年11月18日，中国华能集团公司与美国杜克能源公司在杜克公司总部签署了关于核电培训的合作备忘录，这是双方在京签署清洁能源合作备忘录之后的又一次深度合作，标志着双方在核电培训方面的合作迈出了实质性的步伐。

中国核能行业协会

一、圆满完成了有关政府部门交办的相关任务

1. 承担了第四代核能论坛（GIF）防核扩散技术支持课题。成立专家组，跟踪GIF国际动态，研究防扩散技术方案，组织

召开专家会议；组织GIF日常技术支持工作。

2. 承担了亚太地区核科技合作（RCA）技术支持课题；研究制定了第33届RCA国家代表会议的初步筹划方案，会议预算，协调联络，筹备召开项目会议和RCA年度会议。

3. 组织承办政府部门交办的有关国际会议

(1) 应国防科工局系统工程二司的要求，成功策划和组织了“国际原子能机构（IAEA）与中国研讨会”，2010年8月16日在北京成功召开并圆满落幕。国际原子能机构总干事出席会议并高度赞扬会议的组织工作。

(2) 10月18—22日，IAEA主办、CAEA承办、中国核能行业协会（CNEA）协办了亚洲核安全网（ANSN）指导委员会第12次会议暨ANSN能力建设协调组（CBCG）第3次会议，得到IAEA和国防科工局的肯定。

(3) 11月17—18日，由中国国家原子能机构、日本内阁府、日本原子能委员会共同主办、中国核能行业协会承办的第十一届“亚洲核合作论坛（FNCA）”部长级会议在北京成功举行，部长会议前还召开了高官会。

二、协调行业关注的相关问题

1. 应上海电气等相关单位的要求，组织编制三代核电关键零部件和原材料进口清单。财政部认为，协会所提供的免税清单准确、客观地反映了该领域的实际水平和能力，对于促进我国相关装备制造业在重大技术装备领域的健康发展，鼓励引进、消化、吸收、再创新的自主发展模式，具有积极的意义。

2. 协调组织《国内投资项目不予免税的进口商品目录》的修订工作。根据财政部关税司的要求，应中核集团、中广核集团和中电投集团的要求，对相关单位提交的修订意见和建议进行了汇总和审核，形成了“中国核能行业协会关于《国内投资项目不予免税的进口商品目录》的修订意见”，并报财政部。

3. 筹划组织第9届中国国际核电工业展览会。

三、组织召开核能方面的国际会议

1. 内陆核电选址国际研讨会议

1月21—22日，由CNEA、NSC、华能核电公司和IRSN共同主办的内陆核电站选址国际研讨会议在北京举行，15位中外专家作了学术报告，共有68个单位、200多名高管、专家出席了研讨会。会议受到业内的广泛关注和好评。

2. 中法内陆核电站选址和建设研讨会议

6月26日—7月3日，应行业发展需要，协会和EDF在法国巴黎共同组织召开了中法内陆核电站选址和建设研讨会议。国内11个单位，13人参加。这是协会成立以来组织的首个走出去活动。活动取得了圆满成功，为协会组织会员单位走出去，参与国际合作与交流积累了经验，探索了新模式。

3. 中国国际核工业研讨会

11月23—25日，经过大半年的沟通、协调和策划，与世界核协会（WNA）在北京成功举行了首届中国国际核工业研讨会。来自国内外组织和企业的高层领导和资深专家作了39篇报告。90余家企业、3个国际组织的近200位代表参加了会议。

4. 亚洲核能会议

12月7—9日，赵成昆副理事长率团出席了在香港举办的亚洲核能会议，并作题为《中国核能发展的现状和挑战》的主旨发言。会议还专门设立了中国专题，中国原子能科学研究院、中国核动力研究设计院和清华大学核能与新能源技术研究院的专家，就快堆、中小型反应堆和高温气冷堆的发展情况作专题报告。

四、接待境外代表团来访

协会全年共接待来自日本、美国、法国、西班牙、德国、世界核协会，以及中国台湾省等的19个代表团访问，详见下表。

序号	时间	外事活动
1	3月24日	财团法人核能科技协进会（台湾）副执行长一行拜访协会领导
2	3月25日	日本保全学会访问协会会员单位
3	4月8日	法国电力公司（EDF）亚太区中国首席执行官一行拜访协会领导
4	4月15日	德国莱茵集团公司全球功能安全经理一行拜访协会领导
5	4月27日	财团法人核能科技协进会（台湾）董事长一行拜访协会领导
6	5月12日	法国核工业协会中国代表一行拜访协会领导
7	5月15日	日本原子力产业协会参观田湾核电站
8	5月18日	西班牙对华核企联盟总经理一行拜访协会领导
9	5月25日	世界核电运营者协会（WANO）主席一行拜访协会领导
10	7月19日	日本技术者联盟常务理事长一行拜访协会领导
11	7月28日	世界核协会来访
12	8月10日	英维思集团公司首席执行官一行拜访协会领导
13	10月19日	奥林巴斯（中国）有限公司访问协会
14	10月29日	赵成昆会见法国核电专家
15	11月8日	赵成昆会见英国劳氏船级社全球核电负责人 Jerzy Grynblat 先生一行
16	11月23日	张华祝会见世界核协会现任主席、美国 Exelon 公司总裁
17	11月24日	张华祝与世界核协会主席、总干事会谈并签署合作协议
18	11月30日	日本 JAIF 专家访问协会
19	12月14日	日本技术者联盟代表团访问核能协会

五、组织有关人员参加国际会议

全年共组织协会及相关会员单位有关人员参加了 15 个国际会议，参加人次约 40 人次。详见下表。

序号	名　称	时 间	地 点
1	IAEA 在建核电厂项目管理会议	4 月	上海
2	日本原子能产业协会第 43 届年会和韩国原子力产业协会第 25 届年会	4 月	日本 韩国
3	AEA 第二届核教育培训国家研讨会	5 月	哈尔滨
4	法中电力协会等单位举办的中法核能技术研讨会议	6 月	广州
5	中法内陆核电厂选址和建设研讨会	6–7 月	法国 德国
6	IAEA 核电厂功率提升研讨会议	7 月	上海
7	第 2 届 FNCA 核电基础设施发展研究专家组会议。	7–8 月	韩国首尔
8	由国务院发展研究中心主办、中国日本商会和中国韩国商会协办的中日韩大型项目功能性合作国际研讨会	8 月	北京
9	中日韩三国和谐核电技术会议 (ISSNP2010)	8 月	哈尔滨
10	JAEA 第三次快堆国际咨询会议	9 月	日本敦贺市
11	中国科学院、德国马普学会和西门子公司共同主办的“共道未来”能源高层论坛	9 月	北京
12	巴黎银行年会 – 新能源研讨会	10 月	桂林
13	核保险共同体 2010 年年会	10 月	桂林
14	和平利用核能研究会议	11 月	北京
15	亚洲核能会议	12 月	香港

六、促进海峡两岸核能交流与合作

1. 4 月 28 日，在北京组织召开了“2010 年海峡两岸核废物处理技术研讨会”，来自海峡两岸的 11 位专家、70 余位代表参加了为期一天的研讨会。

2. 11 月 1 日，在福建宁德，举办了”2010 年海峡两岸核电厂安全运行技术培训研讨班”，通过培训和核安全案例分析，强化了核电厂工作人员的安全意识，使核电厂现场工作人员的管理能力得到提升。

3. 首届海峡两岸核能合作论坛筹划取得积极进展。

国际热核聚变实验堆计划（ITER）

一、ITER背景及我国承担的任务情况

ITER计划是全球规模最大、影响最深远的国际科技合作项目，目的是寻求解决当今世界能源问题的办法。ITER计划七方成员分别为欧盟、中国、韩国、俄罗斯、日本、印度和美国，包括了世界上主要的核国家。ITER的建设周期为10年，耗资50亿美元。运行及实验研究20年，退役5年，运行及实验研究的费用与建设费用相当。

2006年，国家科技部代表我国政府与其他六方一起，签署了《国际热核实验堆联合实施协定》，标志着ITER计划进入实施阶段。ITER计划也是中国参加的最大国际合作计划，中国承担10%的部件研制任务。我国参加ITER计划，充分展示了一个负责任大国形象，面对日益严峻的能源和环境问题，中国愿意和其他国家一道，共同开发核聚变能源。

ITER计划包括ITER装置的设计、制造、建设、运行及物理实验，对科学知识和综合技术有较高的要求，是各种新型基础技术和高技术的综合，比如核科学技术、高性能材料技术、低温超导技术、大功率微波技术、等离子体技术、高能粒子束技术、复杂系统控制技术、机器人及遥控技术、精密机械加工技术、反应堆包层及氚工艺等。运行和物理实验又涉及其他多学科的技术。ITER是由多个系统和部件组合成的。经过分解形成22个采购包，97个具体包，由7方分别承担。中国承担其中的6个采购包，12个具体包。我国承担的研究任务具体涉及的部件有：超导导体、屏蔽包层模块、电源、磁体支撑结构、遥控小车、放电清洗与氚送气系统、部分超导线圈、中子诊断、朗谬尔探针系统等。其中屏蔽包层模块、磁体支撑结构、放电清洗与氚送气系统 、中子诊断、朗谬尔探针系统由核工业西南物理研究院承担。

就我国目前核聚变研究的水平而言，与国际先进水平还有很大差距。发达国家花了15亿美元和进行了近16年ITER部件的预研工作，积累了相当的经验，而中国参加ITER计划较晚且没有开展过ITER部件的预研。为达到可以签订采购包协议（合同）的技术水平和设计深度，“十一五”期间国务院批准开展ITER计划的国内预研工作。

二、2010年ITER相关项目的工作进展

1. 采购包方面

协助科技部ITER执行中心完成了与ITER/IO的磁体支撑采购包采购协议的签署，完成了核工业西南物理研究院与科技部ITER执行中心磁体支撑采购包第一标

段的招投标工作及采购协议的签署。

2. 采购包预研工作

屏蔽包层研究工作：完成 ITER 第一壁 Be、CuCrZr 和 316LN 三种材料的开发工作；CN–G01 型 ITER 级真空热压铍已通过 ITER 的相关试验认证；CuCrZr 合金的主要效能达到 ITER 要求；完成 316LN 钢的研制和全面性能测试，掌握了钢的电子束焊接技术和高温水腐蚀特性。在部件制作技术方面，掌握了 ITER 第一壁 Be/Cu/SS 的热等静压扩散连接技术，Be/Cu 室温剪切强度大于 214MPa，超过国外报载过的最高水平。制作出第一壁认证模块，成功通过国际联合试验，第一壁热等静压连接技术顺利通过 ITER 国际组认证。

GIS/GDC 研究工作：2010 年度，围绕着 ITER GIS/GDC 以及 ITER IO 新签订的工程设计合同（0.65KIUA）和 GDC 电极电磁力计算分析的 DWO(0.8PPY) 等相关工作，完成了 GIS 送气回路实验平台的建设及在平台上的相关实验，初步完成了 ITER 送气管道响应时间的实验研究和阀门的性能测试，实验结果得到物理组专家的重视并得到国外同行的好评；完成了不同材料的 GIS 阀门箱磁屏蔽缩比样品的加工，建立了配套的测试平台，并完成了初步的实验测试；完成了送气汇集管道的设计研究，研究报告正式提交 ITER IO，并完成汇集管道短样材料的采购；完成了新签 DWO 电极电磁力的计算分析，向 ITER IO 提交了 DWO 报告并进行了详细的交流讨论；完成了新签 TA(Task Agreement)2010 年度的计划内容，相关报告已经提交 ITER IO。

ITER TBM 设计与研发方面：完成了 HCCB TBM 的改进设计，更新的设计描述报告英文版（DDD）将在近期完成；正在进行正硅酸锂小球、中子倍增材料铍小球的研制和模块 U 型第一壁的加工制造工艺探索；验证氦风机技术的小型氦气实验回路的设计与研制接近完成。

诊断研究方面：开展了 ITER 中子通量监测仪（NFM）的物理设计、静电探针系统设计等，并形成多份 ITER 文件。其中，在中子通量监测仪方面完成电子学原型机研究工作、裂变室探测器原型机研制、开展中子学实验的调研及设计，部分 NFM 系统已经通过了 CDR。在静电探针系统方面，突破了电气与测控相关的技术难点，确定了高效功放样机，完成设备系统电气隔离与通讯部分的开发调试，完成系统布局规范和电磁干扰研究，完成数据采集系统原型样机组建和可行性测试。

磁体重力支撑方面：重新设计了 TF 支撑结构，并用有限元实体模型进行了详细的结构分析，包括静力分析，动态分析及疲劳寿命分析计算。目前已完成设计和分析工作，结果证明新设计可满足 ITER 运行的安全要求，并通过了 ITER 组织的国际专家评审。在材料研发方面，与国内的宝钢和太钢联合研发的高氮不锈钢板及锻件获得成功，其主要性能（特别是低温强度和韧性）完全达到了 ITER 对结构材料的要求，个别指标高于日本同牌号钢材。

核能骨干企业

中国核工业集团公司

一、基本情况

中国核工业集团公司（以下简称中核集团）组建于1999年7月1日，其前身是二机部、核工业部、中国核工业总公司。主要成员单位有112家，分布在20多个省、自治区、直辖市。目前从业人员约10万人，拥有两院院士17名。

中核集团肩负着确保国防力量建设和促进经济社会发展的双重历史使命。集团公司战略定位是：国家核科技工业的主体，国家战略核威慑力量的核心，国家核电发展的主力军，核燃料专营供应商，核技术应用的骨干。承担的主要任务包括：核军工科研生产、核电研发建设及运营、核燃料开发与生产经营、核科学技术的研究与创新、核安全环保（核设施退役治理、乏燃料后处理）、核技术应用等任务。

二、2010年工作进展和“十一五”回顾

2010年，中核集团深入贯彻落实科学发展观，认真领会中央对核工业发展的指示精神，努力把握核工业加快发展的新形势，深入分析集团公司改革发展的新特点，贯彻落实“开放、包容、合作、共赢”的发展理念，提出了“集团运作、专业经营，科技兴核、人才强企，精益管理、双资推进”的经营方针，明确了“十二五”“五个一工程”目标，着力于抓改革、调结构、强科技、促创新、保安全、重党建，圆满完成了各项工作任务，集团公司改革发展呈现出了新的面貌。

2010年，中核集团经济保持较快增长，经济效益再上新台阶。实现主营收入419亿元，增长22%；实现利润61亿元，增长14%；实现经济增加值（EVA）26.2亿元，比上年改善1.2亿元；资产总额达到2267亿元，增长22%，全面完成了军工科研生产和经营业绩考核任务。

一是突出抓了结构调整，改革不断引向深入。为了适应核工业加快发展和市场化竞争需求，集团公司统筹资源、集中力量，对产业结构和管理模式进行了重大调整。

加快调整产业结构。初步明确了军民融合的产业发展“2+6”格局，搭建核电、核燃料等主业发展平台，设立专业化公司。2010年，在整合资源的基础上，成立了中核核电运行公司、中核核电技术服务有限公司、中核地质勘查有限公司，组建了核燃料事业部，启动了核燃料元件公司、核环保公司、同辐公司等的组建，专业化经营格局已初步形成。加快非主业企业退出，全年清理三、四级公司104家。淘汰落后、低效产能，严控高耗能产业，对能耗超标的企业实行限产、关停和退出等措施。

推进集团管理模式创新。按照“总部成为战略和投资决策中心，事业部和专业

化公司成为经营和利润中心，基层单位成为运行和成本中心”的定位，进行了职能和管理流程调整，在加强信息化、标准化方面取得了初步成效。

加大资本运作力度。推进核电上市工作，加快中核核电有限公司股份制改造。中核科技股份公司有效利用上市平台成功融资3亿元。中核国际股份公司收购理想矿业有限公司100%股权，为整合尼日尔铀资源创造了条件。积极筹备中国核工业产业投资基金，拓展创新融资渠道。

二是突出抓了科技创新，核心竞争力得到提升。科技创新是集团公司增强核心竞争力的根本。2010年，集团公司召开了科技工作会议，明确了科技创新工作的指导思想、基本原则和发展目标，发布了集团公司科学技术“十二五”发展规划，为全面推进集团公司科技创新奠定了坚实基础。

完善科技创新体系，整合优化科技资源。围绕重点领域，搭建和完善科研与产业紧密结合的科技平台，初步实现核工业产业链每个重要生产环节都有科技平台支撑。首批10个工程技术研究中心和20个重点实验室已正式挂牌。

实施科技专项，加大科研投入。以重点专项为突破口和主要载体，推进科技创新工作实施。除国家批准立项的重大科研项目外，集团公司自筹资金设立重点科技专项13个，7项进入了实施阶段，6项下达了研究任务书。分别在铀矿大基地、压水堆燃料元件、燃料元件运输容器等方面进行技术攻关。

加强制度建设，创新科研机制。中核集团制定了加快推进科技创新的21条措施。加大对科技人才的激励力度，设立“钱三强科技奖”，表彰科技创新人才。开辟各类人才职业发展通道，实施重点科技专项总指挥和总设计师制度，聘任了首批首席专家、科技带头人和首席技师。

2010年，中核集团科技创新取得一批重要成果。原子能院中国先进研究堆、中国实验快堆实现首次临界。乏燃料后处理中试工程成功完成热调试，实现了我国动力堆乏燃料后处理技术的重大突破。中核北京科技园区成功奠基，一期工程约10个项目筹备顺利。全年申请专利452件，比上年增长24%，获得国家授权专利252项，增长68%。获国防科技进步奖47项，获国家级企业创新成果二等奖1项。

三是突出抓了产业发展，产业能力持续增强。

高质量全面完成核军工科研生产任务。

核电机组安全稳定运行，项目建设扎实推进。在役8台机组全年实现发电量411.3亿千瓦时。秦山二期3号机组提前投运，海南1、2号和福清3、4号共4台机组获得开工核准，其中3台机组已开工。巴基斯坦C2项目实现装料。

核燃料产能进一步提升。北方砂岩型铀矿列入我国新的十大资源基地。铀业公司关闭小铀矿点取得进展，优化了铀资源生产能力。

四〇四核燃料保税库获得海关总署批准，为天然铀快速流通和建立国际区域性核燃料银行创造了条件。八二一厂退役治理工作有序推进，四〇四厂中长期退役治理规划获得批复。大型后处理厂与法国签署了备忘录。

海外开发取得新突破。原子能公司顺利完成天然铀进口任务，签订了数万吨中长期供货合同。国核铀公司积极推进尼日尔、蒙古铀矿项目，尼日尔阿泽里克铀矿已经成功生产出第一桶铀产品。

积极拓展新能源领域。宝原公司甘肃风电项目首批机组年底实现了并网发电。核技术应用产品开发取得新成绩。国家产业化示范项目秦山三期重水堆生产钴-60投产，扭转了我国钴源长期依赖进口的局面。原子能院研制的放射性物质检查系统成功应用于上海世博会。浦原公司气体超声流量计产业化取得阶段性成果。

四是突出抓了管理创新，集团管控能力进一步加强。深化全面预算管理，首批有两家成员单位获财务预算管理评价四星级。完善经济增加值考核。推进现金流预算管理。开展在役核电站保险集团化运作。集团资金集成水平进一步提高，日均集成率达到95%。项目管理得到加强，项目执行力不断提高。节能减排目标顺利完成。

深入推进内部审计和风险管理工作。组织开展了高危企业安全生产费、涉密单位对外捐赠、招投标等专项审计工作，加强了财务决算和经济责任审计。稳步推进全面风险管理体系建设，对重大投资项目进行风险评估，组织开展部分核电企业的风险评估工作。编制了集团公司2010年度风险管理报告。

加强干部队伍建设。积极推动干部交流工作。开拓领导干部培训新渠道。积极推进作风建设，加强学习制度建设，干部职工思想观念进一步转变，理论水平不断提高。

五是突出抓了安全环保，安全基础进一步强化。中核集团认真贯彻国务院关于加强企业安全生产工作的有关精神，多次召开安全生产会议，全面部署安全环保工作，严格落实安全环保责任。加大监督检查力度，组织开展了7轮大规模安全检查。安全环保工作总体执行情况良好，全年未出现一起人员工亡事故。

深入开展安全隐患的排查治理工作，重大隐患整改率有所提高。通过实施退役治理专项，原子能院、核动力院等单位安全环境隐患治理取得进展。高度重视铀矿采冶秩序问题，召开专题工作会议，采取有效措施，加强监督检查，铀矿采冶秩序得到有效整治。

狠抓安全管理，进一步提高基层工作和基础工作水平。各系统各单位均建立了职责明确的安全责任体系，推进安全生产规章制度、标准化、班组建设等基础工作。加强了基层现场管理，推动安全环保管理重心前移。加大对承包商监管力度，开展了作业现场专项整治。狠抓安全源头管理，严格执行“三同时”制度。加大铀矿冶安全环保工作。加强安全文化建设，多次组织安全环保教育培训，取得了较好的效果。

六是突出抓了创先争优，党建工作切实加强。中核集团以开展创先争优活动为中心，按照“四强”、“四优”条件，加强党组织建设和党员队伍建设。集团党组率先承诺，各级党组织、全体党员公开承诺，积极践行兑现承诺，实现了承诺全覆盖，活动全覆盖。

深入推进惩防体系建设，认真开展工程建设领域突出问题专项治理，建立健全“三重一大”等相关制度，开展反腐倡廉宣传教育和廉洁文化建设，落实《廉洁从业若干规定》和《廉洁准则》。开展全系统警示教育，效果良好。大力推进企业效能监察，成效显著。

加强企业文化建设。大力宣传集团公司新的发展目标、发展理念和经营方针。以纪念核工业创建55周年为契机，在人民大会堂隆重举办新时期核工业又好又快安全发展座谈会，认真学习中央领导对核工业的重要指示，大力弘扬了核工业精神，激发全体员工的斗志和热情。

中核集团保密保卫、信访维稳、离退休干部管理、服务保障等各方面工作都取得了新成绩。

2010年中核集团改革发展取得的成绩，为“十一五”画上了圆满的句号。回顾“十一五”，集团公司走过了不平凡的五年。我们努力克服各种不利因素，有效应对国际金融危机等重大影响，很好地完成了“十一五”总体规划目标和主要任务，为“十二五”经济发展再上新台阶奠定了基础。

“十一五”期间，中核集团圆满完成军工科研生产任务，受到中央和上级有关部门的表彰。核电产业规模不断扩大，投运机组从5台增至8台，始终保持安全稳定运行。“十一五”期间开工11台机组，在建项目的安全、质量、进度、投资受控。核燃料循环产业能力全面提升，项目建设加快推进。铀资源开发力度大幅增强。核技术应用产品开发不断取得新成果。海外市场开拓、新能源开发取得积极进展。在产业快速发展和产业结构不断优化的带动下，集团公司经济持续稳定增长。“十一五”期间主营收入和利润总额年增长率达到17%和41%，资产总额和人均收入实现翻番。集团公司连续5年经营业绩考核获A级，并获国资委授予的“业绩优秀企业奖”和“科技创新特别奖”。

三、“十二五”发展思路和目标

“十二五”是中核集团加快发展的关键时期。中核集团“十二五”发展的指导思想是，高举中国特色社会主义伟大旗帜，以邓小平理论和“三个代表”重要思想为指导，深入贯彻落实科学发展观，以促进核工业科学发展为主题，以加快转变集团公司经济发展方式为主线，认真贯彻落实“开放、包容、合作、共赢”的发展理念和“集团运作、专业经营，科技兴核、人才强企，精益管理、双资推进”的经营方针，大力弘扬“四个一切”的核工业精神，以军为重，军民融合，创新体制机制，努力做强做优，全面完成“十二五”规划的目标任务，实现核工业又好又快安全发展。

中核集团“十二五”改革发展的总体目标是，以打造强大核心竞争力为中心任务，实现“五个一工程”目标，努力把集团公司建设成为军工核心能力强，自主创新能力强，资源掌控能力强，安全发展能力强，效益提升能力强的一流企业集团，使集团公司发展实现质的飞跃，为2020年实现“做强做优，世界一流”打下坚实基础。

中国核工业建设集团公司

一、“十一五”取得的成就

战略方针得到了有效贯彻。经过多次梳理，中国核工业建设集团公司（以下简称中核建设集团）以“核”为核心能力，以国防工程、核工程、核电工程为代表的工程建设和以高温气冷堆、低温供热堆技术为代表的先进反应堆技术及其他核能科技成果的产业化的“一个核心能力，两个核心业务”的战略方针得到全面确立和完善。五年来，在正确的战略方针指引下，集团公司优质完成了一大批军工建设任务，履行了保军责任；承担了全部新开工核电站核岛的建造任务，率先实现了我国核电建造自主化的奋斗目标；积极探索核能产业化的发展新思路，启动并实施了高温气冷堆示范核电站工程建设，推进了低温堆产业化市场调研、厂址考察和立项准备工作。通过不懈努力，集团公司两业并举的发展格局基本形成，核心竞争能力得到大幅提升，为持续发展奠定了厚实的基础。

改革脱困和重组改制取得了重大进展。“十一五”期间，中核建设集团坚决贯彻和落实党中央、国务院关于深化国有企业改革的各项决策和部署，以科学发展观为引领，着力深化企业改革，改善生产经营工作的内外部环境和条件，积极应对各种困难和挑战，主辅分离辅业改制圆满完成，3家债转股企业赢得新的发展机遇、获得新的发展成果，政策性关闭破产任务顺利结束，整体重组改制目标顺利实现。所属成员单位基本建立了现代企业制度，企业投资主体进一步多元化，公司治理结构进一步完善，董事会建设得到加强，科学决策、风险防范、加强管理等方面的作用进一步显现。历史包袱和遗留问题得到有效的解决，收入分配和劳动用工制度改革推进有力，职工收入水平逐年提高。

经济规模实现了快速增长。“十一五”期间，中核建设集团始终坚持强化主业、壮大规模，增强整体实力的发展路径，始终坚持以市场为主导、以业主的追求为己任、以优质的服务为理念，生产经营工作连年保持快速增长的趋势，到“十一五”末，规划中的各项经济指标全面完成。主营业务收入是“十五”末58.7亿元的3.3倍，年均增长27%；资产总额是“十五”末73.5亿元的2.97倍；实现了国有资产的保值增值，集团公司经济效益明显改善，经济实力明显增强。

能力建设不断提升。“十一五”期间，中核建设集团围绕核电建设中心任务，狠抓能力建设，在管理创新、科技攻关、装备建设、人才培养、企业文化等多个领域取得了突出成就。形成了适应核电群堆建设与多项目管理要求的管理模式，核岛施工总承包能力进一步成熟，专业化施工全面实施，核电工程管理跻身国际先进行列；科技投入逐年加大，设计研发能力日益增强，形成了具有自主知识产权的核电建造技术和管理模式，传统施工企业的形象得到根本扭转；先进工程装备大量装备，专业化、数字化、自动化核工程建造能力有效提升；经营管理人才、科技人才、高技能人才三支队伍的全方位建设，人力资源结构和管理模式日益科学高效，为大规模核电建设提供了有效支撑；经过长期的培育和强化，核安全文化成为集团公司核心竞争力的重要组成部分。伴随着能力建设的全面提升，集团公司在核电建造领域“国内一流、国际知名”的行业领先地位得到全面加强和巩固。

产业结构得到了优化。“十一五”期间，中核建设集团通过战略规划管理、业务发展指引、控制投资方向、主辅分离、债转股、关闭破产、重组改制等手段，合理配置资源，产业结构得到有效调整。核电工程业务的主导地位进一步增强，核工程、国防工程的比重逐年扩大，基础设施建设市场和技术含量高、投资规模大、经济效益好的工业项目、高端项目得到扩展，高风险、低利润的普通民用工程比例下降，产业结构逐步趋于合理，产业链逐步向核设备制造、设计、调试、检修等高端业务领域进行了积极延伸与渗透，为未来产业结构调整乃至升级打下了坚实的基础。

二、2010 年工作情况

2010 年，中核建设集团认真贯彻落实党中央、国务院各项决策和部署，紧紧抓住主营业务重组并整体上市的有利时机，深化改革，做强主业，各项工作都按照年初工作会议的部署，实现了既定目标。实现主营业务收入 194.17 亿元，同比增长 21%；利润总额达到 4.61 亿元，同比增长 46%；资产总额达到 218.53 亿元，同比增长 20%。实现了年初制定的 20% 的增长速度以及主营业务收入和资产总额接近或突破 200 亿的目标。

（一）“十二五”规划编制工作基本完成

通过一年来的努力，中核建设集团“十二五”发展规划草案编制工作基本完成，通过了专家的评审，并上报国资委和国防科工局，为集团公司今后五年的发展明确了方向与目标。

（二）军工工程、核电工程建设进展顺利

在军工工程、核工程领域，中核建设集团以高度的政治责任感和强烈的历史使命感，扎实细致，顽强拼搏，确保了在建国防军工工程与核工程的顺利建设，圆满完成了各项军工任务。先进研究堆、实验快堆均已投料，并实现首次临界；八二一、四〇四退役治理工程，五〇四工程等项目均进展顺利。

在核电工程领域，按照不同技术路线、业主差异性需求以及所属各建设公司的实际情况，中核建设集团认真进行了核电建造市场的统一部署。全年新开工 10 台核电机组，同时承担了 29 台的核电机组的

建造，装机容量超过 3000 万千瓦，多座核电站进入建造高峰期，重大节点基本提前或按期实现。同时，组织力量，成立项目筹备机构，积极开展了核电新项目的前期准备工作。针对 AP1000 核电项目，成立了工作机构，开展技术攻关工作，为 AP1000 核电自主化依托项目顺利展开提供了重要保障。

开展了“质量安全年”活动，对在建核电项目质量管理进行专项检查，总结经验、吸取教训，确保在建核电工程安全质量管理全面处于受控状态。

提出了核电建设“走出去”战略，确定了未来 5 年开拓 2~3 个国家核电工程建造任务的目标，成立了集团公司国际核电事业部，搭建了战略发展的平台，与国际著名工程公司、核电投资企业以及国际原子能机构进行合作交流，摸索经验，创造国际化发展的条件。

（三）核能产业化工作继续深化

2010 年，中核建设集团深入开展了高温堆科研及条件建设工作。完成了《高温气冷堆技术工程化研究中心条件保障建设》、《高温气冷堆核电厂退役技术方案论证》、《高温气冷堆的概率安全分析研究》等科研课题研究任务，基本具备验收条件。其他科研课题有序实施，年度科研任务顺利完成。高温堆示范工程稳步推进，工程设计、主设备制造等按照三级进度计划有序进行，示范工程现场已具备 FCD 条件。同时，集团公司加大了低温堆核能产业化工作力度。先后在多地开展了低温堆项目的市场调研、厂址考察和专题研究等工作，部分厂址普选报告通过审查，初可研阶段岩土工程勘察报告通过评审，取得了实质性的阶段性成果，低温堆核能产业化工作得到有效推进和落实。

（四）重组改制工作达到预定目标

中核建设集团整体重组改制工作，在国务院、国资委和有关主管部门的关心和支持下，历经两年多的努力，圆满完成，中国核工业建设股份有限公司于 2010 年 12 月 21 日正式成立。通过改制工作对成员单位的资产状况进行全面、实地清查，对成员单位产权管理进行全面规范和登记，对集团公司系统三类人员进行了大范围的精算，对成员单位进行了大规模的公司制改革改造，全面优化了集团公司及所属企业的组织架构，为实现集团公司主营业务整体重组上市发展的目标夯实了基础。

（五）财务管控能力得到了提升

搭建了财务信息化网络平台，建成了资金结算系统，构建了资金结算业务流程，规范了所属单位核算体系，实现了财务信息化集中管控。2010 年，改善融资结构，增加融资渠道，优化融资结构，降低融资成本，成功发行了首期共计 18 亿元的“中期票据”和“短期融资券”。满足核电主营业务发展需要，打造了专业化施工会计核算、预算管理等一整套财务管理体系，全面推广“供应链管理系统”，建立起全面预算管理制度。

（六）人力资源体系进一步完善

2010年，中核建设集团坚持以人为本的原则，坚持人力资源是第一资源的思想，在领导班子和人才队伍建设，选人用人、劳资分配机制创新等各个方面加大工作力度，狠抓工作落实，取得明显成效。选人用人满意度进一步提高，成员单位领导班子年龄、学历结构优化，整体素质提升。运用市场机制，有效解决了核电及民用市场人力资源面临的严重缺口。完善了干部公开选拔、竞争上岗机制和职业发展双通道晋升，员工职业生涯发展管理等制度，着力营造有利于优秀人才脱颖而出的环境和条件。进一步加强了全系统收入分配、工资宏观调控、劳动关系协调等工作。

（七）强化科研基础条件的建设，提高了自主创新能力

中核建设集团加大科研基础条件的建设，完成了科技发展、自主创新和信息化建设三个“十二五”专题规划的编制修订工作，组织大型先进压水堆及高温气冷堆核电站国家科技重大专项和其它各类科研项目的申报与实施工作，完成了集团公司信息化建设二期工程的 阶段性任务。通过加强科研项目开发，促进知识产权管理与成果推广，进一步提升了集团公司的科研能力和自主创新能力。一年来，集团公司共组织申报各类科研项目建议书22项，组织协调国家科技重大专项申报，申请科研经费1.03亿元，编制核电建造标准10项，新申请专利20项，专利授权12项。围绕“一个平台、四大系统”，加快信息化建设，实现了集团公司总部与部分成员单位之间的专网互联，5个管理信息系统已完成开发，进入试运行阶段。

（八）党的建设进一步加强

中核建设集团党组认真贯彻落实党的十七届五中全会和中央纪委五次全会精神，切实加强领导人员的党性修养和作风建设。不断加强反腐倡廉制度建设，围绕重点工程建设开展专项监督检查和效能监察，认真查处违法违纪案件，党风建设和反腐倡廉工作取得新成效。积极进行学习型党组织建设，深入开展创先争优活动，履行公开承诺、突出岗位实践平台、发挥先锋模范作用，形成 “组织创先进、党员争优秀、职工提素质、企业上水平”的局面。

三、“十二五”总体打算

“十二五”期间，中核建设集团以勇当国任，保障国家战略利益，履行社会责任，促进能源、资源可持续发展为使命；坚持科学发展，筑就长青基业的企业宗旨；坚持科学发展，突出“一个核心能力，两个核心业务”的战略思想；坚持以军工工程、核工程、核电工程以及核能利用为主

导，积极发展民用工程和核安全设备制造业务；坚持不断优化产业结构，以核电工程建设为基础，拓展工程设计、设备制造、核工程技术研究与服务领域，加快产业链延伸，统筹兼顾国内外两个市场。

“十二五”期间，中核建设集团将弘扬核安全文化，高质量完成军工工程、核工程、核电工程建设任务。推进核能产业化，依托示范工程建设，实现核能利用的设计、制造、建造、运营四个自主化。推进“集约化、标准化、专业化、信息化”管理。形成集团公司军工工程、核工程建造技术标准和项目管理规范，提升技术水平，巩固强化军工工程和核电工程建造领域的竞争优势。全面完成“大型先进压水堆及高温气冷堆核电站”国家科技重大专项课题研究，形成相关的设计、建造技术和标准体系。投资建设高温气冷堆项目、低温核供热堆示范项目，成为高温堆、低温堆项目的主要投资方。响应国家“走出去”战略，发挥核电建造能力优势，积极开拓国际市场，承揽国际核电站建造任务。具体经营指标：收入年均增长率保持在20%以上，利润总额年均增长率不低于22%。“十二五”末，实现营业收入500亿元，实现利润12亿元，经济增加值达到7亿元。

展望未来，中核建设集团将发挥集团化整体优势，努力形成管理体系科学、产业结构优良、管控能力卓越的核心竞争力，打造决策科学、管理高效、机制灵活、具有核心竞争力的国际化企业集团，实现国家对中央企业提出的做强做优做大的工作目标。

中国广东核电集团有限公司

一、基本情况

中国广东核电集团有限公司（以下简称中广核集团公司）于1994年9月注册成立，注册资本102亿元人民币，是由国务院国有资产监督管理委员会监管，以核电为主的清洁能源企业。中国广东核电集团（以下简称中广核集团）由核心企业——中广核集团公司和20多家主要成员公司组成。

2010年是我国清洁能源事业持续快速发展的一年，尤其是核电行业取得重大进展的一年。胡锦涛总书记等中央领导多次对核电发展做出重要指示，体现了党中央、国务院对我国核电发展的高度重视和亲切关怀。2010年9月5日，胡锦涛总书记、习近平副主席分别视察中广核集团广东大亚湾和福建宁德核电基地，强调核电在国家发展战略中的重要地位，充分肯定了中广核集团工作，极大地鼓舞了广大干部员工。

一年来，中广核集团牢固树立和认真落实科学发展观，坚持“安全第一、质量第一”的方针不动摇，继续发扬创业、创新、创优的“三创”精神，积极应对市场变化和各种考验，把握机遇，加快发展，经营绩效进一步提高，各项工作取得新成绩、新进展。

二、主要指标

2010年，中广核集团整体经营处于良好水平，各项主要经营指标均超额完成。全年上网电量达到414亿千瓦时，实现营业收入193.3亿元；总资产达到1958.6亿元，净资产达到616.6亿元，分别较去年同期增长了37.97%和27.87%。岭澳核电站二期1号机组作为中国二代改进型压水堆核电站（CPR1000）示范项目的首台机组按计划顺利投产。集团在建核电机组达到16台，核电在建规模位居全球第一。

三、安全生产

中广核集团高度重视安全工作，始终将安全作为一切工作的基础和前提，强调必须在确保安全质量的前提下积极推进工程建设。多次召开安全生产工作会议，全面开展核安全教育，组织开展安全大检查，落实安全责任。

2010年，大亚湾核电站1号机组创造了国内核电站单机组安全运行3000天的新纪录，目前记录仍在延续；大亚湾核电站1、2号机组不断刷新国内核电机组单个燃料循环安全运行天数最高纪录；世界核电运营者协会（WANO）衡量核电站运行业绩的9项指标中，两电站四台机组整体表现良好，大亚湾核电站1、2号机组各有5项指标达到世界先进水平，岭澳核电站1、2号机组分别有5项和4项达到世界先进水平，两电站首次实现安全系统性能指标全部达到世界先进水平。阳江核电项目成功通过国内外安全专家的评估，树立核电在建工程的安全管理标杆；水电、风电、太阳能等领域安全生产形势平稳。

四、工程建设

2010年，中广核集团在建核电机组达到16台。工程线攻坚克难，精心组织，充分发挥集约化和规模化优势，动员由各参建单位组成的核电“大团队”，着力解决主设备供货延误等主要矛盾，有效控制安全质量风险，工程建设进展顺利。

广东岭澳核电二期1号机组作为CPR1000示范项目首台机组顺利投产，运行稳定，以事实证明了CPR1000在技术、经济、安全上的竞争优势。广东台山核电站一期两台机组进入土建高峰期，克服了联合设计接口复杂等困难，年度工程一级里程碑均按期实现；通过管理创新，组织国内外承建商建立项目联盟，制定了共同目标和标准，为全面打造国际三代核电站EPR标杆工程创造了条件。广东阳江核电站3号机组顺利开工，在岭澳核电站二期参考电站的基础上采用了28项重大改进，为中广核集团CPR1000系列化发展创造了良好条件。辽宁红沿河核电项目克服核岛主设备首次国产化因素的影响，工程全面转入安装阶段，二期工程5、6号机组负挖开工。福建宁德项目成功应对土建、安装、调试工作同时进行的挑战，实现4台机组同时在建。广西防城港核电项目优质高效推进，展现了中广核集团批量化建设的优势和实力。

五、市场开发

2010年，中广核集团加大了统筹谋划力度，完善“大市场”业务体系，针对不同客户采取差异化策略，国内外市场开发取得明显成效。

国内核电新项目开发稳步推进。国家规划内核电项目按目标推进，辽宁红沿河核电二期和广东陆丰一期获准开展前期工作。安徽芜湖、广东韶关、湖北浠水等新项目开发工作进展顺利。广东省内其他核电项目前期工作有序开展，江苏、浙江等地区厂址开发取得实质性进展。为推动核电项目与核电产业协调发展，中广核集团与广州、深圳、江门等市分别签订核电和新能源产业园合作框架协议，深圳新能源（核电）产业基地已开工。推动建设湖北、新疆两大战略基地，进一步融入和带动地方经济发展，形成合作共赢的新局面。

海外核电市场开发取得进展。充分发挥我国核电产业竞争优势，抓住时机全力促进。南非核电项目已纳入两国能源合作框架；泰国等项目开发持续深化，与新兴市场的联系不断加强；深化国际合作，与西班牙企业成功签署核电站技术服务合同，成立中法合资公司，为合作开拓国际市场创造了条件。

六、改革发展

全员绩效行动扎实开展。2010年，中广核集团全员绩效行动以提升质量为关键，以促进干部管理职能发挥为重点，紧密围绕中心工作，通过全员绩效行动评价、关键领域及其业绩指标（KRA/KPI）梳理、员工绩效合约质量检查、发布管理者绩效评估有效性指引等工作，积极落实各项措施、扎实推进各项任务，有力地促进了集团各项管理水平的提升。

企业年金工作进展顺利。2010年4月14日，中广核集团企业年金方案得到国务院国资委审核批复同意。2010年5月11日，获得人力资源和社会保障部同意备案的复函。2010年8月10日，企业年金基金管理合同通过人力资源和社会保障部审核，获得计划登记号。

七、重大创新

科技创新工作得到加强。以核电技术研发为牵引，依托深圳新能源（核电）产业基地，一批科研项目和研发平台陆续建设。核电站寿命评价与管理研发中心、核电工程建设技术研发（实验）中心、先进核燃料元件研发中心等三个国家级研发中心相继落户中广核集团，中广核集团拥有的国家级研发中心数量达到五个，技术创新体系不断完善。

核心能力建设不断深化。核电站运营专有技术、核心项目的自主化程度不断提高，实施了首个20天以下无低低水位大修，实际工期19.7天，再次刷新我国百万千瓦级核电机组大修工期最短纪录。中广核集团设计院成为国内唯一同时拥有“核”与“电”设计资质的设计单位，总体院地位得到加强。国产化联合研发成果喜人，设备资源掌控能力不断增强，施工、调试、项目管理能力进一步提升，成功实施核岛筏基混凝土整体浇筑、钢衬里模块化施工等技术创新。中广核集团技术研究院成功自主实施岭澳核电站二期核岛役前检查，成功开发福建宁德核电站数字化全范围模拟机。

科研工作成果显著。成功研制核安全级数字化控制平台，各项性能指标达到要求，填补了国内空白；自主研发的控制棒驱动系统通过冷态联合试验，关键技术指标达到预期要求；中广核集团2010年内共申请专利350件，获得专利授权100件、计算机软件版权175件。其中大亚湾核电运营管理有限责任公司的一项发明专利荣获我国专利金奖。承担了232项核电站国家标准的研究、编制与修订任务，占国家能源局相关任务的三分之一，CPR核电站系列企业标准编制工作已基本完成。

八、党建工作

2010年，中广核集团认真学习贯彻十七届五中全会精神，深入开展创先争优活动，组织开展“落实规划我先行”和党员岗位攻坚等活动。首次编制党建工作中长期目标和五年工作规划，明确党建工作“五好”（建好机制、抓好班子、带好队伍、创好环境、促好发展）工程，将党建工作量化分解成24个关键工作指标，初步建立了党建工作长效机制。组织开展首次党建工作和廉洁从业责任制考核，促进党建和反腐倡廉建设科学化和规范化。组织开展中广核集团公司直属党委公推直选换届、标准化支部建设等工作，加强组织建设。组织开展重点敏感岗位人员及青年员工技能比武活动，加强青年员工廉洁从业教育。

九、信息化建设

2010 年，中广核集团组织编制了《中广核集团“十二五”信息化规划》，提出“打造信息化中广核”的愿景，对今后五年信息化工作进行了详细部署；初步建成了全集团统一的以 SAP 为基础的 ERP 系统，涵盖核电工程建设、生产运营、核燃料供应、财务、人力资源等各个业务领域，并向风电等其他清洁能源业务延伸。中广核集团公司和部分成员公司的 ERP 系统运行稳定顺畅，并已逐步成为单位业务活动的重要组成部分。

十、履行社会责任

2010 年，面对频发的自然灾害，中广核集团积极履行中央企业的社会责任，累计向西南旱灾、玉树地震、吉林洪涝等灾区捐赠 365 万元；积极开展对口扶贫工作，向定点扶贫地区投入 40 万元。

十一、集团“十一五”发展情况

“十一五”期间，中广核集团成功推进企业转型，从单基地发展为多基地，从生产建设型发展为全面经营型企业；成功实施自主化、专业化、市场化、国际化战略，核心能力不断提升。在运营领域，实现了管理和生产准备标准化，在运机组保持安全运行，综合业绩进入国际一流，形成了核电专业化运营品牌优势；在工程领域，形成以设计为龙头的多项目多基地工程总承包能力，数字化仪控、设备成套、施工管理、调试启动等处于国内领先水平；在科研领域，形成 CPR1000 系列自主品牌，全面开展了 EPR 和 AP1000 三代核电技术引消吸，为再创新奠定了基础；在技术服务领域，已具备独立承担核设施役前和在役检查的技术能力，成功开发数字化全范围模拟机；在核燃料领域，获得核燃料进出口专营资质，短时间内控制了相当数量的海外铀资源，成为我国核燃料供应保障的重要力量；在核电产业领域，成功推进了核电国产化进程，带动了核电工业体系整体水平的提升，为进一步加快核电建设奠定坚实基础。

此外，为进一步满足社会公众的知情权，为核电发展营造良好的舆论环境，中广核集团积极完善沟通交流机制和渠道，在国家主管部门的指导下，在国内率先制定了核与辐射信息公开管理办法，以更加透明的态度面对公众和媒体，采取多种沟通途径赢取各界信任，合力解决核电发展中的公众接受度问题，不断推动我国核电事业健康发展。

中国电力投资集团公司

一、2010年总体情况

2010年，中国电力投资集团公司（以下简称中电投集团）深入贯彻落实科学发展观，努力实现保发展目标、抓利润增长、促战略转型“三大任务”，各项工作取得新成绩。到2010年底，集团公司实现电力装机容量7072万千瓦，煤炭产能7275万吨，电解铝产能208万吨；资产总额4403亿元；营业收入1268亿元，利润总额50.18亿元，归属于母公司净利润13.3亿元。

二、核电主要工作开展情况

1. 强化核电安全质量管理。提出了“遵循科学规律、遵循核电规律，强化各级责任、强化过程管理，确保安全、确保质量”的核电工作理念，集团公司各核电单位进行了学习、培训、自查和整改提高。组织开展了对项目公司和专业公司的安全专项检查、施工分包专项检查和质保监查，召开质量安全经验交流会；组织指导各核电单位进一步加强核安全文化建设、安全管理体系、质量保证体系、监督体系和执行体系建设。

2010年，各核电项目的安全质量管理水平有了明显提高，全年未发生安全质量事故。

2. 在建核电项目进展顺利。海阳项目全年顺利按计划完成了1、2号机组核岛、常规岛第一罐混凝土浇筑、钢制安全壳底封头就位、CA01和CA20模块就位等11个重要工程里程碑节点，现场形成了良好的工程形象。6月20日，海阳核电2号核岛开工，标志着我国AP1000自主化依托项目四台机组全部开工。生产和调试准备工作全面开展，项目进度基本符合计划。两台机组核岛常规岛进入全面施工阶段，项目的管理体系进一步完善、各方职责进一步清晰，现场形成了良好的工程形象，得到了各级领导的充分肯定；生产准备和调试扎实推进，开展操纵员培养，已有72人获得预备操纵员资格。

红沿河一期确定了工程设计概算。1、2号机组完成安全壳穹顶吊装，进入全面安装阶段，3、4号机组进入土建高峰期。

3. 核电前期项目稳步推进。海阳3、4号机组前期工作扎实进行，项目厂址安全分析报告、选址阶段环境影响报告书和可研报告编制工作已经完成；16项核准支持性文件中已经取得5项批复；设计工作和长周期设备订货工作已经启动，现场具备负挖条件。

江西彭泽项目“四通一平”和长周期设备采购工作基本完成，初步设计已经开展，核准报告和建造许可证申请报告初稿编制完成，现场基本具备负挖条件。

红沿河核电项目二期工程，按照一期模式开发，9月份开始核岛负挖。

调整了项目公司管理层级、组织机构、人员配备，开展了环评公众调查、项目可研、四通一平设计等工作。

吉林赤松、广西桂东、湖南小墨山、重庆涪陵等前期项目，扎实开展了项目可研、四通一平设计及厂址保护等工作。

4. 核电管理体系逐渐完善。各核电项目公司结合工程实践，不断调整完善项目管理体系和程序体系。山东核电结合自己经验进一步强化了HSE管理体系的执行，升版了质量保证大纲。江西核电按照确定的工程管理模式，建立质保体系并上报国家核安全局。工程公司、成套公司及各前期项目等结合自身情况，建立和完善了质保体系和制度程序等。

5. 核电工程建管模式确定。按照“业主负责、专业管理、工程总包”的专业化思路，确定了江西彭泽和海阳3、4号机组工程建设管理模式，项目公司和专业公司组织机构与人员、管理程序体系以及质保体系的调整和准备。启动了两项目EPC承包合同框架协议谈判。

6. 核电产业链布局初步形成。按照“有所为、有所不为”的原则和专业化、标准化的要求，积极谋划和布局核电产业链。以自主开发核电项目前期、工程建设、生产运营和维修为核心，同时开展中低放废物处置和核电厂三废处理系统设计，并积极参与上下游的铀资源开发、核燃料供应等。

7. 核电人力资源开发成果显著。继续实施集团公司核电人力资源规划，进一步加强核电人才引进和自主培养，加大核电人才培训软硬件建设的投入。完善了核电人才培训体系，推进集团公司核电三大培训基地建设，上海高培中心核电理论培训基地和上海大漕泾常规岛生产技能培训基地建成使用，烟台模拟机培训基地开工建设；加强核电培训管理和教材编写工作，组织编写国内首套AP1000教材20余份，建立近百人的专兼职教师队伍；继续开展高校联合培养毕业生。2010年，集团公司核电从业队伍已超过2100人。

8. 战略合作进一步深化。与中核集团、中广核集团、国家核电、中核建设集团签订了战略合作协议，在工程技术、项目建设、生产运行服务、人员培训与交流、核燃料供应、安全评价等领域开展合作。同时不断加强国际合作与交流，承担国际原子能机构（IAEA）的国家核心项目，加入了世界核电运营者协会（WANO），加强与美国、法国、日本等国同行的沟通和交流。

9. 年度经营目标超额完成。进一步加强核电股权管理，通过三会，支持参股核电公司的经营管理，积极参与重大事项的决策。核电板块年度累计实现净利润9.87亿元。

国家核电技术有限公司

一、基本情况

国家核电技术有限公司（以下简称国家核电）是为实施国家能源发展战略，突破核电体制改革，尽快提高我国核电自主化能力、推进核电建设、加快能源结构调整，于2007年5月22日组建的中央直接管理的国有重要骨干企业。

国家核电是经国务院授权，代表国家对外签约，受让第三代先进核电技术，实施相关工程设计和项目管理，通过消化吸收再创新形成中国核电技术品牌的主体，是实现第三代核电技术引进、工程建设和自主化发展的主要载体和研发平台；是大型先进压水堆重大专项示范工程的实施主体。

国家核电主要从事第三代核电（AP1000）技术的引进、消化、吸收、研发、转让、应用和推广，通过自主创新，形成自主品牌核电技术；组织国内企业实现技术的公平、有偿共享；承担第三代核电工程建设、技术支持和咨询服务以及国家批准或授权的其他方面的业务。

国家核电成立以来，围绕填补我国核电产业的空白，满足第三代核电自主化发展需要，提升我国核电产业的核心竞争力，进行核心产业的战略性布局，基本形成了集研究开发、工程设计、设备制造、工程管理、运行服务为一体的核电产业链。

2010年，国家核电在自主创新和经营发展上取得了一系列重大突破和关键成果，在推进三代核电自主化的进程中又迈出了坚实的一步。依托项目、技术引进、设备国产化、内陆核电、重大专项全面完成了年度目标。安全生产持续稳定，人才队伍持续壮大；自主创新能力、战略协同能力、集团化运作能力不断提高。

二、自主化依托项目按计划完成年度全部里程碑节点

2010年，依托项目三门和海阳两地4台AP1000机组全面开工建设。国家核电进一步优化了依托项目管理模式，加强了项目管理体系建设，形成了以项目控制、设计管理、设备采购、施工管理、调试管理为主的核电工程总承包架构，大大提升了项目管控能力。从第1台机组到第4台机组，对应工程节点的施工效率明显提高。在有关方面的配合支持下，圆满实现了年度全部18个重大工程节点目标，保证了依托项目里程碑形象进度。

三、AP1000技术引进、标准化设计取得突破性进展

技术转让合同执行顺利。技术文件和软件已累计接收75%；技转培训和技术服务累计完成50%。技转文件验收评估完成88%，软件安装测试完成80%。在

国家能源局的指导下，技术转让国内分许可工作积极稳妥推进。

国产化 AP1000 内陆核电标准设计的初步设计和 FCD 前的施工图设计如期完成；内陆核电标准设计的（B 版）设计工作正式启动；AP1000 后续项目开工前的准备工作积极推进。

四、重大专项研发设计和示范工程前期准备取得重大进展

CAP1400 概念设计通过了国家重大专项专家委员会审查。CAP1400 初步设计全面开展，启动了 CAP1700 非能动先进核电技术预研。确定了重大专项合同管理模式，组织签署了 2010 年计划的 17 个课题合同。完成并上报了重大专项“十二五”实施计划，发布了科研和示范工程二级进度计划、设计三级进度计划。确立了各系统总师及专业学科带头人，国家核电重大专项组织管理体系进一步完善。

CAP1400 示范工程进入实质性推进阶段，完成厂址勘查、总平面布置优化设计，以及可行性研究报告和环境影响、厂址安全“两评”报告的编制与报审。场地平整初步设计通过审查，进场道路工程开始施工。

五、核电设备国产化取得新进展

配合国家能源局召开“AP1000 核电技术装备自主化第二次工作会议”，并牵头组织召开一系列设备国产化经验交流和协调会议，为设备制造企业和工程设计单位搭建合作平台。稳步推进三代核电设备供应体系建设，规范完善合格供应商管理和评价制度，合格供应商从 10 家增至 29 家。深入推进与美国机械工程师学会（ASME）的战略合作，为建立我国三代核电设备标准奠定基础。

随着设备国产化工作的深入推进和重大专项支持力度逐步加大，我国核电装备制造企业的技术、工艺和质量管理水平得到全面提升。钢制安全壳成套能力进一步提高。主管道成功完成全套锻件锻造。三门、海阳 1 号安注箱完成制造并安装。钢制安全壳所用钢板、焊材以及模块所用双相不锈钢成功实现国产化。爆破阀国产化工作取得了重要进展。反应堆压力容器、蒸汽发生器、稳压器和堆芯补水箱等进入制造阶段。主泵、核级锆材、核燃料元件国产化工作稳步推进。

六、填补国内空白，产业配套不断深化和拓展

产业发展规划深入落实，基础能力持续提升。

在研发领域，国核软件中心成立，与三所高校共建软件工作站。国核研发中心与清华大学“共建能源实验室”进展顺利，非能动安全验证台架开工建设。以上海核工程研究设计院为核心，集基础研究、应用研究、技术验证为一体的研发体系不断完善。

在设计领域，上海核工程研究设计院和国核电力规划设计研究院联合，形成集

核岛、常规岛、BOP 为一体的设计力量，机构设置和资源配置不断优化，能力和效率得到进一步提升。

在制造领域，山东核电设备制造有限公司二期扩建项目开始实施，一体化堆顶组件生产线建设正式启动，规模化、高端化制造能力正在形成。国核宝钛锆业股份公司海绵锆、核级锆材生产线建设顺利推进，国家锆材自主化平台正在形成。国核自仪系统工程有限公司与美国西屋公司达成后续项目合作协议，与美国洛克希德－马丁达成联合开发协议，与上海新华控制技术（集团）有限公司签订重组协议，努力实现跨越式发展。

在工程建设领域，国核工程有限公司和上海核工程研究设计院组成国核联队（国核院参加常规岛），后续项目工程承包模式确立；山东电力工程咨询院有限公司参与核电工程业务取得新进展。

在运行服务领域，国核电站运行服务技术公司的在役检查装备购置项目与基地项目建设稳步推进，与美国西屋公司和国内核电业主单位合作，为形成运行服务能力、打开运行服务市场创造条件。

在投资运营领域，国核示范电站有限责任公司正式运营，大型先进压水堆重大专项示范工程前期准备工作有序开展。

七、优化项目合作模式，构建战略合作平台，互信互补互利的国内外合作格局进一步巩固

进一步拓展与美国西屋公司在重大专项研发、核级海绵锆、燃料元件制造、联合研发机构、海外市场开拓等方面战略与务实合作。与美国绍尔集团签署了后续项目技术支持服务协议。进一步深化与中核、中电投集团、中广核集团、中国华能、中国大唐等企业在锆材、模块生产、运行维护、技术培训、后续项目、重大专项等多领域的合作。与中国通用技术集团就技术贸易和海外项目的战略合作达成共识。进一步加强与清华大学、上海交通大学、西安交通大学、华北电力大学、厦门大学等高校在核能技术研发、软件开发及人才培养等方面的合作。与山东省政府达成战略合作意向，与上海市政府启动战略合作前期工作。

八、三代核电自主化人才队伍不断发展壮大

继续广泛引进人才，全年共引进各类人才 1555 人，员工总数达到 6037 人。引进海外高层次人才取得突破，德籍华人程旭教授入选国家“千人计划”。评选产生了国家核电首批 2 名专家和 16 名专业技术带头人，确立了 16 名重大专项系统技术总师、副总师，以及各课题负责人和技术负责人，评选出了 121 名“科技创新骨干”和 122 名“优秀青年科技创新人才”。国家核电专家委员会在重大问题决策和人才培养等方面发挥了重要作用。一支担当重任的专业骨干人才队伍基本形成。

学习型企业建设取得积极进展。建立了国家核电总部和所属单位两级管理、国核大学业务支撑的国家核电培训组织体

系。初步建成了面向全员的网络培训平台，为实施全员培训和员工学习创造了良好条件。加快了自主培训课程开发工作。选聘了国家核电首批102名内部讲师。实施了《学分管理制度》。以领导力训练、工程项目管理培训等为重点，认真开展全员培训，全年共培训8.5万人次，促进了人才的成长和工作效能的提升。

九、深入推进党建和企业文化建设，企业凝聚力和战斗力进一步增强

以“创新创造创业，党旗引领先行”为主题，认真开展创先争优活动，全面推进党的建设。加强党的基层组织和领导班子思想政治建设，党组织的政治核心作用得到强化，广大党员先锋模范作用更加突出。加强惩防体系建设。针对工程项目建设的重点领域和设备物资采购的关键环节，强化了流程控制和管理。深入开展效能监察和各专项检查。

大力实施企业文化落地工程，发布“三和”文化理念系统，全面开展“三和”文化宣贯传播，举办员工论坛和征文活动，促进了广大员工对“三和”文化的认知认同。开展学习“海阳精神”等系列活动，激发了员工创新创造创业的热情，涌现出一批业绩突出的优秀团队和先进个人。国家核电上下呈现出凝心聚力、干事创业的良好氛围。

中国华能集团公司

一、基本情况

中国华能集团公司（以下简称中国华能）是经国务院批准成立的国有重要骨干企业，是国家授权投资的机构和国家控股公司的试点。公司注册资本200亿元。主要从事电源的开发、投资、建设、经营和管理，电力（热力）的生产和销售，金融、交通运输、新能源、环保相关产业及产品的开发、投资、建设、生产、销售，实业投资经营及管理。

中国华能从1985年创立第一家公司至今，历经二十余年的发展历程，为国民经济建设和电力工业的改革与发展作出了积极贡献，逐步形成了“为中国特色社会主义服务的红色公司，注重科技、保护环境的绿色公司，坚持与时俱进、学习创新、面向世界的蓝色公司”的“三色”公司理念和“坚持诚信、注重合作，不断创新、积极进取，创造业绩、服务国家”的核心价值观。

2010年，公司系统在党中央、国务院的正确领导下，深入贯彻落实科学发展观，认真落实公司年度、年中工作会议和党的建设工作会议精神，按照“三个着力”和“四个更加注重”的总体要求，攻坚克难，奋发进取，圆满完成国资委业绩考核指标、年度各项目标任务和“十一五”规划目标，综合实力继续保持行业领先，为促进国民经济平稳较快发展做出了重要贡献。

二、2010年主要工作情况

（一）安全生产形势总体平稳。公司扎实推进安全生产管理体系建设，全面开展安全性评价工作，深入开展“安全生产年”和“外包工程安全管理年”活动，加强安全生产大检查和隐患排查治理，确保了生产安全。上海、广东及周边地区各电厂机组安全稳定运行，为世博会、亚运会保电做出了重要贡献。

（二）经营情况保持稳定。公司努力克服电煤价格高位运行等困难，抓对标、抓重点、抓督导，增产增收，降本增效，努力提高经济效益。超额完成年度发电量奋斗目标。华能国际股份公司完成国内电力上市公司最大单笔再融资。

（三）调整优化积极推进。公司着力转变发展方式，实施绿色发展行动计划，加大结构调整力度，努力提高发展质量和效益。低碳清洁能源开发取得新成绩。全年新投低碳清洁能源装机占投产容量的42%；到去年底，公司低碳清洁能源装机规模突破2000万千瓦，比重达到17.7%，同比提高2.7个百分点。石岛湾等核电厂址资源稳步开发，参股的海南核电项目开工建设。

（四）产业协同进一步深入。煤炭开发稳步推进，煤炭生产保持稳定，煤炭自供能力逐步提高。金融产业为公司系统提供了信贷、保险、信托等方面的金融服务。

加强碳资产管理，成立了碳资产经营公司。科技产业对电力的支撑作用得到发挥，西安热工院积极为公司系统提供技术服务。

（五）节能减排取得突出成效。完成“十一五”创建节约环保型企业规划目标，单位发电量二氧化碳排放量持续下降。到2010年底，公司超额完成了国家“十一五”节能减排责任书目标，国家规定应安装脱硫设施的机组全部实现脱硫，“十一五”累计关停小火电机组671万千瓦，完成国家规定任务的267%。

（六）技术创新工作扎实开展。石岛湾高温气冷堆核电站示范工程前期工作基本完成。北京热电厂和上海石洞口二厂二氧化碳捕集系统运行稳定，完成关键技术升级试验和测试，通过国家能源局鉴定，达到了国际领先水平。

（七）企业管理水平进一步提高。三级管理体系建设深入推进，成立了煤炭部、新闻中心，组建了燃料公司，调整和组建了7家区域分公司。

（八）党的建设、队伍建设和反腐倡廉建设进一步加强。深入贯彻落实全国国有企业党建工作会议部署和要求，召开了公司第一次党建工作会议，明确了“五个一”的总体工作部署。认真贯彻落实十七届中央纪委五次全会和中央企业纪检监察工作会议精神，积极探索风险防范与企业内控机制的有效结合，惩防体系建设迈出新的步伐。严格执行党风廉政建设责任制，深入抓好《廉政准则》和《若干规定》的贯彻执行，加强对干部的管理和监督。

（九）积极履行社会责任。公司参与社会主义新农村、新牧区建设，大力支持抗灾救灾、关心弱势群体、爱心捐助等社会公益事业，认真做好定点扶贫、援疆、援藏、援青工作，为西南旱灾、新疆雪灾、玉树地震和舟曲泥石流灾害，以及江西、福建、广西、湖南、海南、吉林洪灾等捐款，累计达1.2亿元。公司荣获中华慈善总会“最具爱心内资企业”、金蜜蜂企业社会责任中国榜“领袖型企业”和中国社会责任排行榜特别大奖等称号。

三、“十一五”时期的主要成就

“十一五”时期，公司全面完成了“十一五”规划目标和任务，取得了装机规模、低碳清洁能源装机、发电量、煤炭产量、营业收入和资产总额等“翻一番”或以上的突出成就，为保障国家能源安全、促进国民经济持续健康发展作出了重要贡献。

（一）综合实力迈上了新台阶。一是电力装机大幅增加。公司在国内率先突破1亿千瓦装机容量，在电力公司中位列亚洲第一、世界第二。二是资产规模显著扩大。公司在中国发电企业中率先进入世界企业500强，2010年排名由2009年的第425位上升至第313位。三是经营业绩持续优良。圆满完成了国资委年度和任期业绩考核指标。

（二）竞争能力不断增强。一是市场份额和区域分布持续扩大。二是主要能耗指标保持行业领先。三是持续引领我国发电行业技术进步。“十一五”期间，公司在石岛湾开展了国家重大科技专项依托项目、具有我国自主知识产权的高温气冷堆核电站示范项目的前期工作。

（三）抗风险能力不断提高。一是电源结构持续优化。2010年底，公司低碳清洁能源装机是2005年的6.4倍，装机比重比2005年提高了10.5个百分点。二是产业协同逐步加强。低碳清洁能源、金融等产业功能逐步完善，对公司经济效益的贡献度明显提高。三是管理体系不断完善。集团公司——区域公司（产业公司）——基层企业建设得到加强。四是应对突发事件的能力不断增强。公司沉着应对雨雪冰冻灾害、汶川特大地震、国际金融危机等重大挑战，圆满完成了各种急难险重任务，发挥了中央企业的骨干作用。

（四）"走出去"工作取得新成绩。一是积极探索国际化经营的途径和模式。二是成功竞购境外电力资产并取得良好投资回报。三是建成投产缅甸最大的水电站。四是自主研发技术首次进入发达国家市场，两段式干煤粉加压气化技术出口美国。五是积极开展国际交流合作。公司启动了与美国杜克能源公司核电人才的培训合作，实现了优势互补，扩大了公司的国际影响力。

（五）队伍建设成效明显。一是深化干部人事制度改革。二是加强领导班子和干部队伍建设。三是加强专业人才队伍建设。四是推进技能人才队伍建设。

（六）党的建设开创新局面。一是加强思想政治建设。二是加强组织建设。三是加强作风建设。四是健全完善党建工作机制。五是加强反腐倡廉建设。

四、国家科技重大专项——华能山东石岛湾高温气冷堆核电站示范工程进展情况

2006年2月，《国家中长期科学和技术发展规划纲要（2006—2020年）》将高温气冷堆核电站示范工程（以下简称示范工程）列入国家科技重大专项；2008年2月15日，国务院常务会议审查通过了重大专项总体实施方案，项目进入启动实施阶段。

高温气冷堆采用包覆颗粒燃料，全陶瓷型堆芯结构，以氦气作冷却剂，石墨作慢化剂，以及具有余热的非能动排出，功率密度低、热惯性大、温度裕量大，负温度反应性系数等固有安全性的特点。高温气冷堆由于安全性好、出口温度高，具有潜在的经济竞争力和广阔的应用前景，既可用于高效发电，又可用作高温工艺热源。高温气冷堆核电站示范工程的成功建设不仅能够适应国家核电发展的需求，而且可以有力地推动我国的核能技术进步，提升自主创新能力。

（一）工程设计与管理

示范工程设计工作满足项目整体进度要求，核岛及其BOP共89项设计项的方案设计已固化，各系统流程图完成编制，设备规格书的编制和提交满足采购工作需要。核岛厂房基础底板施工图等已提交，满足现场施工准备需要。常规岛各专业的施工图设计总图已提交并完成审查。

（二）设备制造

设备采购监造工作有序推进。核岛主

设备已全面进入锻件及原材料、外购件的采购制造阶段。反应堆压力容器14件大锻件已经全部投料，已交付6件。主氦风机技术方案通过评审，电磁轴承及电气贯穿件合同已签订。反应堆保护系统、全厂分布式控制系统（DCS）、全范围模拟机供货合同已签订。常规岛主设备、主要辅机设备订货合同已全部签订。

1. 2010年7月12日，单件钢锭重量国内最大、高达460吨的反应堆压力容器下筒体1锻件在上海重型机器厂有限公司完成粗加工阶段车白探伤工序，检验结果合格。这标志着高温气冷堆示范工程反应堆压力容器设备制造的大锻件研究制造工作取得了突破性进展。

2. 2010年12月13日，高温气冷堆示范工程反应堆压力容器设备下筒体2（10H167）在上海重型机器厂有限公司制造完成并检验合格，为高温气冷堆示范工程反应堆压力容器设备国产化研制奠定了坚实基础。

3. 通过制造技术攻关，已成功实现高温气冷堆核电站示范工程金属堆内构件设备所用主体材质12Cr2Mo1合金钢锻件的开发和制造，标志着我国在拥有自主知识产权的高温气冷堆核岛主设备原材料制造方面已取得重大突破，在核级材料的研究与制造方面正逐步跨入世界先进行列。

（三）核燃料生产

高温气冷堆核电站示范工程核燃料供应工作有序推进，核燃料元件生产线开工前的各项准备工作已完成。元件运输容器和运输方案的相关工作按计划推进，并已申报为重大专项科研项目。

（四）人才培养和岗位培训情况

示范工程以人才规划为依托，大力开展人才引进与吸纳工作，积极协调落实培训资源，人才培养和岗位培训工作取得阶段性成果。2010年3月31日，52名生产准备员工顺利通过10 MW高温气冷实验堆操纵员执照考试并获得操纵员执照。先后与核工业研究生部、美国杜克能源公司、秦山核电、苏州热工院等单位签订人员培训协议，确保了培训工作的有序开展。培训工作组织规范，成效显著，促进了公司干部员工队伍的核安全文化素养及业务水平的持续提升。

（五）国际合作和交流

2010年11月18日，中国华能集团公司与美国杜克能源公司在杜克公司总部签署了关于核电培训的合作备忘录，这是双方在京签署清洁能源合作备忘录之后的又一次深度合作，标志着双方在核电培训方面的合作迈出了实质性的步伐。

五、“十二五”发展指导思想和规划目标

“十二五”及今后一个时期产业发展的指导思想：高举中国特色社会主义伟大旗帜，以邓小平理论和“三个代表”重要思想为指导，以科学发展为主题，以加快转变发展方式为主线，以国家能源战略为主导，秉承“三色公司”的企业使命，坚持“电为核心、煤为基础、金融支持、科技引领、产业协同，把华能建设成为具有

国际竞争力的世界一流企业”的战略定位，转方式、调结构、提效益，促发展、强素质、创一流，推进公司做强做优做大，领先进入具有国际竞争力的世界一流企业行列，为全面建设小康社会作出新的更大的贡献。

“十二五”产业发展规划目标：初步建立以电力为核心，煤炭、交通、金融、科技协同高效的产业体系，力争领先进入具有国际竞争力的世界一流企业行列。到 2015 年，公司合并营业收入超过 3000 亿元；可控发电装机容量突破 1.5 亿千瓦，低碳清洁能源比重超过 25%；可控煤炭产能突破 1 亿吨 / 年，电煤自供率提高到 25% 以上；境外控股装机容量比重达到 5% 以上；供电煤耗降至 317 克 / 千瓦时；单位发电量二氧化碳排放降至 600 克 / 千瓦时。

中国大唐集团公司

一、“十一五”总体情况

2010年，是“十一五”的收官之年，是中国大唐集团公司（以下简称中国大唐）发展战略第二阶段的最后一年。这五年，是集团公司科学发展、创先争优的五年，更是务实和谐、同心跨越的五年。五年来，中国大唐始终秉承“提供清洁电力，点亮美好生活”的企业使命，以满足社会需求为己任，在快速发展中调整结构，发电装机规模突破1亿千瓦，入围世界500强，电源结构、机组结构持续优化。中国大唐始终秉承“清洁生产、绿色生活”的环保理念，依靠科技进步和科学管理，对标一流，对标挖潜，消耗性指标和排放指标持续大幅度优化，处于世界先进水平，并提前一年超额完成了国家下达的“十一五”节能减排指标。中国大唐始终秉承“生命至上，安全第一”的安全理念，抓基层、打基础、强化基本功，人身及设备事故得到有效控制，始终保持了安全生产的平稳态势，有效应对了地震、泥石流、洪水、干旱等重大自然灾害，保障了奥运、亚运、世博会等重大活动期间的电力供应。中国大唐始终秉承“大唐大舞台，尽责尽人才”的人才理念，大力实施“人才强企战略”和“112人才工程”、“人才森林计划”，人才总量持续扩大，人才结构不断优化，涌现出了一大批国家级、行业级及中央企业级技术能手和先进模范人物。中国大唐始终维护“求真务实、诚信守约”的企业形象，健全体制机制，加强与上级主管部门的工作汇报，加快构建与各利益相关方的沟通平台，积极支持地方经济发展和社区建设，多渠道参与支持教育、帮扶贫困、慈善捐款等公益事业，获得了各界的广泛赞誉，树立了“负责任、有实力、可信赖”的品牌形象，为构建和谐社会作出了积极的贡献。

二、2010年工作概况

2010年，是形势严峻、挑战巨大的一年。中国大唐坚持以科学发展观统领全局，以深入开展创先争优活动为动力，自觉履行社会责任，协调推进企业的优化发展、安全发展、清洁发展、节约发展和与各利益相关方的共同发展。一年来，中国大唐致力于提高经济效益，深入开展了“双增双节、盈利攻坚”和“大干四个月，确保完成全年任务目标”等活动，在燃料成本同比增支116.22亿元的情况下，仍然实现利润15.16亿元，超出国务院国资委考核指标3.16亿元。中国大唐致力于调整优化产业结构、区域结构、机组结构和股权结构，电源项目投产容量达到811.935万千瓦，60万千瓦等级及以上火电机组台数和所占比重均居五大发电集团之首，风电装机容量突破500万千瓦，新能源和可再生能源投产容量创历史最高水平；大唐新能源公司在香港成功上市，海外项目实现了突破；煤炭开发初具规模，煤化工项目稳步推进，金融、物流、科技等非电产业增收盈利能力稳步提高。中国大唐致力于本质安全型企业建设，全面推进安全生产标准化、精细化管理，深入开展班组“三讲一落实”活动，自主创建了本质安全型企业管理体系，保障了安全稳定供电供热。中国大唐致力于资源节约型和环境友好型企业建设，积极兑现节能减排承诺，供电煤耗大幅下降，主要污染物实现达标排放；有 10 台机组在全国火电 60 万千瓦等级机组能效对标中获奖，有 20 台机组在全国火电 30 万千瓦等级机组能效对标中获奖，62.3% 的火电企业达到“两型企业”标准，继续保持着节能减排的先进水平。中国大唐致力于和谐企业建设，建立了业绩考核结果与员工职业发展、岗位晋升、薪酬收入有机结合的“两全双挂”考核体系；通过扩大就业、社会公益、扶贫救灾等方式全方位回馈社会、促进地方经济社会发展，实现了与利益相关方的共建共享、共同发展。

三、核能方面的主要成绩

2010 年为中国大唐核电工作“基础年”，前期工作，人才培养，制度建设，对外公关等工作有序推进。一是编制下发核电发展规划。对集团公司核电发展的战略定位、规划目标、重点任务、保障措施等方面进行了阐述，并经集团公司第一次核电专家委员会评审通过；二是厂址工作扎实推进。已开发厂址十余个，为核电发展奠定了坚实的基础；三是人才培养全面展开。10 月 18 日，中国大唐第一期核电工程管理人员培训班在上海举行。11 月 9 日，中国大唐第一期核电检修质保培训班在大唐淮北职业技术培训基地举办；四是制度体系进一步完善。目前已发布：《中国大唐集团公司核电前期工作管理办法》、《中国大唐集团公司核电前期费管理办法》、《集团公司核电前期工作情况报告管理规定》三项制度。

四、“十二五”总体打算

中国大唐将紧紧抓住“十二五”重要战略机遇期，以科学发展为主题，以加快转变经济发展方式为主线，在认真总结集团公司组建以来的认识成果和实践成果基础上，按照“电为基础、多元经营，七大板块、协调发展”的方针，大力创新发展思路和发展模式，不断调整优化结构，持续提升盈利能力、防控风险能力和可持续发展能力，以调结构、转方式、强机制、练内功、增效益的优异成绩，创科学发展之先，争一流业绩与和谐企业之优，为实现发展战略第三阶段第一步目标——成为国内一流综合能源集团奠定坚实的基础。

中国华电集团公司

一、基本情况

中国华电集团公司（以下简称中国华电）是2002年底国家电力体制改革时组建的五家全国性国有独资发电企业集团之一。注册资本120亿元人民币。

中国华电装机容量9019万千瓦，其中，清洁能源占总装机的24.55%；资产总额4424亿元人民币；2010年发电量超过3500亿千瓦时。拥有国内单机容量最大、国产化程度最高的100万千瓦超超临界机组和国内首批60万千瓦级空冷机组、60万千瓦级脱硝机组，单机容量最大的39.5万千瓦天然气发电机组；积极开发建设风电、核电、生物质能、太阳能等清洁能源。

二、2010年工作概况

2010年，中国华电在党中央、国务院的正确领导下，深入贯彻落实科学发展观，牢固树立价值思维理念，按照“转方式、调结构、推创新、提效益”的工作思路和“抓班子、带队伍、推发展、促和谐”的党建工作总体要求，积极应对形势复杂多变、煤价大幅上涨、自然灾害频发等严峻挑战，加快转变发展方式，加大结构调整力度，深入推进管理创新，狠抓企业扭亏增盈，做了大量扎实细致的工作，全面完成了国资委年度业绩考核指标，各项工作取得积极成效。

——公司系统没有发生较大以上安全事故，没有发生对公司稳定造成不利影响的事件。

——销售收入1287亿元，实现利润25.3亿元；经济增加值完成-21亿元，比国资委考核目标-50亿元提高29亿元；完成发电量3589亿千瓦时，同比增长18.5%；控股煤炭产量931万吨。

——核准电源项目1032万千瓦，取得“路条”733万千瓦，投产装机964万千瓦，并购413万千瓦，公司装机容量达到9019万千瓦；核准煤炭项目1085万吨/年，取得“路条”1600万吨/年，控股煤炭产能达1315万吨/年。

主要开展了以下几个方面的工作：

1. 结构调整取得实质性进展。以发展纲要为统领，按照“一调整、两优化”的发展思路，坚持建并结合，抢抓发展机遇，突出战略重点，集中力量攻坚，一批大型电源、煤炭项目实现重要突破，公司结构调整取得明显成效。

2. 经营水平明显提升。面对严峻经营形势，公司上下强化细化经营管理，狠抓扭亏增盈，提高效益水平。各级领导带队深入亏损企业督导经营情况，帮助制订扭亏脱困措施，有效解决了一批长期困扰企业经营发展的重点难点问题。8月份公司实现整体扭亏，贵州、福建、华电煤业、新疆、江苏等二级单位盈利突破5亿元，邹县、棉花滩、乌江渡、包头、广安、贵港、红雁池等13家基层企业盈利均在2亿元以上。

3. 管理创新活动扎实推进。围绕提升执企能力和盈利能力，学习借鉴华润等先进企业经验，召开管理创新推进会，全方位实施一系列创新举措，调动了公司上下创新创效的积极性。经济技术指标得到优化，管理体制更加健全，管理机制逐步完善。

4. 安全生产保持平稳局面。认真贯彻落实国家关于安全生产工作的一系列重要部署，深入开展“安全生产年”活动，不断强化安全生产管理，圆满完成了全国“两会”、“世博会”、“亚运会”等重大活动和抗灾保电任务。全面落实安全生产责任，进一步健全制度标准，严格执行领导干部下井带班制度，严厉处置各种违章行为，实现了百万吨煤炭生产死亡率“零”目标。加强应急管理，完善应急体系，突出灾害预警，举办各类应急演练1400余次。加强设备可靠性管理，强化技术监督，机组等效可用系数达到93%。

5. 科技环保工作取得新的进展。加大科技攻关和创新力度，筹备成立华电技术研究总院，加快构建公司系统科技研发体系。重点推进国家“863”计划和科技支撑计划项目研究，百万千瓦级超超临界空冷技术项目成功申报国家科技支撑计划。公司系统新增专利授权80多项，华电工程获得“国家认定企业技术中心”资质。深入贯彻落实国家节能减排要求，提前一年完成“十一五”减排目标，少排放二氧化硫5.6万吨。全年关停小火电机组58万千瓦。

6. 资本运作和风险防控得到强化。围绕满足资金需求和防范经营风险，加大资本资金运作力度，推进全面风险管理体系建设，保证公司持续健康发展。加强投资管理，推进资本运作，加强内控机制建设。

7. 党建和队伍建设不断加强。按照中央统一部署，深入开展“创先争优、科学发展”活动，扎实推进学习型党组织建设。通过开展“五个一”活动、设立党员示范岗和党员技术攻关等工作，各级党组织和广大党员作用得到充分发挥，受到了中组部、国资委党委的充分肯定。

三、2010年核电方面的工作概况

1. 稳步推进核电前期工作。2010年，中国华电在全国多个省份开展核电前期工作。福建和辽宁核电项目已进入可行性研究阶段，河北沧州核电完成多项专题论证，湖南、山东、河南、广西等核电项目正在开展初步可行性研究工作。

2. 加强核电人才培训。2010年5月，中国华电举办了核电前期工作培训班，来自集团公司系统内各核电筹备处及二级机构相关人员参加了培训，邀请核电行业资深专家授课，并对核电前期工作中各个阶段应关注的问题进行了深入探讨。积极参与核能行业组织的各类培训，全年共组织100人次参加了核电质保、防人因失误研讨班、世界核大学等核电项目培训。

3. 积极支持工程技术板块参与核电业务。中国华电旗下华电水务作为电力水处理行业的领先者，以优质的产品及服务在全球提供了数以百计的电站锅炉补给水、循环水、凝结水精处理、废水集中处理设施和设备，公司以严格的质量控制和过程管理措施，铸就精品工程，满足火电及核电领域的严格标准。

在核电水处理领域，华电水务开展了系统微量杂质泄漏的研究并取得了突破性的成果，研究开发的大直径柱状高流速离子交换设备等获得国家发明专利，华电水务参与了国内大部分的核电站项目建设并取得了良好的口碑和业绩。中国华电制造安装的电站水处理设备已经成功应用于阳江核电水厂、广东岭澳核电二期、福建宁德核电一期、辽宁红沿河核电一期、秦山核电厂扩建项目方家山核电工程、福建福清核电厂一期工程、山东海阳核电厂一期工程等百万千瓦核电机组。

哈尔滨电气集团公司

一、基本情况

随着国家对能源战略的调整，以及为实现节能减排的目标，发展核电成为我国能源战略的重点。

哈尔滨电气集团公司（以下简称哈电集团）作为国家三大核电装备制造基地之一，深入贯彻落实科学发展观，抓住国家积极发展核电的机遇，积极推进核电装备制造业的发展。

哈电集团认真贯彻落实国家有关核电方针政策，全面调整了发展战略，将核电产业作为集团五大产业之首，并结合企业特点制定了适合自身的核电发展规划，积极推动核电设备国产化工作。

二、核设备自主研制硕果累累

哈电集团在国内核电设备制造业中占有重要位置，经过多年发展，已在核设备研制方面取得了突破性进展。制造完成秦山二期汽轮发电机组、岭澳MSR、恰希玛二期蒸汽发生器、恰希玛一期、二期主泵电机、秦山二期扩建项目汽轮机、MSR、冷凝器、低加等设备。

目前正在执行的合同，其中核岛部分包括，三代AP1000项目三门电厂2号2台蒸汽发生器，三门、海阳电厂2套主泵电机，二代改进型项目阳江电厂3台蒸汽发生器，方家山、福清电厂4套主泵及阳江、宁德电厂6台稳压器，恰希玛三期、四期蒸汽发生器，三门1号、2号机组、海阳1号、2号机组堆芯补水箱，三门2号机组非能动余热换热器，高温气冷堆石岛湾电厂2台蒸汽发生器。常规岛部分包括三代AP1000项目三门、海阳电厂4套T/G，高温气冷堆石岛湾电厂1台发电机，海南昌江2套T/G，高温气冷堆1套高加、除氧器，岭澳二期项目常规岛阀门，红沿河、宁德核电项目安全阀，三门电厂常规岛配套阀门等项目。

集团公司通过AP1000三代项目核岛主设备的技术引进和消化、吸收，同时兼顾二代改进型、高温气冷堆等项目的核岛主设备的生产制造，将实现主设备的自主开发能力。核岛目标产品包括蒸汽发生器、稳压器、非能动余热换热器、核二三级容器、支承、反应堆冷却剂主泵及主泵电机（三代AP1000屏蔽电机及二代改进型轴封电机）、反应堆压力容器、控制棒驱动机构、堆内构件、一体化堆顶构件、主管道及核级阀门等。

集团公司通过积极消化吸收三代AP1000常规岛汽轮发电机组、辅机技术，掌握常规岛主要设备设计、制造技术以及系统设计技术，将实现全面国产化。在三代核电技术基础上，逐步扩大AP1000常规岛供货范围，在系统设计及大型辅机设备上拓展空间，同时兼顾二代改进型、高温气冷堆等项目的常规岛设备的设计和制造。常规岛目标产品包括汽轮机、汽轮发电机、冷凝器、MSR、高加、低加、除氧器、阀门、配套辅机及汽轮发电机组配套控制系统等。

此外，成功研制核电K1类电机、1E级K3类电机，成为同类产品国内核电市场上唯一获得核电认证资质的核电产品供应商。

三、建设三大核电基地提升装备能力

哈电集团在立足现有能力的基础上投资规划建设了哈尔滨、平房开发区、秦皇岛三大核电装备制造基地，将全面提升集团核电装备制造能力。

哈尔滨核电装备基地以锅炉公司、汽轮机公司、电机公司等原“三大动力”企业为基础进行建设，其中锅炉公司以常规岛高加、除氧器及配套设备、核岛设备的分包、配套、稳压器、核二三级容器、重型支承、主管道为主要产品目标。汽轮机公司以汽轮机、冷凝器、低加、控制棒驱动机构、一体化堆顶构件及配套控制系统为主要产品目标。电机公司以汽轮发电机及配套系统为主要目标产品。

平房开发区基地以交直流公司、阀门公司为基础进行建设，其中交直流公司以反应堆冷却剂主泵泵组、主泵电机及配套电动机为主要目标产品，阀门公司以核岛及常规岛配套阀门为主要目标产品。

秦皇岛基地以蒸汽发生器、稳压器、非能动余热换热器、核二三级容器、支承、反应堆压力容器、堆内构件、汽水分离再热器为重要目标产品，同时承担哈电集团大型装备组装和海运基地功能。随着阳江核电3号、宁德核电3号稳压器筒体卷板和C3蒸汽发生器下封头，海阳核电1号堆芯补水箱开工，三门核电2号蒸汽发生器管板陆续在秦皇岛重装公司开工，秦皇岛核电基地全面进入核岛主设备制造阶段。

随着各制造基地的逐步建设完成，目前哈电集团已形成年产2套百万千瓦级核岛主设备制造能力以及4套常规岛设备设计制造能力，到2015年，将实现年产4台（套）500万千瓦核岛主设备自主制造和常规岛的自主设计制造能力，年销售收入达到80亿元以上，成为中国核电设备的主供货商。

四、建设特色核安全文化突出产品质量

哈电集团作为一个多年从事大型电站、重点工程产品的企业，有着丰富的攻关、创新能力，经过近两年对客户要求、业主专家在产品监造、监查中提出的改进建议、相关核电标准的消化、吸收，并结合产品设计、采购、制造、检验和试验等实践中积累的经验，哈电集团在最短的时间接受、吸收先进的核安全文化理念，形成了具有哈电集团特色的核安全文化。

哈电集团特色“核安全文化”即更加突出核电产品的制造质量。

根据领导集团提出的“哈电集团的核安全文化是继承和创新相结合，是赋予集团企业文化更强生命力的新动

力"，"保证核电产品质量，要求我们的所有工作都要按照标准要求去做、要按流程要求去做，而文化则是引导员工自觉用流程工作的有效载体"等要求，哈电集团在创建和推进核安全文化的进程中，不仅在相应的文件和制度中明确核安全文化的实施办法和具体要求，还专门派相关人员到涉核企业去调研，对于核安全文化相关动态，都会以最快的速度，通过公司内部网、有线广播、公司简报及各种平面宣传载体等进行宣传，从而使核安全文化理念实现了"内化于心、固化于制、外化于行、体化于物、实化于效"。"凡事有章可循，凡事有据可查，凡事有人负责，凡事有人监督"成为了员工生产、生活中的行为规范。

建立健全核电质量管理体系。为了满足核电项目对核质保的要求，公司针对各核电项目的具体要求，编制了质量保证大纲和相应的专用管理程序（文件的管理、质量记录的管理、标识控制、质保监查、不符合项处理、质量监督及完工报告等），对核电项目特殊要求，通过专用程序进行有序管理。公司建立了各核电项目的组织机构图，各有关部门指派专人对各自职责范围内的工作负责，做到权责明晰，沟通渠道畅通。

加强质量（QA/QC）总体掌控能力，员工是关键。目前公司的检查方式是过程检查控制。但任何过程都不可能全程跟踪检查，只有员工自身形成责任意识，才能达到员工认真负责完成每项工作。因此公司提倡"以人为本"进行企业管理，质量总体掌控依靠全体员工。通过广播、报纸、宣传栏、班组学习等各种渠道对员工进行思想教育。发挥"四个注重"（注重员工资格、注重质保作用、注重分级管理、注重人人有责）的作用，将全体员工打造成"卓越员工"，有力保障公司满足国际发展需要。

五、建设人才梯队满足发展需求

哈电集团注重引进人才、培养人才、留住人才，做好老、中、青制造技术人员的梯队建设，避免技术人员年龄结构不合理现象。

通过核电吸引人才，从社会上吸收优秀的核电人才，吸收国内外优秀的技术、质保、管理人才。加大高层次人才的引进力度，积极探索高层次人才吸引和科研合作之路，不求所有，但求所用。通过人才引进、退休返聘、兼职项目负责人、联合攻关等方式，引进公司需要的高层次人才。加大高层次人才的培养力度，选派优秀的专业技术人员、管理人员到国外先进的公司进行核电技术考察或培训。通过上述方式，满足公司对核电高层次人才的需求以及公司的长远发展。

同时加强培训的针对性，提升操作人员技能水平和技术管理人员的业务水平。加大技能人才的培训力度，全面提高员工知识、技能，提高员工与岗位要求的匹配度。创造有利于人才发展的政策环境。强化舆论宣传，采取多种形式宣传人才引进、培养、使用和管理等方面的政策措施，宣传各类优秀人才的先进事迹和突出业绩，在公司形成“尊重知识、尊重人才、尊重创造”的良好氛围。采取有效措施保证员工队伍的稳定。从员工事业成长的角度出发，通过感情留人、待遇留人，加强事业留人，形成合力，为哈电集团的核电事业作出贡献。

六、2010年哈电集团核电产业取得重大进展

1. 核电市场开发收获109.65亿元新订单，继2009年后再创历史新高。

2. 在核电产品制造方面，秦皇岛核电基地二期项目已经建成，2010年12月25日，广核阳江3号、宁德3号稳压器筒体卷板和C3蒸汽发生器下封头获得业主和国家核安全局开工批准；电机公司和汽轮机公司的AP1000核电常规岛产品已经顺利进入生产阶段；汽轮机公司百万千瓦等级核电辅机技术改造项目顺利完成，具备了年产百万千瓦等级核电辅机4台套的能力；佳电股份公司成功研制核电K1类电机、1E级K3类电机，成为同类产品国内核电市场上唯一获得核电认证资质的核电产品供应商。

3. 在核电设备研发方面，百万千瓦等级核电辅机设计的消化吸收工作全部完成；高温气冷堆和AP1000国家重大专项课题技术攻关按计划执行；AP1000核岛一体化堆顶组件和控制棒驱动机构设计转化工作扎实推进。

七、明确“十二五”实现设计制造一体化目标

“十二五”期间，哈电集团将依据国家产业政策及市场发展趋势，围绕发电设备、驱动与控制设备、通用与环保设备、现代制造服务业四大业务板块，深化实施相关多元化战略，突出集团化、规模化、专业化发展优势，大力发展核电，实现设计制造一体化目标。抓紧当前核电高速发展的市场机遇，大力发展核电。制定实施哈电集团核电发展规划，进一步整合核电资源，明确核电发展方向、目标及生产布局等。加快推进核岛主设备、常规岛设备、核电泵阀、核用电机、核电辅机等核电基地建设及技术改造项目，尽早实现达产目标，提升产能。加大核电产品科研项目开发力度，在引进国外技术的同时，高度重视自主创新，加大在二代改进型压水堆核电站研究开发、三代核电技术消化吸收再创新、四代核电技术研究、核级关键设备的国产化研制等方面的科研投入和开发力度。优化整合现有核电技术资源，筹建核电研发机构，吸引和培养核电高端人才和专业技术队伍，建立集团核电技术创新和发展平台，重点强化核岛设计技术研发，形成核电设备设计能力和自主创新能力，实现核电集团核电设备设计制造一体化的目标。通过消化吸收三代AP1000核电技术，逐步形成整体供货能力，最终实现核电设备的自主化研制和整体配套能力。

东方电气股份有限公司

一、基本情况

东方电气股份有限公司（以下简称东方电气）总部位于四川省成都市，是涉及国家安全及国民经济命脉的重要骨干企业，我国最大的发电设备制造基地之一。

东方电气以大型发电设备成套供应、电站工程承包、电站服务以及电控设备、环保节能设备制造为主业，拥有东方电机、东方汽轮机、东方锅炉、东方重机、东方武核等多家核心企业。公司在香港联交所和上交所上市。

东方电气是国家重大技术装备国产化基地、国家级企业技术中心，具有中国发电设备制造行业中一流的综合技术开发能力，形成了“多电并举”的产品格局，具备了大型火电、水电、核电、重型燃气轮机发电、风电和太阳能光伏发电设备的开发、设计、制造及电站工程总承包能力。

东方电气年发电设备生产能力为30000 MW，可批量生产300 MW、600 MW、1000 MW大型火电机组；400 MW、550 MW、700 MW水轮发电机组；1000 MW、1250MW、1750 MW等级核电机组；1.5~2.5 MW风电机组；重型燃气轮机及大型电站锅炉烟气脱硫脱硝、大型化工容器等产品。2010年，东方电气发电设备产量36220 MW、发电设备千瓦数连续七年居世界第一。

二、2010年主要业绩

1. 年度任务圆满完成，产品产量、营业收入再创历史新高。

全年实现营业收入439.36亿元，完成工业增加值75亿元，新生效合同550亿元，完成发电设备36220 MW。

海外工程建设目标基本实现。2010年在手执行工程项目57个（其中国外项目49个），合同总金额近90亿美元，机组容量超过2900万千瓦，合同金额、装机容量均创历史新高。

2. 市场开拓成绩喜人。统一协调，精心策划，主动出击，全年生效订单550亿元，超额完成年度订货目标。

国内市场占有率稳中有升。全年签订生效订单430亿元，主导产品国内市场占有率稳中有升。火电方面，与山西国金电力公司签订国内首个35万千瓦超临界循环流化床锅炉合同；获得内蒙古荣信化工有限公司甲醇项目煤浆气化炉合同，正式进入气化炉高端市场。水电方面，获得仙游抽水蓄能项目，对于集团掌握自主技术、打破国外公司技术研发上的长期垄断具有重要意义。核电订单稳中有升，签订了多个AP1000项目汽轮发电机组和核岛主设备供货合同，成为全球唯一一家同时获得AP1000、EPR核岛重型设备和常规岛汽轮发电机组订单的发电设备制造企业。燃机市场方面，获得具有目前国内最先进技术、最大供热量的北京高碑店2拖1 F型燃机机组合同。风电方面，全年共签订风电机组合同175万千瓦，风电合同总金额95亿元。

国际市场开拓取得突破。全年签订生效国际订单18亿美元，初步实现了产品出口和市场领域的多元化目标。获得东方电气首个60万千瓦等级燃煤电站海外总承包合同——越南沿海电站项目。签约东方电气在欧洲的第一个大型电站总承包项目——波黑斯坦纳瑞30万千瓦燃煤电站项目。获得多雷纳水电站项目机组合同，东方电气时隔20年再度进入美国市场。与印度KSK公司签订多台1.5兆瓦直驱式风电设备供货合同，实现了中国风电设备的首次批量出口。

3. 质量管理体系有效运行。

加强核安全文化建设。东方电气核电质量体系运行良好，东方锅炉、东方重机、东方武核、东方－阿海珐、东方汽轮机都取得了国家核安全局民用核安全机械设备制造许可证。东方电气已经具备核岛主设备成套供货的完整能力。

产品质量总体状况进一步改善。进一步完善质量管理制度，加大质量业绩考核力度，积极应对高速发展和震后生产组织困难对产品质量管理提出的更高要求，实现了产品质量的稳定和提高。

安全生产形势稳定。落实安全生产责任制，加大隐患排查及整改力度，重大危险源和主要危险源均处于受控状态。实现全年“零死亡、零重伤”的安全控制目标，未发生重大的环境事件。

4. 结构调整取得成效。

多产业板块的雏形初步形成。电站服务业板块开始启动。在现有多晶硅产业的基础上，通过并购江苏宜兴迈吉太阳能科技有限公司，打通了光伏全产业链，使集团光伏产业的发展驶上快车道。成功研发2兆瓦、2.5兆瓦双馈式风力发电机组，首批2台2兆瓦样机已经并网发电。1.5兆瓦直驱永磁风力发电机组正式下线，并在内蒙古乌吉尔风场并网发电。

5. 创新能力不断增强。

研发体系进一步完善。初步构建了核心制度体系，中央研究院的建设初具规模。国家能源局授予集团“国家能源大型清洁高效发电设备研发中心”。中央研究院系统集成研究所获得电力行业乙级设计资质。组建核设备设计所，稳步推进核设备设计、国家核电标准编制等工作。

新产品研发取得重要进展。自主研发的60万千瓦超临界CFB、100万千瓦超超临界直接空冷机组和60HZ66万千瓦大型火电机组先后投入生产。80万千瓦等级大型全空冷水轮发电机组研制以及大型抽水蓄能、大型贯流机组开发，进一步奠定了东方电气世界一流大型水电机组制造商地位。百万千瓦等级核电设备制造技术继续保持国内领先水平。1.5兆瓦直驱型和2兆瓦、2.5兆瓦双馈式风电机组开发成功并批量化生产。“超超临界100万千瓦火电重大装备研制与产业化”项目荣获国家科技进步二等奖。

国家重大科技攻关任务圆满完成。承

担863、973、科技支撑计划等国家和省重大科技攻关项目60余项，促进了自主创新能力的提升，为赢得市场发挥了积极作用。具有国际先进水平的“透平核心技术实验平台建设”项目顺利通过国家验收。“清洁、高效燃烧技术试验中心”和“核岛重型设备技术研发平台”等一批重点基础实验室的建设基本完成。

6. 以东汽新基地建设为代表的一批重点固定资产投资项目顺利投产。

全年共完成固定资产投资39亿元。东汽新基地全面竣工投产。用不到两年的时间、在“5.12”汶川特大地震发生两周年之际完成了东汽新基地的建设任务，兑现了对社会的郑重承诺。新基地建成后，东汽装备水平达到了世界一流，工艺流程更加合理，综合实力大幅提升。东方重机出海口基地三期工程联二厂房、东锅德阳基地二期扩建工程、杭州新能源基地、酒泉新能源基地、东风乐山新能源、东方凯特瑞二期扩能技改项目二期生产线等一批重大投资项目也都先后竣工投产。东汽峨半1500吨多晶硅生产线及60 MW光伏切片项目基本达产。这些重点固定资产投资项目的顺利投产，为集团产业结构调整奠定了坚实基础。

7. 人才队伍建设进一步加强。

以产业结构调整和形成自主创新能力为主线，在引进高层次人才、国际化人才和社会成熟人才方面取得明显进展。引进博士15名，聘请1名中国工程院院士担任技术顾问，引进了符合“千人计划”和“百人计划”要求的外籍专家并在东方电气全职工作。利用党校和管理学院平台，强化职工培训工作，抽调490名企业干部先后参加共14期、为期一个月的集训，举办财务管理高级培训班，组织20名生产一线管理骨干赴日立公司学习交流新技术和现代管理方法，提高了各类人才现代企业经营管理能力，促进了人才队伍知识结构优化。

三、核电发展取得新成果

1. 岭澳二期1号机组投产。

东方电气制造的岭澳二期核电站的核岛主回路包重型设备、常规岛汽轮发电机组已经全部交货，1号机已于2010年9月20日投入商业运行，出力达到设计指标1086 MW，全面实现了中国百万千瓦级核电站"自主设计、自主制造、自主建设、自主运营"的目标，是我国核电发展史上的又一个里程碑。

2. 全面进入三代核电设备制造。

在成功进入第三代核电核岛领域基础上，2010年11月4日签订了江西彭泽项目两台AP1000汽轮发电机组供货合同。成为同时获得AP1000、EPR核岛重型设备和常规岛汽轮发电机组订单的发电设备制造企业。

3. 核岛项目取得新进展。

2010年，4套蒸汽发生器、5套反应堆压力容器及多套锚固件、5套稳压器、多套安注箱、硼注箱及各类重型支撑的制造在东方电气全面展开。

红沿河、宁德、阳江项目核岛设备

从2008年底开始陆续进入交货阶段，截至2010年12月，红沿河、宁德、阳江项目共交付安注箱24台，红沿河、宁德项目硼注箱已经交货6台，宁德1号机组1台蒸汽发生器于12月20日发运。福清1、2号机组的蒸汽发生器制造已全面展开，3号机组蒸汽发生器主要部件已经开工。台山EPR项目克服了订单签订晚、开工晚的困难，生产渐入正轨，各部件制造进展良好。

4. 常规岛设备制造实现批量化。

实现了多台汽轮发电机组的批量生产，红沿河2号和宁德1号机组已按期交付。

5. 核设备设计工作正常推进。

核设备设计所人员逐步到位，开展了蒸汽发生器、主泵制造的国家标准编制，核2、3级设备设计许可证申领工作已全面展开，向国家核安全局提交了取证申请。

四、“十二五”核电产业发展目标和任务

进一步增强自主创新能力，基本形成核岛主设备的设计能力，实现核电产品走出国门，继续保持市场优势，产品技术、项目管理及制造质量达到世界一流水平。

1. 完善核电设备制造能力，提升核电项目的生产策划和计划管理水平，强化核电产品的交货能力，按时交货，构建核电设备制造环节的竞争优势。

2. 按照大证加小证的模式建立集团有力监管、企业有效控制的质量管理系统，坚持技术创新和质量改进相结合，坚持严格按照核安全法规办事，坚持透明的制造文化，真正做到让监管机构放心，让用户满意。

3. 初步形成核岛主设备设计能力。进一步增加核设备设计力量，整合集团高素质设计人才，推进核设备设计和试验能力建设，完成主设备设计资质取证，积极争取主设备设计任务，为核岛主设备设计的真正自主化打好基础。

4. 实现常规岛自主创新的突破，实现自主设计的常规岛机组全面进入制造，为自主走向国际市场打好基础。

5. 以全面风险管理为主线构建项目管理体系，提升项目管理队伍的素质，按照国际化规则构建项目管理优势，打造集成的集团核电平台。

6. 加快核电制造的技术进步，实现核电产品制造技术的稳定，构建批量制造高质量低成本的优势。

7. 建立完整的核电主设备成套能力，完善核主泵、RVI、CRDM、核岛设备批量制造能力；开拓核岛设备和常规岛设备服务产业，介入核电产业乏燃料储存等其他设备市场，同时积极参与高温气冷堆、小堆等产品设备市场，成为中国领先的核电主设备成套供应商。

上海电气（集团）总公司

一、“十一五”总体情况和2010年工作概况

（一）“十一五”规划执行情况

“十一五”期间，上海电气（集团）总公司（以下简称上海电气）核电产业的主要发展情况如下：

1. 完善核电产业架构和扩能改造

上海电气对照核电产业发展的中长期目标，对集团核电资源进行深入评估，在资源整合上推出了一系列重大举措，上海电气核岛、常规岛、I&C三大核电板块应运而生，或联手运作，或独立作战，使上海电气核电领域的统一规划、集约管理、资源共享、文化共建、统一运作等管理特色和效益日益凸现。

2007年，集中核岛主设备制造资源，成立了以发展核电核岛设备为核心使命的上海电气重工集团，整合核电材料生产与核岛主设备制造等优势资源；成立核电设备设计所、组建核电泵阀合资公司和国核自仪公司，扩大业务范围；临港一期完工投产并启动临港二期建设，完成闵行热加工基地改造。重点发展压力容器、蒸汽发生器、稳压器、堆内构件、控制棒驱动机构、主泵等核岛主设备的批量化生产。

2. 核电市场拓展成绩可喜

自核电大发展以来，上海电气已经承接核岛关键设备（压力容器、蒸汽发生器、堆内构件、控制棒驱动机构等）206台套，常规岛关键设备（汽轮发电机组等）23.5台套，合同金额近500亿元。截至2010年底，实现合同交货16台套，金额近12亿元。

3. 科研成果可喜

完成一批科教兴市项目；开展一批国家大型先进压水堆和高温气冷堆核电站重大专项、市经信委重大研制专项、市科委技术支撑项目、市高新技术产业化等科研开发项目。实现百万千瓦级和三代技术的核电压力容器、蒸汽发生器、堆内构件，控制棒驱动机构、核电大锻件，核级主泵等方面的重大技术突破。

（二）2010年工作概况

1. 全面动员，提升质量管理水平。以质量促项目、以质量保项目。所属企业对质量工作高度重视，采取多项措施，健全核电质量体系，深入核安全文化建设，提高批量化生产下的核电质量管理水平，重点推进质量管理、计划管理、成本管理和现场管理的持续改进，有规划、有计划、有制度地开展质量改进工作：（1）积极开展系列活动，如“核电质量年活动”、“百日质量计划行动”、“千人培训计划活动”等。（2）不断创新工作思路，在质量攻关方式、控制手段、管理模式、规章制度、企业文化和奖惩措施等方面不断创新，试行核电质量保证体系量化评估标准，加强对关键质量风险点的识别和重点管控。（3）完善质量工作例会、质量专题会、车间巡检和现场督查制度等。（4）重视对每月发生的质量NCR分析归类，

从中寻找管理上的整改因素。

2. 齐头并进，继续保持市场份额。继续努力拓展以三代百万千瓦机组为重点的核电市场工作，签订三门、海阳、彭泽、台山、巴基斯坦恰希玛 3 号、4 号机组项目的压力容器、蒸汽发生器、堆内构件、控制棒驱动机构、汽轮发电机组等 32 台（套）主设备的供货合同。

3. 能力达纲，批量生产进入状态。项目管理以提高管理水平、稳定产品质量为主线，突破技术瓶颈，发挥扩能优势，平衡出产能力，为批量生产态势下核电多项目管理开创运作模式，为核电产业持续健康发展奠定基础。

核岛设备批量出产能力得到生产的验证，批量化项目执行下的管理体制和能力得到考验，产品翻番已成现实。上海电气核电设备有限公司（上核公司）完成了以红沿河 1 号机组 3 台蒸汽发生器为标志的 15 台产品交货，上海第一机床厂有限公司（一机床公司）完成了两套设备（堆内构件和控制棒驱动机构）的交付和四套设备的工作量（等待压力容器的配合尺寸）。

4. 突破瓶颈，提升能力水平。上海重型机器厂有限公司（上重公司）的核电大锻件完成了 CPR1000 堆内构件全套不锈钢大锻件；反应堆压力容器顶盖法兰、容器法兰、接管段筒体；蒸汽发生器管板锻件、筒体类锻件（上筒体、接管筒体、中筒体、下筒体）、过渡锥体件等评定工作。在产品供货方面，配套上核公司的 CPR1000、AP1000 和高温堆产品的大型锻件中，已交付 86 件；配套一机床公司堆内构件锻件中，已交付 159 件。

二、“十二五”总体打算

（一）建设“世界级工厂”，提升技术能级

中国已经成为全球核电开工建设项目最多的国家，核电发展中企业素质和能力的提升已成为当务之急。有鉴于此，集团明确涉核企业的战略导向：具有国际视野，推进产业发展，争创国际一流。通过创新能力、制造能力、管理能力、盈利能力等指标对比，强调持续进步的定性定量结合、强调完善硬件能力和激励提升软实力的结合；提倡集团相对统一和企业各有侧重；提倡全面诊断评估和全方位对标赶超。

从 2009 年开始，上海电气启动“世界级工厂”创建工作，组织涉核骨干企业对标世界一流工厂，全面提升技术能级和管理能力。上海重型机器厂有限公司对标日本制钢所室兰工厂；上海第一机床厂有限公司和上海电气核电设备有限公司分别对标阿海珐的日蒙、夏龙工厂；上海电气电站集团临港工厂对标西门子缪海姆工厂；上海电气凯士比核电泵阀有限公司消化吸收德国 KSB 一流技术和管理经验。

（二）确立中长期目标，增创核电新优势

上海电气“十二五”发展规划的目标是：巩固二代改进型、拓展三代、跟踪四代核岛制造技术，使制造技术始终瞄准世界先进技术；创建世界级核电制造工厂，提高核电管理能力和产品制造能力，完善

质量保证体系，满足业主对核电设备的交货要求，满足国家对核电产业发展的要求。

1. 继续提高大型铸锻件技术总体水平。目前，部分核电锻件已经取得突破，如堆内构件的锻件已经批量化生产。2011 年完成核岛锻件（二代改进型和三代技术）的全部攻关，2012 年形成核岛锻件整套供货能力；2012 年完成核电 AP1000 低压转子的研制。

2. 基本掌握大型核容器设备制造技术。2013 年基本掌握第三代核岛主设备产品关键制造技术；对标 AREVA，全面提高设备技术能力，重点突破压力容器、蒸汽发生器等设备焊接、精密加工和检测等数项核心技术。

3. 加快核电主泵制造技术国产化。以海南昌江项目为契机，做好二代改进型主泵技术引进、消化吸收，尽早实现本地化生产。积极参与三代（RUV 泵）的研发。到 2013 年实现核电主泵水力部件的设计自主化、制造国产化。到 2015 年完成 CAP1400 50Hz 三代主泵首台样机的试制。

4. 保持堆内构件、控制棒驱动机构制造技术优势。2012 年攻克 CRDM 钩爪、连杆等四种关键零部件，使国产化率达到 100%。

5. 积极发展核电仪控技术和配套产品。开发大型先进压水堆核电站全数字化仪控系统、保护系统及其专用系统装置，填补国内空白；消化吸收 AP1000 技术，加快核级控制系统、核级调节阀、核级仪表等产品的研发进程和产业化步伐，全面提升核电产品水平，扩大自主核电仪控产品的供应规模和覆盖面，成为核电仪控系统国产化的主要供货商。

（三）培育核电文化，弘扬创业精神

“凡事有人负责、凡事有章可循、凡事有人监督、凡事有据可查”的核安全文化，就是上海电气核电产业的企业文化。为了进一步培育核电文化和弘扬创业精神，企业将继续开展“质量年”活动，实施“百日行动计划”，开展“质量诊断、质量述职、质量规划”活动，强化全员质量意识，强化企业质量体系；同时将全面推进精益管理，严格按照核电设备制造规范，完善核电质量控制体系。

（四）发掘国际商机，提高全球市场能力

提高国际化参与程度，密切跟踪国际市场，加强信息交流，发掘全球设备供货商机。积极参与外方的合格供方评审工作，争取参与国外设备项目的投标。重视与国外公司在国内项目中的合作，争取将合作扩大到国外项目中。依托核电业主的“走出去”战略，推进企业核产品的全球市场适应能力。

站在核电发展的新的历史起点上，倍感责任重大和时间紧迫。上海电气将进一步聚焦国家战略，立足自主创新，培育战略产业，加快核电产业发展，在国家部委的统一领导和指导下，和核电界上下游集团通力合作，为国家核电发展战略目标，做出新的更大努力！

中国第一重型机械集团公司

一、基本情况

中国第一重型机械集团公司（以下简称中国一重）始建于1954年，是目前中央管理的涉及国家安全和国民经济命脉的国有重要骨干企业之一，也是国内综合实力最强、并且具有一定国际影响力的重型装备制造企业之一，拥有冶金设备、核能设备、重型压力容器、大型铸锻件、锻压设备、矿山设备等八大类重点产品。其中，在核能设备制造方面优势明显，是目前国内唯一能够提供全套核电大型铸锻件、又具有核岛成套设备制造能力的企业，已掌握“二代改进型”、“三代”核电大型锻件制造技术，并承制了世界首批AP1000三代核电核岛主要锻件，核压力容器和核电大型铸锻件国内市场占有率在80%以上。2010年是国际金融危机对中国一重影响最大的一年，在各项经济指标可能大幅度下降的严峻挑战面前，中国一重抢抓外部政策机遇，及时调整生产组织思路，强化了生产管理，加大了经营工作力度，经过全体干部员工的艰苦努力，保持了企业的平稳运行，全年实现商品产值120亿元，国有资产保值增值率113%。截至2010年底，中国一重已有合同及协议包括成套RPV33台、成套SG1台、泵壳19台，已交货锻件340件，在制锻件228件，待投料锻件308件，具备了为我国核电建设标准化、批量化、规模化发展提供成套装备的能力。

二、加强制造能力建设，核能装备国产化取得突破

能源是人类赖以生存的基础，是一个国家发展的重要战略资源和经济命脉。发展能源装备，是满足国家重点建设工程和重要产业持续发展的需要，也是转变经济增长方式，促进产业结构调整，建设创新型国家的需要。能源装备的基础是大型铸锻件。中国一重从2006年就开始着手百万千瓦级核电大型铸锻件国产化工作，集中了公司全部热加工及材料专家，组成核电攻关组，投入巨额研发经费，精心谋划、周密部署，经历多次的挫折和失败，终于取得了阶段性成果，实现了三个重大突破。

一是科研开发取得重大突破，全面掌握了大型核电锻件的制造技术。“十一五”期间，中国一重按照国家调整能源结构、大力推进核电建设和核能装备国产化的战略部署，积极开展百万千万级核能装备的自主开发。在国家能源局、国家核安全局等部门的组织协调以及相关单位的大力支持和密切配合下，研发工作取得重大突破。目前，中国一重已全面掌握了二代改进型核反应堆压力容器、稳压器、主泵泵壳等核岛关键设备的制造技术，顺利实现了CPR1000核岛锻件的批量化生产，并成功研制出我国首台拥有完全自主知识产权的百万千瓦级反应堆压力容器——红沿河1

号反应堆压力容器。AP1000锻件试制工作也取得了重大突破。中国一重已成功研制出压力容器整体顶盖、接管段、下封头、进出口接管、过渡段、堆心筒体，蒸汽发生器椭球封头、锥形筒体、水室封头、管板等核岛锻件，已经能够成套供应AP1000反应堆压力容器、蒸汽发生器锻件。

二是核电大型锻件评定及认证工作取得重大突破，在国内率先通过三方评定。2007年，中国一重与中国核动力研究设计院、中广核苏州热工研究院相继签订了“二代改进型”核岛主设备M140工艺评定的技术服务合同。通过对压力容器整体顶盖、蒸汽发生器管板、水室封头等锻件进行数字模拟、比例试验、1：1解剖检验，中国一重所研制的M310机型压力容器、蒸汽发生器堆内构件和“二代改进型”核岛主设备等16种锻件，全部通过了中广核集团核级设备鉴定与评定，并按照法国RCC-M要求获得了评定证书，成为了目前国内唯一获得此资质且允许批量生产“二代改进型”核电锻件的企业。中国一重还于2007年通过了ASME和NPT锻件以及设备制造认证。目前，中国一重富拉尔基基地和大连核电基地顺利通过了ASME联检组的换证检查和评审，并得到了ASME联检组的高度评价，核电产品的质量保证体系再一次得到国际权威机构的认可。此次换证成功，为中国一重提升管理水平、树立国际品牌、进一步拓展国内、国际核电设备市场奠定了更加坚实的基础。

三是硬件基础设施建设取得重大突破，为发展核能装备提供了可靠保障。“十一五”期间，中国一重按照“高起点、高标准、系统性”的原则，先后规划并实施了研发中心建设、大型铸锻钢基地建设、核电石化基地建设等重大技术改造项目，累计投资近70亿元，制造能力和技术水平跻身世界前列。目前，中国一重的铸锻钢基地已具备了年产钢水50万吨、锻件24万吨，铸钢件6万吨的国际一流制造能力，同时具备一次提供钢水700吨、最大钢锭600吨、最大锻件400吨的世界极端制造能力。中国一重全面推行生产过程信息化管理系统，实现了信息化、自动化、专业化的有效融合，具备了年产10套百万千瓦级核电大型铸锻件的制造能力，有力推动了我国核能装备大型铸锻件的产业化进程。与此同时，中国一重进一步完善核电、石化容器设备制造基地，新建了6万平方米的专业核电厂房，配置了先进的数控机加装备、自动焊接装备和装配试验台架，用来制造蒸汽发生器和堆内构件。中国一重将把大连核电基地打造成为中国最大的反应堆压力容器供货基地，并逐渐具备为国外提供成套反应堆压力容器的能力，进而将一重制造的核能装备推向世界。另外，为满足核能装备和材料基础数据检测分析、试验、试制的需要，一重还建设了三个理化检测中心和多个实验室及平台，实验设施配套了国际一流的检测仪器、分析系统和实验手段，为核能装备的研究创造了良好条件。

三、认真谋划“十二五”，核电事业发展任重道远

“十二五”这五年，将是我国核电事业大有作为的五年。尽管我们在“十一五”期间取得了很大进步，但也应当清醒地看到，核电事业的发展仍然任重道远。“十二五”期间，我们将珍惜已取得的成绩，珍惜难得的发展机遇，下大力气解决自身存在的薄弱环节，进一步加快核电装备的国产化进程，为推动我国核电事业快速发展贡献力量。

1. 努力攻克设备制造难关，全面实现核能装备国产化。“十二五”期间，中国一重将更加注重核能装备的自主研发工作。一是重点加强对核蒸汽系统的科研开发，配置相关学科的技术力量，努力在压力容器、蒸汽发生器、稳压器、堆内构件的设计制造方面实现新的突破，早日取得相关资质，满足国家加快核能装备国产化的整体要求。二是全面掌握第三代核电机组所需的关键锻件、蒸汽发生器、堆内构件以及核岛一回路主设备的制造技术，尽快实现CAP1400、EPR、快中子堆、高温气冷堆等堆型的一回路设备成套生产。三是加大对核能领域高层次人才的引进力度，建立专项研发团队，解决核能装备研发设计中的瓶颈问题，提高企业的研发能力，为实现核能装备全面国产化奠定基础。

2. 努力提高企业整体能力，全面实现核能装备产业化。中国一重经过近些年的高速发展，在核能装备研发设计能力、生产制造能力、质保体系建设、员工整体素质上都有了很大的提高，已经具备了批量化提供核电锻件的基础条件，但仍然存在着质量不稳定、成本高等问题。“十二五”期间，我们将按照批量化提供核能装备的要求，进一步提高企业的整体制造能力，努力实现核能装备的产业化目标。一是加大技术改造力度，用信息化、自动化、专业化逐步完善和提升富拉尔基大型铸锻钢基地、大连核电设备制造基地的制造能力，实现产能最大化。二是着力解决影响批量化生产的技术问题，积极推广近净成形技术，在保证产品质量的前提下，稳步提高核能产品的加工效率。三是加强对广大员工的培训力度，规范核能装备生产流程，不断提高一线员工的技术水平和综合能力，力争在2015年，实现年产10套CPR1000和AP1000等核电大型铸锻件及5套蒸汽发生器、堆内构件的制造能力。

3. 努力加强核安全文化建设，全面提高核能装备质量。众所周知，核安全是核电事业的生命线，良好的核能设备质量是核电设施安全运行的基础。我国的大型核电项目设备制造起步较晚，在核电安全文化、技术水平、质量管理等方面，同国外成熟的核电设备制造企业相比还存在着一定的差距。虽然目前我们的装备水平提升较快，但对先进设备使用的熟练程度和操作经验仍略显不足，制度体系建设仍有待完善，管理水平还有很大的提升空间。“十二五”期间，中国一重将严格按照“四个凡事”的要求，全面加强核安全文化建设，加大培训力度，不断提高全员的质量意识和核安全意识，使核安全文化

的理念深入人心。同时，进一步完善核能装备质量保证体系，不断提升相关人员的管理水平和操作水平，全面提高核能装备的制造质量。

四、建立合作共赢机制，开创我国核电事业发展新局面

我国核电事业从 1985 年 3 月开始兴建秦山核电站至今，已经走过了 26 个春秋。目前，我国的核电事业正呈现着蓬勃发展的良好态势，核电设备制造企业正面临着前所未有的发展机遇。国务院已经核准 34 台核电机组，其中已开工建设的达 30 台，我国已经成为全球核电在建规模最大的国家。根据国家提出的力争 2020 年核电占总装机比例达到 5% 以上的整体规划，核电总装机量可能从过去提出的 4000 万千瓦，提高到 8000 万千瓦，10 年期间投资额将超过 6000 亿元。作为中国最大的核电锻件制造企业，中国一重必须担当起核能装备国产化的光荣使命。

温家宝总理 2007 年视察一重时，曾经深情寄语——“一重能够锻造核岛，核岛又能够锻造一重。”如今 AP1000 和 M310 全套锻件的批量生产，为我国核电的高速发展提供了保证。红沿河 1 号机组反应堆压力容器的成功制造，标志着中国一重全面掌握了百万千瓦级核电反应堆压力容器的制造技术。尽管中国一重在核电大型铸锻件及成套装备研制方面取得了一些成绩，但与国家和广大业主的要求相比还存在一定差距。我们既看到了国家和业主单位坚定支持核能装备国产化的态度，也从心里感受到大家期望核电装备国产化的迫切心情。我们要把压力转化为动力，为推动我国核能装备的国产化贡献一份力量。

中国第二重型机械集团公司

一、基本情况

中国第二重型机械集团公司（以下简称中国二重）是中国重要的重型机械制造企业和重大技术装备国产化基地，是关系国家安全及国民经济命脉的重要骨干企业，承担着为冶金、能源、化工、航空航天、船舶、矿山等行业提供重大技术装备用基础关键部件和成套、成线设备的艰巨重任。

“十一五”期间，中国二重抓住国家大力振兴装备制造业、大力发展清洁能源、高效节能设备等低碳经济的机遇，创新求变，坚持结构调整不动摇、总量发展不放松，战胜了“5·12”汶川特大地震带来的灾难性影响，有效应对了国际金融危机的冲击，保持了企业经营生产平稳较快发展的良好态势，圆满完成“十一五”规划确定的主要目标和任务。

“十一五”期间，中国二重通过“一个中心，两个基地”（成都工程研究中心，德阳重型装备制造基地和镇江出海口基地）的建设，实现提升生产水平和生产能力、调整优化产品结构、提高国际竞争力，中国二重“一个中心，两个基地”的恢弘画卷正向世界展开，一个更新更强的二重正屹立在祖国大地，满怀豪情迎接“十二五”的到来。

二、“十一五”工作概述

“十一五”期间，中国二重工业总产值从2005年的28.69亿元上升到2009年的93.7亿元，增长了2倍多；商品产值从30亿增长到135.4亿元，翻了两番多；机器产品产量、合格钢水量、铸钢件、铆焊件等均创造了新高。2010年，即使在国际金融危机冲击和“5.12”汶川特大地震后续影响的“双考”下，仍保持了平稳持续较快发展。

“十一五”期间，中国二重在国家“大力振兴装备制造业”政策的支持下，经过持续技术改造，高端装备能力达到国际先进水平。拥有80吨和60吨高功率电炉、150吨钢包精炼炉、160MN自由锻造水压机、ϕ9m×8m大型淬火水槽等热加工先进装备，能够一次冶炼900吨优质钢水、浇注600吨大型钢锭，为制造大型、优质产品和批量制造提供了保障。

“十一五”期间，中国二重在巩固传统冶金、锻压等成套设备领先的同时，产品结构向多品种、高附加值的方向发展，在核电、风电、水电、火电、重型石化容器领域的订货比重逐年提高，至2010年，高效清洁能源装备订单已超过订单总量的60%。

“十一五”期间，中国二重技术创新能力和产品研发能力显著提高。依托“一个中心，两个基地”建设，形成基础性研究→数值模拟→小比例试验件物理模拟→1∶1产品件试制→批量化、稳定化制造，形成了完善的技术创新体系。

中国二重率先打开成套成线冶金设备出口市场——出口波兰2250mm热连轧机；率先在国内进入5000mm厚板轧机支承辊制造领域；成功进入有色轧制设备自主设计制造市场——西南铝4300mm铝板轧机；成功进入冶金设备工艺总包市场——四川三洲ϕ630mm管轧机组；承制国内首台1000MW火电超超临界机组汽缸和超超临界机组转子；为三峡700MW级水电机组提供全套铸锻件。

中国二重从2006年开始核电产品的研制，经过持续不懈努力，取得一系列重大研究成果，产品涵盖二代、二代改进型、三代及高温气冷堆等铸锻件，同时开始二代改进型及三代主设备产品的制造。完成CPR1000压力容器、蒸汽发生器和稳压器等核岛主设备用锻件的评定并实现批量化、稳定化制造，成功介入高温气冷堆核电锻件的制造。在世界上首先研制出AP1000主管道热段弯管并率先进入AP1000核电主管道制造领域——三门1号机组和海阳1号机组AP1000核电主管道，采用560吨钢锭成功制造国内首支核电常规岛发电机半速转子，完成以蒸汽发生器管板为代表的AP1000锻件以及高温气冷堆锻件的研制，解决了多个重大关键核电工程的急需。

三、2010年工作概述

2010年，中国二重在国际金融危机冲击和“5.12”汶川特大地震后续影响的“双考”下，坚持科学发展，着力提高技术创新能力，着力调整产品结构，奋力推进“一个中心，两个基地”建设，基本完成全年各项工作任务，实现企业平稳健康运行。

2010年，成都工程研发中心大型铸锻件数值模拟国家工程实验室投入试运行，镇江基地完成中石化长岭项目四台大型加氢反应器异地组焊并在重装基地码头顺利发运，德阳基地疏通高端瓶颈的技改项目有序推进。

2010年2月，二重集团（德阳）重型装备股份有限公司在上海证交所挂牌上市并首次公开发行A股。进入资本市场，是二重长期以来的一个梦想，也是公司加快与国际接轨，成为现代化大公司的需要。2010年3月，采用560吨钢锭成功冶炼国内首支1100MW常规岛发电机半速转子顺利交货。2010年5月，第三代AP1000主管道热段弯管试制件通过国家核电技术公司组织的专家技术鉴定。2010年7月，中国二重顺利向韩国现代钢铁公司出口5米轧机支承辊。

2010年，中国二重继续以CPR1000和AP1000主设备用大型铸锻件为载体，集中优势资源进行核电大型铸锻件的研发，完成CPR1000压力容器和蒸汽发生器全套锻件的评定和制造。在持续提高产品研发和制造能力的同时，中国二重站在中国核安全、能源安全及核电大锻件代表中国装备制造业整体水平的高度认识在制产品的质量，集团公司上到总经理、下到一线操作员工高度重视核电产品的质量，以“四个凡是”即“凡事有章可循、凡事有人负责、凡事有人监督、凡事有据可查”为指导不断完善核电质量保证体系，实现中国二重核电产品快速发展的同时确保核电产品高质量、高水平。

四、“十二五”发展目标

中国二重在深刻理解《中共中央关于制定国民经济和社会发展的第十二个五年规划的建议》精神实质的基础上，将公司“十二五”的主题定义为：立足于企业核心竞争力的不断提升，立足于国家综合实力的充分体现，以建设“世界知名成套装备基地和世界知名铸锻钢基地”为战略立足点，以拓展国内外装备市场为战略着眼点，通过自身发展和对外合作，在尽可能短的时间内使中国二重真正成为拥有自主知识产权、主业突出、核心竞争力强、具备国际竞争力的大公司和企业集团，对外代表国家装备水平，对内在保障国家安全、国民经济命脉中发挥不可替代的重要作用。

（一）公司治理向现代化、国际化迈进

根据“一个中心，两个基地”的战略规划，逐步建立全球化网络，加快在海外布局研发和销售分支机构，在全球范围配置资源，努力建设“社会效益好、经济效益好、竞争力强、受人尊敬的现代化大公司”。

1. 以开放合作的态度推进自主创新。依托国家级科研创新平台，立足于自主创新能力的提高，进一步加大研发投入，加强先进技术的引进、消化、吸收和再创新，加强产学研合作，着力解决国家“有和没有”的问题。

加快培育具有国际竞争力和影响力并集研发、制造和服务于一体的工程总包能力，尤其要提升自主设计、工艺方案集成和项目管理能力。产品研发紧密贴合市场，科研课题要有预见性。注重加强知识产权的形成、获取和保护，加大对自主创新成果的激励力度。

2. 加强国际品牌建设，提升“走出去”水平。冶金设备、水火电铸锻件等优势产品，核电、风电、石化容器等新兴产品都要积极推向国际市场，使国际化指数（国际业务占总业务的比例）快速提升。

3. 积极争取国际订单。经过“十五”和“十一五”，在国家振兴装备业政策的支持下，二重无论是技术还是技改，无论是企业管理还是企业文化，都取得了长足的进步，支撑了产品结构调整，也支撑了实施大外贸的构想。

随着世界经济缓慢复苏，“十二五”规划要求转变外贸发展方式，推动外贸从规模速度型向质量效益型转变，推动我国产业在全球分工中逐步从低端向高端

转变，中国二重积极响应号召，积极争取国际订单尤其是新兴经济体的订单。

（二）经营要素适应国际化

1. 精研市场，作好产品预研和开发。要对市场变化保持高度敏感性，坚持正确的产品结构调整方向，坚定不移地加快传统产品向高端领域进军，积极进入新能源和节能环保产业，大力提高工程总包和综合服务能力。

2. 产品价格要有竞争力。完善全成本控制体系，切实抓好材料成型等重点环节，依靠设计、工艺创新降成本，追求制造过程的“低消耗、高效率、高质量”，不断提高新产品盈利能力。

3. 保证产品交货期。面对“订单缺口大、任务不均衡，研发产品多、工艺待完善，瓶颈环节有、保障能力弱”等诸多困难，生产制造部门要抓提前、争主动，增强预见性和主动性，按照“紧平衡”原则来组织，努力实现产出最大化。

（三）实施质量战略，把好质量关

质量是企业的生命，没有质量的劳动是无效的劳动。从管理、技术、人力资源等各个方面专题分析，制定实施强有力的措施，彻底扭转典型质量问题频发的被动局面。通过生产会、质量例会等载体，高度重视趋势性、苗头性问题，群策群力，采取积极有效的预防措施，进一步巩固狠抓自检工作的成果，不断提高自检质量和合格率。

行业协会与学会

中国核能行业协会

2010年，中国核能行业协会按照“抓好已有的业务、巩固新拓展的工作、继续开拓业务领域、进一步加强协会秘书处建设”的工作思路，在发挥桥梁纽带作用，做好各项服务，促进行业发展方面积极开展工作，完成了第四次理事会确定的各项任务。

一、开展重大课题研究，为核能立法和制定战略规划服务

围绕行业发展重大问题，开展课题研究，是协会为政府部门管理和决策服务的一项重要工作。2010年，受工业和信息化部、国家国防科技工业局和国家能源局的委托，参加了《核工业“十二五”规划》的研究编制工作，完成了《国家核应急“十二五”规划》、《核电工程建设同行评估业绩目标与准则》的研究和编制工作，完成了《中国核能发展战略研究》、《<原子能法>立法研究》、《我国核燃料产业发展和体制机制研究》、《在建核电厂评估研究》等课题研究工作。

其中，《原子能法》立法工作已历时26年，在《<原子能法>立法研究》过程中，通过召开多次研讨会、论证会，得到社会的广泛关注，受到国务院领导的高度重视，为《原子能法》列入2011年国务院立法工作计划提供了重要的支撑。

二、积极推进核电厂运行评估和核电工程建设项目评估，建立经验共享、持续改进工作机制

召开了核电厂同行评估及经验交流第二届委员会第三次全体会议，举办了核电厂运行评估培训班，召开了核电厂运行经验反馈报告专家审评会，发布了《核电厂运行评估指南》，使评估体系和评估工作日趋完善。按计划先后实施了对大亚湾核电基地应急领域的专项评估，对田湾核电厂和秦山核电厂综合运行评估的跟踪回访。为了积极推进知识更新与核电厂运行管理，组织召开了核电厂老化管理、核能行业防人因失误、概率安全分析（PSA）应用等7次专业研讨会。为了对核电厂运行评估和经验交流委员会工作提供技术支撑，成立了核电大型变压器技术、核电厂应急柴油发电机组运行技术、核电主泵技术等10个专业小组。同时，还开展了《WANO性能指标技术导则制定》、《中国核电建设信息网开发》、《核电工程建设管理同行评估指南开发》等15个软课题研究工作。

在国家能源局的支持下，对《山东石岛湾核电项目工程建设管理同行评估业绩目标与准则》进行了补充完善，编制了《核电工程建设业绩目标与准则(试用版)》。举办了“第二期核电工程建设项目评估员培训班”，17家单位的31位学员参加了

培训，经考核获得评估员合格证书。应核电秦山联营公司和田湾核电公司的邀请，对秦山二期核电扩建项目调试及生产准备的专项评估进行了跟踪回访，对田湾核电站5、6号机组的项目管理等11个管理领域进行了全面评估，进一步积累和丰富了核电工程建设评估经验。

实践表明，核电厂同行评估及经验交流工作，对建立经验共享、持续改进的工作机制，实现抓管理、保安全、出效益的行业共同目标，发挥了积极而独特的作用，受到政府主管部门和各核电企业的欢迎。

三、继续开展安全生产培训和质量保证培训，促进核能行业安全发展

核行业安全生产培训，是原国防科工委委托给协会的工作。在2008全面培训和2009年再培训的基础上，2010年举办了第六期取证培训班，第四期再培训班。经过3年的培训，共有462名企事业单位负责人和安全生产管理人员参加了培训，并取得了国防科工委（或国防科工局）颁发的《安全资格证书》。参加培训人员占应参加培训人员的85%以上，至此，历经三年的第一轮安全生产培训任务已基本完成。

质量保证培训是协会的一项新的服务项目，既是核能行业快速发展的需要，也是行业自律的重要内容。2010年，协会在总结2009年工作的基础上，对培训内容和师资安排作了适当调整，举办了7期质量保证监查员培训班，两期核能行业高级管理人员质量保证培训班，一期为哈尔滨动力设备股份有限公司举办的定向培训班，共有975人参加了培训，其中参加监查员培训的723人，参加高级管理人员培训的252人。经过严格的考试并结合学员的学历和工作经历，授予277人主监查员资格、409人监查员资格、33人实习监查员资格。

安全生产培训和质量保证培训的开展，适应了行业发展的需要，为保障核电建设质量和安全运行起到了积极的促进作用。

四、开展科技奖励工作，促进核能行业科技进步

为促进核能科技进步，提高自主创新能力，协会第三次理事会做出了关于设立中国核能行业协会科学技术奖的决定。为落实理事会的决定，2010年第一季度，由协会牵头，成立了由协会、中核集团、中广核集团、国家核电、中电投集团、中国华能、中国大唐组成的设奖者委员会，完成了科技奖励资金的筹措和各项规章制度的制定工作，成立了科技奖评审委员会。7月20日，协会的设奖申请获得科技部的正式批准。

在科技部奖励办的指导下，自8月份开始接受项目申报，经过形式审查、专业组初评、评审委员会复评，到12月10日完成了中国核能行业协会科学技术奖全部评奖程序，2项成果获一等奖、13项成果获二等奖、42项成果获三等奖。

这项工作从正式筹措资金到完成第一次评奖，用了一年时间，得益于各大集团公司的慷慨解囊，鼎力相助，在此代表全体会员单位表示特别的感谢！

随着科技奖励工作的开展，要求进行科技成果鉴定的单位明显增加。为进一步加强和完善科技成果鉴定工作，协会设立了科技成果鉴定办公室，拟定了有关工作程序。2010年，组织业内专家对21个项目进行了技术成果鉴定。

五、瞄准行业发展需求，不断拓展新的服务领域

应上海电气集团等单位的要求，并得到财政部税则司首肯，组织核能行业相关企业编制《三代核电进口关键零部件和原材料清单》，协调组织《国内投资项目不予免税的进口商品目录》的修订工作，历时近半年。该项工作的成果，为财政部完善相关政策法规提供了重要的技术支持，对于促进我国相关装备制造业在重大技术装备领域的健康发展，鼓励引进、消化、吸收、再创新，具有重要作用，受到财政部的充分肯定和相关企业集团普遍好评。

受原国防科工委的委托，协会已经完成了《核能行业统计研究》课题及年报表和季报表的编制，并向政府有关部门进行了汇报和沟通。在全行业的统计工作尚未实施前，协会自2010年开始，着手《核电厂生产季报》、《运行核电厂事件经验反馈报告》等的编制工作，对国内运行核电厂的安全生产情况、换料大修、性能指标及运行事件等进行了较详细的描述和统计，为政府有关部门和核电企业提供了权威的、十分有价值的资料。

六、发挥专家群体优势，提供多种形式的技术咨询服务

利用协会的平台，发挥专家群体的作用，为政府有关部门和会员单位提供多种形式的技术咨询服务。

在为政府有关部门服务方面：2010年，国家核事故应急办公室在广东省深圳市和浙江省海盐县举行了核电站事故应急演习，作为技术支持单位，组织专家参加了演习评估工作和有关技术服务工作。应国务院研究室的要求，在京召开座谈会，邀请核能行业有关专家就核电改革与发展问题进行了研讨。应商务部要求，就中广核集团收购美亚公司是否形成垄断问题提供了征询意见。按照国家能源局的要求，完成了国家能源科技进步奖（核能专业）的初评工作。受国家原子能机构的委托，承办了2010年11月在京召开的第十一届亚洲合作论坛（FNCA）部长级会议和高官会，承担了第四代核能论坛（GIF）防核扩散技术支持工作、亚太地区核科技合作（RCA）部分技术支持工作。

在为会员单位服务方面：受中核集团委托，在京组织召开了“国产化二代改进型核电机组重大改进项同行专家评审会”，形成了专家评审意见。受中广核集团的委托，组织和实施了岭澳核电公司2009年资产报废的技术鉴定工作，得到了税务部

门的认可。应中核集团、中广核集团的邀请，组织专家对辽宁徐大堡核电厂址，浙江苍南、福建平潭等核电新厂址进行考察，对厂址建设提出了具体意见和建议。此外，受中广核集团的委托，开展了核电技术路线与体制机制相关的研究工作；受中电投集团的委托，开展了核电工程建设管理标准研究工作。

七、做好信息交流和对外宣传工作，推进核能行业文化建设

全年出版协会会刊《中国核能》共6期，出版《核能新闻》电子月刊共12期；协会网站已完成升级改版工作，并保持正常运行，累计点击率超过120万人次。举办了第三期《中国核能》通讯员培训班。

继首部《中国核能年鉴》2009年卷正式出版，2010年卷于2011年1月公开发行。作为中国核能行业协会组织编纂的一份综合性资料年刊，如实记载了我国核能行业各个领域改革发展和企业文化建设的情况。

为加强对外宣传，协会开展了核能行业年度十大新闻评选工作。协会领导多次接受《人民日报》、《中央电视台》、《人民网》、《中国能源报》等媒体采访，就核能发展的重大问题发表看法。

为推进核能行业文化建设工作，协会编辑出版了《中国核能行业企业文化建设文集》一书，为会员单位提供了企业文化建设经验交流的平台。另外，协会还派员参加了首届中国企业文化影响力高峰论坛和首届国际企业文化高端论坛，对推进核能行业文化建设很有启发和帮助。

八、坚持“请进来、走出去”的方针，加强国际合作与两岸交流

协会以积极的态度，继续坚持“请进来、走出去”的工作方针，在国际合作与两岸交流方面取得新的进展。

在“请进来”方面：2010年，协会接待来访的境外有关组织和企业的负责人、专家19批次，举办（或协办）了7次国际性研讨会、2次海峡两岸研讨会。其中，由协会、环保部核与辐射安全中心、华能核电开发有限公司和法国辐射防护与核安全研究院共同主办的内陆核电厂厂址国际研讨会，对我国内陆核电厂选址和建设有很好的借鉴作用。协会与台湾财团法人核能科技协进会联合举办的海峡两岸核废物处理技术研讨会、海峡两岸核电厂安全运行技术培训研讨班，对推动两岸核能领域的交流合作起到了积极作用。与世界核协会签署合作协议，并共同筹划举办了首届中国国际核工业研讨会，为国内外同行搭建了高端交流平台。此外，应商务部培训中心的要求，协调安排了参加商务部“发展中国家清洁能源官员研修班”的近20位亚非拉国家的政府官员，参观考察了上海电气临港基地；应日本原子力产业协会要求，协调安排了其常务理事和有关专家，到有关会员单位进行技术交流。

在“走出去”方面：根据我国核能发展形势和会员单位的需要，中国核能行业

协会和法国电力公司（EDF）在法国巴黎共同举办了中法内陆核电站选址和建设研讨会，来自中核集团、中电投集团、国家核电、中国华能、中国大唐及有关地方政府部门的10余名代表参加会议。这次研讨会的成功举办，为协会组织会员单位“走出去”，参与国际合作与交流积累了经验，探索了新模式。另外，2010年协会组织或派员参加了15个国际性会议。其中，杨歧副理事长代表协会参加了日本原子力产业协会第43届年会和韩国原子力产业协会第25届年会，并发表演讲，密切了相互间合作关系；赵成昆副理事长率团赴香港出席亚洲核能会议，并发表演讲，增进了亚洲各国对中国的了解。

九、成功举办2010年中国核能行业协会年会暨中国核能可持续发展论坛

2010年5月17日，中国核能行业协会年会暨中国核能可持续发展论坛在北京举办。国家国防科技工业局王毅韧副局长、国家能源局吴贵辉总工程师、国家核安全局刘华司长参加了会议并致词。有17位专家在论坛上就核能设备制造专题发表了演讲。中国核能行业协会会员单位、专家、论文作者共260余人参加了会议。这次会议为我国核能设备制造企业提供了交流、学习的平台，对推进我国核电装备制造国产化步伐发挥了积极的作用。

十、加强协会自身建设，不断提高秘书处工作水平

按照协会章程，协会理事会和常务理事会规范运作，组织管理委员会、经费管理委员会的工作正常开展。一年来，对协会章程的修订，协会年度经费预决算的预审，一些重大问题的决策，理事会和常务理事会组成人员的调整，以及相关单位的入会申请，按程序进行了审议，给理事会履行职能提供了很好的支撑。

截至2010年底，协会会员单位已由成立之初的160家增加到287家。

继续加强秘书处的规范化、制度化建设，补充、完善各项工作制度和工作程序。整理出版了2010年协会制度汇编；根据工作需要，适时增加了工作人员；为了提高秘书处队伍的整体素质，加强了政治学习和业务培训；在认真完成理事会交给的各项任务过程中，秘书处的办事能力和工作效率有新的提高。

中国核学会

一、学术活动

1. 第七届中国核学会省区市“三核论坛”

2010年7月28日至8月1日，由中国核学会主办，吉林省核学会、吉林大学公共卫生学院承办的第七届中国核学会省区市“三核（核科技、核应用、核经济）论坛”暨中国放射医学教育50年庆典在吉林省长春市召开。来自全国20个省区市核学会理事长、秘书长，各高等院校、科研院所及相关领域专家200余人参加了论坛，共征集164篇论文。会议设立了1个主会场，及核工业、放射医学与核医学、放射毒理学3个分会场。与会来宾共同回顾和总结了中国放射医学教育的发展与成就，并就全国核科技、核应用、核经济的现状与发展进行了深入讨论。吉林省科协及省政府有关部门、中国电力投资集团公司、解放军军事医学院、中国疾病预防中心等单位（部门）领导出席论坛，吉林大学公共卫生学院放射医学系全体教师参加了会议。本届论坛盛况空前，为推动吉林省核工业、放射医学与核医学的发展提供了很好的契机。

2. 积极支持各地举办核电及关联产业研讨会（论坛）

应广东省核学会要求，学会派李冠兴院士和叶奇蓁院士参加了9月29日召开的广东省核电高峰论坛并作学术报告，扩大了学会的国际知名度和影响力。今年10月25日，中国“中部崛起论坛”在江西南昌举行，其中核分论坛由江西省核学会牵头承办，学会积极征集稿源和推荐专家，李冠兴院士、叶奇蓁院士和周永茂院士等知名专家出席中部崛起论坛——核分论坛并作报告，学会会员踊跃投稿，为分论坛顺利举办做出了贡献。经国家发改委和中国科协推荐，福建省发改委要求中国核学会派专家参加福建省核电及关联产业发展研讨会，学会叶奇蓁院士10月20日出席研讨会并作报告。

3. 第十届海峡两岸核能学术交流研讨会

由中国核学会和财团法人核能科技协进会共同主办的海峡两岸核能学术交流研讨会轮流在海峡两岸举行，2010年为第10届，于10月13日至14日在江苏田湾成功举办。本届研讨会由中核集团江苏核电有限公司承办。中国核工业集团公司、中国核工业建设集团公司、中国电力投资集团公司、国家核电技术公司、中国广东核电集团公司、台湾核能研究所、台湾电力公司等单位的近百名代表出席会议。中国核学会理事长李冠兴院士、财团法人核能科技协进会董事长欧阳敏盛先生和中国核工业集团公司总工程师雷增光先生出席会议并致辞。来自两岸核能领域的18位专家就核电建造、核电营运与安全管理、核废料管理等专题作了大会报告。此次交流研讨会信息量大，学术性强，两岸核科技工作者各有侧重，互补效应明显。大陆方面关于CP1000、AP1000以及CPR1000等核电建造的报告引起了台湾同行的极大兴趣，而台湾代表关于核电站设计管理、核燃料可靠度提升、核事故应急系统等问题的报告也赢得了大陆同行的好评。

在交流研讨会前后，台湾代表团先后参观考察了中电投集团山东核电有限公司海阳项目施工现场和田湾核电3、4号机组建造现场，亲身感受了大陆核电事业蓬勃发展的趋势。并于10月15日赴上海与上海核工程研究设计院的领导和专家们进行座谈交流。此次交流研讨会还促成了大陆中核建设集团与台湾企业界的合作。欧阳敏盛先生结束交流和参访时，对大陆核电发展取得的显著业绩表示敬佩和赞赏，同时表示非常乐意将台湾核电发展取得的经验和教训与大陆同行进行分享和交流。海峡两岸核能例行学术交流研讨会始于1996年，经过多年来的共同努力，已经成为两岸核能学术交流的重要平台和沟通渠道，推动了两岸科技文化的进步与发展。

4. 与加拿大核学会联合举办“中加2010超临界水堆会议”（CC–SCWR–2010）

由中国核学会和加拿大核学会（英文缩写均为CNS）联办的2010超临界水堆（CC–SCWR–2010）会议，于2010年4月25至28日在加拿大举行。筹办过程中，核学会积极组织国内专家为会议撰稿。会议期间，来自国内相关单位的20余名专家参加了会议，显示了我国在“超临界水堆”领域的研究水平，会议取得成功。

5. 成功举办第十八届国际核工程大会（ICONE–18）

国际核工程大会（ICONE）由中国核学会、美国机械工程师学会和日本机械工程师学会共同主办。第十八届国际核工程大会于2010年5月17—21日在陕西省西安市召开，大会主题为“核能推动世界可持续发展”。近千名来自世界40多个国家和地区的专家、学者参会。大会共收到1300多篇论文，经评审，800篇论文参加交流。除大会报告外，本届大会设专题讨论会和技术分会，另外还组织了技术参观、学生竞赛、技术培训、小型展览以及海外华人研讨会等超过150场的学术活动。这是国际核工程大会第二次在中国召开，也是我国核能领域举办的规模最大的国际学术盛会。在过去近二十年里，国际核工程大会围绕全球核能发展的热点问题，推进技术进步，增加相互合作和友谊，对核能和平利用发展起到了重要的促进作用，赢得了良好的国际声誉，成为世界上极具影响力的学术大会和核工程领域开展交流合作、推动技术创新的重要平台。在2005年，学会曾成功举办过第十三届国际核工程大会，对我国核能发展起到了积极的促进作用。

6. 成功举办第八届国际核反应堆热工水力、运行及安全专题国际会议（NUTHOS–8）

由中国核学会主办、上海交大承办的第八届反应堆热工水力、运行和安全国际会议，于2010年10月10日至14日在上海成功召开。来自世界20多个国家和地区的近300名专家、学者就当前反应堆热工水力、运行和安全等领域的问题与挑战展开了深层次、多方面的交流、探讨。NUTHOS-8得到了上海交通大学、中核集团、国家核电、中广核集团以及美国核学会、日本原子能学会、加拿大核学会、韩国核学会等单位的大力支持。大会共收到来自中国、日本、韩国、德国、美国等26个国家和地区的240篇论文，200多位专家和学者介绍了国际反应堆热工、安全与运行领域的最新研究成果，并对相互关心的问题进行了热烈的讨论和广泛的交流。此外，大会组委会在10月14日安排与会代表参观了三门核电站AP1000项目建设现场及上海交通大学核科学与工程学院实验室。

7. 积极为境外举办的国际学术会议推荐专家和组织稿源

PBNC（第十七届太平洋地区核能大会）是太平洋地区核理事会（PNC）主导的学术会议，每两年举办一届（我国曾经举办过一届）。中国核学会为该组织的成员，前任理事长王乃彦院士为其1999/2000年度副主席和2001/2002年度主席。2010年的PBNC在墨西哥举办（10月24—30日，坎昆）。学会积极组织稿源和推荐专家参加太平洋地区核能大会。WRFPM（亚洲水堆燃料性能会议）、TOPFUEL（欧洲燃料会议）和LWRFPM（美国轻水堆燃料性能会议）为世界三大燃料性能会议。三会联合举办，由欧亚美三方轮流做东，每年一届（由于WRFPM成员为中日韩三个核学会，所以亚洲三国每9年轮一次）。2010WRFPM（LWRFPM/TOPFUEL）会议由美国承办，2011年将由我国承办。为了支持今年PBNC和WRFPM两大国际会议，学会积极组织稿源，向大会组委会推荐主题发言专家和推荐邀请报告。

8. 筹备（办）大型国际/国内学术会议

6月23日，中国核学会在科学会堂召开了2011年“国际水堆燃料性能会议”（WRFPM-2011）的第一次筹备会议，25名来自国内有关单位的核燃料领域的专家出席了会议，与会专家讨论并决定了主办地（成都）、会期（2011年9月11日至15日）、大会主席及组织机构、大会交流专题、论文征集时间节点，以及会务有关的工作（网站网页、日程及经费预算等）。

两年一届的中国核学会2011年学术年会定于2011年10月在贵阳举行。第九届全国采矿学术会议将于2012年由中国核学会承办，这是一个跨行业的采矿学术会议，学会已经开始与有关各方联系，落实会务机构，搭建筹备班子，开始技术（学术）准备和会务前期准备工作。学会与中国核仪器仪表学会就联合召开全国核仪器仪表会议事宜进行了几次磋商，基本对会议领导机构、组织形式、管理模式、会期及文集等事项达成一致，会期拟定于2011年5月。

9. 出版发行《中国核科学技术进展报告》（第一卷）

中国核学会2009年学术年会共征集

论文1709篇，经过各二级学科专家组的学术评审和相关单位的保密审查，889篇论文获得通过收进文集。论文集定名为《中国核科学技术进展报告》（第一卷），共10本分册和21个分卷（每个二级学科列一卷），计7000页。

二、展览与庆典活动

1. 成功举办第11届国际核工展

第11届中国国际核工业展览会于3月23日至26日在农展馆举行，本届展览会以“绿色核能、低碳未来”为主题。来自中国、法国、加拿大、美国、俄罗斯、西班牙、瑞典、芬兰、意大利等15个国家的两百余家展商参展，展厅面积1万平方米，为历届展览会之最。

国资委副主任邵宁、国家环境保护部副部长李干杰、国家能源局副局长刘琦、国防科工局副局长黄强、法国大使苏和、加拿大大使马大维、瑞典大使林川，以及中核集团、中核建设集团、中广核集团、中电投集团、国家核电、中国华能等大型核电企业领导出席开幕式。上海市、四川省和黑龙江省等地方政府领导带团参展。展览会还举办了领导专场，中共中央政治局委员、国务院副总理张德江，国务委员兼国防部长梁光烈，国务委员兼国务院秘书长马凯，国务委员兼公安部长孟建柱等党和国家领导人参观展览并作重要指示。

2. 举办首届“中国国际同位素和辐射加工技术设备展览会暨学术研讨会”

首届“中国国际同位素和辐射加工技术设备展览会暨学术研讨会”，由中国核学会与南方6省（市）核学会及长三角辐射加工联合会共同创办，展览会暨学术研讨会于2010年6月11日至13日在上海举行，会议得到国际原子能机构（IAEA）、国际能源组织（IEA）和国际辐射联合会（IIA）的支持。来自中国、英国、日本、澳大利亚、印度、越南、泰国等国的同辐领域的近200名专家学者和企业家，齐聚一堂，交流学术和展示技术设备（产品）。

3. 举办中国核学会成立30周年系列庆祝活动

2010年是中国核学会成立三十周年。春节前夕（2月4日下午），中国核学会在京举行新春茶话会，拉开了成立三十年庆祝活动的序幕。会上，中国核学会第七届理事长李冠兴院士提出，要在2020年前把中国核学会建成国际一流的核学会。中国科协张勤书记发表热情洋溢讲话，表示在以后的工作中将和中国核学会以及广大核科技工作者携手一起推动我国核事业又好又快安全的发展。出席茶话会的还有赵仁恺、伍绍祖、黄齐陶、彭士禄、吕敏、钱皋韵、钱绍钧、王乃彦、毛用泽、吕广义、徐鸿桂、严叔衡、傅满昌等学会老领导和学会工作者，他们分别从不同角度回顾了核学会30年的成长历程和沉淀的优秀文化和宝贵精神财富，并希望中国核学会在今后的工作中从这些宝贵财富中汲取力量，大力弘扬优秀精神和文化。

为回顾中国核学会30年成长历程，弘扬老一辈创会元老的立会宗旨，更好地为经济和社会发展服务，为提高全民科学文化素质服务、为核科技工作者服务，学会编撰了名为《使命和发展》的纪念集。

为了减少会议和缩短会期，也为了让庆祝大会开得简洁而隆重，中国核学会成立30周年庆祝大会安排在7届3次理事会之后举行，庆祝会邀请了中国科协和挂靠单位领导、学会老领导、老科学家、本届理事会成员、分支机构和地方核学会领导以及学会工作者参会，并举行《中国核科学技术进展报告》（第一卷）发行仪式和中国核学会个人会员系统开通仪式。

三、科普教育咨询工作

1. 正式出版发行科普读物《国家宝贵的资源——铀》

经过铀矿冶现场试讲、散发初印本和广泛征求意见，撰稿组各位专家数易其稿后最终定稿。在中核集团领导及金原铀业公司的大力支持下，核学会科普读物《国家宝贵的资源——铀》，2010年由原子能出版社正式出版发行。这是核学会近年继《走近核科学技术》和《宇宙能源——聚变》以来的又一本科普读物，是核学会科普工作的最新成果。核学会拟在今后适当时候，再版并推出系列科普丛书。

2. “院士行”走进东华理工大学和江西省万安县核电厂址

为了加快培养涉核专业人才和向非核专业的高校学生普及核科技知识，七届一次理事会建议“院士行”走进高校。10月26日至28日，在出席中部崛起论坛核分论坛之后，李冠兴院士和叶奇蓁院士一行走进东华理工大学和江西省万安县核电厂址。其间，在东华理工大学举办了两场报告会，校系领导和相关专业的师生听取了报告并踊跃发言，气氛热烈，达到预期效果；在万安县核电厂址举办了两场科普报告会，为该地核电发展营造良好舆论氛围，县乡两级政府的党政领导及公众300余人听取了报告，收到良好效果。

3. 2010年度科普教育咨询工作会议关于科普工作的建议

2010年8月27日，中国核学会“科普教育咨询工作委员会”会议在甘肃省兰州市召开，42人参加了会议。大会围绕“交流科普教育咨询工作经验、探索建立科普教育咨询工作机制、研讨科普教育咨询工作近期目标”三项内容，交流科普宣传工作和核科技人才培养工作的经验体会，探讨建立可持续发展的科普工作和人才培养工作机制，研讨近期工作目标。会上，秦山核电城、中国工程物理研究院、国家核电技术公司、中国电力投资集团、江苏核电有限公司、秦山核电基地等单位介绍了科普工作的经验和体会，国家核安全局代表则强调了科普工作对核电发展的重要性，清华大学、南华大学、东华理工大学、西南科技大学、华北电力大学、哈尔滨工程大学等高校介绍了核科技人才培养的经验和体会。与会代表积极发言，会场气氛热烈，提出了大量意见和建议，形成核科普工作的结论意见，与会代表提出三方面建议。

（1）整合科普资源，形成系列化和

共享的科普资料。根据中国科协“共享科普资源平台”的要求，在收集总会、分支机构、会员单位和地方核学会科普读物、挂图和音像资料的基础上，整合、改编或再版，形成系列化和共享的科普图书/挂图/音像资料。

（2）有针对性地开展工作，提高科普工作的社会效果。搞好核科普教育基地建设，让公众全面了解核科学，消除公众恐核心理；与青少年工作相结合，核科技知识进入中小学生教材（参考读物），在大学开设核文化课程，组织核文化节，通过讲座（宣讲）、宣传板、散发宣传材料、举办展览、组织知识竞赛等形式，消除在校大学生的核恐惧与误解；加强与政府和媒体沟通，尤其要做好政府官员的核科普宣传工作。

（3）逐步建立起长效工作机制。组织相对稳定的科普作者队伍，发挥分支机构的积极性，凸显鲜明的专业和文化特色，力争形成品牌效应；组织相对固定的科普宣讲队伍（如院士行活动），加强科普宣传层次性，除核电外，还要加强核技术应用的科普读物的编辑出版工作和科普宣传力度；多部门协同，形成工作机制，建立可持续的经费筹措渠道，为科普工作可持续发展提供资金保障；设立核科学技术知识普及奖。奖励优秀的核科普读物作者和出版发行商、优秀宣讲人员及业绩突出的核科普教育基地（工作站）。

4. 2010年度科普教育咨询工作会议关于核科技人才培养的共识

五年来，面对我国核行业的巨大人才需求，通过恢复（组建）核专业（或成立核学院），扩大招生规模等措施，基本满足了我国核行业的人才需求，但存在人才培养的质量问题。

（1）当前高校核科技人才培养方面存在的问题。部分高校核专业布局无序（核专业缺乏统一规划），部分高校资金、师资和实验设施不足，部分专业毕业生供需脱节（缺乏供需交流平台）和核专业人才质量下降等问题。

（2）核科技人才培养的努力方向。制定长远规划，提高培养质量，不仅针对当前需求，更要预测长远发展的需求，有针对有预测地培养高质量人才。多层次人才培养，全方位发展就业，不局限核电相关专业，而是多学科培养。协调好“冷热”关系，专业“冷热”是相对的，不跟风、不偏颇，方可形成“可持续人才发展战略”。树立国际视野，引进国际一流高校的核专业设置和培养目标，核医学与国外存在很大差距，应该适当发展核医学物理专业。

（3）几点建议。加强政府部门宏观调控，制定全国核学科整体规划，出台激励政策，加大政府投入，是核行业人才培养可持续发展的重要保证。贯彻落实教育部质量工程政策，从规模扩张转入内涵建设，从教材、师资队伍、实验条件等方面入手，提高人才培养质量。发挥企业作用，企业与高校共建教学与实践基地，从学生实习、教师进修、科研合作等方面为高校提供更大的合作空间。发挥核学会纽带作用，在政府、高校、企业层面搭起沟通桥梁，共同为我国核人才的培养做出贡献。

四、学会建设与发展

1. 学会组织建设

新增团体会员单位两个，分别是：国家科技部“中国国际核聚变能源计划执行中心”和“中核集团北京仪器仪表公司”。前者是国际热核实验堆计划（ITER）的中国国家机构（ITER China Domestic Agency），承担ITER装置10年建设期间核部件的采购加工任务和建成后装置运行和物理实验的组织工作，后者为我国重要核仪器仪表企业。

个人会员权利义务规定及会籍管理已经规范化，网上注册系统即将开通，此次会议还要讨论个人会员会费标准。

已经实现学会秘书处用人制度多元化。这些举措必将使未来的学会工作充满生机与活力。

2. 学会规章制度建设

学会内部管理制度已经通过并于近期发布实施，更多工作制度（评奖办法、公文审批及报送程序、会讯其网页信息管理等）将陆续制定和发布实施。这将进一步规范管理和提高工作效率。

3. 学会日常管理

信息工作。经过改进和升级，中国核学会网站运行情况良好，功能增强，网页信息量增大；学会还建立起信息收集渠道，编辑和出版了核学会会刊，增进了核学会与二级分会、团体会员单位及广大会员之间的联系。

编辑出版工作。拟议中的中国核学会“编辑出版工作委员会”会议正在筹备之中，一旦准备就绪，即可召开。

财务状况。根据七届二次理事会通过的决议，中国核学会改进会费征收办法，财务状况有所好转，但2010年度会费征集尚不尽如人意。

4. 顺利完成中国科协下达的“专利信息资源应用试点项目”

2010年7月中国科协启动了“美国专利信息资源应用试点项目”，中国核学会被挑选为5个试点单位之一。学会认为这是创新会员服务的一次尝试，因此组织专家组专题研究，进行详细策划并指定专人落实。经过半年努力，进展顺利。21家会员单位索取注册码安装了系统光盘，16家提交了《美国专利应用反馈表》，7家反馈了检索和利用情况，另两家索取了专利说明书全文。上海核工程研究设计院、中国核动力研究设计院、中国原子能科学研究院和国核自仪有限公司等4家单位对上百条专利（技术）表示兴趣并已部分下载。

企业风采

渤海重工管道有限公司

渤海重工管道有限公司专业从事电厂、核电站高温、高压、高合金管道的开发生产，公司现辖三个分厂，厂区面积1200余亩（799000平方米），注册资金1.61亿元，是经国家工商总局核准，在全球范围内无区域限制的重工企业。

公司三个分厂紧紧相连，依次分工，对电厂四大管道管材、管件和配管成套供应，公司拥有单栋建筑面积达56000平方米的生产车间，拥有单套生产线超亿元的生产设备，更拥有几十名来自国内外的教授级高工、海归博士及享受政府特殊津贴的高级工程技术人员。高素质的团队、高精尖的设备、优越的基础设施体现了公司较强的实力。

核电市场是公司发展的重中之重，公司与中核集团、中广核集团、国家核电等都建有联系，与美国西屋、法国阿海珐、日本东芝、韩国浦项都有合作，与美国西屋签订AP1000主管道技术机密协议，并投入到三代核电主管道的开发生产中。

在电力市场上，高温、高压管道是公司的主业，已独立完成和参与完成200多台套30万、60万及100万千瓦火电机组四大管道，并包括主机锅炉中的管道，产品除国内市场外，并出口到美国、日本、印度、越南、印尼等多个国家，例如印尼苏娜拉亚电厂，其60万千瓦机组四大管道全部是本公司完成。

公司投资20亿元，新上年产十万吨大口径合金管项目，一期工程已经投产，二期工程正在建设中，此项目被河北省政府定为省重点项目。中石油集团公司为此项目单铺一条天然气管道，国家电网专建一座11万伏变电站，公司将形成从特钢冶炼、电渣重熔到铸锻、制管、配管的全套生产链。

上海三一科技有限公司

上海三一科技有限公司系三一重工股份有限公司全资子公司，拥有强大的研发团队及先进的研发试验手段和设施，是国内第一家成功实现履带起重机超起功能的企业，不断引领中国履带起重机行业的科技进步和产品升级换代。截至 2011 年 5 月，三一科技共申请国家专利 270 件，已授权专利 138 件，发明 4 件，实用新型 106 件，外观 28 件。2010 年 10 月，曾被誉为“神州第一吊”的 SCC4000 履带起重机获选参加智利矿难救援任务。这是对三一设备的肯定，更是对中国制造的肯定。

三一科技生产的履带起重机产品远销中东、欧美、北非、东南亚等 40 多个国家和地区，海外设备保有量超过 16 亿元人民币。公司以良好的品质和服务口碑，取得了国内 80 吨级以上履带起重机市场占有率第一的良好业绩，赢得了海内外客户的一致认同。

目前，上海三一科技有限公司已具备为客户量身定制所需的各吨级履带起重机的研发制造能力，成为全球主流的履带起重机设备供应商和吊装方案提供商之一。履带起重机产品包括 20 多个型号，形成了风电系列、强夯系列、盾构专用吊装系列、大型核电设备吊装系列等多款机型。

三一科技自 2007 年推出首台千吨级履带起重机“亚洲第一吊”SCC9000 履带起重机后，陆续推出 SCC10000 和 SCC16000 履带起重机，均应用于核电吊装领域，于 2011 年 5 月下线的“全球第一吊”SCC86000TM(3600 吨) 履带起重机也将主要应用于国家核电建设领域。迄今，三一 SCC9000、SCC10000 千吨级超大吨位履带起重机已先后 9 次成功应用于核岛穹顶吊装，成为应用于核岛重件吊装的唯一国产品牌履带起重机，彻底结束了国外品牌产品垄断的历史。

宁德核电站 900 吨穹顶吊装

方家山核电站 2 号机组穹顶吊装

福清核电站 1000 吨穹顶吊装

中联重科股份有限公司

中联重科股份有限公司创建于1992年，2000年10月在深交所上市（简称中联重科，股票代码000157）、2010年12月在香港联交所上市（股票代码01157），是中国工程机械装备制造领军企业，全国首批创新型企业之一。主要从事建筑工程、能源工程、环境工程、交通工程等国家重点基础设施建设工程所需重大高新技术装备的研发制造。公司注册资本59.28亿元，员工26000余人。2010年，中联重科下属各经营单位实现收入达508亿元，利税达76亿元。

中联重科自成立以来，年均增长速度超过65%，目前生产具有完全自主知识产权的13大类别，66个产品系列，640多个品种的主导产品，是全球产品链最齐备的工程机械企业。2008年收购意大利CIFA公司后，公司已成为全球领先的混凝土机械制造商。塔式起重机和环卫机械市场占有率均居国内第一。汽车起重机年产过万台，市场占有率国内第二位。中英文商标——“中联”与“ZOOMLION”均获认定为“中国驰名商标”，多个系列产品获中国免检产品、中国名牌产品称号。公司的中联、CIFA品牌旗下自主研发的产品畅销全球五大洲70多个国家。

中联重科2010年在全球工程机械行业排名第8位；在中国机械工业100强排名第5位。上海、深圳上市公司综合绩效优秀；进入“中国企业500强”，“中国机械工业50强”；连续多年被评为“最具成长性”企业、最具影响力企业、全国用户满意企业；被评为中国机械工业现代化管理进步示范企业；获得全国五一劳动奖状、中国自主创新能力十强、中国最具影响力品牌、中国最具国际竞争力品牌、中华慈善事业突出贡献奖、全国抗震救灾英雄集体等奖项和荣誉。

在全球经济一体化的趋势下，中联重科以产品系列分类，形成混凝土机械、工程起重机械、城市环卫环保机械、建筑起重机械、路面施工养护机械、基础施工机械、土方机械、专用车辆、液压元器件、工程机械薄板覆盖件、消防设备、专用车桥等多个专业分、子公司，正在打造一个国际化工程机械产业集群，朝着年销售收入千亿元目标进军！

60米混凝土泵车

3200吨履带吊

沈阳东管电力科技集团股份有限公司

沈阳东管电力科技集团股份有限公司（以下简称东管电力）成立于 1994 年，公司专业从事大中型火力发电厂、核电厂、石油、化工、天然气等管道系统及压力容器的研究、设计、加工、制造、安装和工程总承包业务。东管电力在北京、上海设有分公司，在辽宁省阜新市设有四大管道工厂化配管加工基地，年生产能力达 18000 吨。

东管电力拥有雄厚的技术力量和质量保证体系，贯彻执行国家标准和 ASME 等国际标准。公司始终站在金属材料科学技术最前沿，在管道新材料和新工艺应用方面处于行业领先地位。

东管电力与国内主要的电力设计院和热工研究院在最新材料技术领域保持密切合作，将科研成果转化为生产力，服务于电力建设。2009 年，公司与攀钢集团及苏州热工研究院等单位共同起草的两个核电厂用无缝钢管国家标准已于 2010 年 6 月 1 日正式颁布实施。

东管电力是国内首台 1000 MW 压水堆核电机组岭澳二期核电项目管道总承包供应商，中标该机组的常规岛高压、合金及控铬管道、管件及工厂化配管项目。不仅如此，公司在 2007 年中标秦山二期 2 × 650 MW 压水堆（CNP650）核电机组项目，成为我国自主设计、建造、管理和运营的大型商用核电站管道和管件总承包商。2008 年，公司为三门核电 2 × 1000 MW 压水堆核电厂（AP1000）提供不锈钢管道、管件、地漏，成为三门核电项目的合格供应商。2009 年，公司中标红沿河、宁德核电工程 4 台 1000 MW 压水堆（CPR1000）核电核岛 RCCM-2、3 级钢板及型钢产品供应项目。

东管电力始终坚持“质量第一、安全第一”的原则，遵循“凡事有章可循、凡事有据可查、凡事有人监督、凡事有人负责”的核电文化理念，对产品生产各环节进行严格控制，并建立了高效的物流系统，保证核电业主的紧急需求能够得到迅速反应，确保了核电现场各个系统安装及调试等里程碑节点要求。

invensys
Operations Management

英维思集团

主要产品：

invensys Avantis 成就我们在工厂资产管理方面的全球领先地位

invensys Eurotherm 成就我们在工业控制和监控产品及服务方面的全球领先地位

invensys Foxboro 成就我们在流程测量和控制方面的全球领先地位
I/A Series 非核安全级数字化控制系统

invensys InFusion 成就我们在企业控制解决方案方面的全球领先地位

invensys IMServ 成就我们在能源管理方面的全球领先地位

invensys SimSci-Esscor 成就我们在先进绩效提升方面的全球领先地位

invensys Triconex 成就我们在安全系统解决方案方面的全球领先地位
核安全级控制以及高可靠性要求的关键控制

invensys Wonderware 成就我们在实时工业运营管理方面的全球领先地位

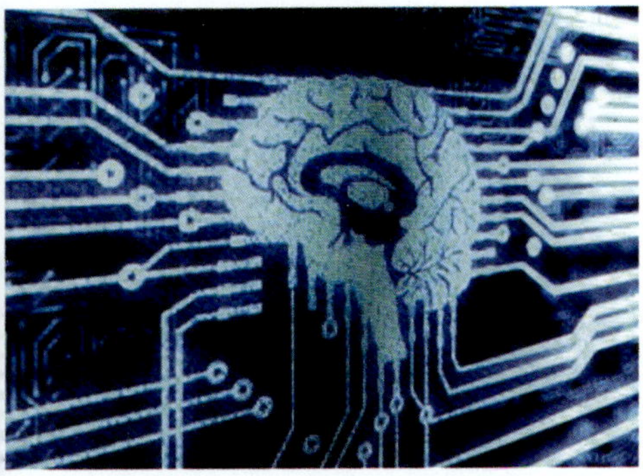

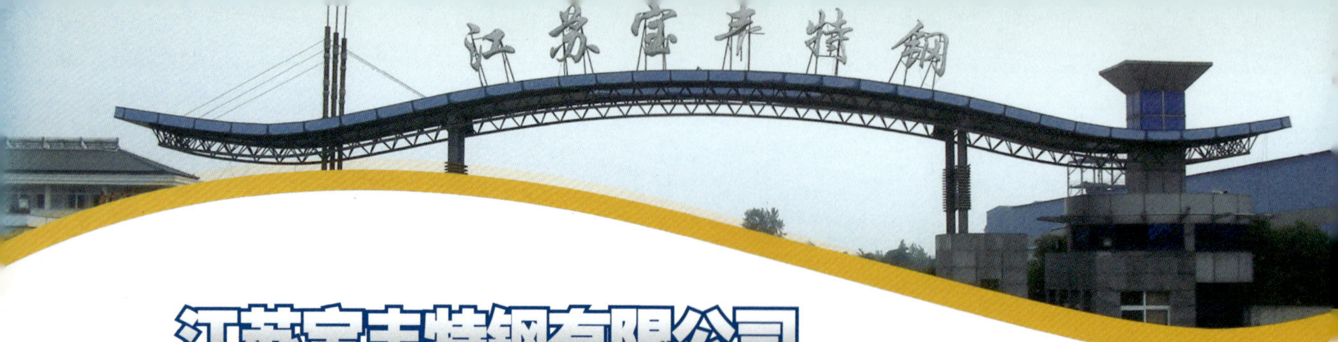

江苏宝丰特钢有限公司

江苏宝丰特钢有限公司是巨星集团在江苏省大丰市投资6亿元兴建的一个集炼钢、连铸、轧钢、穿孔、冷拔、冷轧于一体的不锈钢生产基地，年产20万吨连铸坯、18万吨圆钢、6万吨荒管、3万吨无缝钢管，年产值30亿元。

公司通过ISO 9000质量体系认证，拥有电炉十AOD冶炼、连铸机、除尘设备、轧机、斜底式连续加热炉、辊底式固熔炉、穿孔机、冷拔机、双线长行程冷轧管机等系列。先进的检测设备有涡流探伤机WT-150型、超声波探伤机UT-180型和UT150型、直读式光谱分析仪（德国斯派克）、拉力试验机WE-300KV-600KN、分光光度计等。

公司产品广泛应用于石油、化工、核电、火电、食品、造纸、船舶、医疗机械、仪器制造、建筑等行业，产品畅销全国各地，市场占有率高，覆盖面广；主要产品不锈钢无缝钢管：外径6 ~ 630 mm、壁厚1 ~ 30 mm。材质为304、TP304、304L、321、316、TP316、316L、317、317L、310S、346H等，可为客户定做。由于公司的产品质量稳定和售后服务齐全，深受国内外客户的欢迎。

上海工业自动化仪表研究院

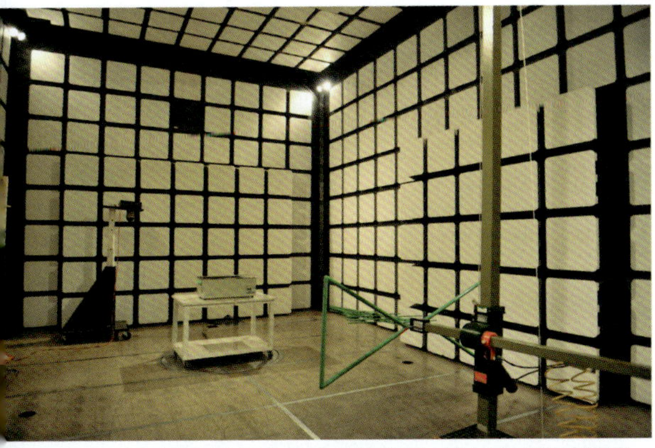

电波暗室：用于模拟空间自由电磁场环境，进行电磁兼容试验。

LOCA 试验台架：用于模拟安全壳内的热力事故和事故后的环境条件，验证 1E 级设备在事故工况下的性能。

环境试验箱：用于模拟各种气候环境条件，如高温、低温、湿热、盐雾等。

上海工业自动化仪表研究院（简称 SIPAI），创建于 1956 年 10 月，原是机械工业部直属行业归口科研机构，1999 年改制为科技型企业，现由上海市国有资产监督管理委员会管理。

SIPAI 是一家从事工业自动化仪表产品与生产过程自控系统研究、开发、生产、应用的综合性科研院所，在国内外自动化仪表领域享有较高的知名度和声誉。工业过程自动化国家工程研究中心 (PA-NERC)、国家工业自动化仪表产品质量监督检验中心、上海市两化融合重点实验室、上海市工业软件工程中心等研发中心与实验室均设在 SIPAI。

2010 年，“国家能源核电站仪表研发（实验）中心”经国家能源局授权，正式落户上海工业自动化仪表研究院，成为第一家落户上海的国家级能源研发（实验）中心。中心打造高标准高要求的核电仪控设备试验能力，竭诚为广大核电用户提供一站式的专业服务。

研究院可开展电池兼容性（EMC）试验、老化试验、LOCA 试验、抗震试验和软件验证与确认（V&V）认证等服务工作。

北京广利核系统工程有限公司

北京广利核系统工程有限公司（以下简称广利核公司）是一家从事核电数字化仪控系统设计、制造和工程服务的专业化企业，面向核电站提供端到端、全生命周期的数字化仪控（DCS）解决方案。

核电数字化仪控系统包括数据处理和监控系统、电厂控制系统、保护和安全监测系统、专用仪控系统等，是整个核电厂的“中枢神经”系统。为了完成我国数字化仪控系统自主化、国产化的使命，广利核公司依托“国家能源核电站数字化仪控系统研发中心”，以及国家863项目的科技攻关，攻克了数字化仪控系统平台（包括安全级DCS）研发的多项关键技术，在核安全级数字化控制保护系统原理样机研制、编制DCS产品企业标准、核安全级软件验证与确认（V&V）体系认证等方面填补了国内空白。目前，公司已经自主掌握了百万千瓦级核电机组的核心技术，并成为国际上少数几个具备全厂数字化仪控系统（包括安全级在内）供货能力的供应商之一。

广利核公司坚持自主创新、成就客户，业务涵盖工程设计、产品制造、系统集成、定制开发、技术支持和服务外包多个领域。从大亚湾核电站1、2号机组系统改造，到承担14台新建百万千瓦级核电机组仪控系统的建设，广利核公司已在超过50个核电数字化仪控系统项目中取得成功，覆盖国内几乎所有在役核电厂和大部分在建核电厂，成为积极推动我国核电仪控装备国产化、自主化进程的先行军。其中，非安全级部分已经实现了设计自主化、设备国产化和工程本地化，部分设备已经开始现场调试；在安全级部分的设备综合国产化率方面，从红沿河1、2号机组的60%到宁德3、4号机组的80%，公司力争实现百万千瓦级核电站全数字化仪控系统的100%国产化。

广利核公司还与多个国际知名核电装备企业建立合作关系，在科研技术、产品制造、项目实施、质量控制、人才培养等方面实现与国际核电行业的全方位接轨；并通过不断加强与海外客户的联系与交流，积极扩展海外市场。广利核公司通过了法国电力公司（EDF）供应商资质评审，获得EDF“电力-仪控领域设备制造供应商”资质。

浙江国泰密封材料股份有限公司

浙江国泰密封材料股份有限公司始建于 1985 年，坐落于杭州钱塘江南岸。公司占地面积 15 万平方米，厂房 11 万平方米，现有员工 700 余人，主要生产设备 1500 台（套），总资产 4 亿多元，是中石化、中油气资源市场网络成员和电力、机械、化工等行业密封产品定点生产企业，系国家级高新技术企业、中国优秀科技型民营企业 100 强、杭州市萧山区"百强企业"和"AAA 级信誉企业"。公司产品曾获"国家级重点新产品"、"国家发明专利金奖"、"浙江省名牌产品"、"中国驰名商标"等 70 余项荣誉，用户覆盖中国内地和海外 53 个国家和地区，产品深得中外客户信赖与厚爱。

公司生产销售各类编织填料（盘根）、柔性石墨制品、聚四氟乙烯制品、金属垫片及非金属垫片、无石棉密封制品、橡胶密封件、机械密封、钢衬塑复合管、密封辅件等九大系列产品上万个品种规格。企业通过了中国上海质量体系审核中心和美国 ANAB 授权认证中心 ISO 9001 国际质量体系认证，ISO 10012 测量管理体系认证，ISO 14001 环境管理体系认证，OHSMS 18001 职业健康安全管理体系认证；取得了国家质量监督检验检疫总局特种设备元件制造许可证（压力管道）、ISO 10012 计量检测体系认证、美国船级社、FDA、API 等多项专业认证。

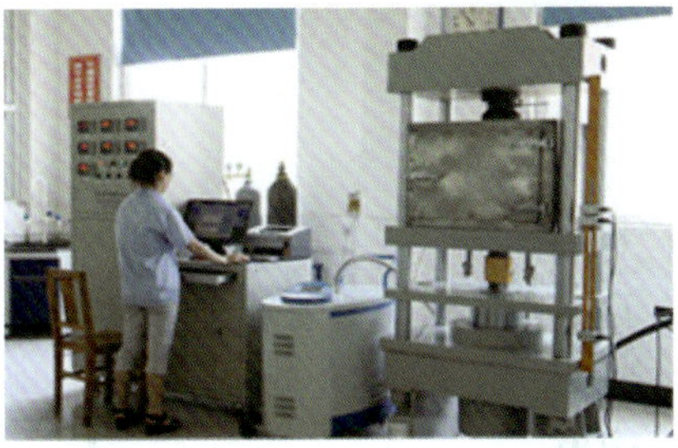

公司积极开展核级密封材料、核用密封件、密封安全可靠性等方面的研究。核级舰船用高强石墨 / 金属复合垫片开发及密封技术研究，先后获国防科学技术三等奖、部级科学技术进步二等奖。为核电运营单位、核电设计建造单位以及核电设备制造配套企业提供核用密封材料及产品，曾获得巴基斯坦恰希玛核电二期工程"2008 年度优秀供应商"称号。2010 年，公司研制生产的"核级柔性石墨板材和核级石墨金属缠绕垫片"通过国家能源局科技成果鉴定，并获得了中国核能行业协会首届科技进步三等奖。

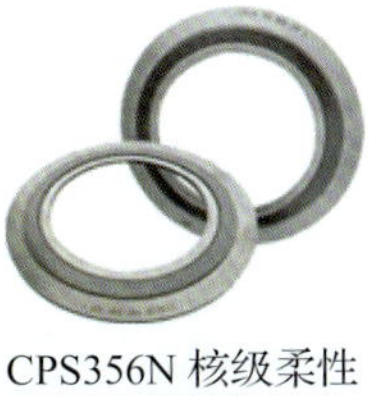

CPS356N 核级柔性石墨金属缠绕垫片

CPS9900N 低泄漏密封组合环

伴随中国核电事业的发展，浙江国泰密封材料股份有限公司将不断投入核电站用密封件的研发和生产，建立完善的核安全质保体系和核安全文化。积极服务于中国核电项目的建设和运营，为中国核电事业的发展贡献力量！

CPS353N 嵌入式石墨金属垫片

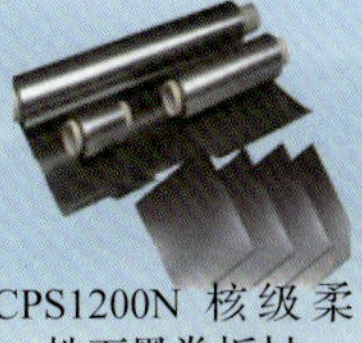

CPS1200N 核级柔性石墨卷板材

山东核电有限公司

海阳核电

海阳核电专家村

办公楼

生活设施区

海阳核电二号常规岛

山东核电有限公司成立于2004年9月，是山东海阳核电项目业主单位，全面负责项目的前期开发、工程建设、生产运营及核安全管理。

公司庆祝建党90周年合唱

公司由6家股东出资设立，分别为中国电力投资集团公司、山东省国际信托有限公司、烟台蓝天投资控股有限公司、中国国电集团公司、中核核电有限公司、华能核电开发有限公司，由中国电力投资集团公司控股。

山东海阳核电项目是国家三代核电自主化依托项目之一，在世界上首批采用AP1000核电技术建造。项目位于山东省烟台市辖海阳市，厂址三面环海，视野开阔、地势平坦，距海阳市22 km，距烟台市93 km，距青岛市107 km，距离威海市100 km。

公司第三届集体婚礼

厂址规划建设6台百万千瓦级核电机组，并预留两台扩建余地。一期工程建设2×125万千瓦核电机组，两台机组分别于2009年9月24日和2010年6月20日顺利浇筑第一灌混凝土。首台机组计划于2014年5月投入商业运营，建设工期56个月，两台机组工期间隔10个月。目前，一期工程扎实推进，已按计划完成29个里程碑节点，2011年已顺利实现2号核岛安全壳1号环、2号环和CA01模块就位，2号常规岛地下室封顶，1号循环水泵交付现场。汽机房主行车、除氧器等设备已开始陆续交付现场，1号机组压力容器计划2011年10月份到货。一期工程联合调试队已经成立，已有77人具备受训核电厂预备操纵员资格，调试生产准备工作全面展开。

公司按照国家核安全法规的要求，建立并逐步完善了管理程序体系、质量保证体系、安全管理体系、经验反馈体系，确保“安全、质量、进度、投资、风险”五大控制体系的可控在控，积极推进海阳核电工程建设。

公司秉承中国电力投资集团公司“奉献绿色能源，服务社会公众”的企业精神，着力培育以核安全文化为核心，具有山东核电特色的企业文化。形成了“以核统领、用心凝聚”的山核文化核心理念，确立了“建设精品核电工程、创造良好运行业绩、培育优秀员工队伍、奉献低碳清洁能源”的公司使命，以打造“技术典范、管理标杆、人才乐土、百年山核”为公司愿景，引导公司员工树立“忠诚、责任、务实、创新”核心价值观，追求“一次就把事情做好”，为国家核电事业的发展作出应有贡献。

1号核岛CV筒体第三环成功吊装就位

2号核岛CV筒体第二环成功吊装就位

江苏新恒基重工有限公司

核安全设备制造许可证

核电建设优秀供应商荣誉

特种设备制造许可证

公司部分专利

江苏新恒基重工有限公司位于江苏省南京市迈皋桥创业园，是专业从事金属管配件制造企业，注册资本 3300 万元，固定资产 9000 万元，职工 228 人，占地面积 125 亩，建筑面积 45000 平方米，技术人员 45 人，高工 6 名。拥有：3000 吨液压机、DN1200 弯管、弯头中频推制机、DN400 弯头、三通冷成型机、卷板机、电液锤、环锻机、水刀切割设备等专业生产制造设备。产品包括：弯头、弯管、三通、四通、异径管、法兰、翻边、锻制管件等各式金属管配件，所用材料涉及碳钢、合金钢、不锈钢、低温钢、耐热钢、双相钢、镍基合金、钛材等各类金属材料，可执行国标和国际通用标准。

已通过特种设备制造许可、核承压设备制造许可、《ISO 9001：2008》、《ISO 14001：2004》、《GB/T 28001：2001》、计量合格确认等认证，产品运用到核电、石化、煤化工等行业，是中核集团、中广核集团、国家核电等合格供应商，为核岛预埋、核电蒸发器、常规岛等提供大量金属管配件，是中石化、中石油、中海油、神华、大唐等合格供应商，为国家大型炼油、乙烯、化工、煤制油等工程建设提供产品。

公司获得发明专利 2 项，实用新型专利 7 项，通过省、市鉴定新产品 3 项，开发了低温钢、双相钢、耐热钢、高强管线钢、镍基合金、钛材等材料的金属管配件生产工艺，成为特殊材料生产技术、热处理能力、特殊产品开发等方面实力强大的管件生产制造企业，为核电开发的蒸发器分流帽、定距拉杆、给水环组件、AP1000 多向连续弯管等新产品已大量运用，其中分流帽取代进口，实现国产化。

核电蒸发器分流帽

常熟市辐射技术开发应用研究所

作为一家专业从事核行业照明研发、设计、制造与服务的高科技民营企业，常熟市辐射技术开发应用研究所立足自主创新，严格贯彻核行业强制性标准《核用水下照明装置 EJ 1088-1998》，所研发的专利产品涵盖核行业所有使用水下照明及高辐照场合，已形成的多个产品系列包括：水池泛光照明灯、堆芯聚光照明用光枪、装卸料机专用水下灯、移动式水下照明灯、燃料格架观察用水下灯、热室灯、核用大厅灯、核环境壁灯和顶灯及耐高温（250℃环境）核用灯等。

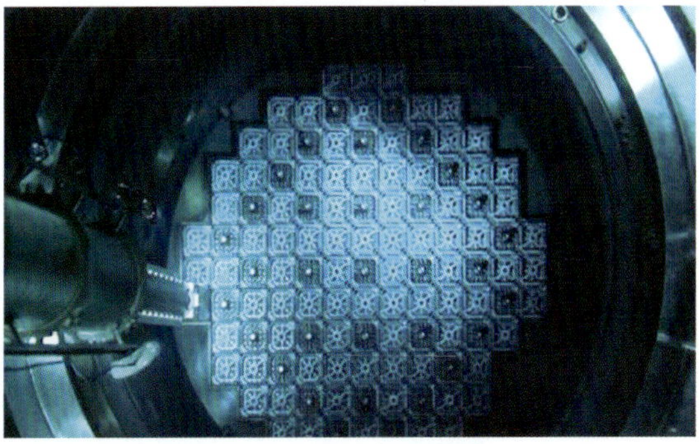

自 1994 年首次供应秦山一期以来，企业核用产品保持连续 17 年安全无事故的使用记录，获得用户及各界的一致好评，被中国核工业专家评为“核电设备国产化之典范，达到国际先进水平”。用户涵盖国内所有使用核用水下照明装置的核行业单位，包括压水堆、重水堆、快堆、先进研究堆、军用堆、后处理燃料贮存水池，以及恰希玛 1、2 号机组，西屋公司中国项目等。

企业位于景色秀丽、物产丰饶的江南名城常熟市，占地 14000 平方米，厂房面积近 6000 平方米，技术人员占职工总人数比例达 60%，2004 年获得国防科工委技术三等奖，拥有每年供应 8~12 台核电站机组用水下灯的生产能力。被当地评为模范纳税户。

环境保护部核与辐射安全中心

Nuclear and Radiation Safety Centre Ministry of Environmental Protection People's Republic of China

环境保护部核与辐射安全中心（以下简称“核与辐射安全中心”）是环境保护部直属单位，是国家唯一从事核安全和辐射环境安全监督管理技术保障的公益性事业单位，主要为环境保护部对民用核设施和从事放射性有关活动的单位独立行使政府监督管理职能提供技术支持和保障。

核与辐射安全中心主要承担我国民用核设施安全审评和监督的技术支持工作，新建和在建核设施、核技术应用、铀矿和伴生放射性矿、放射性废物处理和处置设施环境影响评价报告的审评，以及核事故、辐射环境事故应急的监督管理技术工作和事故响应、应急准备的技术支持与保障工作等，拥有反应堆工程、材料、电气控制、水文、地震、建筑、机械、辐射防护等30余个专业。核与辐射安全中心前身为1989年于北京成立的国家核安全局北京核安全中心，成立20年来，核与辐射安全中心主要承担了秦山核电厂、大亚湾核电厂、田湾核电厂等近40个运行、在建和计划建设核电机组的审评工作；近100个核设施，上千家放射源用源单位、全国电磁辐射环境监管的技术支持和技术保障任务，为确保国家核与辐射安全发挥了重要作用，推动了我国核电事业的发展。

Nuclear and Radiation Safety Centre
Ministry of Environmental Protection
People's Republic of China

环境保护部核与辐射安全中心

在新的历史时期，面对核安全和辐射环境监督管理的新形势，积极开展核与辐射安全审评和监督技术支持工作，承担了大量的核安全和辐射环境管理中的安全审评、监督、应急和科研等工作，先后开发建立了核与辐射事故应急响应与评价系统、核设施运行和经验反馈系统等，承担了多项国家科技攻关项目，在国家核与辐射安全技术开发和研究方面发挥了主力军的作用。

近两年来，根据《核电中长期发展规划（2005 － 2020 年）》，大力发展核电已经成为国家经济发展、能源战略和环境保护的重要举措。作为环境保护部的核与辐射安全的技术支持和技术保障单位，核与辐射安全中心认真贯彻落实中央经济工作会议精神和环境保护部党组的决策指示，着眼核与辐射安全技术支持工作的历史性转变，面对核电大发展和核技术应用日益广泛带来的历史性机遇，面对工作任务成倍递增带来的巨大挑战，努力探索中国特色环保新道路，确保核电、核技术应用又好、又快、又安全的发展，为推进国家经济结构调整、安全生产、科学发展和生态文明建设发挥应有的作用。

中国平安保险（集团）股份有限公司

第七届核电安全与保险研讨会

中国平安保险（集团）股份有限公司（以下简称中国平安）于1988年诞生于深圳蛇口，是中国第一家股份制保险企业，至今已发展成为融保险、银行、投资等金融业务为一体的整合、紧密、多元的综合金融服务集团。公司为香港联合交易所主板及上海证券交易所两地上市公司，股票代码分别为2318和601318。

截至2010年12月31日，中国平安总资产为人民币11716.27亿元，权益总额为人民币1168.83亿元。2010年，集团实现总收入人民币1894.39亿元，净利润人民币179.38亿元。从规模保费来衡量，平安寿险为中国第二大寿险公司；从保费收入来衡量，平安产险为中国第二大产险公司。中国平安拥有约45.3万名寿险销售人员及12万余名正式雇员，各级各类分支机构及营销服务部门超过4400个。在2010年《福布斯》全球上市公司2000强排名中名列第466名，英国《金融时报》全球500强第107名，美国《财富》杂志全球领先企业500强第383名。

中国平安财产保险股份有限公司是中国平安保险集团长期以来经营和发展的基础，23年来，中国平安产险业务规模逐年攀升，业务发展稳健。2011年，公司获中国保监会核准同意，注册资本达到170亿元人民币位居行业第一。营销区覆盖全国，在国内各省、自治区、市设有40家二级机构，1800多个营业网点；此外，还在世界150个国家和地区的近400个城市设立了查勘代理网点，与中国再保险集团公司、汉诺威再保公司、安联再保公司、慕尼黑再保公司、瑞士再保公司等国内外160多家保险公司、再保公司建立了业务往来。

中国平安旗下平安产险是国内最先涉足核电保险领域的财产保险公司之一，先后为秦山一期、岭澳核电、秦山二期、田湾核电、秦山二期扩建工程、红沿河核电、宁德核电、福清核电、阳江核电、三门核电、方家山核电、防城港核电、台山核电、海南核电、徐大堡核电项目提供保险服务。涉及的险种包括：建筑及安装工程一切险、核物质损失险、核第三者责任险、企业财产保险、雇员福利保险、机动车辆保险，依托平安综合金融的集团优势，中国平安还为相关企业提供了企业年金、债券发行等综合金融服务。

平安金融培训学院

中核苏阀科技实业股份有限公司

中核苏阀科技实业股份有限公司（以下简称中核科技）成立于1997年，地处苏州高新区珠江路501号，主要生产各类工业用阀门，是一家集工业阀门研发、设计、制造及销售为一体的科技型制造企业，是中国阀门行业和中国核工业集团所属的首家上市企业。

在国家财政部、工业和信息化部确定的2011年国家重大科技成果转化项目及承担单位名单中，中核苏阀科技实业股份有限公司承担的百万千瓦级核电厂用关键阀门产业化项目荣列名单之首。该项目的产业化将加快企业科技成果向现代生产力转化，提高我国核电装备的自主化水平。

为提高我国核电厂关键阀门国产化水平，中核科技于2006年上半年完成了由国防科工委立项的“核能开发项目”样机研制工作。此后，中核科技与多家相关企业合作，完成了一大批不同规格的核级阀门样机的研发。这一系列阀门的成功研制，使我国核电厂关键阀门的研发取得了重大突破，打破了发达国家的技术封锁，填补了国内空白。中核科技的核电关键阀门与同类产品比较，技术性能指标相同，价格远比国外产品低，这将大大降低核电厂建设与运行的成本，市场前景非常广阔。

目前，中核科技已完成系列核电阀门关键技术的攻关，并累计完成各类核安全级关键阀门样机制造40余项，样机均通过省部级鉴定。百万千瓦级核电厂用关键阀门产业化项目已完成主要研发及产业化前期工作，部分目标产品已完成并交付使用，获得用户好评。此外，中核科技还积极参与三代核电AP1000核电厂的建设，目前已开始研制其部分关键的核电阀门产品。

自“八五”以来，中核科技共获国家部、省、市科技进步奖44项，共获各类专利19项。其中，与核工程设备、阀门有关的科研成果39项。在我国国民经济发展的不同阶段，锐意进取，为国争光，填补国内阀门产品空白，中核科技已成为流体机械中一家功不可没的科技创新企业。

安全壳空气隔离阀

比例喷雾阀

核二级气动球阀

核一级电动波纹管截止阀

东方电气（武汉）核设备有限公司

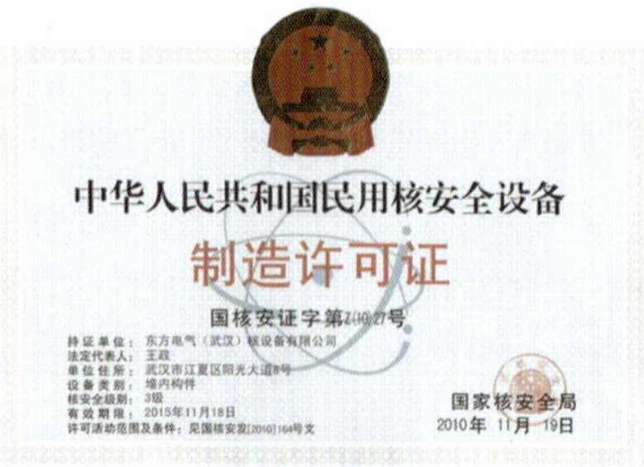

中华人民共和国民用核安全设备

制造许可证

国核安证字第Z(10)27号

持证单位：东方电气（武汉）核设备有限公司
法定代表人：王政
单位住所：武汉市江夏区阳光大道8号
设备类别：堆内构件
核安全级别：3级
有效期限：2015年11月18日
许可活动范围及条件：见国核安发[2010]164号文

国家核安全局
2010年 11月 19日

民用核安全设备制造许可证

堆芯支撑板 机加工

总装车间

控制棒导向筒模拟件摩擦力试验

东方电气（武汉）核设备有限公司成立于2008年12月31日。于2010年获国家民用核安全设备制造许可证，是东方电气集团的核心子企业。公司位于湖北省武汉市风光秀美的长江之滨，水、陆、空交通极为方便，属于军民结合高新技术企业。

公司拥有制造核电厂等各种用途反应堆堆内构件、各种容器产品所需的大型精密设备和质保检测能力，以及400吨级重型恒温厂房及洁净加工、装配等生产厂房，具备冷作、焊接、加工等完整的生产工艺，形成了年产百万千瓦级核电厂堆内构件4～6台（套）及核电各类容器产品的生产能力。公司在核设备制造期间曾荣获国家科学大会奖、国家科技进步特等奖、国家发明三等奖的荣誉，被中央五部委授予“高技术武器装备发展建设工程突出贡献奖”。

公司秉承“求实、创新、人和、图强”的企业精神，以“东方装备、装备世界”为己任，必将成为国内领先、国际一流的民用核电堆内构件等设备制造商。

出口管嘴 机加工

前湾电厂

广东省粤电集团有限公司

广东省粤电集团有限公司是广东省在全国率先实行“厂网分家”电力体制改革时，从广东省电力集团公司分立组建而成的特大型国有企业，是广东省实力最强、规模最大的发电企业。集团产业涉及火电、水电、风电、核电、天然气发电、生物质、太阳能等多种能源，多元化产业涉及煤炭、港口、航运、LNG接收站、装备制造、金融等领域，形成了发电主业带动相关多元化产业协调发展的格局。截至2011年6月底，集团资产总额1255亿元，可控装机容量2119万千瓦；全资、控股和参股企业共90余家，拥有控股上市公司——广东电力股份有限公司（粤电力）。

粤电集团总部大楼

红海湾

粤电集团践行“合和共生、守正出新”的企业哲学和“厚德善能、益邦惠民”的企业使命，用心创造绿色能源，促进企业与社会和谐发展，为经济社会发展提供强大的清洁、经济能源。粤电集团积极履行社会责任，大力推行清洁生产，全面实施“蓝天工程”，成为全国第一家全部在役机组完成脱硫的发电企业，每年减少二氧化碳排放30万吨。2010年，粤电集团继续发挥科技创新优势，坚定推进低碳发展，全面启动了“蓝天工程二期”——脱硝工程建设，为改善区域环境和地区可持续发展发挥了良好的示范作用。

湛江风电公司洋前风电场

传承广东电力百年历史积淀和优良传统的粤电集团，将围绕“以能源为核心，相关产业协同发展，立足广东、面向全国、开拓国际市场，打造国内一流并具有国际竞争力的能源集团”的发展战略，坚定不移推进科学发展，加快发展方式转变，实现企业价值与社会使命的统一，为全面建设小康社会，实现新的跨越式发展而奋勇前行。

大连华阳光大密封有限公司

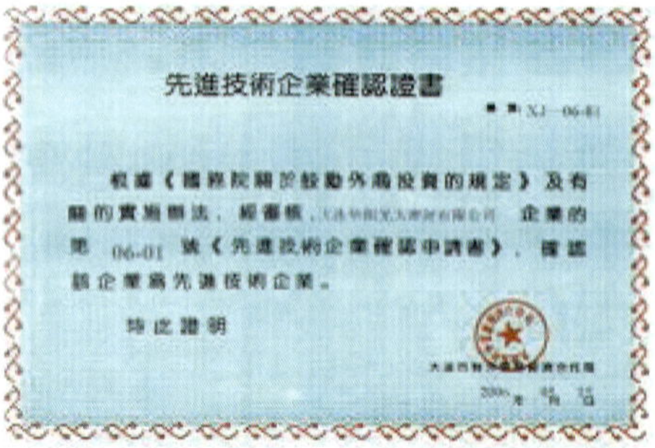

大连华阳光大密封有限公司，是一家生产机械密封及辅助工程系统的专业公司，成立于 1994 年，公司总部坐落于大连市甘井子区营城子高新技术园区。2007 年被大连市政府评为效益成长型中小企业。2010 年 11 月 29 日，公司自主研发的核二级上充泵、核三级硼酸输送泵用机械密封已经通过国家能源局产品鉴定，同期被评为大连市企业技术中心。

公司总占地面积 28000 平方米，员工 200 余人，工程技术人员 60 余人（高级职称 8 人，博士 2 人，硕士 9 人）。公司自 2000 年以来，销售额平均以每年 40% 递增。设计生产密封及辅助系统能力 20000 多套 / 年，年销售额过亿元。

公司拥有国际水平的技术团队、11 个专利技术，并自主研发了完整的机械密封数据库、ERP 管理软件、CRM 客户关系管理软件。目前是国内密封行业高参数试验装置最多的企业，试验密封种类齐全，试验装置可以实现模拟现场工况条件下的运转，具有 PLC 数据自动采集、联锁报警、数据报表等功能。公司针对核电这一特殊领域，建立了核电泵用机械密封冷、热冲击试验台，因而成为国内首家拥有该试验装置的密封企业。

公司有 46 种标准密封系列，共计 1000 多种规格尺寸。其中：泵用密封系列 30 种；釜用密封 11 种；压缩机用干气密封 5 种以及大

生产现场实行 5S 管理

质量控制

型离心机密封、大型旋转接头密封等。

目前公司产品主要应用于石油、化工、造纸、核电等领域。自主研发、生产的大型搅拌器机封和大型压力离心机机封及压缩机干气密封已经出口到欧盟、英国、中东市场，品质达到国际先进水平。自 2010 年核二级上充泵、核三级硼酸输送泵用机械密封通过国家能源局产品鉴定以来，承揽了三门、海阳核电项目的非核级泵用机械密封的供货，公司正在研发核主泵机械密封，核主泵机械密封试验台正在筹建中。

公司自 2005 年先后通过了挪威船级社（DNV）的 ISO 9001：2008 认证、美国石油协会的 API 认证，是目前国内第一家通过 API 认证的密封公司。2009 年，公司严格按照 HAF 003《核电厂质量保证安全规定》的要求建立了《质量保证大纲》，并且建立了完善的核级泵用机械密封质量管理体系。质量管理体系已融入公司的管理流程和 ERP 管理系统之中，涵盖了公司所有的部门。

自公司成立到今天，公司以跻身“世界一流”为企业目标；以“追求最优的产品质量和服务品质”为企业核心价值观；以“快速反应、亲和一致，注重细节”为企业作风；始终坚持永不满足、勇于自我否定的创新精神，使华阳公司成为国内机封行业发展最快的公司。

部分产品

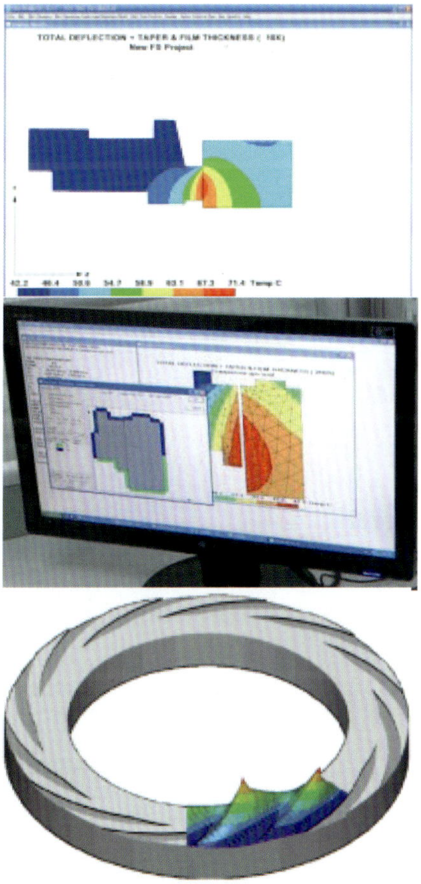

引进世界先进的密封专用设计软件

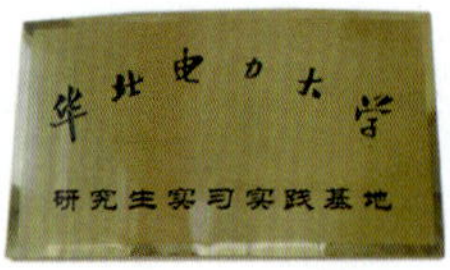

北京中核东方控制系统工程有限公司

北京中核东方控制系统工程有限公司隶属于中国核工业集团公司，是由集团下属的中国核电工程有限公司、中核（北京）核仪器厂和上海中核浦原总公司三家合资组建的有限责任公司。是一家专业从事核电数字化仪控系统工程应用设计、系统集成、软硬件产品定制开发、安装调试、技术服务及外包业务的专业化公司。

中核控制立足高标准、高起点、高水平的发展战略，致力于推进核电数字化仪控系统自主化，面向核电厂提供全生命周期的数字化仪控系统解决方案。截至 2011 年 8 月，中核控制相继承接福清、方家山、昌江核电站 DCS 系统，秦山二期扩建工程安全壳泄漏率在线监测系统，821 厂仪控系统等多项工程。

公司具有基础的、完全知识产权的非安全级 DCS 平台，获得 21 项软件著作权，同时公司积极与 INVENSYS、AREVA、SIEMENS 等国际知名企业开展合作，拥有一支有实力的、熟悉国内国际核安全法规的、掌握数字化仪控设备技术的专业工程和研发队伍，可为用户提供安全、优质、专业的核电站全生命周期的数字化仪控系统工程服务。

智慧科技，与时俱进：技术进步始终是中核控制发展的核心，公司以中核集团雄厚的科技实力为支撑，依托核电大型仪控项目，致力于中国核电数字化仪控系统产品的研发，并遵循“研发结合工程、工程验证研发”策略，快速形成核心竞争力。首代 DCS 基础平台产品——Nicsys 1000 已成功研发并应用：该系统采用新型的 WEB 化体系结构，融合了最新的现场总线技术、嵌入式软件技术、先进控制技术与网络技术，实现了多种总线兼容和异构系统综合集成的“网络化现场智能控制系统”。

主要供货能力：核电站数字仪控系统（DCS）；试验数据采集系统 / 试验仪表系统（KDO/KME）；安全壳泄漏率在线监测系统（EPP）；核岛通风；核电站装卸料电控系统；核电站专用测试系统；核电站小三箱；核电站放射性机修及去污车间（AC 厂房）；核电站 V&V；核用仪器及服务供应。

华润新能源控股有限公司

华润新能源控股有限公司，系华润集团旗下一级利润中心，负责风力发电、核电核技术应用、光伏发电和垃圾发电等项目的开发、建设和运营。

华润新能源公司倡导“行胜万言”和“挑战自我、持续进步”的企业精神；营造“绩效化、制度化、人性化”的管理模式；坚持“以人为本、团队制胜”的管理理念；致力于建设充满激情、互助团结的学习型团队，推动员工与企业共同成长。在华润文化的熏陶下，我们培养出了一批高素质、有激情、执行力强的优秀员工，形成了一个敢打、敢拼、敢赢的高效团队。

华润新能源公司在风电业务做大、做强的基础上，逐步开展核电、核技术应用、光伏发电和垃圾发电业务的开发、建设，培育新的利润增长点。

华润新能源公司以“光荣地建设一个富饶、清新的世界”为使命，致力于发展利国利民的朝阳产业，正以昂扬的斗志向着“中国最好，世界一流”的目标迈进。

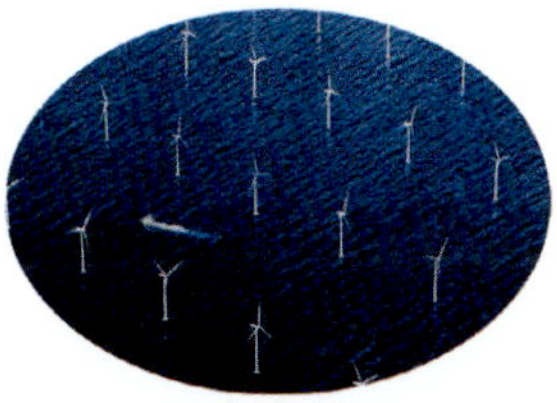

国家核电 SNPTC

国核自仪系统工程有限公司

国核自仪办公区域位于上海市国家级经济技术开发区漕河泾科技绿洲园区

AP1000 自主化依托项目仪控设备采购合同框架协议在上海签订

AP1000/CAP1400 核电后续项目仪控合作框架协议在沪签订

国核自仪系统工程有限公司由国家核电技术公司与上海自动化仪表股份有限公司共同出资组建，注册资本10000 万元人民币，其中国家核电投资 51%，自仪股份投资 49%。

国核自仪定位于：从事核电站仪控系统研发、设计、生产、集成、调试以及寿期服务的专业化公司，致力于为核电站提供先进可靠的仪控产品，服务和综合性解决方案。

其主营业务包括：核电工程仪控系统设计、系统集成、安装调试等工程技术服务；核电仪控设备研发；核电仪控设备成套供应；核电仪控系统备品备件和运行技术支持；系统仿真、电站管理系统、弱电工程和中低压电气设备等其他核电相关业。

国核自仪参与了 AP1000 三门、海阳依托项目建设，承担依托项目 C 类仪控设备采购、A1 类仪控设备监造、设计分包、仪控技术支持服务等各项工作；作为 AP1000 技术转让合同项下 TP13A、TP13B 的指定用户，承担着核电站数字化仪控技术消化、吸收工作；承担了大型先进压水堆核电站重大专项 AP1000 核电站数字化仪控系统技术研究课题；承担后续 AP/CAP 系列项目 10 台机组的仪控系统研发、设计、制造、集成、测试、现场服务等工作。

产品介绍：

A. 反应堆保护系统及其平台，和国际知名公司联合研发的新一代反应堆保护系统平台基于现场可编程门阵列（FPGA）技术，因其独特的系统结构设计，该产品使得安全性、可靠性、可测试性、可验证性全面得以提升；

B. 电站控制系统及其平台，与国内知名企业联合改进的控制系统平台具有优良的系统架构，其安全性、可靠性已在众多常规电站项目中得到印证；

C. 控制棒控制系统和控制棒位置指示系统，自行研发的 AP1000 棒控棒位系统，与国内现有设备相比具有技术先进性优势；

D. 多样性驱动系统，该系统是反应堆保护系统的多样性后备设备，实施纵深防御的重要安全功能，是提高核电机组安全性的重要装备。

山东核电设备制造有限公司成立于2007年7月，是由国家核电技术公司控股组建的全球首家AP1000核电设备专业制造企业，肩负着AP1000及CAP1400核电项目有关关键设备国产化、自主化的历史使命。公司注册资本金22000万元，位于海阳市临港产业区。

公司于2009年通过美国ASME协会N、NPT、NA、NS核级认证，成为中国第一家在生产与组装领域和核电工程现场的质量管理体系取得ASME综合认证的企业；并于同年获得中国国家核安全局颁发的民用核安全机械设备制造许可证。2010年12月，公司通过国家核安全局机械模块扩证审查，具备核级机械模块、管道预制的制造资质；同时，通过ISO 9001质量管理体系、ISO 14001环境管理体系、GB/T 28001职业健康安全三标管理体系认证。

公司是先进压水堆国家重大专项课题承担单位，负责AP1000钢制安全壳制造技术和一体化顶盖组件制造技术的研究。目前，公司在世界上率先成功掌握了三代核电AP1000钢制安全壳、模块制造和组拼装的先进工艺，形成了批量化生产能力，为我国第三代核电自主化发展战略的实施奠定了基础；公司承担的我国首台国产化AP1000一体化顶盖组件研究制造任务，填补了我国核电装备制造相关领域的空白。

公司拥有山东省省级技术中心，有4项技术发明获国家专利，公司“大型先进压水堆钢制安全壳压力容器”项目入选山东省2011年度自主创新成果转化重大专项项目库。

CA20模块吊装

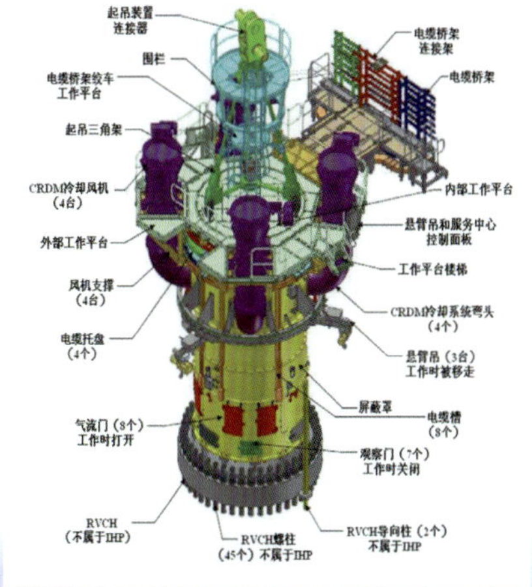

一体化顶盖组件图示

CV底封头吊装

江苏银环精密钢管股份有限公司

江苏银环精密钢管股份有限公司是国家重点高新技术企业，现有4个全资工厂、一个合资工厂和一个国家级工程技术中心。公司创建于1992年，通过走自主创新之路，研究开发高性能管材，提高了企业核心竞争能力，不仅填补了多项国内空白替代进口实现国产化，还出口到日本、德国、美国等发达国家，实现了企业的跨越式发展。

公司占地面积400900平方米，建筑面积达150000平方米，员工近1000人，主要生产“银环”牌系列高性能管材，用于核电、航空航天、高速列车等重大装备领域，是国家重大装备用关键材料国产化基地，是东方电气、哈电集团、上海电气、中石化、中石油、中海油、中广核、中核、东芝、三菱、日立、壳牌等国内外著名企业集团的战略供应商。

公司组建了江苏省高性能特种精密钢管工程技术研究中心、先进钢铁材料技术国家工程研究中心银环分中心、研究生工作站、博士后工作站，取得了质量、安全、环境三体系认证以及国家核安全局颁发的核电产品制造许可证，承担了多项国家重大专项关键材料的研究开发，先后研发生产了火电、核电、石油石化、航空航天、轨道交通等领域用24项替代进口的新产品，取得了32项专利，编写了两项国家标准和三项行业标准。“十一五”期间，公司完成了超临界、超（超）临界火电机组用系列关键管材的国产化、百万千瓦级核电站用堆内构件和控制棒驱动机构用管国产化、首台CPR1000核电蒸发器用690U形管、高速机车用高强度液压精密管、长征5号大运载火箭发动机用S-03/S-06高强度钢管等9项替代进口实现国产化的重大研发成果。

目前，公司为增强企业发展后劲，致力于第三代、第四代核电技术的三种核反应堆型用关键材料，即国家重大专项AP1000蒸汽发生器用690U形管、高温气冷堆蒸汽发生器用多头螺旋管束、快中子增殖堆中间换热器用管的研究开发，并已经完成了材料研发、工艺固化、关键设备开发、专业产线集成等研发课题，不仅形成了具有自主知识产权的核心技术，而且解决了制约我国重大装备关键材料的瓶颈，保障了我国核电发展的战略安全。

银环公司是充满生机活力的民营高科技企业，为了铸造百年基业，企业坚持依靠科技，不断创新，做专、做精、做强，做成系列，做出特色，真正把“银环”这一中国名牌打造成为世界级品牌。

民用核安全设备制造许可证

高温气冷堆蒸发器用螺旋盘管

核Ⅰ、Ⅱ、Ⅲ级 U 型换热管

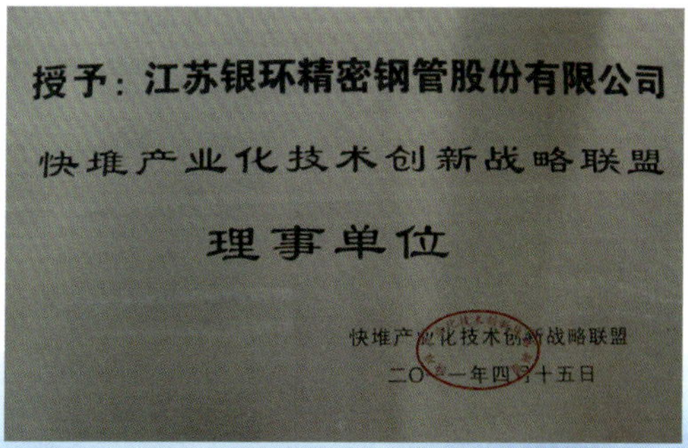

快堆产业化技术创新战略联盟理事单位

上海电气临港基地综合办公室

上海电气（集团）总公司

上海电气（集团）总公司是中国最大的综合性装备制造集团之一，其产品主要集中于发电设备、输配电设备、重型装备、轨道交通设备、电梯、机床、印包机械、工程机械等领域，并形成了设备总成套、工程总承包和为用户提供现代装备综合服务的能力。核能发电设备是上海电气的主导产品之一。

上海电气是中国核电设备制造的发源地。三十年的核电发展使上海电气从中取得了宝贵经验，形成了从核岛的压力容器、蒸汽发生器、稳压器、堆内构件、控制棒驱动机构、核电主泵，核二、三级容器，核二、三级泵，装卸料机等设备到常规岛的汽轮机、发电机和主要辅机、热交换器以及大型锻件和仪控仪表等核电设备的配套供应链。

目前，在已投运的核电厂中，包括秦山一期、巴基斯坦恰希玛一期和二期、秦山二期、秦山二期扩建、清华高温气冷堆、大亚湾、岭澳、岭澳二期等，正安全可靠地运行着上海电气研制的一批核电关键和配套设备；在一批在建的核电工程中，上海电气已承接了包括巴基斯坦恰希玛三期和四期、昌江项目以及红沿河、宁德、阳江、方家山、福清等二代加核电项目，三门、海阳等三代 AP1000 项目和台山三代 EPR 项目，及高温示范堆、低温堆等工程的一大批核电关键和配套设备的研制任务。

全球首台 AP1000 安注箱

QFSN 型水氢冷 1100MW 级发电机定子绕组装备

红沿河首台蒸发器

165MN 自由锻造压机与 630 t·m 操作机协同工作

临港基地是上海电气新建的特大、特重、超限装备的制造基地，临港基地一期工程于 2008 年投产，并于当年出产蒸汽发生器等一批重型设备。临港基地二期扩能于 2009 年 7 月正式启动。2011 年底将具备年产 10 套堆内构件和控制棒驱动机构，6 套压力容器和蒸汽发生器，50 台 / 套核二、三级泵，6 套常规岛半速汽轮发电机机组的制造能力。2013 年底将具备年产 12 台核电主泵的制造能力。

上海电气完成了核级大型铸锻件能力的改造，已满足包括三代技术在内的百万千瓦级核电主设备向超大、超重、高技术发展的大型铸锻件需求。创造了三个“世界之最”：世界最大的 1.65 万吨自由锻造油压机、250 吨 /630 吨·米锻造操作机和 450 吨电渣重熔炉。实现铸锻件最大钢锭 600 吨、最大铸件 450 吨、最大锻件 350 吨；可年产 6 套 1000MW 级核岛容器类重型设备（压力容器、蒸发器、稳压器和主管道）配套锻件、25 套 1000MW 反应堆堆内构件锻件。

1710 mm 汽轮机长叶片

控制棒驱动机构

出口韩国核电环行起重机

新宁路基地

局领导视察地质勘查项目野外施工

青海省核工业地质局

党委书记、局长 赵世勇

青海省核工业地质局于 1956 年组建，1999 年属地化，从核工业部西北地勘局划归到青海省国土资源厅管理，已发展成青海省一支专业的铀矿及多金属勘查队伍。

多年来，在青海省委、省政府以及中国核工业集团公司、核工业地质局的关心和支持下，以“投身青海、融入青海、建设青海”为宗旨，认真贯彻党的十七届四、五中全会精神，继承发扬“事业高于一切、责任重于一切、严细融入一切、进取成就一切”的核工业精神，全力构建和谐核地勘队伍为目标，努力改善职工群众生产生活条件，实现地质工作探采一体化为目标，全力发展地质勘查主业，大大增强了地勘经济发展内驱力，为青海省经济建设做出了积极贡献。

青海省核工业地质局主要业务领域有：铀、金、银、铁、铜、铅、锌、镍等矿产的国家专项地质调查，省财政专项资金地质勘查以及商业性地质勘查任务；地质灾害治理设计、施工、评估、监理；环境地质恢复治理；工程勘察设计施工；钻探工程施工；检测试验分析及岩矿鉴定；测量测绘工程施工等。“十一五”期间，全局开展地质勘查项目 50 余项，地质勘查货币工作量达近 2 亿元，实现铁、金矿勘查突破，准备转入矿产开发阶段；拥有工程勘察综合类甲级资质，实施公民建勘察工程 800 余项，获省部级各类奖项近 20 项；检测试验分析方面具备国家级计量认证，国家级试验室认可、国防研究室认证资格，与 30 多家企事业单位保持良好的合作关系；积极参与玉树震后重建、青海省黄河谷地百万亩土地整理、矿区地质环境恢复治理等工作得到了各级政府和农牧民的好评。

近年来，局党委一班人带领全局干部职工共同奋斗，经济规模不断扩大，经济效益和发展质量稳步提升，实现地勘经济跨越发展，队伍面貌发生了天翻地覆的变化，经济实力和市场竞争能力显著提升，队伍结构和产业结构得到切实改善，走出了一条适合自身发展的道路，树立了核工业地质勘查队伍新形象。

公司董事长、总经理、党委书记徐晓明

中国核工业华兴建设有限公司办公大楼

中国核工业华兴建设有限公司

中国核工业华兴建设有限公司是一家由中央直属的中国核工业建设集团公司控股的综合性大型建设公司，是国内外核电建造龙头企业，是国内知名的房屋建筑特级资质建设公司，是具有丰富工程经验的军工企业集团。

广东岭澳核电站

公司实施以事业部制为核心的集团管理模式，拥有下属及参控股单位40余家，员工7000多人，以核电工程、非核民用工程、军工工程为主要业务，具有投融资、研发、工程咨询、勘察、设计、土建、安装、制造、监理、物业等完整的建筑业价值链经营能力。

福建液化天然气工程

公司始建于1958年，具有优良的历史传统和深厚的军工背景，曾承担过我国“两弹一艇”试验基地以及很多核工程、军工工程的建设任务。2010年国内已经发电的15个核反应堆中，有11个的核岛土建工程由公司承担，同时还承担了我国目前出口到国外的全部两个核电厂的土建总承包任务。2010年末，公司同时承建16个核岛的土建工程，成为世界上在建核岛最多的核电建设承包商。在民用工程领域，公司承建了一大批有影响的工业民用工程，区域覆盖国内20多个省和直辖市，以及新加坡、巴基斯坦等国家。近年，先后获得包括全国优秀施工企业、建筑工程“鲁班奖”、江苏省建筑业百强企业在内的国家及省部级奖项近200项。

公司非常重视研发工作在企业发展中的作用，自主研发并拥有一批具有自主知识产权的核心施工技术和关键施工工艺。近年来，每年获得国家授权专利10项以上。

“十二五”期间，公司将在建筑施工板块的基础上，向工程咨询和服务、投融资等领域扩展，形成可持续的业务群组合；以“自有知识产权产品研发”和“投融资手段运用”为两翼，推进“四化”（集约化、标准化、信息化、专业化）管理，实现经营规模、盈利能力和管理水平的全面提升。

公司将继续秉承“安全、坦诚、卓越”的核心价值和“关爱员工、满足顾客、倡导环保、追求卓越”的管理方针，奉献优质的产品和服务，为社会的繁荣和进步作出更大的贡献。

安徽电力建设第二工程公司

总经理 葛涛

位于合肥市的公司总部

安徽电力建设第二工程公司成立于1952年，是拥有电力工程总承包一级资质、民用核安全机械设备安装许可证和对外经营权的国有大型施工企业，业务范围涵盖火电、核电、环保及新能源、输变电工程建设和电站运行维护检修。

公司下设汽机安装、锅炉安装、电仪安装、建筑、机械化、检修、烟塔、通用设备安装、输变电等十个专业公司。现有职工5016人，工程技术人员1645人，其中，高级职称184名，中级职称676人，一级建造师85人，注册核安全工程师5人。公司拥有机械设备近2亿元，其中起重设备150余台套，总起重能力5000余吨。拥有450 t、272 t、200 t、140 t履带吊等系列大型吊车。

数十年来，公司先后承担了国内外数十座电站的建筑安装任务。公司建设了包括国产第一台6 MW、第一台600 MW和第一台900 MW机组在内的国内同时代最先进的火电机组。目前已建成的包括600 MW至1000 MW火电机组100多台，总装机容量20000多MW。

公司为“工程建设社会信用评估AAA级企业”，多个工程获国家优质工程奖、建筑工程鲁班奖、中国电力优质工程奖。两次荣获“全国五一劳动奖状”，多次荣获“全国优秀施工企业”等称号。

工程实例：

公司自1998年获得民用核安全设备安装许可证以来，先后参与了大亚湾、岭澳和田湾核电站等核电项目的建设；承担了秦山核电一、二、三期的检修、运行维护、设备改造，中国实验快堆常规岛安装，防城港1000 MW核电站1、2号机组常规岛建筑安装工程等核电厂建设项目。

公司在秦山核电厂一、二、三期的检修、运行维护及设备改造中，先后完成了包括秦山一期的海水管道制作安装，核岛辅助厂房阻尼器改造，核岛棒控棒位改造安装等多项重要项目，设备的核安全级别涵盖了二、三级。

公司参与承建的中国实验快堆工程于2011年7月21日成功并网发电。该工程是国家“863”计划重点工程，是国家能源领域的高科技项目之一。

2009年和2011年，公司又分别承担了广西防城港1000 MW核电站1、2号机组常规岛土建安装主体工程。目前该工程正顺利向前推进。

公司经过多年的市场开拓，承揽的工程涉及国内20个省、市和境外多个国家、地区，市场份额不断扩大，五大业务板块呈现均衡、良性发展的局面。

秦山核电厂远景

中国实验快堆全景

百万千瓦级机组上海外高桥电厂

广西防城港1000 MW核电厂

安徽省首台百万千瓦机组-铜陵发电厂

中核集团三门核电有限公司

中核集团三门核电有限公司作为三门核电工程业主，全面负责核电厂的建造、调试、运营和管理。三门核电有限公司成立于 2005 年 4 月，由中核核电有限公司 (中国核工业集团公司全资子公司) 控股。

三门核电工程采用美国西屋公司开发的第三代压水堆核电技术 AP1000 建造，规划建设 6 台 125 万千瓦的核电机组，总装机容量为 750 万千瓦，分三期建设。一期工程是国务院于 2004 年 7 月 21 日批准实施的首个三代核电自主化依托项目，是中美两国最大的能源合作项目，也是浙江有史以来投资最大的单项工程，于 2009 年 4 月 19 日正式开工，中共中央政治局常委、国务院副总理李克强出席开工仪式并看望慰问建设者。一期工程两台机组计划于 2013 年和 2014 年先后建成发电，其中 1 号机组是全球第一台 AP1000 核电机组。

中国将通过三门核电依托项目的建设，掌握三代核电技术工程设计和设备制造技术，建立健全核电技术标准体系，形成自主开发和建设中国品牌三代技术核电站的能力，使民族核电技术水平尽快达到世界核电先进水平。

三门核电一期工程投资约 400 亿人民币，三期工程全部投资逾 1000 亿。三门核电一期工程建成后将能提供 250 万千瓦供电能力、年均 175 亿千瓦时发电量，年产值约 80 亿人民币，预计到 2015 年能承担浙江全省 3.3% 电力负荷、4% 全社会用电量，能为浙江增加约 1600 亿元 / 年生产总值提供电力支撑。

建设三门核电一期工程与建设相同发电能力的百万千瓦级超超临界燃煤发电机组相比，可以每年减少 500 万吨优质动力煤 (从北方产地到浙江) 的运输量、11490 吨二氧化硫排放量、19088 吨氮氧化物排放量、1345 吨烟尘排放量，是浙江满足新增电力需求、调整电力结构、达到节能减排目标的重大举措。

2 号核岛 CR10 型钢支架安装完毕

核工业西南建设集团有限公司

核工业西南建设集团有限公司为四川省核工业地质局控股企业，成立于1997年，2008年9月改制为有限公司。公司注册资本1.6亿元，是以公路、房建、市政公用工程施工为主业，集房地产开发、矿产资源开发、建筑机械制造及三产服务于一体的施工总承包一级企业。具有公路工程、房屋建筑工程、市政公用工程等3个施工总承包壹级资质；地基与基础工程、桥梁工程、隧道工程、公路路基工程等4个专业承包壹级资质；建筑装饰装修工程设计与施工壹级资质；公路路面工程专业承包贰级资质；房地产开发贰级资质；公路工程试验检测综合乙级资质。

核工业西南建设集团有限公司控股有金领房地产公司、万泰物资商贸公司、金领投资公司、金领物业公司等企业，参股有核工业西南勘察设计研究院、西藏金海矿产资源开发有限公司、川核机械制造有限公司、德阳金领实业有限公司等企业，辖有新疆办事处、上海第一分公司、广州分公司、东莞分公司等分支机构以及1个检测中心。

核工业西南建设集团有限公司总部位于四川成都，现有在册职工近1000人，各类施工机械设备仪器1500余台（套），年生产能力数十亿元。公司先后在四川、重庆、云南、贵州、西藏、新疆、湖北、广东、福建、浙江、天津、辽宁、吉林等20多个省、自治区、市承建了高速公路、高层房建、大型住宅小区与公共设施等数百项工程项目，并在川内成功开发了多个楼盘。在公司承建的工程中有数十项工程被评为“全国用户满意工程”、“中国核工业优质工程奖”等省部级优质工程。改制以来，公司经济实现持续平稳健康发展。

杭州市缤纷小区

广汉市金领华庭

辽宁本辽高速公路

东莞市松山湖大道

中广核仿真技术有限公司

——全方位、全寿期仿真技术服务

项目工程建设

中广核仿真技术有限公司于 2008 年 5 月 9 日在北京注册成立，是我国唯一一家从事核电仿真相关技术研究、产品开发、工程成套、运行维护服务等业务的专业化公司。

中广核仿真技术有限公司立足核电仿真事业，致力于我国核电仿真自主化和国产化，拥有国际先进水平的核心仿真技术和软件平台，为核电相关客户提供全寿命周期的核电仿真系统解决方案与服务，进军国际市场并成为国内外知名的核电仿真品牌，在技术创新与工程实践中可持续良性滚动发展。

宁德核电全范围模拟机投运

中广核仿真技术有限公司现有人员 80 多名，其中博导 1 名，研究员级高级工程师 2 名，持照高级操纵员 (SRO)2 名，高级工程师 10 余名，博士 4 名，硕士以上员工比例超过 50%。中广核仿真技术有限公司拥有一支业务精湛的技术队伍和优秀的管理人才，涵盖了反应堆工程、热能动力、电气、仪控、计算机系统、软件开发等专业，具备同时承担数个仿真开发项目的工程和服务能力。

全范围模拟机

“安全第一、质量第一、追求卓越”是中广核仿真技术有限公司发展的指导思想，成立以来，公司自主研制的核电仿真技术和系统先后应用于福建宁德核电一期工程、广东阳江核电一期工程、山东石岛湾核电 HTR、广西防城港核电一期工程等的全范围模拟机，以及韩国 TAEAN 超临界火电机组仿真机和中广核工程公司 CPR1000 核电工程仿真培训咨询等项目，正在开展全范围验证模拟机、严重事故模拟机、AP1000 全范围模拟机、EPR 全范围模拟机、工程验证平台等研发工作。中广核仿真技术有限公司先后获得了高新技术企业认定、科技研发机构认定、ISO 9001:2008 质量保证体系认证、软件企业认定、8 项软件著作权证书、2 项自主创新产品认定、3 项软件产品认定，1 项首台套创新产品认定，4 项专利申请获得受理。

中广核仿真公司愿以真诚的态度、先进的技术为广大核电用户提供全面的仿真专业化服务。

百万千瓦级核电厂全范围模拟机研制及工程应用

2010年12月28日，由中广核仿真技术有限公司研制的我国首台自主开发的百万千瓦级核电全范围模拟机在宁德核电投入使用，并通过了中国核能行业协会组织的成果鉴定："整体上达到国际先进水平，在堆芯物理热工建模、故障和事故模拟范围等方面达到国际领先，在核电操纵员培训和考试及核电厂设计、验证等多领域具有广阔的应用前景和良好的经济社会效益。"

主控制室

核电全范围模拟机有"虚拟核电站"之称，是融合了反应堆工程、热能动力、电气、仪控、计算机、数值计算等诸多学科的大型复杂仿真系统。百万千瓦级核电厂全范围模拟机由五部分组成：主控制室(MCR)、教控室、计算机室、远程停堆站(RSS)、技术支持中心(TSC)。模拟机主控制室采用实物模拟方式，所有监视、操作设备与实际核电机组的主控制室完全相同。在模拟机主控制室，操纵员全面接受核电机组正常启停操作(MNO)、故障操作(MMO)、事故处理(MSOP)等全套课程的培训，以及接受严格的反应堆操纵员(RO)、高级操纵员(SRO)考试，合格并获得国家核安全局核发的RO、SRO执照后方可上实际机组值班操作；模拟机教员通过教控室发出各种训练指令，并观察、监视、评判、纠正操纵员的行为；计算机室安装全范围模拟机所用的各种服务器、计算机设备，包括过程模型服务器、配置开发服务器、安全级DCS仿真服务器、非安全级DCS仿真服务器、人机界面数据服务器、报警服务器、历史服务器等；在主控制室不可用情况下，训练操纵员在远程停堆站将机组引入停堆安全状态。

教控室

计算机室

国产百万千瓦级核电厂全范围模拟机可以满足国内二代改进型百万千瓦核电厂全范围模拟机的批量化需求，同时本研发成果也适用于国内AP1000、EPR等三代核电厂，以及高温气冷堆、快堆等工程对全范围模拟机的需求。

广东省电力设计研究院

广东岭澳核电厂一期工程

广东台山核电厂一期工程

广东省电力设计研究院（以下简称广东院）1958年成立，是注册资本达4亿元人民币的高新技术企业，是高技术人才、高科技含量和高附加值的典型“三高”现代服务型企业，是具有国家综合甲级资质的大型设计企业，连续七届入选中国工程设计企业60强，连续六年位列全国电力设计行业前五名。

广东院具有五十多年从事电力工程勘察设计、咨询、工程总承包和项目管理的经历，特别是在电力系统规划，核电、火电、新能源、环保、高压及特高压输变电工程的勘测设计、咨询、监理、岩土工程和工程总承包方面具有突出的专业优势，是国内首家同时拥有“百万千瓦核电”、“百万千瓦超超临界火电”、“百万伏特特高压输电”投产业绩和相关核心技术的设计院，承担或参与了岭澳核电厂、辽宁红沿河核电厂、台山核电厂、海门电厂、云广 ±800千伏特高压直流输电工程等国家级重点工程的建设，工程业绩和技术水平国内领先。

在百万千瓦级核电常规岛及BOP设计方面，广东院在业内率先开展技术的消化引进，已成为国内首家实现1000 MW级常规岛及BOP设计自主化的设计院。广东院先后承担了28台核电机组的常规岛设计或技术咨询工作（设计26台、技术咨询2台），含CPR1000、AP1000、EPR1750等国内核电站主流堆型，常规岛装机容量涵盖900 MW、1000 MW、1250 MW、1750 MW等四个等级。广东院已开展的核电常规岛设计项目装机容量占全国目前核电开工容量的50%以上，参与的核电项目占全国核电开工容量的60%以上。

成立至今，广东院共获得各类国家级奖项70余项，主编或参编国际、国家及行业技术标准70项，在核电领域包括《核电厂工程测量技术规范》等8项国家标准及《核电站工程勘测技术规范》等9项行业标准，并已拥有90余项专利专有技术，已成为具有行业影响力、市场竞争力的大型设计企业。

广东岭澳核电厂二期工程

福建宁德核电有限公司

福建宁德核电有限公司于2006年3月23日注册成立，由中国广东核电集团有限公司、中国大唐集团公司、福建省能源集团有限责任公司分别以46%、44%、10%的股比投资设立，是宁德核电一期项目投资、建设、运营的主体。

宁德核电工地全景

福建宁德核电厂厂址位于福建省宁德市辖福鼎市秦屿镇的备湾村。宁德核电站以岭澳核电站为参考电站，采用二代加的CPR1000压水堆技术路线，综合国产化率达80%。在吸收了国内外核电技术经验反馈，实施了包括18个月换料、全数字化仪表控制系统（DCS）、半速机等在内的16项重大技术改进，并且在国内核电业界首次在施工中采用主管道自动焊接这一先进技术。宁德核电厂目前所投用的全范围模拟机，为我国首台自主开发的百万千瓦级核电站全范围模拟机。宁德核电项目一期工程4台百万千瓦机组采用的中国自主品牌的CPR1000核电技术，对我国核电发展具有深远的意义。

宁德核电厂一期工程全范围模拟机投用

宁德核电项目于2004年1月12日启动前期研究工作，2008年2月18日正式开工。宁德核电1号机组计划于2012年12月建成，2012—2015年的四年间每年将投产1台机组，2015年4台机组将全部建成并投入商业运营。4台机组全部投产发电后，年发电量将达到300亿千瓦时，与同等规模的燃煤电厂相比，每年相当于减少电煤消耗约1200万吨，减排二氧化碳等温室气体排放约2964万吨，其环境贡献能力相当于种植19万公顷面积的森林，为新一轮的海西建设提供了强大的能源支持。

宁德核电坚持“安全第一、质量第一”的核电建设方针，切实把宁德核电项目建设成为一项优质工程、精品工程、环保工程，为海峡西岸经济区经济、社会和环境的可持续发展作出积极贡献。

江苏神通阀门股份有限公司

安全级海水蝶阀

安全级高压球阀

安全壳隔离蝶阀

江苏神通阀门股份有限公司（以下简称江苏神通）是2007年6月在江苏神通阀门有限公司的基础上改制设立的具有独立法人资格的国家级高新技术企业。江苏神通的主导产品是“神通”、“蝶球”牌阀门。广泛应用于核电、冶金、石化、环保、市政等行业。

江苏神通是中国阀门行业协会副理事长单位、全国阀门标准化技术委员蝶阀工作组组长单位、中广核核电设备国产化联合研发中心成员单位。是核安全设备设计和制造许可证持证单位，企业通过了ISO 9001质量体系及ISO 14000环保体系和GB/T 28000职业健康安全体系标准认证。公司已于2010年6月在深圳中小板成功上市，股票代码：002438。

江苏神通是国家重点高新技术企业，企业资信等级为AAA级。公司占地面积12万多平米，现有职工658人，其中工程技术人员187人。公司拥有精密铸造、锻造、热处理、金切加工、机修、装配等车间，拥有各类设备400多台套，设备配置基本齐全，各种检测手段完备，可年产阀门8000多吨，年产值5亿多元。

江苏神通主要从事应用于核电站的核级蝶阀、球阀、止回阀、风阀以及应用于冶金领域的高炉煤气全干法除尘系统、转炉煤气湿法回收系统、焦炉除尘系统、煤气管网系统的特种阀门等产品的研发、生产和销售，产品涵盖六大类、145个系列、2000多个规格，其中球阀最大通径为800 mm，蝶阀最大通径为4800 mm。公司拥有授权专利110余件，产品销售网络覆盖全国各地，并批量出口美国、西班牙、印度、巴基斯坦等多个国家，是我国核电阀门和冶金特种阀门的主要生产企业之一。

近年来，江苏神通在核级蝶阀、球阀方面进行了数十项的验证试验，有多个产品通过了专家鉴定，为我国核电蝶阀、球阀产品的全面国产化做出了贡献。2008年以来，在多个核电机组核岛球阀、蝶阀国际招标中，中标了全部的蝶阀、球阀产品。是目前国内百万千瓦级核电站核级蝶阀、球阀产品的唯一供应商。

江苏神通以“制造一流产品、造就一流人才、创建一流企业、打造百年神通”为目标，坚持“立足冶金、发展核电、致力环保、扩大出口”的市场定位，为建成国内领先、国际一流企业而奋斗。

万商天勤律师事务所

万商天勤律师事务所是一家为中外企业提供全面法律服务的综合性律师事务所，业务范围涵盖城市基础设施、房地产、建筑工程、证券及资本市场、金融、保险、收购与兼并、私募股权与风险投资、跨境投资、国际贸易、环境保护、资源与能源、知识产权、劳动、税务、医疗、电信、媒体、高科技、政府法律事务、酒店管理、诉讼与仲裁等各个方面。万商天勤总部设在北京，在深圳、上海、成都、重庆设有分所，拥有律师和专业人员近三百人。

万商天勤在基础设施和建筑地产领域居于业内引领地位，先后为数十个高速公路、地铁、轻轨、桥梁、港口、码头、体育场馆、水厂、污水处理厂、危险废物处置等基础设施特许经营项目提供有效法律服务；为上百个商业地产、工业地产、住宅地产、新农村建设、成片土地开发等各类地产形态项目，特别是地标性的地产项目，提供交易架构设计、融资、开发、建设、经营、并购、上市等全过程法律服务。

万商天勤在资源与能源项目特许经营权的取得、开发与建设，矿产资源勘探与开采，矿权交易、风能等新能源领域，拥有丰富的实务经验，代表境内外客户为涉及电力（包括水电、火电、核电）、石油、天然气、煤炭、森林、矿产等资源与能源项目提供广泛的诉讼与非诉讼法律服务。万商天勤律师注重实务操作与理论研究的结合，先后参与了《中华人民共和国节约能源法》等多个法律法规的起草或修订工作。

中国国家博物馆改扩建工程

首都机场

国家体育馆

大全集团有限公司

大全集团是专业从事高低压成套电器、元器件、环保、高速铁路设备、新能源（多晶硅及太阳能电池）等产业的国家级大型企业集团，在江苏扬中市、南京江宁开发区、重庆万州区、新疆石河子建有产业基地。集团现有员工 9000 余人，23 家子公司，其中 7 家是与德国西门子、德国默勒、美国伊顿、瑞士赛雪龙、丹麦安凯特等公司合资的企业。

大全集团是国家创新型企业、国家重点高新技术企业、国家科技部 863 计划成果产业化基地、国家 863 计划 CIMS 示范企业、中国电气工业自主创新名列第一，在中国机械工业联合会 2010 年中国机械工业 100 强企业评比中名列 37 位，是中国电气工业领军企业，先后荣获“中国驰名商标”、“中国名牌产品”、“国家免检产品”称号。拥有国家级博士后科研工作站、院士工作站、国家级企业技术中心、国家级电气检测站，拥有国家能源局授予的国家能源新能源接入设备研发（实验）中心。集团成立了研究设计院有限公司，科技研发人员 600 余人，科技研发能力和技术装备水平居于国内同行业前列。

中低压成套电器、封闭母线、直流开关设备、桥架母线的生产规模、技术装备、产品档次均居同行业最高水平之列。其中，低压成套电器生产规模居于世界前列。

大全集团已获得了核电开发商的核级和非核级合格潜在供应商证书，形成了一套完整严格的核电质保体系，并根据核电的特点优化产品，获得核运营商的一致好评。集团下属的大全封闭母线公司的高压封闭母线、默勒电器公司的低压开关柜、大全伊顿电器公司的中压开关柜、镇江电器设备厂的桥架等产品，已成功应用在多个核电厂，为各核电厂的运行和建设提供可靠的输配电支持。

上海阿波罗机械股份有限公司

上海阿波罗机械股份有限公司，是一家致力于开拓高端泵产品的高新技术企业。在“创建卓越精英团队，打造百年盛世品牌”的长期愿景下，通过不懈的努力，公司获得了由国家核安全局颁发的民用核安全设备设计/制造许可证、并且取得了“上海市质量金奖”、“上海市企业技术中心”、“上海市名牌产品”等众多荣誉称号。

公司成立于2001年，现占地面积60余亩，拥有各类数控机加工设备百余台套。公司三期扩建用地新增45亩，计划建造试验厂房及研发和生产的扩容性设施。公司现有专业的水泵开发、设计、制造团队360余人，本科以上学历的人员占职工总数65%以上。在核电设备国产化目标的指引下，公司与国内多家大学和科研院校成立产学研合作模式，建立了长期的技术合作关系。国内一大批核泵设计生产制造行业的精英纷纷加盟公司，他们在开发设计、组织生产、计划调度、外协管理、工艺指导、装箱发运、安装调试等方面有着丰富经验。

公司目前已拥有混凝土蜗壳海水循环泵、核三级电动辅助给水泵、核三级汽动辅助给水泵、核三级安全厂用水泵、核三级设备冷却水泵等世界级高端产品的设计开发能力和核心制造管理能力，同时也成为了世界上少数有能力生产这几类产品的企业之一，并且是国内第一家能够同时具备设计制造上述产品的企业。目前福清核电厂一期工程1号机组海水循环泵已于2011年6月顺利发货。

在公司企业信息化管理方面，为加强企业管理，提高工作效率与工作质量，实现管理流程的提升，公司与国内知名企业信息化管理软件公司签订了关于上海阿波罗机械股份有限公司企业信息化平台建设的长期战略合作协议。

公司大门

贵州航天新力铸锻有限责任公司

贵州航天新力铸锻有限责任公司位于贵州省遵义市，是一家铸锻件和金属构件专业制造企业，行政隶属于中国航天科工集团。企业是国内最早进入民用核电设备制造领域的企业之一，曾荣获“核电先锋”的称号，其制造工艺获得省部级科技进步一等奖。公司在核文化、核要求、执行标准、制造工艺方面积累了丰富的经验，并不断创新，使公司在国内核制造领域取得了良好的声誉。近几年来，公司承担了国内各核电项目设备铸锻件及构件的制造，其中，反应堆压力容器主螺栓套件、主蒸汽进出口接管、百万千瓦级核电站核一级安全端等多项产品为国内首家研制成功，取得了多项科技成果，为推进核电装备国产化进程作出了自己的贡献。

企业具有冶炼、锻造、铸造、热处理、机加工、焊接、装配、试验等配套完整的从原材料直至产品精加工全过程控制的产品综合制造能力，占地面积360000平方米，技术人员近200人；公司检测中心为国防三级计量机构，有着完备的金相、力学、化学、无损检测、长度计量、热工检测、热处理试验室等理化、计量检测能力和手段，建筑面积2700平方米，具有各类先进的检测设施百余台套。公司重视科技进步，企业技术中心作为省级特种铸锻工程技术中心，取得了50余项科技成果和专利技术，使公司生产能力和产品质量得到稳步提高，成为国家高新技术企业之一。

公司以“信誉兴业、品质制胜”为基本经营战略，崇倡“严谨务实、雷厉风行”的工作作风，“同心协力、执着创新”是企业员工共同接受的群体精神。遵循核电产品“安全第一、质量第一”的方针，秉承航天产品“万无一失”的精神，企业追求质量卓越。建厂40多年来，公司致力于材料及材料成形技术的研究和应用，产品材料种类覆盖碳钢、一般合金钢、高合金钢、不锈钢、高温合金等，产品以高质量、高难度在同行业中享有较高声誉。

冶炼车间

锻造车间

热处理车间

蒸汽进出口接管等异形锻件

SG 垂直支撑件

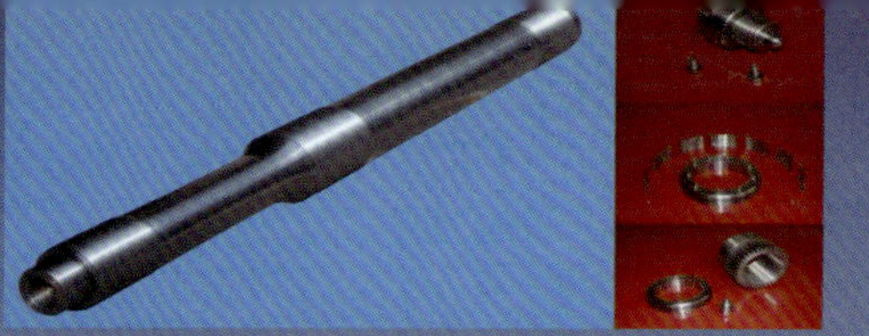

RPV 主螺栓组图

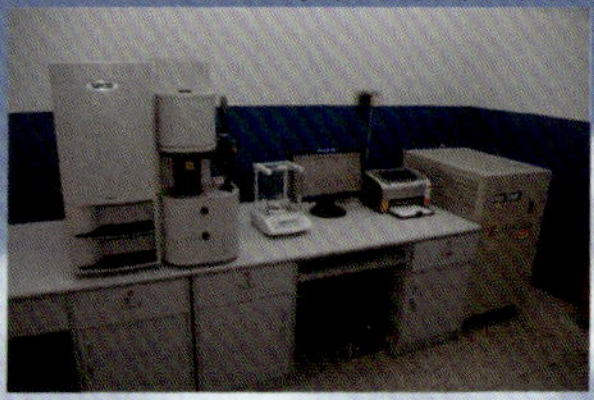

氧氢氮分析仪

电感耦合等离子体发射光谱仪

全自动低温冲击仪

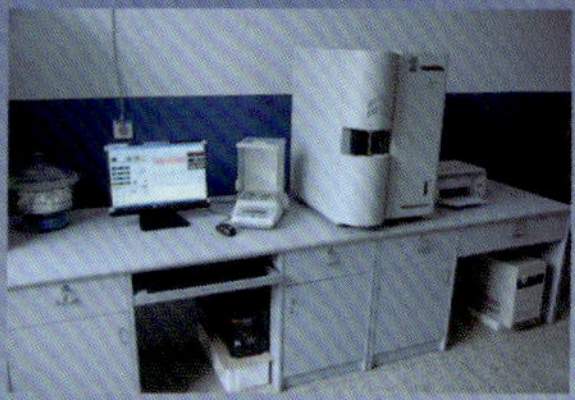

高频红外碳硫分析仪

重点产品介绍：

1. 核反应堆压力容器 (RPV) 主螺栓螺纹精密滚压成型技术

RPV 主螺栓用于核电站反应堆压力容器壳体和上盖的紧固联接。

公司采用冷滚压成型技术，突破了大载面、高强度、高精度螺纹滚压的技术难点，同时在材料冶炼、锻压成型、热处理、检验检测等技术方面进行了大量的研究，从而大大提高了螺纹的综合性能和加工精度，实现了产品的稳定性和可靠性生产。采用该技术制造的 RPV 主螺栓具有其接触面成纤维组织状、显微硬度高、螺纹接触表面强化、表面光洁度高等特点，从而增强了螺纹副接触表面材料的抗咬合性能。

该工艺技术通过了中国核能行业协会组织的专家评审，达到了国内领先、国际先进水平，获得多项国家发明专利。

2. 核电站汽水分离再热器 (MSR) 进出口接管薄壁异形件精确成型技术

进出口接管具有形状复杂、壁薄径大且力学性能要求高的特点，长期依赖进口。我公司研究采用异形曲面随形锻造精确成型技术，从材料、锻造、热处理等方面进行了大量的技术攻关，工艺成熟，已形成批量生产。制造的产品金属流线沿形分布，性能好，同时大大减少机械加工余量，提高生产效率，质量稳定。

该产品工艺技术通过了中国核能行业协会组织的专家评审，优于国外同类产品制造技术，达到了国际领先水平，获得多项国家发明专利。

3. 百万千瓦级核电站压力容器安全端制造工艺技术

公司从材料、冶炼、锻造、热处理等技术方面进行了大量的研究，在国内首家制造成功。该工艺技术攻克了产品高温强度、晶粒度等高技术要求的难题，为加快核电关键零部件的制造国产化作出了贡献。

该产品工艺技术属国内领先技术，已获得国家发明专利。

核工业西南勘察设计研究院

建筑设计

地质灾害治理

核工业西南勘察设计研究院始建于1955年，隶属于四川省核工业地质局，总部设在成都，现有员工900余人，其中勘察大师、国家规范编制人、学术带头人等30余人。为中国核工业勘察设计协会常务理事单位，四川省勘察设计协会副理事长单位，全国首批勘察设计行业诚信单位，具有建筑设计甲级、市政设计甲级、工程勘察综合类甲级、地质灾害治理工程（勘查、设计、施工、评估）四甲、公路行业设计乙级、化工行业设计乙级、地基与基础工程总承包一级等多项资质；拥有国内一流的土工实验室和特种检测实验室及各专业一流的设备和软件；建立了先进的办公自动化管理平台和以图文管理系统为载体的庞大的企业知识库。

核工业西南勘察设计研究院坚持以“核”为本，以设计为龙头，向专业化总承包方向发展，形成了在涉核岩土工程、特大桥梁设计、危桥加固设计与治理、高层建筑设计，复杂岩土地基与基础设计与施工等方面强有力的市场竞争力。目前，市场网络已覆盖到尼泊尔、格鲁吉亚、尼日利亚等国家和全国20余个省区市。

五十多年来，核工业西南勘察设计研究院“达州化工园区一期市政设计”、“三峡库区地质灾害应急勘查设计”等近百余项工程获国家和省部级优秀工程奖。核工业西南勘察设计研究院将以“追求卓越品质，实现和谐共赢”的宗旨努力为社会各界提供一流的工程和一流的服务，为国家经济建设和社会发展作出更大的贡献。

跨线铁路勘查设计

大连深蓝泵业有限公司

大连深蓝泵业有限公司是大连深蓝集团的全资子公司。大连深蓝集团前身为大连第二耐酸泵厂，1988年由董事长张志勤先生创办。于1997年进军国际市场。2002年大连深蓝泵业有限公司进军核电领域——正式提出民用核安全机械设备设计和制造资格许可证申请。2005年6月大连深蓝泵业有限公司获得国家核安全局颁发的民用核安全机械设备设计和制造资格许可证。自2006年以来，承揽了所有在建核电项目以及改造项目的核级和非核级泵供货1000余台套。

目前集团已发展成为集泵、压力容器和精密铸造于一体的股份制集团公司；集团占地面积32万平方米，包含一个在建工业园24万平方米，员工1000余人，年销售额已经突破6亿元人民币；公司资产总值8.2亿人民币；资信等级为AAA。

大连深蓝泵业有限公司，可以独立设计制造40多个系列、1000多个品种的化工泵，产品主要应用于石化、煤化工、核电等领域。是目前国内最大的石化、煤化工用泵制造商，是石化、煤化工行业民族第一品牌。大连深蓝泵业有限公司一直致力于国家核电建设，是国家重点扶持的核泵主力供应商之一。

近年来，大连深蓝泵业紧紧围绕石化、煤化工、核电行业大力进行新产品、新材料的研究与开发。在稳步发展的同时，使企业的管理水平、技术能力和制造能力不断提高，覆盖API610各种离心泵。在国内和国际均得到广泛认可，产品销往英国、土耳其、俄罗斯、中东、非洲、东南亚等30多个国家与地区。

大连深蓝泵业有限公司通过自主研发，完成了压水堆核电站所有核安全三级泵的样机研制，并通过了国家级鉴定，技术水平国内领先，性能指标达到国际同类产品水平，取得了较好的市场占有率。自主研发的核安全二级余热排出泵、安全壳喷淋泵、低压安注泵通过了国家级鉴定，性能指标达到国际水平。为了应对核电国际化，公司在2009年展开核电ASME N、NPT取证准备工作，并顺利取得了ASME核电N、NPT证书和钢印，为进军国际核电市场奠定了基础。

核安全二级低压安注泵　核安全二级安全壳喷淋泵

核安全二级余热排出泵

东方电气（广州）重型机器有限公司

东方电气（广州）重型机械有限公司

出海口基地重型专用码头

反应堆压力容器

蒸汽发生器

东方电气（广州）重型机器有限公司（简称东方重机）是我国大型核承压设备国产化的专业制造基地之一，是涉及国家安全和国民经济命脉的53家国有重点骨干企业之一——中国东方电气集团有限公司的出海口基地。

东方重机位于广州市南沙区黄阁国家级工业园，居珠三角中心，占地面积40万平方米。东靠珠江主航道，西连东部快线主干道，一小时可辐射深圳、珠海、中山、香港、澳门等地区，交通十分便利。

公司通过了ISO 9001质量体系认证，持有美国ASME N、NPT、NS、U、U2制造钢印及授权证书，已获得国家民用核安全设备制造许可证和A1、A2级压力容器设计、制造资格许可证，核质保体系运行有效，产品质量稳定。

公司经过七年多的不懈努力，已率先形成了国内领先、国际一流的大型核承压设备专业化、批量化制造能力，建立了一流的核电专业化人才队伍。投产五年来，已陆续完成并发运了岭澳、宁德、红沿河核电站共计2台反应堆压力容器，12台蒸汽发生器、12台汽水分离再热器；通过批量生产百万千瓦级核电重型设备，全面掌握了核心制造技术，不断填补了国内核电设备制造的技术空白，实现了百万千瓦级核电重型设备制造的全面国产化。建立了目前国内最先进的民用核承压设备焊工及焊接操作工培训基地。公司已成为目前国内外唯一一家同时拥有制造二代改进型、第三代AP1000和EPR核岛主设备合同的供应商，年产能力为四套百万千瓦级核岛主设备。

东方重机始终恪守“安全第一”的核安全文化灵魂，始终秉承为用户提供性能最可靠、质量最稳定、使用最安全、用户最满意核电产品的价值理念，将牢牢抓住南沙作为国家“十二五”“深化粤港澳，共建中华民族共同家园”的战略机遇期，竭尽全力，不断创新，为我国核电事业的发展作出新的更大的贡献。

国核电力规划设计研究院

国核电力规划设计研究院（以下简称国核电力院）成立于1958年，原名山东电力工程咨询院，2007年5月由国家电网公司整体划归国家核电技术公司。国核电力院具有工程设计综合甲级资质等全国最高等级设计资质，首批进入中国勘察设计综合实力“百强”企业，并连续八年位居全国电力设计行业首位。

超大型冷却塔效果图

国核电力院主要承担核电、火电、风电、生物质、太阳能等新能源等发电工程，以及超高压/特高压交直流等输变电工程的勘察、设计、咨询、工程总承包等工作，并承担国家重大专项和国家核电重要科技研发工作。目前，国核电力院共有员工956人，其中工程技术人员832人。

莱州效果图

国核电力院承担山东海阳核电站1、2号机组及3、4号机组工程，江西彭泽工程，以及华能石岛湾高温气冷堆核电站示范工程、华能石岛湾压水堆扩建工程、国核压水堆重大专项示范电站等多个大型核电站的常规岛及BOP设计工作。同时，在山东、河南、黑龙江、安徽等省开展了一批核电前期工作，是国内首个具备AP1000三代核电“前期选址、可行性研究、总体设计、初步设计、施工图设计”全过程完整设计能力的常规岛设计院。

海阳效果图

国核电力院拥有丰富的常规电站工程业绩，涵盖从135 MW亚临界至1000 MW超超临界全部等级的大容量机组，承担了全国首批超超临界燃煤1000 MW发电机组的设计工作，累计完成超过70 GW的咨询设计工作。同时，在风电及生物质新能源工程等领域的设计技术也处于国内先进水平。

国核电力院也是国家电网公司主要的技术咨询、系统规划、设计服务提供商之一，设计能力涵盖1000千伏、±800千伏、750千伏及±660千伏等输变电工程。总共承建了200余座变电站，以及总长度约22000km的线路设计，累计变电总容量6500万千伏安，承担了全国第一批1000千伏、±800千伏特高压、±660千伏直流输电工程，中国第一条电压等级最高的交流双回路输电工程，中国第一个全GIS设计的500千伏变电站。

国核电力院承担了“大型先进压水堆及高温气冷堆”等国家重大专项课题研发工作，在核电超大型冷却塔技术、AP1000内陆核电标准设计、大容量高参数火电站，以及内陆电站空冷、数字化电厂、新能源等方面掌握了一批核心技术，建立了完备的大容量火电技术研发平台，并承担了中国特高压“东纵北横”网架的规划及智能电网的研究工作。

国核电力院共获得国家级勘察、设计及总承包工程奖36项，省部级143项。

国核电站运行服务技术公司

国核运行办公大楼

国核电站运行服务技术公司（简称国核运行）于2008年3月正式成立，是国家核电技术公司的二级单位、全资子公司，承担着实现我国核电运行服务技术自主化的使命，是坚持专业化发展方向的创新型科技企业。

国核运行以久负盛誉的核工业无损检测中心为平台和载体组建而成，拥有20多年核电运行服务经历和经验，主要从事工业设备运行服务技术的研发和服务，培养造就了一支经验丰富、能打硬仗的研发和工程技术服务团队。国核运行作为国内首批通过的民用核安全设备无损检验人员考试中心，多年来为核电行业培养了大量合格的无损检验资质人员，为我国无损检验专业技术领域作出了巨大的贡献。

国核运行可承担所有核电厂在制造、安装、役前和在役等各阶段的检验工作，拥有诸多核电站核岛关键设备的检查和维护技术，尤其擅长处理特殊检验问题和专业工具的开发，自主设计开发了许多自动检测和维修维护装置，并配备一系列国际先进的检验检测设备、仪器，积累了大量的工程实践经验和相关技术开发手段。国核运行还积极开拓民品市场，先后为石化、石油、火电、特种设备等行业提供了优质的现场技术服务。

国核运行将通过三代核电技术引进、消化、吸收、再创新和国家重大专项的研发，掌握运行服务的核心技术和关键技术，在无损检测、寿命评估及老化管理、换料服务、特种维修、性能试验及设备监测、行业培训等方面形成强有力的核心竞争力，形成较为完整的核电运行服务技术体系。

经营范围：

无损检测、核电站运行、核电站燃料管理、电站维修、理化检测、性能测试、在线监测专业领域内的技术服务、技术开发、技术咨询、技术转让、技术培训、技术承包、技术入股、技术中介、无损检测设备、电站设备、电站维修设备的销售。

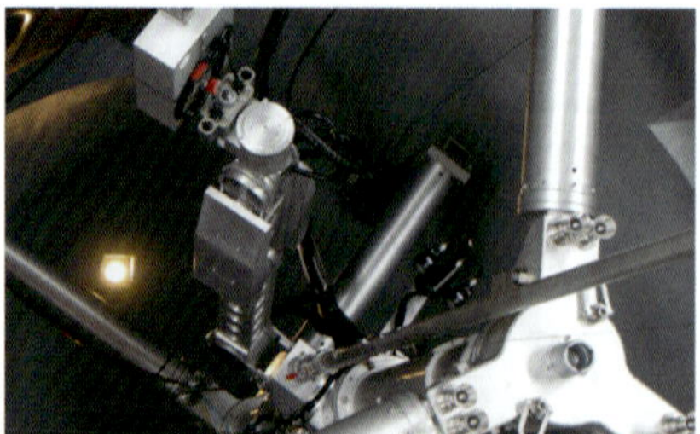
大型机械手臂

无损检测现场作业

中国电力工程顾问集团华东电力设计院

华东电力设计院 1953 年创建于上海，现隶属于中国电力工程顾问集团公司，是中国勘察设计单位综合实力百强和获得国家质量、环境和职业健康安全管理体系认证证书，并具有工程勘察、工程设计综合甲级资质的单位。华东电力设计院主要承担电力系统规划、火电、核电、超高压、特高压输变电和新能源项目的勘察、设计、咨询、监理、总承包等业务，截至 2011 年 6 月底，共有在职职工 1132 人。

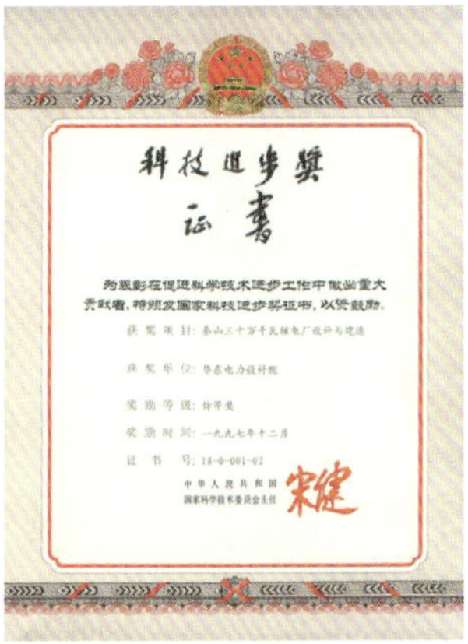

“秦山三十万千瓦核电厂设计与建造”获国家科学技术进步特等奖

“秦山 600MWe 核电站设计与建造”获国家科学技术进步一等奖

华东电力设计院坚持发展高新技术，在 30 万千瓦、60 万千瓦、100 万千瓦、125 万千瓦各容量等级核电厂常规岛，60 万千瓦级亚临界 / 超临界 / 超超临界和 100 万千瓦级超临界 / 超超临界燃煤发电，超高压、特高压交直流输电，洁净煤发电，天然气发电和大跨越高塔、同塔多回紧凑型线路等方面的设计技术水平处于国内领先地位。

华东电力设计院开展了以我国首台百万千瓦超超临界燃煤机组华能玉环电厂为代表的一批大容量火力发电勘测设计项目，截至 2011 年 6 月底，全国范围内已投产的单机容量百万千瓦级超超临界火电机组共有 38 台，其中有 18 台机组由华东电力设计院设计。华东电力设计院开展了以三门核电厂为代表的一批核电工程常规岛设计，完成设计并投产的核电项目 4 个共 6 台机组。目前正在开展多个国内外大型核电站的常规岛设计任务，此外还开展了一批核电项目的前期设计工作。

由华东电力设计院参与完成的“秦山三十万千瓦核电厂设计与建造”1997 年获国家科技进步特等奖；参与完成的“秦山 60 万千瓦核电站设计与建造”2005 年被国务院授予国家科学技术进步一等奖；参与完成的“恰希玛核电工程技术研究设计” 2008 年被国务院授予国家科学技术进步二等奖。

秦山核电厂二期工程常规岛

秦山核电厂一期工程常规岛

浙江中达特钢股份有限公司

浙江中达特钢股份有限公司是中达联合控股集团股份有限公司的全资子公司，公司专业生产和销售不锈无缝钢管、精密合金等。公司产品先后被认定为嘉兴市名牌产品和浙江省名牌产品，中达商标也先后被认定为嘉兴市著名商标、浙江省著名商标和中国驰名商标，“中达”字号被认定为浙江省知名商号。

公司拥有北美冶金 DMP 动冶 AOD 智能精炼炉、立式真空感应炉等冶炼设备和各种先进的冷拔、冷轧机组（如 800 精密液压冷拔机、LG30-H 轧机等）等生产设备，冶炼的高温合金、精密合金、高难度的高端不锈钢牌号等产品供作公司内部的坯料，生产金属功能材料带材、各类不锈钢带材、精密合金、不锈钢带极堆焊材料和各类不锈钢无缝钢管，形成从冶炼至成品带材和管材的自行供坯的独立的生产体系。同时，公司的质量检测技术中心拥有落地式 MAXx 固定式金属分析光谱仪、氧氮分析仪、红外碳硫分析仪等各种先进的分析检测设备，为公司生产优质产品提供了科学依据，2007 年被评定为省级技术中心。

中达特钢从 1999 年起为秦山核电供应非核级的不锈钢无缝钢管，已陆续取得一批核行业企业的非核级无缝不锈钢管合格供应商资格证书。目前核设备制造许可证申请上已通过了模拟件制作方案及质量计划见证选点的审查，可以进行模拟件制作。

通过技术引进、技术开发和技术装备、工艺路线改进，产品定位始终放在具有特殊物理性能、高技术含量的产品上，并取得了一定成绩。公司自主开发的热双金属组元层合金带材填补了国内空白，为双金属合金带材替代进口走国产化道路作出了重要贡献。该产品列入了国家重点新产品计划和国家火炬计划项目。公司的不锈钢带极堆焊材料生产解决了诸多生产工艺难点，产品替代进口，成为国内仅有的 2 家生产企业之一。公司研制开发的一种双相不锈钢无缝钢管产品达到了国际先进水平，率先通过了全国锅容标委材料技术评审，产品列入了国家重点新产品计划。公司研制的 S32750 超级双相不锈钢无缝钢管是国内首家通过从冶炼到成品行业技术评审的产品，该产品具有稳定优良的力学，耐腐蚀等性能，达到国际同类产品的先进水平，可替代进口。

宝银特种钢管有限公司

宝银特种钢管有限公司成立于2007年6月，注册资本2.2222亿元人民币，由宝山钢铁股份有限公司、江苏银环精密钢管股份有限公司、中科华核电技术研究院有限公司共同出资。宝银拥有国内第一条百万千瓦级核电蒸汽发生器用690合金U形管专业生产线。目前公司有一支自主培养的熟悉核电产品研制的专业化中青年科研队伍，员工总数165人。

公司于2009年12月26日建成投产，2010年10月26日正式进行合同生产。一期项目总投资5亿元，设计产能为750吨/年，二期项目前期工作已启动。“核电蒸汽发生器用U形管材料及应用性能研究”被列入国家“863”项目、“973”项目。2010年8月4日，公司取得国家核安全局颁发的中国第一张（核一级）蒸汽发生器换热管《民用核安全机械设备制造许可证》，证书号：国核安证字Z（10）16号。

公司主要生产及检测设备从国外引进，是目前世界上最先进的冷加工制管生产线。按照“核电蒸汽发生器用U形管”技术“一贯制”要求，公司对直管生产到U形管弯制全流程进行了长期技术攻关和试制，突破了过程清洁控制、变色控制、U形管尺寸偏差控制、背景噪声控制、内涡流检测方法、无损检测多项目检测集成控制、管号身份证管理等多个技术难题，形成了自主设计、自主建设、自主制造的全过程自主知识产权。目前已完全掌握CPR1000、AP1000、EPR等核电蒸汽发生器U形管的关键技术，形成了批量制造能力，对满足我国在核电重大装备关键材料领域实现国产化的迫切需要，保障我国核设施长期有效运行及国家核安全具有重大意义。

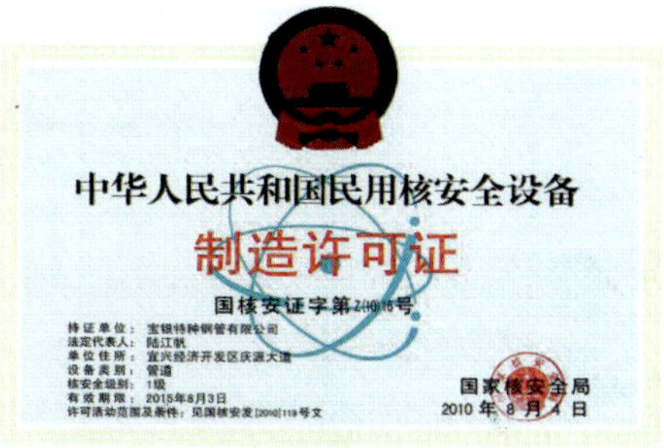

民用核安全机械设备制造许可证

核电蒸汽发生器用690合金U形管

进口全氢保护网带式光亮热处理炉

中海油宁波LNG项目DN2200玻璃钢管道

火电厂烟气脱硫项目

国内最大DN4100水压试验机

海南核电DN3000循环水玻璃钢管道安装

南京新核复合材料有限公司

南京新核复合材料有限公司是由复合材料专家组建的股份制企业，占地60000平方米，厂房12000平方米。坐落在南京风景秀丽的秦淮河之源溧水东屏镇工业区。主要产品：缠绕玻璃钢管道、玻璃钢储罐、化工防腐蚀设备等。产品广泛应用于核电、火电、石油化工行业的循环水、海水淡化、烟气脱硫、给水、排水等领域。产品出口中东、美国、巴基斯坦、哈萨克斯坦、越南、孟加拉、保加利亚等国家和地区。

南京新核复合材料有限公司拥有中国复合材料行业中最有经验的工程技术人员和数名教授、博士、硕士学历的高级技术人才资源，与武汉理工大学、华东理工大学防腐蚀中心、南京工业大学、国家玻璃纤维制品检测中心、哈尔滨玻璃钢研究所等科研机构建立了长期良好的发展合作关系，成立了复合材料工程技术中心，是一家专门致力于核电工业复合材料产品的开发与生产、技术咨询、工程承包的生产厂家，并拥有多项技术成果。

南京新核复合材料有限公司现有员工200多人，专业技术人员30人，中级职称以上技术人员15人。拥有可制造各种规格的目前国内性能最先进的微机数字变频控制的玻璃钢管道、储罐及现场缠绕大罐缠绕生产线10条，年产玻璃钢制品15000吨。

公司为中国兴原认证中心ISO 9001质量管理体系的唯一认证缠绕玻璃钢厂家，2009年获中石化GBT 24001,GBT 28001, Q/SHS-0001.1-2001认证，2011年获欧盟CE认证，现为中国核能行业协会会员单位。

湖南桃花江核电DN3600玻璃钢管道

直径DN14000 2000 m³贮罐

南通昆仑空调有限公司

南通昆仑空调有限公司前身是与核工业部221厂军民共建的企业—南通昆仑空调工业公司，始建于1985年2月。并于2002年成功转制为民营股份制企业。

南通昆仑空调有限公司是研制生产大型中央空气处理机组、空气净化设备和承接空调净化工程的国家中型企业。本公司占地面积30000平方米，新建的标准厂房建筑面积18200平方米。

公司技术力量雄厚，拥有一批经验丰富的技术人才和一支训练有素、业务技术熟练的员工队伍，现有员工210人，其中专业技术人员33人；能满足本公司空调通风及净化设备的研发、设计、生产、检测的需要，具备新产品研制开发能力。

公司产品有KKA系列组合式空调机、KKL系列立式空调机、KKX系列新风机组、KKFP系列风机盘管、KKG变风量空调机、KKD大风量空调机、核安全级和非安全级空气处理机组、核岛冷风机组、表冷器、加热器及核电厂用的各类风阀、玻璃钢制品、各种空调净化配件等。产品的各项性能指标在国内处于领先地位，有的指标已达国际先进水平。

公司拥有各类专用和通用设备150余台（套），为了确保产品质量，完善产品测试手段，公司还购置了全套检测使用的仪器、仪表。

公司产品可以满足恒温、恒湿和洁净的要求，广泛应用于电子、仪表、轻纺、化纤、化工、医药、烟草、精密机械、冶金、汽车制造、热电厂、核电厂等行业通风净化空调，也适用于宾馆、剧场、商场、体育馆等大中型公共建筑的舒适性空调工程。

公司自1995年起，致力于核电空调产品的开发研制。先后承揽设计与制造了一批核电厂及核燃料生产厂的空调通风设备的配套任务。其产品的抗震计算分析及实验技术研究工作达到了国内先进水平。

公司的产品以高效、节能、新颖、独特为特色，以精心设计、精心制造、优质服务为宗旨。为保证产品和服务质量，建立了完整的质量管理和质量保证体系，通过了ISO9001 ：2000质量体系认证和国家质监总局颁发的“生产许可证”。

公司产品多次被国家重点工程采用。主要产品荣获机械电子工业部科技进步奖，新产品开发应用“金牛奖”，市优秀新产品“金鹰奖”及省市级多项优秀产品称号，是AAA级资信企业、重合同守信用单位，质量信得过单位。

中核陕西铀浓缩有限公司

中核陕西铀浓缩有限公司是我国第一座离心法商用铀浓缩生产科研试验基地。该工程于2002年12月通过国家竣工验收，标志着我国在核燃料循环的关键环节上实现了生产能力的跨越和技术水平的提升。公司通过引进国外先进的铀浓缩生产设备和不断的自我创新，生产规模已得到不断的扩大。

公司坚持“规范、高效、合作、创新”的经营理念和“以核为主、市场运作、面向国际、争创一流”的经营方针，秉承“自强、开拓、奉献、创新”的企业精神，努力打造魅力陕铀、和谐陕铀，打造具有国际竞争力的现代化陕铀公司，为培养一流队伍，创造一流业绩，建设一流核燃料基地的企业目标不断进取。“十二五”末，力争实现“2313”目标，即生产能力增两倍，经济效益增三倍，职工收入翻一番，社区环境成三化（美化、绿化、净化）。

中俄离心四期签字仪式

陕铀公司庆祝建企40周年活动

职工技术比武

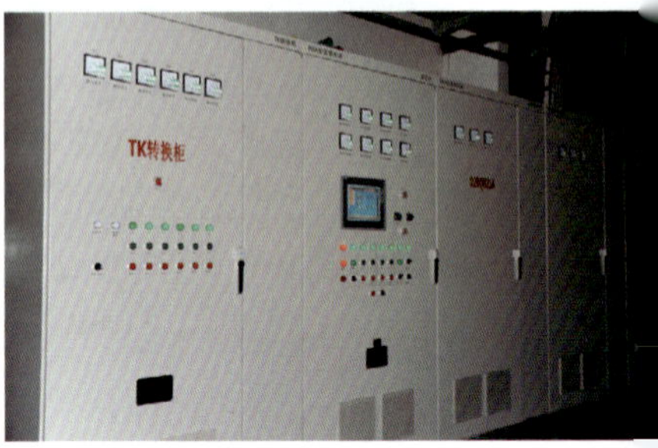

获得国防科技进步三等奖的大功率变频电源

十几年来，公司坚持不懈地开展科技创新活动，以拥有的先进铀浓缩生产工艺技术及设施为平台，锻炼出一支素质高、技术精、观念新、创新能力强的人才队伍，在铀浓缩工厂建设、设计、运营管理及配套关键设备的研制方面，积累了丰富的经验和实力。完成了多项科技创新成果填补了国内空白，先后荣获国家科技进步二等奖1项、国防科学技术奖20项，申报了20项国防专利，获得专利授权5项，使我国铀浓缩生产工艺技术的升级和装备的更新换代迈向了新台阶。

近年来公司相继荣获了全国“五一”劳动奖状、全国思想政治工作优秀企业、全国精神文明建设先进单位、全国“安康杯”优胜企业、全国总工会“模范职工之家”、“省级文明单位”等荣誉称号，获得中国核工业集团公司科技创新特别奖、中国核工业集团公司成立10周年杰出科技成就奖等荣誉。

浙江省火电建设公司

浙江省火电建设公司总部大楼

浙江省火电建设公司创建于1958年，是一个集火力发电站、核电厂、洁净能源工程、电厂维护检修、电网工程建设等为一体的施工总承包和专业承包企业。公司拥有电力工程施工总承包一级资质、火电设备安装工程专业承包一级资质、民用核安全设备安装资格许可证、承装（修、试）电力设施一级许可证、调试甲级资质、环保工程专业承包一级资质、管道工程专业承包一级资质、压力管道（GA1、GB、GC1级）安装许可证、对外承包工程经营资格证、起重设备安装工程专业承包二级资质、房屋建筑工程施工总承包二级资质等。

公司夺得国优“金质奖”4项、“银质奖”8项及“鲁班奖”6项，全国质量大奖总数居全国同行之首。公司还先后获得了全国“五一劳动奖状”、“全国优秀施工企业”、“国家电网公司先进集体”等荣誉。

公司已累计完成装机180多台，总装机容量超过4000万千瓦，并创造了中国电力建设史上的多项第一：1987年承建了中国大陆首座核电站秦山核电厂一期常规岛。该工程的建设，使公司的安装领域从火电扩展到核电常规岛，成为国内最早进入核电领域施工的企业；2006年投产了全国首台百万千瓦超临界火电机组华能玉环电厂一号机；2009年承接了全球首台AP1000核电机组三门核电常规岛工程。

新的时代赋予企业新的使命。浙江火电将秉承“成就自我，服务社会”的价值观，信奉“诚信求合作，共赢谋发展”的经营哲学，弘扬“诚信、责任、创新、奉献”的企业精神，大力推进机制创新、管理创新和技术创新，努力将公司建设成为实力雄厚、管理科学，多元化、国际化和集团型的现代一流电建企业。

方家山核电工程

三门核电工程

秦山核电一期工程

valinox nucléaire

瓦卢瑞克核电管材（广州）有限公司

瓦卢瑞克核电管材（广州）有限公司是瓦卢瑞克集团在中国投资的全资子公司，2010年成立于广州南沙，致力于满足快速发展的中国核电市场需求。得益于瓦卢瑞克核电管材法国公司40多年来积累的丰富生产经验，集中了生产高质量管材所需要的核心技术，如冷轧、真空热处理、无损检测、弯管等工艺，公司预计于2013年初可按全球最严格的技术规范要求开始生产核电蒸汽发生器管材产品。

瓦卢瑞克核电管材法国公司，是世界领先的核电蒸汽发生器管材生产商，其产品广泛应用于秦山、大亚湾、岭澳及二期工程等中国几乎所有运营中的核电厂，以及红沿河、宁德、方家山、福清、台山、阳江、海南、三门、海阳等在建工程。

瓦卢瑞克核电管材（广州）有限公司的成立，将进一步提高瓦卢瑞克核电管材法国工厂2011年扩产后的产能，并巩固瓦卢瑞克集团在核电蒸汽发生器管材市场的全球领导地位。

苏州宝骅机械技术有限公司

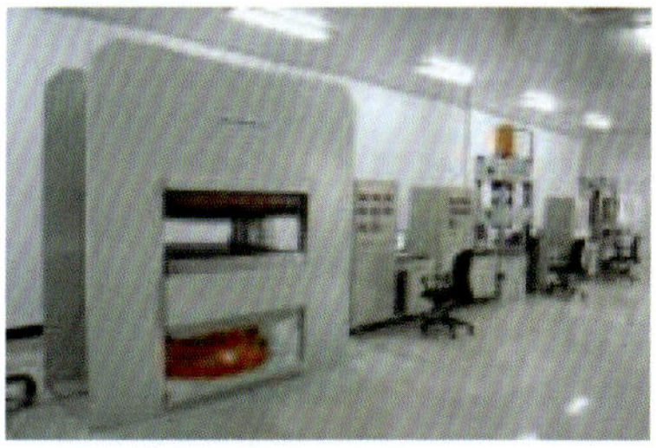

苏州宝骅机械技术有限公司为江苏省高新技术企业，拥有30余项专利。具备核1、2、3级密封垫片和填料的批量制造和测试能力。拥有符合核级要求的I级清洁生产区域、高精度数控制造、专业酸洗钝化、全自动激光切割、标准化恒温恒湿仓储，有效控制产品质量及供货期，满足客户需求。拥有专业工程技术研究中心，配备高素质密封专业技术人员，建成技术先进的化学实验室、材料实验室、密封型式实验室，能为客户提供全面的密封性能测试、产品开发和技术服务，为客户提升价值。

公司通过了ISO 9001：2008，ISO 14001：2004和OHSAS 18001：2007认证，建立运行了核级密封产品设计制造质保体系，已成为中国各核电工程公司、核电运营公司及相关配套公司的核级密封合格供应商。

产品和服务：

·BMC密封垫片系列：核1、2、3级管道法兰用石墨密封垫片；核1、2、3级设备用石墨密封垫片（包括蒸发器、稳压器、人孔垫片等），核级金属缠绕垫片，核级柔性石墨复合增强垫片，波形自紧式复合密封垫片，金属垫片等；核级“O”形密封环和“C”形密封环。

·BMC密封板材系列：无石棉板材、柔性石墨复合增强板材、改性及膨化PTFE板材、橡胶板材等。

·BMC密封盘根填料系列：核级石墨编织填料环及压制环；芳纶、PTFE、碳-石墨、合成纤维、矿物类等编织盘根以及压制填料环。

·提供特殊设计的密封产品和技术支持服务，与客户共同开发产品。

·提供密封技术方案及密封技术培训。

·代理法国LATTY系列：盘根、填料环、各种密封板材、垫片及机械密封等。

·代理美国JohnCrane核电用机械密封、系统、联轴器、轴承。

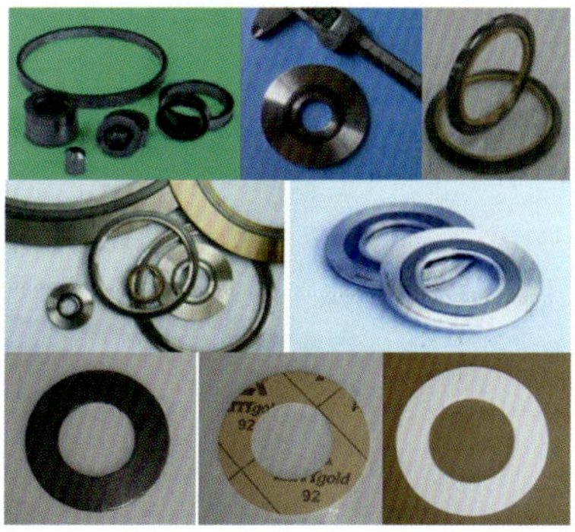

主要业绩：

苏州宝骅研发、设计、制造的BMC系列核级密封产品已得到核电工程公司的批量订单，并在相关运行核电站得到了广泛应用。

应用行业：

产品广泛应用于：核电、火电、石油、化工、船舶、冶金、钢铁、制药、食品等行业。

公司员工进行核电厂发电机定子膛检查工作

公司员工进行核电厂汽轮机低压缸转子吊移工作

中电华元核电工程技术有限公司

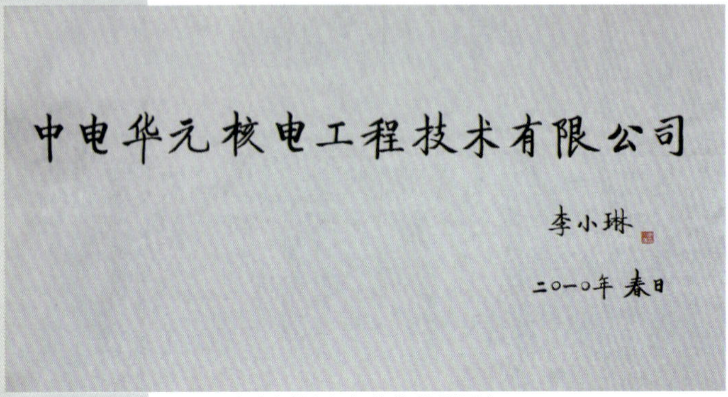

中电国际李小琳董事长题字

中电华元与山东核电签订核岛维修框架协议

中电华元核电工程技术有限公司（简称“中电华元”）于2010年7月16日在上海注册成立，注册资本5500万元人民币。同年9月，中电华元核电工程技术有限公司烟台分公司在山东烟台市莱山区注册成立。

中电华元立足成为中电投集团公司核电站检修专业化公司，公司经营范围包括：核电站核岛、常规岛及其他设备的调试、维护、检验、检测、检修监理及换料检维修；核电站辅助设备运行及维修；提供核电站相关技术支持和咨询业务；核电领域工程总承包（EPC）；核电站其他辅助业务等。

中电华元自成立以来，广泛开展管理人员专业技术理论培训和检修员工岗位技能培训，加大核电检维修技术开发力度，着力培养一支掌握核电检修核心技术的专业化骨干队伍。

2010年，中电华元与山东核电公司签订“山东核电一期1、2号机组核岛维修服务框架协议”。中电华元积极跟进中电投集团公司核电事业发展规划，以山东海阳核电项目为依托，不断强化企业自身建设和人才培养，为中电投集团公司后续新建核电站提供专业化检维修服务，逐步打造能独立承担核电站BOP运行维修、常规岛检维修、核岛检维修的专业化核电检修公司。

山东海阳核电站效果图

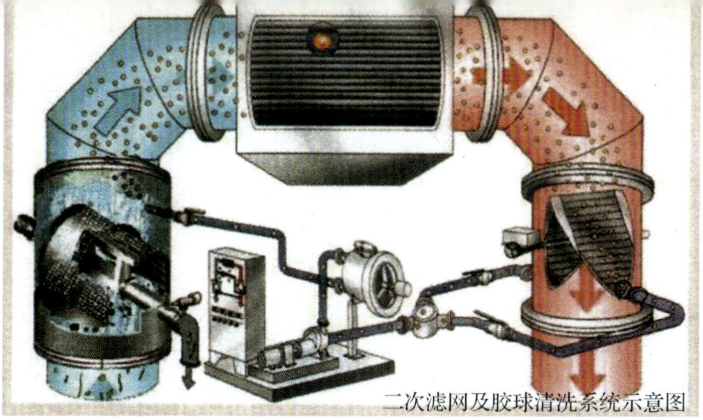

二次滤网及胶球清洗系统示意图

旋转滤网

沈阳航天新星机电有限责任公司

航天新星

沈阳航天新星机电有限责任公司为中国航天科工集团公司所属的航天通信控股集团股份有限公司的全资子公司，是以军为主，以军用技术拓展民用领域，技术特征明显和装备制造能力先进的航天产品和大型装备制造生产企业。

航天新星在保障军品研制生产的同时，应用军工技术先后为国内电力、石油、钢铁、交通、运输等行业开发了火电站国产化辅机及部件、采油及加油设备、钢厂辅机及控制系统、改装汽车等产品。

近年来，航天新星与国际著名水处理设备制造企业EIMCO公司签署了长期战略合作协议，积极服务于国家核电、火电等水处理设备应用行业。目前，航天新星是中国核电工程有限公司的“合格供方资格”企业；是中广核工程有限公司“水处理设备”供货商。

航天新星的军工研发生产能力通过“中国人民解放军总装备部承制资格认证”；是“武器装备科研生产许可”一级单位；是“国家载人航天工程研制配套单位”；是“国家二级保密资格单位”；是“国家安全生产标准化达标二级甲等”单位；是“辽宁省省级企业技术中心”；是“AAA级信用等级单位”；是沈阳市政府批准的“院士工作站”单位；是沈阳市工商局认定的“守合同重信用单位”。航天新星质量管理体系通过了新时代GJB 9001A—2001版和GB/T 19001—2000版质量管理体系认证（包含水处理设备）。

航天新星拥有一支专业齐全的研发和工艺队伍。多人享受政府津贴，公司研发中心拥有军民产品研制和开发能力，有较强的技术工人队伍。具有精密机械制造、大型工程装备制造、机电自动化控制、计算机应用等多种行业产品研发生产和售后服务能力。

航天新星位于沈阳市城区北部，占地面积54万平方米，建筑面积12万平方米。厂区设有两条铁路专用线，6300千伏安变电站一座。厂区距沈阳北站仅6公里，地理位置优越，交通便利，厂区环境优美。

航天新星全体职工坚持“务实、精细、速度、创新”的经营理念，不断提高核心技术创新能力，致力将企业建设成为核电等行业的水处理设备生产制造基地，为国家核电事业和社会发展作出贡献。

鼓形滤网样机

航天新星厂门

国核工程有限公司

AP1000 效果图

国核工程有限公司位于上海市漕河泾新兴科技开发区科技绿洲园区，是国家核电技术公司的全资子公司，于 2007 年 7 月 6 日正式挂牌。

作为国家核电技术公司全面参与 AP1000 中外核岛联合管理机构（JPMO）的中方责任主体，国核工程有限公司目前主要承担三代核电 AP1000 依托项目 4 台机组建设管理。项目采用美国西屋公司开发的、代表国际先进核电水平的第三代 AP1000 非能动压水堆堆型。目前，依托项目 4 台 AP1000 机组主体工程均已全面开工，工程建设进展顺利。

通过中外联合管理工作机制，国核工程公司充分吸收、消化美国西屋联队的先进工程项目建设管理技术，积极推进公司科学管理体制建设，为打造国际化工程公司奠定了坚实的基础。此外，公司还承担了国家重大专项示范工程 CAP1400 及一批 AP1000 后续机组的建设管理任务。公司正在通过三代核电技术的引进、消化、吸收和再创新，走出一条“标准设计、工厂化预制、模块化施工、专业化管理、自主化发展”的中国核电发展新路子。

公司拥有专业结构优化、年龄层次合理、文化素质较高的员工队伍，先进的核电项目信息化管理系统和功能齐备的现代化办公设施。目前，公司共有 15 个职能部门，并设有浙江三门、山东海阳、湖北咸宁、山东荣成、江西九江等 5 个分公司和 5 个项目部以及监理公司等二级单位。截至 2011 年 8 月底，公司在册员工共 1331 人，其中，本科以上学历员工占 90.07%，硕士、博士学历占 32.69%，具有专业技术职称的员工占 44.41%，其中中高级专业技术人员占近 30%。

公司成立后，已经先后取得了 ISO 9001—2000 质量、环境管理和职业健康安全管理“三体系”认证资质证书、对外经贸资质、海关自理报关资质、高新技术资质证书，拥有国家核工程监理甲级、国家设备监理甲级、上海市机电安装工程监理甲级资质。

“十二五”期间，公司将紧紧围绕三代核电自主化依托项目建设“一个中心”，公司建设和三代核电工程建设管理“两条主线”，逐步实现由以外方为主向以中方为主的完美转换，培养造就一支具有较高核电专业化水平的管理、技术人才队伍，建立一套以先进的进度、费用、质量、安全“四大控制”为基础的，具有自主知识产权的核电工程管理体系，形成具有中国自主知识产权的大型先进压水堆核电站标准化建设管理模式，具备核电项目EPC总承包能力，为社会提供安全、清洁的能源解决方案和总集成服务。

公司秉承“以核为先，以合为贵，以和为本”的“三和”文化理念，致力于为员工提供轻松和谐的工作氛围、完善的福利保障、系统的培训体系、广阔的发展平台。

公司将坚持“规范化、标准化、程序化、专业化、国际化”的管理理念，与国内外行业伙伴精诚合作，努力将自身打造成集项目控制、设计管理、施工管理、调试管理、设备采购等业务于一身的国际知名核电工程公司。

海阳2号机组CA01模块吊装就位

海阳2号机组CV筒体#2环吊装就位

三门1号机组FCD浇筑

三门2号机组CV筒体#2环吊装就位

三门1号机组压力容器运抵现场

四川三洲川化机核能设备制造有限公司

四川三洲川化机核能设备制造有限公司(SNEM)是我国大型核电厂核岛反应堆冷却剂主回路管道的专业生产厂，企业地处四川省成都市青白江区，现有员工560多人，工程技术人员81人。拥有各类设备700多台套，其中包括25吨大型不锈钢精炼炉、国内目前最大的离心浇涛机、2000吨压力机、大型热处理、机加工设备等。公司具丰富的大型不锈钢组件的焊接经验，并拥有铱-192、钴-60及射线检验用直线加速器等多个先进设备，并具有欧标认证的力学性能试验装置，完全能够满足RCC-M、ASME等国内外标准系列核电装备制造的需求。

四川三洲川化机核能设备制造有限公司的主要产品有百万千瓦级压水堆核电厂核岛反应堆成套主管道设备(包括预制)，核安全一、二、三级管配件，管配件制造用锻件、核安全二级热交换器及核安全三级压力容器及部分军工和民用产品。公司核电装备制造技术能力强，专业门类齐全。项目管理、质量保证体系、工艺技术和制造力量、设备和检测条件符合核电厂装备制造的安全运营要求。

四川三洲川化机核能设备制造有限公司自2000年至今重点完成了国产化大型核电厂主管道的研制和开发工作，并实现了100%国产化，该项目荣获国家科学技术进步二等奖。目前，公司已经成功为岭澳核电厂二期1、2号机组，红沿河核电1、2号机组，福清核电1、2号机组提供了相应产品，并且为恰希玛二期工程提供了成套设备(按ASME规范制造)。公司同时为国内多个核试验堆和相应装置提供了安全可靠的产品。日本福岛核事故后，公司进一步强化了核安全文化的建设，强化质量保证体系的运行，扩大产能，努力为我国核电装备制造国产化作出更大贡献。

中国建筑第二工程局有限公司
中建电力建设有限公司

中国建筑第二工程局有限公司是中建股份有限公司的全资子公司，注册资本人民币18.3857亿元，是具有“民用核安全机械设备安装许可证”、“房屋建筑施工总承包特级资质”及近30年核电工程建设经验的承包商。公司拥有15000人的各类专业人员，具备核电、火电、风电、太阳能、液化天然气、垃圾、生物质等多种建筑施工能力。经营区域遍布国内二十余个省、自治区、直辖市和港澳地区，并延伸至东南亚、中东、南部非洲等海外市场。是国内唯一一家掌握欧洲第三代核电站核岛、常规岛一体化建筑施工技术的建筑施工企业。公司下设18个职能部门，13个独立法人性质的全资子公司，2个控股子公司，及核电建设分公司（中建电力建设有限公司）、上海分公司、深圳分公司、西南分公司、东北分公司等23个区域（专业）公司。

中建电力建设有限公司是由中国建筑股份有限公司和中国建筑第二工程局有限公司共同出资，以中建二局核电建设分公司为主体组建而成的，注册资本人民币4.6亿元。

公司参与了一批核电站常规岛和BOP土建工程建设，其中大亚湾核电站及岭澳核电站一期和二期已建成，近期又参与了台山核电站核岛土建工程建设。

公司通过英、德两国质量认证，建立了国际标准质量、环境、职业健康安全一体化管理体系；形成了公司完整的质量、环境、职业健康安全有效的运行机制。

公司近年来荣获省部级以上优质工程奖450余项，其中荣膺国家建筑工程最高奖——鲁班奖21项，荣获国家优质工程奖10项，荣获詹天佑大奖2项；获得国家或省部级科研成果奖88项，其中获国家发明专利1项，获国家级科技奖17项，拥有国家级工法15项；获“全国优秀施工企业”、“全国用户满意企业”等国家级优秀企业奖20余项。

公司秉承“为业主创造更大价值、为员工谋求更大发展、为出资人谋取更大回报、为社会提供一流服务”的经营宗旨，以诚取信、追求卓越，竭诚报答社会各界的支持和帮助。

广东大亚湾核电厂土建工程

岭澳核电厂二期常规岛土建工程

辽宁红沿河核电厂1号主厂房全景

广东台山核电厂2号核岛钢衬里模块吊装

华能山东石岛湾核电有限公司

华能石岛湾核电厂效果图

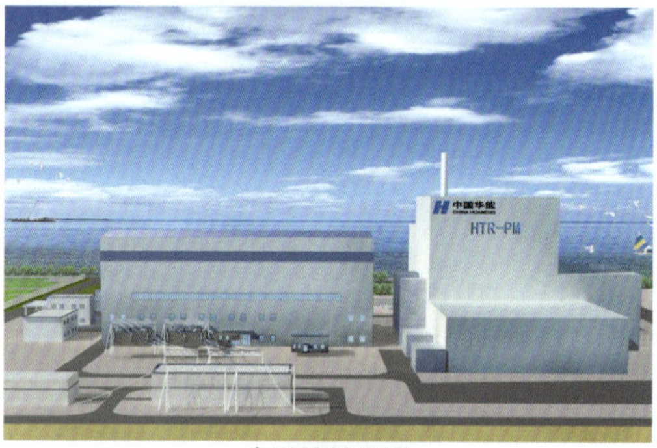

高温堆效果图

华能石岛湾核电厂综合办公区

华能山东石岛湾核电有限公司为中国华能集团公司控股企业，2006 年 12 月 25 日，中国华能集团公司、中国核工业建设集团公司、清华控股有限公司签订出资协议，2007 年 1 月 23 日在山东省荣成市注册成立。

华能山东石岛湾核电有限公司负责建设、运营的 20 万千瓦高温气冷堆示范工程是世界上第一座具有我国自主知识产权和第四代核电技术主要特征的核电站。厂址是我国沿海地区具有独特技术和资源优势的优良厂址之一，在此基础上，还将规划建设 6 台大型压水堆核电机组，远景容量约 800 万千瓦。

高温气冷堆核电站示范工程是国家科技重大专项之一，被国务院称为建设创新型国家的标志性工程之一。模块式高温气冷堆核电技术具有固有安全性、系统简单、发电效率高、用途广泛等特点，它是国际核能领域公认的第四代核能系统中的候选堆型之一。目前，高温气冷堆示范工程项目核准报告顺利通过国务院办公会议批准。示范工程前期工作基本完成，现场具备开工条件，为打造精品示范工程、建设大型核电基地奠定了坚实基础。

公司遵循安全至上、质量为本的理念，不断增强安全风险感知力，努力提升质量管理执行力，持续加强管理体系建设、人才队伍建设、工程建设、企业文化建设、党建和精神文明建设，公司的核安全管理能力不断提升，公司面貌日新月异。

四川省核工业地质局

四川省核工业地质局为四川省政府直属（正厅）事业管理局，经四川省政府和国防科工委同意与“核工业西南放射性矿产地质管理办公室”合署办公，承担西南地区放射性矿产资源管理行政职能，是西南地区放射性矿产勘查、放射性地质环境调查及治理的行业主管部门，并管理在川核地勘单位。2008 年，经四川省政府批准，四川省核工业地质局机关参照《中华人民共和国公务员法》管理。2008 年 9 月 5 日，国家国防科技工业局下发《关于设立西南地区军工核设施安全监督站的批复》，由四川省核工业地质局负责该监督站的建设、运行和日常行政管理。

西藏铀矿钻探现场

目前，除局机关外，管理西南地区 4 个直属事业单位，辖有 5 个核地勘单位、2 个事业单位，控股 5 个军转民企业。控股企业均已完成产权制度改革。属地管理十一年来，全局军转民经济实现持续跨越发展，竭力推动产业结构的调整和经济发展方式的转变。全力以赴提高西南地区核设施、核废物安全可控程度，确保放射性地质环境治理工作顺利推进；取得四川若尔盖铀矿资源大基地和西藏铀矿核能开发的历史性突破；非铀地质工作取得重大突破，落实了一批大中型矿床；推进股份制改革，做优做强工程建设产业，提高产业经济发展质量；承担完成了一批重大各类防灾抗灾治理项目；着力提高职工收入，改善民生，促进和谐。十一年来，全局经济规模（产值）增长 20.09 倍，年均增长 34.8%；收入增长 26.9 倍，年均增长 39.0%；收益增长 22.4 倍，年均增长 37.1%；增加值增长 11.3 倍，年均增长 27.5%；缴纳税金增长 13.5 倍，年均增长 30.6%。

若尔盖铀矿钻探现场

四川省放射性计量模拟站

若尔盖高原地区铀矿勘探遗留设施治理工程

广东亚仿科技股份有限公司

总经理：游景玉

广东亚仿科技股份有限公司(以下简称亚仿科技)是坐落于珠海的一家高科技企业，其前身是亚洲仿真控制系统工程（珠海）有限公司，创立于1988年，系国家火炬计划第一批重点高新技术企业。2000年成功转制为股份制公司，注册资本10500万元，多年来一直被评为广东省“高新技术企业”、“双软企业”，承接多项国家级攻关计划项目。

以亚仿科技为依托建立的“国家仿真控制工程技术研究中心”是国内唯一的国家级仿真控制工程研究机构，使亚仿科技形成了代表我国高水平的仿真控制技术研发中心和产业化基地。

亚仿科技与核电事业有不可割舍的关系，早在1993年随着核电发展的需要，亚仿科技承接了国内第一台核电仿真机的制作任务，与秦山一期、728院的领导和科技人员团结奋斗，研制出达世界先进水平的300MW核电全范围仿真机，打破了国外对我国核电仿真机的封锁和垄断，填补了国内空白，使我国成为世界上少数几个能够制造核电全仿真机的国家之一，项目于1996年荣获国家科技进步二等奖和国家十大科技成就奖。随着秦山二期建设的开展，亚仿科技与秦山二期紧密配合，把全范围高精度的核电仿真机由后台培训，提升到用于投产前的设计验证，使秦山二期工程安全地一次投产成功。秦山二期600MW全范围仿真机的研究，获得了“九五”国家重点科技攻关优秀成果奖。在承接秦山二期的第二套培训系统中又深入进行了产业化的研究，1996年亚仿科技承担了“核电站仿真系统”的国家级火炬计划项目。亚仿在自主创新过程中一直致力于应用仿真技术推动核电发展的国产化。

GENERAL MANAGER MESSAGE

总经理寄语

在能源日趋紧张，国家提倡低碳经济发展策略的指导下，核电无疑将成为未来的发展方向。正当国内核电及配套产业飞速发展，2007年，中国核工业集团公司成了亚仿科技的股东，促成公司更好地把仿真技术服务于核电事业。2009年亚仿科技提出了核电厂全生命周期的数字化服务，预示着公司继续研发核电研究仿真机和以在线仿真技术为核心的核电安全保障系统，以便在核电事业发展中作出新的贡献。

多年以来，亚仿科技的发展一直得到国家、省、市领导和社会各界的大力支持。邓小平、江泽民和胡锦涛等一百多位党和国家领导人先后莅临亚仿视察、指导，给予了亚仿人极大的鼓舞。

另外，亚仿科技在以自主研发的"全范围数字化管控技术"全力推进节能减排和发展循环经济的过程中捷报频传，由亚仿科技承担的多项"水泥生产线全范围数字化管控"项目工程已成为我国以在线仿真关键技术实现"两化融合"的重点科技示范工程，其成功实施将有利于贯彻有关低碳经济和节能减排重要国策。

秦山一期 300 MW 核电机组全范围仿真机

秦山二期 600 MW 核电机组全范围仿真机

公司承揽核能相关业务和工程项目：

· 核潜艇动力仿真
· "九五"攻关计划对 600 MW 机组的核岛模型研究
· 核安全分析可视化改造
· 国外委托项目：核研究仿真机
· 核电站基于在线仿真的安全分析研究

陕西柴油机重工有限公司

柴油机试验站

大型铸件铸造现场

18PA6B 型核应急柴油发电机组交机

陕西柴油机重工有限公司（简称陕柴重工）隶属于中国船舶重工股份有限公司，为其旗下的上市子公司。是国内规模最大的中、高速大功率船用柴油机制造商和柴油发电机组专业成供货套商。自成立以来，陕柴重工一直保持着国内军民品船舶主机市场的强大优势，是国内船用中高速柴油机主机市场和核电站应急柴油发电机组的主要供应商。公司先后荣获“陕西装备制造业三十强”、陕西省装备制造业“最具品牌价值企业”。

公司拥有铸造、锻造、机加、金属结构件，热处理、总装、试验等生产基地，建有国内先进的多条机身、曲轴、缸盖、连杆、活塞等专业生产线，拥有世界前沿生产设备 2200 余台套，门类齐全，设备精良，综合加工能力强，其中铸锻能力已达 3 万吨 / 年、柴油机加工及装配能力可达 600 台 / 年。

“十一五”期间，陕柴重工在强化主业的同时，发挥自身优势，积极开发核电市场，并在百万千瓦级核电站应急柴油发电机组的开发研制上取得了令人瞩目的成就，成为国内首家拥有 1E 级应急柴油发电机组设备设计和制造资质，目前已成功交付红沿河和宁德核电站共 4 台套机组。

陕柴重工是国内第一家进入核应急柴油发电机组市场的供应商。2008 年，公司获得国家核安全局颁发的民用核安全设备设计 / 制造许可证书（1E 级），实现了核安全设备设计 / 制造的本土化，打破了国外垄断的局面。几年来，公司先后签订了十几台核应急柴油发电机组供货合同，核电市场取得了重大突破。2010 年，公司自主研制的 6300 千瓦 IE 应急柴油发电机组顺利通过型式鉴定，并签订了 AP1000 自主化依托项目 8 台套总包供货合同，成为国内唯一一家为第三代核电技术核电站提供应急柴油发电机组这一关键设备的供货商。目前手持合同超过 15 亿元，成为目前国内最大的核应急柴油发电机组成套总包商，核电产业已跃升为陕柴重工最具发展前景的核心产业。

厦门大学能源研究院先进核能研究所

李宁院长陪同盖茨先生访问中国实验快堆

厦门大学能源研究院成立于2007年9月，以国家能源科技重大需求和海峡西岸经济发展为导向，通过整合、引进、提高，建成我国一流的集人才培养、技术研发和技术转移于一体的新能源基地。

先进核能研究所是能源研究院发展的重点，旨在通过与国内大型核电企业、核电研究设计单位及欧美和日韩等国际一流研发机构的合作交流，配合国家核与辐射安全监管部门在安全验证方面的技术需求，迅速在技术研发和人才培养上形成突破，形成科技转化生产力的核心竞争力，支持我国核电及相关产业的安全建设与发展，推动福建省核电行业的跨越式发展。研究所下设核材料分析实验室、核电数字化仪控中心和先进核能系统实验室。

核材料分析实验室

研究极端条件下的材料特性，开发抗辐照损伤、抗腐蚀、耐高温、高强度的新型结构材料。目前正在建设世界同类研究室中最先进的多离子束核材料辐照设施，及配套材料试验、检测和分析仪器系统，为新型核电技术的研发和我国的核电安全与核电材料自主化服务。

核电数字化仪控中心

核电数字化仪控实验室是能源研究院首批重点建设的实验平台，得到了福建省科技厅的大力支持。中心的主要研究方向有：核电企业与行业信息管理系统，多功能工程仿真平台，核电站数字化仪控认证平台，核电站智能在线监测系统。自成立以来，中心一直注重与国内外的合作交流。

先进核能系统实验室

通过国际合作开发能够充分利用资源、改善核燃料循环、提高技术和安全性能与经济性的反应堆、能量转换系统和建运模式。目前，在国家能源局的领导下，参与比尔·盖茨先生创投的美国泰拉能源公司（TerraPower）行波堆技术的合作开发和示范。

厦门大学与中国广东核电集团签订战略合作框架协议

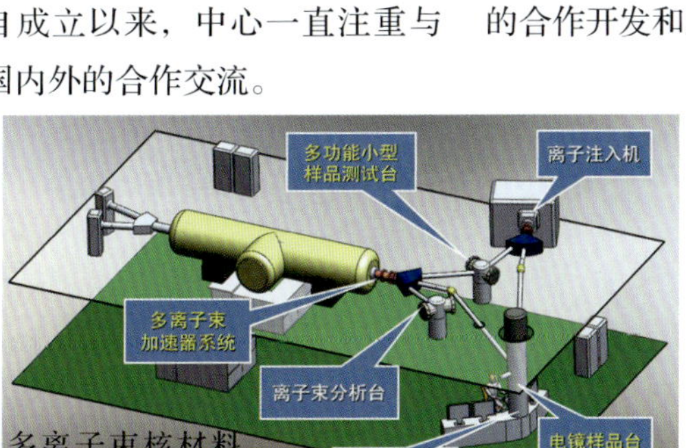

多离子束核材料辐照联机设施

行波堆模型

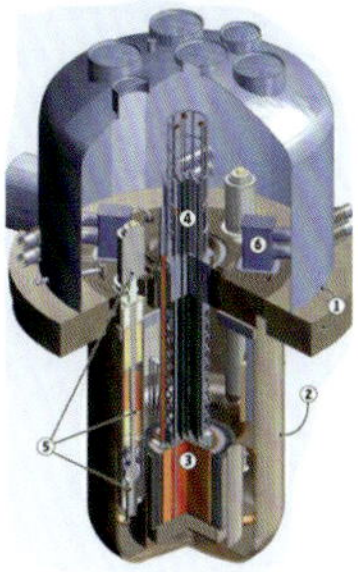

上海森林特种钢门有限公司

上海森林特种钢门有限公司是一家致力于为全国高端建筑市场提供公共安全产品的专业制造企业。

公司创建于1988年，总部毗邻上海浦东国际机场，员工千余人，拥有三大制造基地，致力于防火、抗爆、隔声密闭等门窗产品的研制、生产、销售、安装和服务。

公司在业内率先通过了“ISO 9001：2008”、“ISO 14001：2004”和“OHSAS 18001”三体系认证，并获得了BS、WH等国际认证。公司荣获“上海市高新技术企业”、“上海市名牌产品”等一系列荣誉称号，是国内安全防火领域首家联合国采购指定供应商。

公司引进了目前国际上最先进的钣金柔性生产线和自动涂装设备，致力于打造目前国内最大的轻钢特种门及高档建筑特种金属构件生产基地。

公司产品被广泛应用于全国各大中城市的标志性建筑、国家级重点工程高科技项目、外商投资等项目，公司贸易关系遍及世界各国。

公司集20年发展之沉淀力量，配以强大的新产品研发中心，保证公司一直能够不断满足变化的市场需求。

公司非常重视用户的个性化需求，了解用户潜在的需要，倡导为客户提供按需定制的服务。

追求卓越是公司永恒的目标，保持与众不同的优势是公司不变的追求和准则。

服务第一，是公司全体员工共同的理念！

意大利原装智能化钣金柔性加工生产线

德国原装全自动涂装流水线

目前，公司正在为红沿河核电厂、宁德核电厂、福清核电厂、阳江核电厂、防城港核电厂核岛提供配套产品。

工程案例

浙江秦山核电厂一期、二期、三期

江苏田湾核电厂

广东岭澳核电厂一期、二期

辽宁红沿河核电厂一期

福建宁德核电厂

福建福清核电厂

广东阳江核电厂

广西防城港核电厂

浙江方家山核电厂

产品应用

防龙卷风大门

防射线屏蔽门

密封门、半密封门

保温密封门

大型钢质推拉门

钢质（铸铁）防护门

平开钢大门

重型钢板门

钢质隔热防火门

装卸孔盖板

硅酮泡沫防火堵料

抗辐射屏蔽门

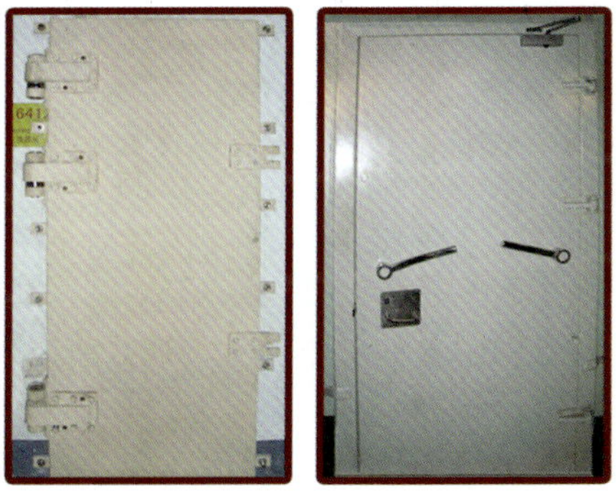

密封门

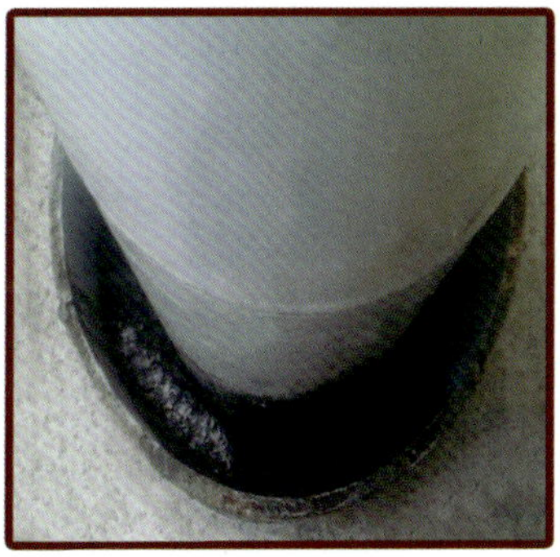

硅酮泡沫防火封堵

中国辐射防护研究院

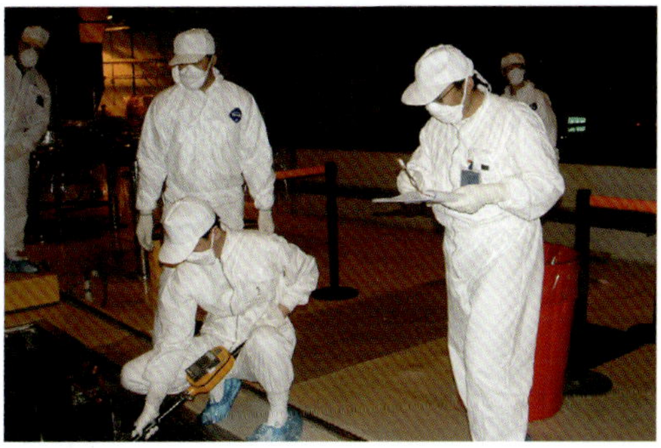

中国辐射防护研究院（简称中辐院）是我国唯一专门从事辐射防护研究与应用的综合性科研机构，隶属于中核集团，成立于1962年，全院占地面积780亩，建筑面积21.6万平方米。

中辐院现有职工1100余人，其中中科院院士1人，高级研究人员338人，享受政府津贴53人，国防科技工业突出贡献中青年专家3人。下设6个研究所、6个科技型企业、6个核工业管理服务中心以及核工业一七七医院、国家环保部和中核集团双重领导的太原环境医学研究所。

中辐院主要从事与核工业辐射防护有关的辐射测量、辐射剂量学、核电子学、劳动卫生与职业病防治、放射生物学、放射医学、环境保护、放射性三废治理、辐射防护与核安全、核技术应用等领域的科学研究与技术开发及技术服务，并为国家职能部门提供辐射防护与核安全管理技术支持。建院以来，先后与国际原子能机构(IAEA)、国际辐射防护委员会(ICRP)、联合国原子辐射效应科学委员会(UNSCEAR)、世界卫生组织(WHO)以及美国、日本、法国等国家的60多个国际组织建立了科技合作与交流关系，有力地推动了国际、国内辐射防护事业的发展。

迄今为止，中辐院已累计取得科技成果5000多项，获得国家特等奖3项、省部级以上科技进步奖400多项，荣获国防科学技术三等奖1项，中核集团公司科学技术三等奖5项；专利110多项，主持和参加编制国家及行业标准120多个，在国内外学术刊物发表科技论文2840篇，出版论著和专著65部。

近年来，全院经济收入稳步增长，纵向科研项目按计划节点认真落实，辐射防护技术支持作用发挥明显，关键技术攻关扎实推进，对外技术服务持续发展，科技产业规模逐步扩大，国际合作与交流日益加强，科研平台和后勤保障建设整体推进，管理效能逐步提升。2010年全院主营收入26600万元，比上年增长17%；自主创收18846万元，比上年增长12%；利润总额805万元，比上年增长48%。中核集团公司辐射防护和核环境模拟两个重点实验室在中辐院挂牌成立；连续九年荣获“太原市文明和谐单位标兵”称号。

面对新时代，中辐院制定了“十二五”阶段目标和2020年总体目标——到2015年具备较完整的辐射防护与核安全研究体系和技术支持体系，到2020年建成国际先进、与中国核大国地位相适应的一流辐射防护技术研究和开发基地。

全身表面污染监测仪

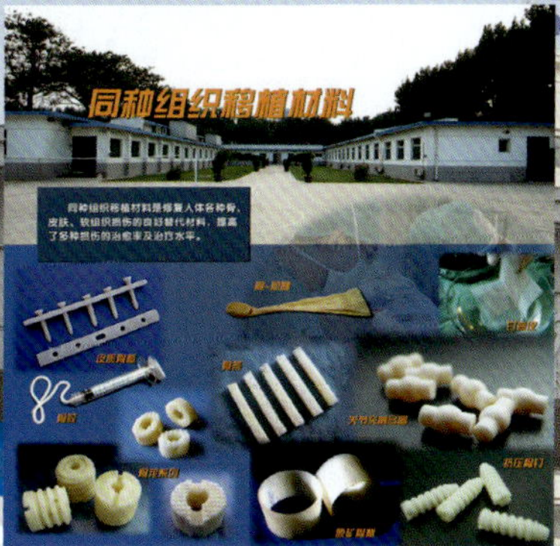

医用组织库及其同种组织移植材料

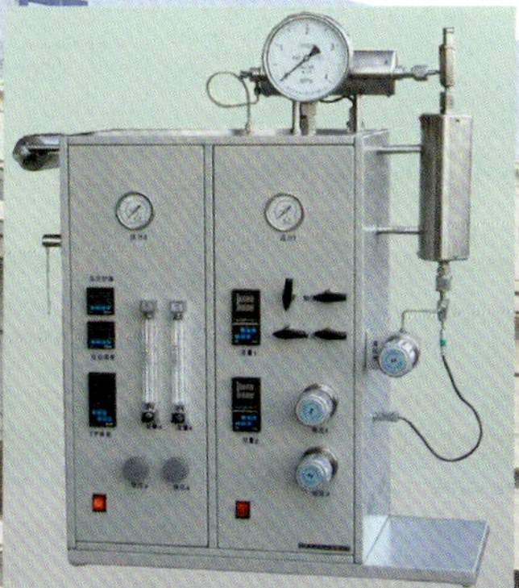

移动式氚捕集及净化系统

陕西中环机械有限责任公司

陕西中环机械有限责任公司（原陕西煤炭建设公司管件设备厂）是由陕西煤炭建设公司和西安重工装备制造集团有限公司共同出资，在陕西煤炭建设公司管件设备厂的基础上于2010年5月创立的全民所有制单位，具有独立的法人资格。

工厂1990年被中国煤炭管理协会评定为煤炭工业二级企业，是国家电力规划设计总院和中国电能成套设备公司指定的300 MW、600 MW电站辅机定点生产厂家和管道中心成员单位，拥有自营进出口权。1999年通过中国进出口商品质量认证中心ISO 9001质量体系认证。同年“中环”牌旋转滤网、拦污栅清污机和卡箍式柔性管接头被陕西省人民政府认定为陕西名牌产品。

工厂位于铜川市新区南部工业园区。面积500多亩。下设7个生产分公司和设计研究所。现有职工510人，其中专业技术人员106人，高工8人。设计研究所专门从事水工设备、钢结构、管道和管件的开发和研究。工厂全部采用新设备、新工艺。企业年产值十二五末将达到10亿元，产能达到40000吨以上。

工厂自行研制开发的“中环”牌卡箍柔性管接头系列产品已发展到肩式、环式、套筒式三大系列，一百多个规格。水工设备有旋转滤网、拦污栅清污机、转刷网篦式清污机、平板滤网、拦污栅、平面钢闸门、铸铁闸门、启闭机、澄清池搅拌机等9个品种，60多个规格。产品行销全国30个省市自治区，服务于火电、核电、煤炭、冶金、化工、市政、石油等系统，并出口日本、马来西亚、巴基斯坦、加拿大、越南、印度、尼日利亚、印尼、土耳其等20多个国家和地区。其中，在我国运行的及正在建设的核电厂得到广泛应用。产品有：旋转滤网、清污机、钢闸门、鼓形滤网等设备。企业的生产能力和产品品种均具全国同行业之首。

用途：鼓形旋转滤网是核电站取水系统及火力发电厂循环水系统中的主要过滤设备之一，用于拦截格栅设备不能拦截到的较小的悬浮物和漂浮物，如树枝、水草、生活垃圾等，并将污物携带出水面进行清洗，以保证后续设备的正常运行。

特点：该产品具有过水量大，过滤可靠，除污效果好，运行平稳，噪音小，承受水压差大，安全可靠，维修方便等特点。

应用：公司已向广东岭澳核电站，新疆红雁池电厂分别提供了 2 台径向进水 GXJ3000 型和 2 台轴向进水 GXZ4000 型鼓型旋转滤网设备，使用效果良好。

江苏省电力建设第三工程公司

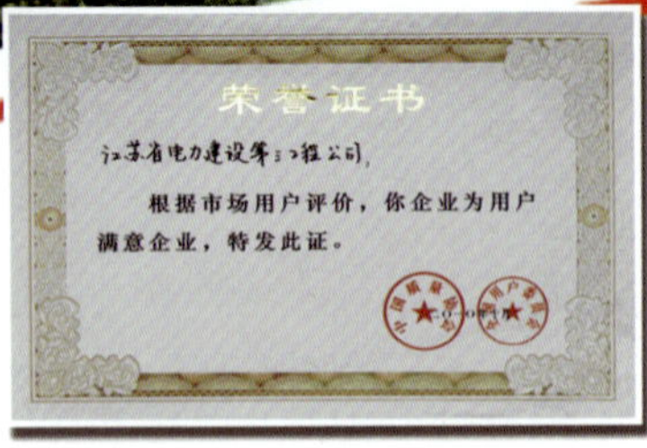
荣誉证书
江苏省电力建设第三工程公司：
根据市场用户评价，你企业为用户满意企业，特发此证。

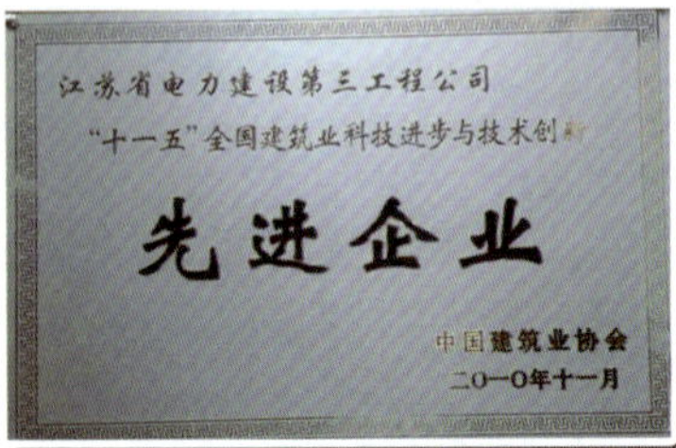
江苏省电力建设第三工程公司
"十一五"全国建筑业科技进步与技术创
先进企业
中国建筑业协会
二〇一〇年十一月

江苏省电力建设第三工程公司成立于1958年，是专业从事火力发电厂、核电站工程建设的大型建筑安装综合型施工企业，具有建设部批准的国家电力工程施工总承包一级资质、房屋建筑工程施工总承包二级资质、火电设备安装工程专业承包一级资质、送变电工程专业承包一级资质、环保工程专业承包一级资质、国家核安全局批准的1000 MW民用核承压设备安装资质、国家质量监督检验检疫总局批准的压力管道GA1、GB1、GB2、GC1级安装资质。通过了GB/T 19001-2000质量保证体系认证、GB/T24001-2004环境管理体系认证、GB/T 28001-2001职业安全健康管理体系"三合一"体系认证，并分别获得国内、国际资格认证证书。通过了国家档案局一级企业档案工作目标管理认证。

公司施工经验丰富，技术力量雄厚，装备先进精良。自成立以来，先后建成火电发电厂62座(不含核电、燃机)，移交机组总装机容量2692.11万千瓦(截至2010年底)。建成了一批有影响的全国重点工程，如：江苏田湾核电站2×1000 MW机组常规岛工程，海阳核电站（2×1250 MW）1号机组常规岛及BOP工程的建筑安装等。

公司始终坚持科学管理，以质量求信誉，以创新促发展，企业综合实力、发展能力、队伍素质、品牌影响力不断提升。产业多元并进，送变电、核电、风电、检修市场迅速崛起，仅2010年，公司在火电、送变电、核电、风电、检修五大产业的中标工程量超过30亿元。施工能级提升，各项经济指标位居全国同行前列，"十一五"期间累计完成施工产值103.7亿元，同比"十五"增长47%。无形资产丰富，相继荣获"十一五"全国建筑业科技进步与科技创新先进单位、全国用户满意企业、全国优秀施工企业、创鲁班奖工程特别荣誉企业、全国电力建设优秀施工企业、江苏省双文明单位、江苏省建筑业最佳企业等多项荣誉称号。迄今共获五个中国建设工程"鲁班奖"（国家优质工程）。

江苏龙源如东海上风电场

江苏田湾核电站2×1000MW机组常规岛工程

上海元达律师事务所

上海元达律师事务所（简称元达）是一家充满活力的中国律师事务所，拥有一支经验丰富的中国执业律师团队。McDermott Will & Emery 律师事务所（MWE）是一家在美国和欧洲设有 16 家分所的国际性律师事务所。元达与 MWE 通过双方之间建立的战略合作关系，得以整合双方的业务及行政资源，提供综合性及多元化的客户服务，从而能够满足跨国公司及中国公司所有与在中国乃至全球经营活动有关的法律需求。

元达的所有合伙人及律师都是具有中国执业资格的专业律师，其中相当多的律师还取得了国外知名法律院校的硕士、博士学位，多人同时拥有美国律师执业资格。他们熟谙中外法律、法规及惯例，有能力为国际客户提供本土化服务，为本土客户提供国际化服务。在元达不断壮大的发展过程中，正是基于这种跨文化组合，使得元达能够同时从中国法及国际法角度为中国公司及在中国从事经营活动的跨国公司提供最佳法律服务及相关的商业建议。

在能源与项目融资领域，元达为国内外知名能源企业、能源投资项目提供全方位的法律服务。我们服务的能源企业和能源项目涉及石油、水电等传统能源领域以及核电、风电、太阳能光伏发电等清洁能源和新能源领域。我们能够帮助客户设计投资架构、设立项目公司、获得项目融资、解决企业运营或项目投资中的各种法律问题。

广州秀珀化工股份有限公司

广州秀珀化工股份有限公司，创建于1984年，1999年成功地进行了体制改革。公司自1986年全国最早引进地坪漆生产技术以来，经过十多年的改进和开发研究，现已发展成为集墙面涂料、环氧树脂地坪涂料、耐磨地坪涂料、防水材料、喷涂聚脲弹性体和防腐涂料的生产、销售、施工于一体，拥有建筑装饰装修二级、建筑防水二级、防腐保温三级、防腐蚀一级等施工资质，是全国最大的专业环氧树脂地坪漆生产和施工企业。

电力防护事业部隶属于广州秀珀化工股份有限公司，主要致力于为核电、火电、风电、水电、光电等电力建设系统提供材料和设备防护及相关工程服务。主要产品有耐辐照涂料、地坪涂料、防腐涂料、环氧胶泥等，并承揽工程服务，是美国欧文斯科宁保温材料、湖北德邦硅烷防腐材料等在多个核电项目的代理商。

电力防护事业部已在核电业务领域取得了一定的成绩，迄今已获得了岭澳核电二期、红沿河核电、宁德核电和阳江核电共十二个机组的核岛保温材料及其配件的大宗材料采购合同。目前正为红沿河核电、宁德核电、阳江核电、福清核电、山东海阳核电、台山核电、方家山核电、浙江三门核电等提供产品及服务。

火电领域为电厂、提供了防腐及地坪涂料以及相应的工程服务，特别是在电厂除盐水聚脲涂装系统方面，具有很好的施工经验。风电领域可为风电设备配套生产厂家提供风电叶片涂料、胶粘剂以及风筒的防腐涂料等，已经为若干风电设备单位提供产品和服务。水电领域可为大中型水库的除险加固工程提供防水材料、灌浆料、防腐涂料等。义乌枫坑水库及奉化横山水库等聚脲防护材料的施工取得了较好的成绩，为公司大举进军水库的除险加固工程和水电建设提供了一定的宝贵经验。

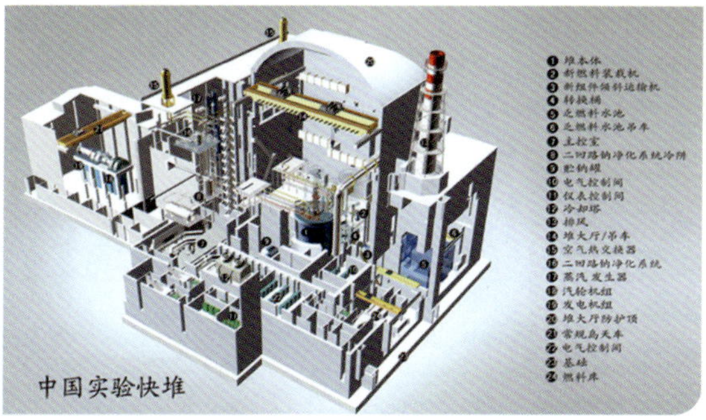

中国实验快堆

快堆产业化技术创新战略联盟

快堆联盟成立大会

为了进一步推进快堆的稳步发展，实现我国快堆的产业化，打造我国快堆的产业链，2010年以国家能源快堆工程研发（实验）中心为依托，由中国原子能科学研究院牵头，联合中国第一重型机械集团公司、上海电气(集团)总公司、核工业第二三建设有限公司、内蒙古兰太实业股份有限公司共同发起，与其他36家单位共同成立了快堆产业化技术创新战略联盟（简称快堆联盟）。目前，联盟成员单位已发展至48家（其中理事单位18家），并申报了国家科技部的试点联盟。

快堆联盟主要以推进快堆技术发展、共建我国可持续发展核能为共同目标，在我国多年研发和技术积累的基础上，全面规划快堆的研发方向和路线，共同推动具有自主知识产权的百万千瓦级示范快堆的立项和实施；与此同时，在着眼于开展快堆技术、工艺及相关技术标准制定的基础上，共同开发国内、国际两个市场，进而推动快堆相关产业技术进步，推进快堆核电站的布局。

快堆联盟的18家理事单位为：中国原子能科学研究院、福建三明核电有限公司、中国第一重型机械集团公司、内蒙古兰太实业股份有限公司、清华大学、中国核工业二三建设有限公司、中国核电工程有限公司、核动力运行研究所、上海电气（集团）总公司、东方电气股份有限公司、中核苏阀科技实业股份有限公司、中核四〇四有限公司、西安核仪器厂、沈阳盛世高中压阀门有限公司、上海阿波罗机械股份有限公司、烟台台海玛努尔核电设备股份有限公司、江苏银环精密钢管股份有限公司、大连博恩坦科技有限公司

中国原子能科学研究院

赛默飞世尔科技（中国）有限公司

赛默飞世尔科技（Thermo Fisher Scientific）是科学服务领域的世界领导者，致力于帮助公司的客户使世界更健康、更清洁、更安全。公司年销售额接近 110 亿美元，拥有员工约 37000 人。

赛默飞世尔科技是全球最重要的核与辐射测量及安全产品供应商之一，为核电站、核工业、环保、医疗机构、工业厂矿、物流、边境口岸、商检海关、核研究机构、应急响应、国土安全、军队等众多领域和部门提供高质量的产品和全方位的服务。作为核与辐射测量及安全产品的制造商，赛默飞世尔科技在欧洲和北美洲拥有 4 个研发中心和工厂，分别位于德国的 Erlangen，英国的 Beenham 和美国的 Oakwood 及 San Diego。

生产质量保证及标准

- NIST 认证的二类实验室
- PTB 认证的二类实验室
- ISO 9001
- NUPIC
- US 10CFR50(App. B&R)
- ANSI N45.2
- ANSI/ASME NQA-1
- CAN3-Z299.3

相关产品和核电用户

赛默飞世尔科技提供全面的核与辐射测量及安全产品以及全方位的技术支持、服务，在全世界各地的核电站、核工业、环保等领域拥有非常广泛的应用和客户基础。

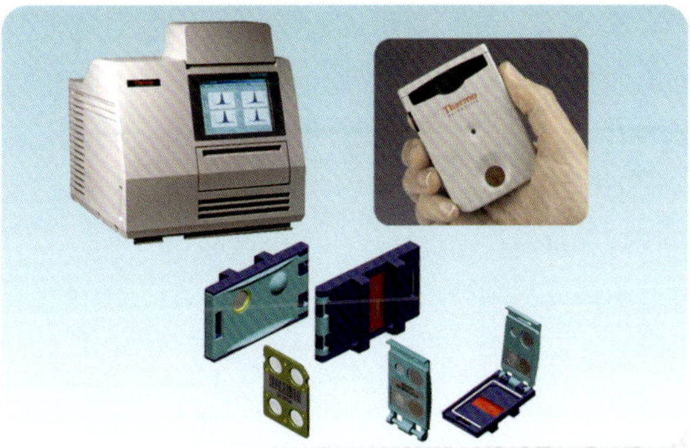

主动 / 被动式个人剂量测量系统

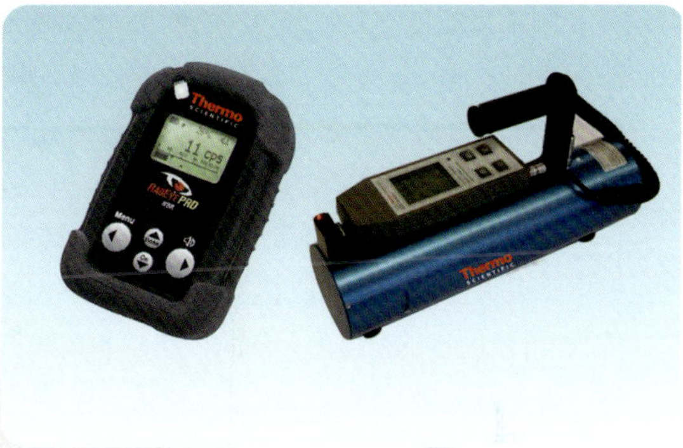

便携式核辐射探测仪表

全身表面污染监测仪

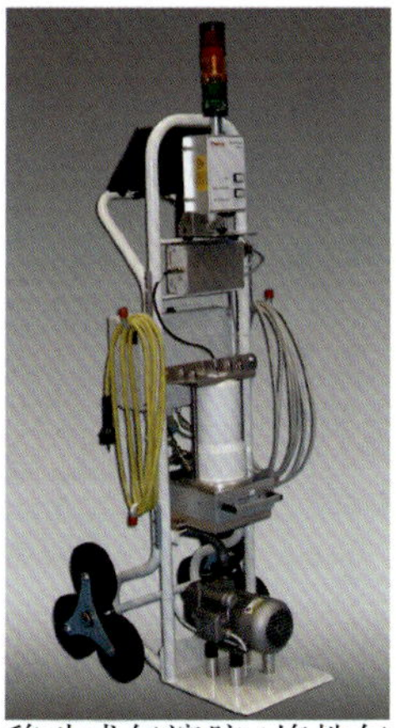

移动式气溶胶 / 惰性气体 / 碘 / 氚监测仪

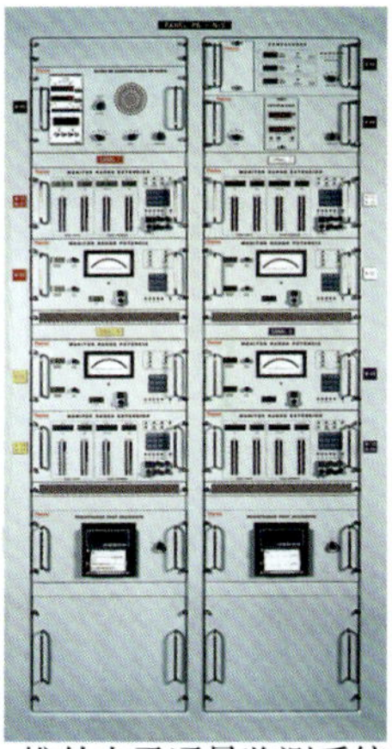

堆外中子通量监测系统

国内核电用户

- 大亚湾核电厂
- 岭澳核电厂
- 红沿河核电厂
- 宁德核电厂
- 阳江核电厂
- 台山核电厂
- 秦山核电厂
- 方家山核电厂
- 昌江核电厂
- 福清核电厂

堆外中子探测器组件安装现场

广东正超电气有限公司

广东正超电气有限公司（原汕头正超电气集团有限公司），是国家高新技术企业，输配电设备制造的专业厂家，中广核工程有限公司、中国核电工程有限公司的合格供应商，中广核核电设备国产化联合研发中心成员单位；是全国高、低压成套开关设备和控制设备标准化技术委员会成员，标准起草单位之一，广东省高、低压开关设备工程技术研发中心依托单位。

公司主要是设计、制造常规/核级的智能型开关成套设备，产品广泛应用于电网的输配电、核电、火力发电、新能源及工业自动化等领域中，近年来已先后为岭澳二期、宁德、阳江、台山等12台核电站机组提供大量的核级、非核级低压配电设备，经运行证明，产品性能稳定、质量可靠，得到核电客户的一致认可。公司先后荣获“广东省著名商标”、“广东省名牌产品”、“广东省装备制造业50家重点骨干企业”和“中广核工程有限公司重合同守信用企业”等荣誉称号。

公司建立科学严密、有效运作的ISO 9001质保体系，遵守“质量宣言”的承诺，积极推进以四个凡事为代表的核安全企业文化建设，力争成为核电国产化建设事业的生力军。

1E级（K3类）低压开关柜

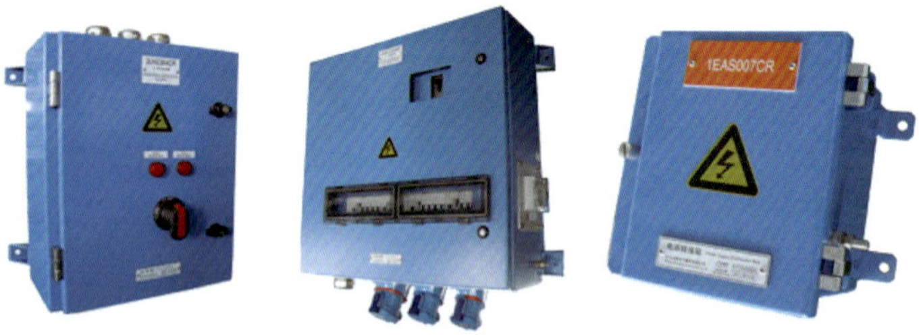

1E级（K3类）低压配电箱

安徽电缆股份有限公司

安徽电缆股份有限公司地处安徽省东部的天长市，东邻扬州市，南靠南京市，交通便利，是专业生产电线电缆的企业。公司具备多年设计研发和制造加工核级电缆的综合能力。

公司占地 265000 平方米，建筑面积 120000 平方米，其中设计、试验和验证场地 3000 平方米，生产制造厂房占地 90000 平方米；公司在册员工 617 名，其中大专及以上技术人员 173 名，具有中高级职称人员 39 名。公司拥有各类生产设备 200 余台套，其中直接用于核电站电缆制造设备 72 台套。质检中心拥有各类检测、试验仪器设备五十余台套，下设三个分支机构：电缆检测中心、电缆燃烧试验中心和电缆局部放电屏蔽室。

公司以科研为先导，以质量为生命，被授予安徽省高新技术企业和安徽省质量最佳企业；公司产品被授予“省名牌产品”；通过 ISO 9001：2008 国际质量管理体系认证和“3C”产品认证；“安缆”牌商标被评为省著名商标。

公司主要生产经营核电站用 1E 级和非 1E 级中压电力电缆、低压电力电缆、控制电缆、仪表电缆，35 kV 及以下交联聚乙烯绝缘电力电缆，35 kV 及以下架空绝缘电缆，聚氯乙烯绝缘电力电缆，塑料控制电缆，电子计算机用屏蔽电缆，仪表信号电缆，预分支电缆，温水交联电力与控制电缆，各类阻燃、耐火、低烟无卤、低烟低卤、本质安全型电缆，硅橡胶、聚四氟塑料高温特种电缆，变频器专用屏蔽电缆等系列产品。

“做品牌，敢为人先；树典范，再创辉煌”。目前，产品已被成功选用于核电站、水电站、油田、石化、机场等国家重点工程和项目，并出口到巴基斯坦、伊朗、菲律宾、越南、苏丹、孟加拉等二十几个国家和地区。

“百尺竿头，更进一步”，奋勇当先的“安缆人”将恪守承诺，紧跟电缆工业科技发展潮流，勇于创新，为我国电线电缆行业的发展作出更大的贡献！

高压试验设备

高速编织机组

进口中压交联生产设备

苏尔寿泵业 Sulzer Pumps

苏尔寿泵业因其最先进的产品质量、可靠的产品性能和创新的技术而闻名于世。我们为石油天然气、石化、电站、纸浆造纸、供水和污水行业及通用工业提供全系列的设备和相关技术。苏尔寿泵业将全球的能力、对本地市场的了解和实践经验相结合，在全球设有150多个工厂、销售办公室和服务中心。它们与客户近在咫尺，以便为客户提供支持服务。

苏尔寿泵业以其现代化的泵技术
为核电厂所有流程提供支持

大连苏尔寿泵及压缩机有限公司

苏州苏尔寿泵业有限公司

大连苏尔寿泵及压缩机有限公司

大连苏尔寿泵及压缩机有限公司具有提供世界一流泵产品和创新的泵解决方案的丰富经验和悠久历史。公司拥有英国劳氏ISO9001质量体系认证、国家核安全局颁发的核二级和核三级设计制造许可证、ISO14001：2004环境管理体系以及OHSAS18001：2007职业健康和安全管理体系等的认证。

苏尔寿（大连）是国家核安全局核三级泵、核二级泵合格供应商、中石化物资资源市场成员和中国石油天然气集团公司一级供应网络成员。

凭借深厚的制造工艺和应用技术，苏尔寿（大连）能够在电力、石油及天然气、石油化工、纸浆造纸、给排水及通用工业市场领域为客户提供优质的服务。

苏州苏尔寿泵业有限公司

苏州苏尔寿泵业有限公司于2010年开始全面运营。工厂总占地面积约为13500平方米，拥有最现代化的加工设备。完备的试验设施，配置四套闭式循环试验台位，可进行各类卧式或立式泵的测试。试验台配置变频驱动系统，最大测试功率为15 MW。

苏州苏尔寿泵业制造用于石油和天然气、常规电厂和核电厂的工程泵，产品不仅在国内销售而且出口国外。

江苏新华合金电器有限公司

江苏新华合金电器有限公司是一家集生产、研发、制造特种合金材料的高新技术企业。是国家电热合金 GB/T1234 标准起草修订单位。

公司专业生产电热合金、高温合金、精密合金、特种焊丝、耐蚀合金、耐热钢等材料。目前具有年生产 8000 吨合金材料生产能力，已成为全国特种合金材料的重要生产基地之一。2009 年开始，公司投资 800 多万元成功开发出 CPR1000 核电蒸发器防震条产品，完全替代进口。公司现已通过东方重机、上海电气、哈电重装的合格供应方评审，成为国内三大核电设备生产厂家的合格供应商。近两年，为东方重机提供防震条组件计 30 套，还完成蒸汽发生器手孔封盖弹簧 NO7718，蒸汽发生器用 X12Cr13 拉杆及其他配套核电工程的不锈钢材料。

公司现有员工 272 名，其中技术人员 28 名。总计 36800 平方米的生产车间。具有从冶炼、真空冶炼、电渣重熔、锻造到热轧(委外)加工、机加工、热处理、线材拉拔的一条龙生产流水线，全套的冷轧钢带生产线及配套设备。公司于 2003 年通过 ISO 9001 质量管理体系认证，配备了先进的理化检测设备。公司拥有雄厚的专业技术力量和新产品的研发能力，先后申请专利 16 项，已获得授权两项（其中发明专利一项）。公司于 2009 年与东北大学联合成立高温合金试验基地。

公司秉承“质量为本，合作共赢，创新进取，和谐发展”的经营理念，对内弘扬企业文化，对外传播“诚信、务实、拼搏、创新”的企业精神，不断提高产品质量和品牌形象。积极开发新产品，努力提高产品技术含量，打造具有本公司特色的精品。

防震条组装照片

南华大学

南华大学是由工业和信息化部、国家国防科技工业局、中国核工业集团公司与湖南省人民政府共建的具有53年办学历史的大学。学校由原隶属中国核工业总公司的中南工学院、核工业第六研究所与原隶属湖南省的衡阳医学院合并组建而成。中国人民解放军（海军）在学校设立后备军官选拔培训基地。

学校坐落在历史文化名城湖南省衡阳市区，占地面积近3000亩。学校面向全国招生和招收海内外留学生，具有博士、硕士、学士三级学位授权资格，具有推荐优秀应届本科毕业生免试攻读硕士研究生资格和硕博连读资格，具有教授任职评审资格。学校校本部现有教职员工2166名，其中正高职称245名，副高职称610余名，聘请了中国科学院院士、中国工程院院士10名。在校学生34000余名，其中全日制本科生30000余名，博士、硕士研究生4000余名。办学53年来为国家及地方培养了10万余名高素质专门人才。

学校设有25个教学院部，涉及工学、医学、管理学、理学、经济学、法学、文学、艺术学等8大学科门类，62个全日制本科专业；有4所直属型附属医院、9所协作型附属医院。

学校现有3个一级学科博士后科研流动站，16个博士学位授权方向；117个硕士学位授权方向；工商管理（MBA）、工程硕士、临床医学、工程管理硕士等四类共20个专业学位授权点；有7个国防支撑学科和省级重点学科；20个国家级、省级特色专业和国防重点专业、国防紧缺专业。

学校具有军工科研生产资质，承担 973 项目、863 项目、国防军工重大项目及国家、省部级和地方政府其他纵向科研项目 800 余项，获国家科技进步奖、发明奖、省部级科技进步奖 240 余项，承担企事业单位委托项目等横向课题 300 余项。

学校与国际原子能机构、国内外 30 多所院校建立了长期的合作关系，与英国、美国、乌克兰等国外多所知名大学开展了合作办学。主办有《中国动脉硬化杂志》（CSCD 源刊）、《南华大学学报·社会科学版》、《中南医学科学杂志》、《南华大学学报·自然科学版》4 种学术期刊。

学校被教育部评为“全国普通高等学校招生工作先进集体”、“全国普通高等学校毕业生就业工作先进单位”，先后获得“全国工人先锋号”，“全国军工文化教育基地”，“十五”、“十一五”期间为中国核工业培养和输送人才“突出贡献奖”。

在新的历史条件下，学校按照“提高质量、彰显特色、改革创新、强化内涵”的发展思路，正在为创建省内一流、国内知名、具有国际影响、特色鲜明的高水平教学研究型大学而努力奋斗。

南方风机股份有限公司

南方风机股份有限公司创立于1988年，现已成为华南地区最大的通风空调系统（HVAC）设备的生产企业，具有百万千瓦级压水堆核电站核岛HVAC设备供应总承包能力，是国内率先完成百万千瓦级压水堆核电站核岛HVAC设备全面国产化的专业厂家，目前在核电核岛通风市场处于领先位置。南方风机于2009年9月成功登陆首批创业板，跻身资本市场。

南方风机一直将技术创新和新产品开发作为公司发展战略的核心，采取“预研一代、开发一代、设计一代、生产一代”的产品与技术发展模式，建立了由风机研究所、检测实验室和公司研发部组成的三级研发体系，组建了CFD应用研究室、核电产品研发部、风机技术部、重点工程产品开发室等新产品开发部门，已取得多项国内领先、国际先进的技术成果。

通过多年的研发技术投入，公司于2005年获得民用核安全设备设计许可证和民用核安全设备制造许可证，公司下属的南方风机检测实验室，获得了中国合格评定国家认可委员会的认可（最新获准颁发CNAS实验室认可证书的编号为No.L1437）。该实验室具有代表国家行业质检中心进行检测检验的资格，出具的检测证书与国际40多个国家的实验室证书同等互认。

南方风机在国内率先完成百万千瓦级压水堆核电站核岛HVAC设备的全面国产化，并已成功应用于岭澳核电站，相关设备的多项专利已通过国家专利局授权。

南方风机正全力投入第三代核电通风设备的技术研发，一批具有国际水准和自主知识产权的核电核岛专用通风设备即将投产。

4年多来，南方风机签订的核电供货合同共涉及30多个核电机组，其中大部分为核岛HVAC设备的总承包项目。

伴随着日益壮大的核电市场，公司的产能不断扩大，南方风机一期厂房占地150亩，同时二期工程厂房占地500亩也将动工。在人员配备上，公司有专业的核电产品班组，班组关键岗位成员均具有核电产品生产资质证书，在设备方面，公司配备了国际先进的机加工设备、激光开料设备、机器人激光焊接设备等，有力保证核电产品的生产交货。

公司还建立了NT网络，采用先进的软件进行新产品CAD辅助开发设计；配备了CAT辅助测试系统，产品样品性能全部通过测试获得。

公司全体员工恪守“以质为本、服务取胜”的方针，对于所有在建的项目，都设立现场长期服务基地，成立专业售后服务队伍，配发专业的工具，来保证设备安装以及稳定的运行。

东华理工大学

校党委副书记、校长
刘庆成教授

海军国防生
航海演习

放飞理想

东华理工大学是工业和信息化部、国防科技工业局与江西省人民政府共建的一所具有地学和核科学特色，以理工为主，经、管、文、法、教兼备的多科性大学。学校于1956年6月在山西创建，先后隶属于第二机械工业部、核工业部、中国核工业总公司，1999年，实行国防科技工业局与江西省人民政府共建，以江西省人民政府管理为主。学校是中核集团、中核建设集团人才培养基地，是海军国防生培养基地。建校55年来，学校为我国核军工事业发展、核大国地位的确立和核电及地方经济建设作出了突出贡献。

学校由南昌校区和抚州校区组成，占地面积2000余亩。学校设有地球科学学院、核工程技术学院、水资源与环境工程学院、测绘工程学院、国防科技学院（核能学院）、海军后备军官学院、高等职业技术学院等20多个教学单位，还设立了独立学院——长江学院。

学校现有在校生29000余人（含留学生）。现有58个本科专业，其中11个国防军工专业、1个国防重点专业、1个国防紧缺专业，14个省部级重点学科，65个硕士点，有4个专业合作培养博士生，有10个领域的工程硕士学位授予权。

学校名师荟萃，英才云集。现有教职工2000余人，其中，中国工程院双聘院士2人，教授、副教授530余人，博士生导师15人。中国工程院院士钱七虎担任名誉校长。

学校科技实力雄厚。拥有核资源与环境国家重点实验室培育基地、“放射性地质与勘探技术”国防重点学科实验室等8个省部级重点实验室（含1个国际原子能机构参比实验室），以及地质资源经济与管理研究中心等2个江西省人文社科重点研究基地。学校是国际原子能机构铀矿地质、同位素水文学高级培训中心和国际原子能机构东亚地区同位素水文数据库主办单位，多位教授受聘国际原子能机构咨询专家。学校与美国、俄罗斯、日本、澳大利亚等20多个国家的高校、科研院所建立了校际交流和学术联系，并互派留学人员。

东华理工大学正朝着“省内一流、全国知名、特色鲜明、部分优势学科进入国际先进行列”的教学研究型大学目标阔步前进。

上海核工程研究设计院

上海核工程研究设计院始建于1970年2月。2007年，该院从中国核工业集团公司整建制划入国家核电技术有限公司。在建院40多年历史上，该院完成了中国第一座核电厂——秦山核电厂、中国核电第一个出口项目——巴基斯坦恰希玛核电厂工程设计等任务，积累了丰富的经验，培养造就了一大批具有广博的核电工程技术知识和丰富实践经验的工程技术人员，成为技术实力雄厚、专业配套齐全的综合性工程设计院。现有员工1300余人，其中专业技术人员1000余人。

上海核工程研究设计院拥有甲级工程设计证书、甲级工程咨询资格证书、甲级工程造价咨询证书、甲级建筑智能化证书、压力容器设计许可证、压力管道设计许可证、核承压设备设计资格证书、对外经济合作经营资格证书等一系列证书。主营业务范围包括工程设计（甲级），压力容器设计，环境评价，工程监理，工程承包，建筑装饰工程设计（一级），核工程及相关领域的技术服务及新产品的开发、研制、试销等。

上海核工程研究设计院共有330多项设计科研项目获得国家、国防科工委和部、省（市）级科技进步奖或优秀设计奖。其中，以该院为主设计的秦山30万千瓦核电厂的设计与建造获国家级科技进步特等奖、全国最佳工程设计特奖；另有国家级科技进步二等奖3项、三等奖6项等。此外，还获得全国“五一劳动奖状”、“上海市文明单位”和“核工业先进集体”等荣誉称号。

上海核工程研究设计院已获得质量管理体系、ISO 9001质量管理体系、环境管理体系和职业健康安全管理体系认证。2010年，获得“上海市质量管理奖”，并连续两次获得“全国实施卓越绩效管理模式先进企业”。

上海核工程研究设计院认真执行“质量第一、信誉至上”的经营宗旨，并将一如既往，充分运用先进的工程技术和科学的项目管理理论、模式、程序和优质服务，以优良的信誉和服务面向国内外核工程及其他工业和民用工程市场。目前，该院正全力开展第三代AP1000非能动核电技术的引进、消化、吸收、再创新以及大型先进压水堆核电站重大专项设计研发工作。

核工院园区规划图

中阀科技股份有限公司

中阀科技股份有限公司是一家集产品设计研发、生产经营服务为一体的企业集团。2009 年在美国纳斯达克主板上市，在中国境内拥有六家全资子公司：河南开封高压阀门有限公司、郑州市郑蝶阀门有限公司、中阀科技（长沙）阀门有限公司、上海浦东汉威阀门有限公司、扬州罗克阀锁科技有限公司、泰州泰德阀门有限公司。

集团总部位于历史悠久的中国河南郑州。主要产品有核电站用核 2 级闸阀、止回阀；超超临界、超临界火电站 F92、F91(C12A)、WB36 以及 WC9、WC6、WCB 高温高压锻钢阀和铸钢阀；石化高端产品 24 通多功能分配阀、全焊接大口径球阀；水轮机成套进水球阀和蝶阀；金属硬密封蝶阀、用于两相流介质的金属密封半球阀等 900 余种型号，10000 多个规格。产品覆盖核电、火电、水电、石油化工、城市供排水等行业，并且远销到欧洲、美洲、中东、非洲等几十个国家和地区。

其旗下开封高压阀门有限公司在 1993 年被大亚湾核电站认定为 QA1 级合格供货商， 2006 年获得秦山核电合格承包商资质证书，2007 年获得秦山联营核电合格供方资格证书，2009 年获得中核工程公司合格供方资格证书。且在 20 世纪 80 年代就参加了秦山一期核电站的建设 ;90 年代又参与了秦山二期核电站核级阀门国产化研制 ;2006 年参加秦山核电扩建工程建设 ;2007 年为中广核岭澳核电二期项目，2009 年为红沿河 / 宁德核电项目以及阳江项目配套各种阀门 10000 多台，得到了用户一致好评，2011 年又先后中标核电 AP1000 机组的三门核电真空阀、海阳核电隔离阀项目。随着国家核电事业发展，2008 年公司为 100 万千瓦核电站研制的核 2 级 1500Lb-10” 电动楔式闸阀和高 Cv 值止回阀，一次性通过了原子能院、核动力设计研究院 500 次冷态及 1500 次热态寿命试验和按 ASME-QME-1 进行的冷热循环、流体阻断、流量系数、管端加载、固有频率探测和抗地震一系列试验。

中阀科技股份有限公司将凭借强大的科技技术实力以及满腔的热忱，为中国核电事业发展作出更大的贡献！

辽宁红沿河核电有限公司

红沿河核电厂效果图

辽宁红沿河核电有限公司由中国广东核电集团有限公司、中电投核电有限公司、大连市建设投资公司按照45:45:10的股比投资组建，负责辽宁红沿河核电项目的建设和运营。2006年8月28日，辽宁红沿河核电有限公司在大连市工商行政管理局注册成立。

辽宁红沿河核电厂是国家“十一五”期间首个批准开工建设的核电项目，是东北地区第一个核电厂和东北地区有史以来最大的能源投资项目，也是目前全球同一厂址在建机组最多的核电建设基地。

辽宁红沿河核电项目规划建设六台百万千瓦级核电机组，分二期建设（一期4台，二期2台），采用具有我国自主知识产权的CPR1000核电技术路线，实施标准化、规模化建设。目前一期4台机组已全部开工建设。二期工程国家发展改革委办公厅已批复开展前期工作。二期工程与红沿河核电一期工程为同一厂址，采用与一期工程相同技术方案建设两台百万千瓦级压水堆核电机组。

辽宁红沿河核电项目的建设，对实现国家振兴东北老工业基地发展战略和辽宁省全面建设小康社会发展目标，满足辽宁省经济增长对电力的需求，优化东北电网结构，保证电力供给，拉动核电装备制造业，促进核电人才培养，加强环境保护，促进区域经济增长，建设和谐社会等，都具有十分重要的意义。红沿河核电6台机组全部投产后，每年将少消耗原煤约1600万吨，少向大气排放二氧化碳约4400万吨，二氧化硫约22万吨，氮氧化物约18万吨。其中，仅一年减少排放的二氧化碳量，就相当于近29万公顷森林的吸收量。

辽宁红沿河核电厂位于辽宁省大连市瓦房店红沿河镇，地处瓦房店市西端渤海辽东湾东海岸。厂址东距瓦房店市火车站约50 km，南距大连港110 km，北距沈阳270 km。厂区三面环海，一面与陆地接壤。开阔的视野，平坦的地域环境，红沿河核电是我国已建、在建和待建核电厂中条件最为优越的厂址之一。

紫光同能（北京）信息技术有限公司

紫光同能（北京）信息技术有限公司(Unitalent Information Technology Co.,Ltd），简称“紫光同能”，是知名企业清华紫光集团有限公司下属的核心企业之一。其团队前身是专注于中国电力行业十年的北京同方电子科技有限公司发电信息事业部。凭借多年在发电专业基础业务上的积淀，为电力企业提供信息化技术、行业应用软件及整体解决方案。进而使公司拥有火电 SIS、核电实时数据平台、系统集成三大主营业务，在技术高端领域获得了强有力的竞争力。紫光同能在整合了清华大学的科研与紫光集团相关产业的基础上，充分利用自身优势，汲取国内外先进技术，同时与一些世界著名公司及国内专业科研机构开展了卓有成效的合作，获得了认可与赞誉。

主营业务：电力行业电子产品、技术服务与销售。主体经营发电系统内，基于对实时数据的深入分析而实现流程控制与运行优化的相关平台与应用系统，也包括相关的系统集成等业务。

CANBERRA

美国堪培拉公司

美国堪培拉公司（CANBERRA）作为全球最大的核辐射检测设备制造商，拥有四十多年的专业经验。一直以来，我们不仅为用户提供检测设备和服务。我们同时也将最先进的测量技术、分析方法、实验室管理理念和全面的解决方案带给用户。我们致力于了解用户的确切需求，依托专业的技术背景为用户提供全面的解决方案，为用户带来更大的附加价值。

核电设施的可靠和安全操作要求经常对发生事故、污染和外来威胁的可能性保持高度的警惕。CANBERRA 为满足客户核电测量应用、项目和人员需要，提供广泛的解决方案，从基本系统安装设置和培训、刻度服务到根据场地具体需要制定的合作服务协议应有尽有。

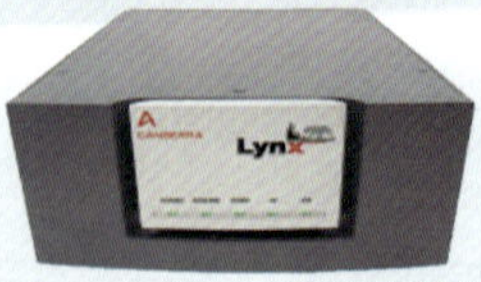

LYNX：数字化多道分析器

Cryo-cycle：液氮冗余电制冷

Cryo-Pulse® 5

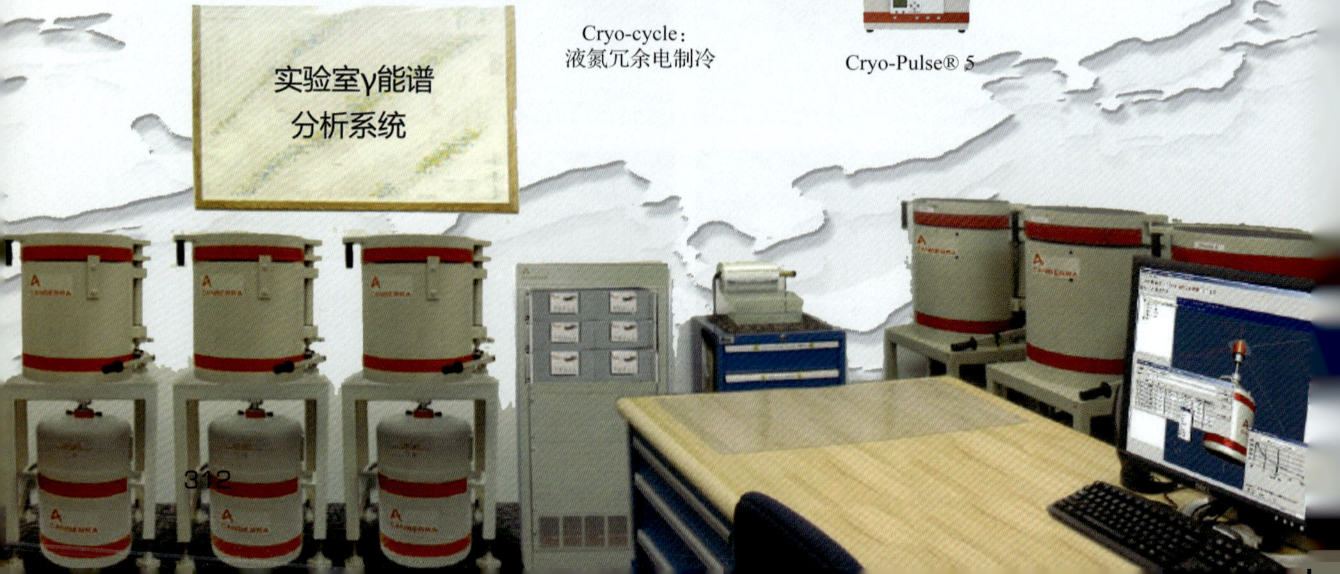

美国堪培拉公司

CANBERRA

CANBERRA 在如下领域中已成为全球核电行业最有价值的合作伙伴：

·集成的 gamma 谱学软件和硬件

·数据管理系统（化学、保健物理）

·alpha/beta 总计数设备

·适用于全身计数、现场测量和废物分析系统

·污染监控（人员和物体）

·手持式保健物理仪器（污染和剂量监控）

·厂内、厂外及在线环境监控

·视频监控

LB4200：多路低本底
Alpha/Beta 计数系统

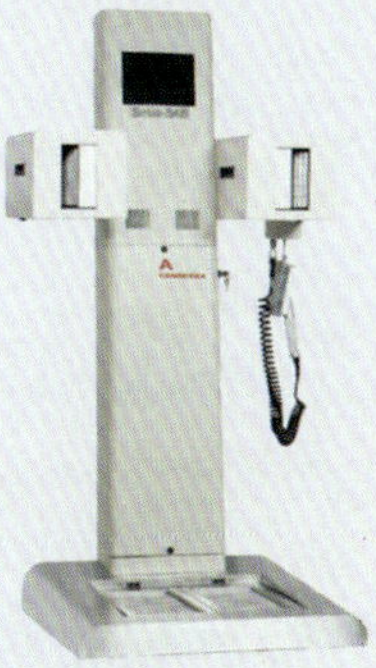

Sirius-5 手脚表面污染监测仪

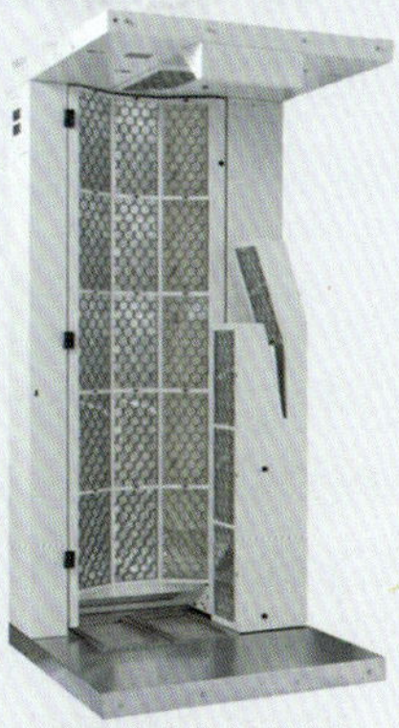

Argos 系列出入口
alpha/beta 污染

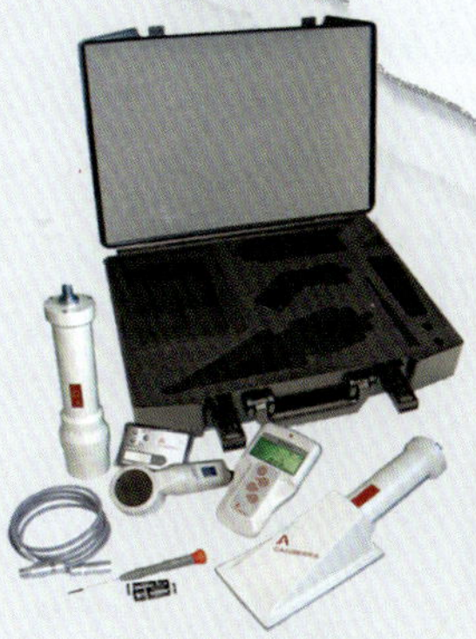

便携式辐射测量仪表

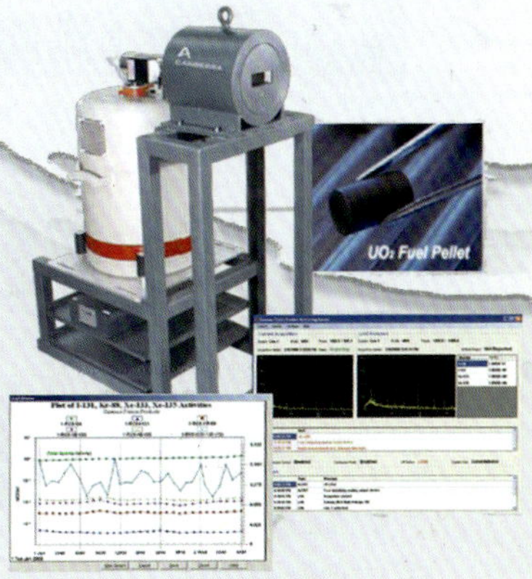

燃料检测仪

青岛合利气体有限公司

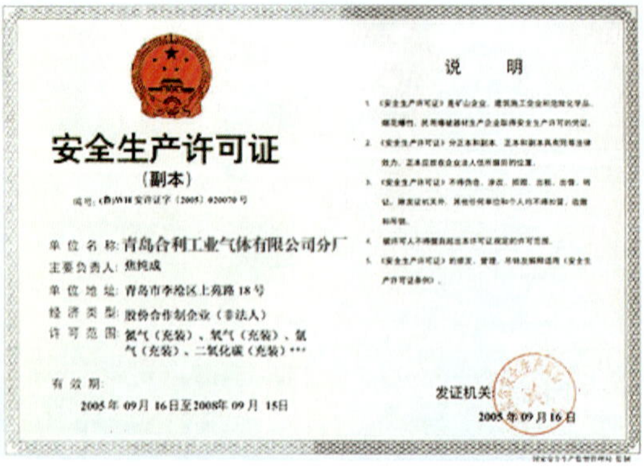
安全生产许可证

（副本）

单 位 名 称：青岛合利工业气体有限公司分厂

主要负责人：焦纯成

单 位 地 址：青岛市李沧区上苑路18号

经 济 类 型：股份合作制企业（非法人）

许 可 范 围：氩气（充装）、氧气（充装）、氮气（充装）、二氧化碳（充装）***

有 效 期：

2005年09月16日至2008年09月15日

说 明

发证机关：

2005年09月16日

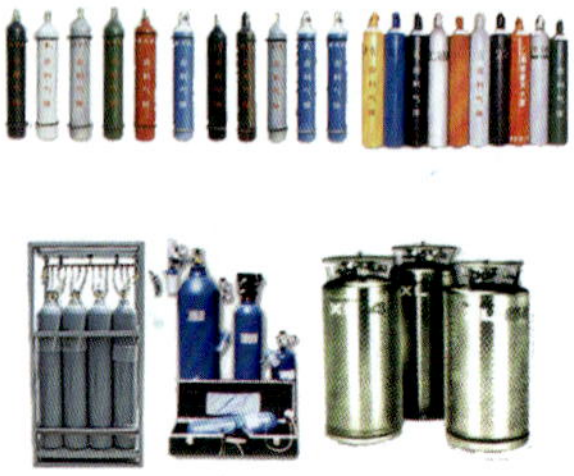

青岛合利气体有限公司是一家集工业气体、混合气体、特种气体以及标准气体于一体的科研型、生产型相结合的高新技术企业，同时也从事研制、开发气体设备及相关配套设备的生产。目前公司拥有的下属企业有青岛合利气体有限公司分厂、青岛平顺达危险品专业运输有限公司和青岛新耀利工贸有限公司。公司总资产1800余万元，年销售收入3500余万元，是山东省该领域生产规模较大、品种较全的龙头企业。

近十年来，公司投入大量资金引进国际上先进的配套设备，运用先进的检测手段，遵循ISO 9001：2000质量管理体系要求，对生产、销售服务的全过程进行全方位检测，同时集中专门人才研发特种气体、标准气体、高纯气体，形成多元化、多规格的产品体系。目前，公司主要产品有瓶装氧气、氮气、氩气、氦气、二氧化碳、乙炔气、氢气、混合气、标准气、特种气、液体氧、氮、氩、二氧化碳等，同时公司还研制开发“合利”牌汽化器及新型杀菌气、磷烷气，自2005年以来被认定为高新技术企业。公司取得了青岛市危险化学品经营许可证和气体充装证等相应的资质，具有压力管道设计和安装的能力，能为需求各种气站的用户提供相关设备和技术支持。另外拥有一支专业的维修队伍，他们以精湛的技术力量、优良的先进设备、科学的检测手段、完善的售后服务来做杜瓦瓶和储罐的维修。

目前公司产品行销全国各地，为核能、电子、军工、石化、医疗卫生、冶金、食品等行业提供服务。近年来为江苏核电、山东核电提供产品和服务，并建立了稳定的合作关系。

公司始终坚持“一切为了客户，一切为了发展”的服务宗旨，致力打造“合利”这个全新的服务品牌。

阿海珐集团

台山核电厂 1 号机组穹顶吊装

阿海珐集团 (AREVA) 为客户提供低碳电力生产解决方案。卓越的专业技术以及在核电安全、设施安保、信息透明、行为准则诸方面的绝对严格要求使其成为能源领域的楷模，持续改进确保其作为一个负责任企业的发展。

作为全球核电业的龙头企业，阿海珐集团是唯一具备向电力公司提供一体化解决方案的企业，业务范围涵盖核燃料循环、反应堆的设计建造及其相关服务。此外，阿海珐集团正在大力拓展风能、太阳能、生物质能、氢能及储能等可再生能源业务。

通过提供这两大能源解决方案，阿海珐集团的 48000 名员工致力于向更广泛的人群提供更加安全、更加清洁、更加经济的能源。

随着中国对电力的需求不断增长以及减少二氧化碳排放的现实需要，核能仍然是能源结构的重要组成部分，可以提供具有极高安全性的价格合理的低碳电力。阿海珐集团同中国的各大核电企业合作已有 30 年，今天继续着在中国的承诺和投入。

阿海珐阿格后处理厂乏燃料贮存水池

东方阿海珐核泵有限责任公司制造车间

大事记

中国核能行业2010年度十大新闻

中国核能行业协会 & 能源中国联合发布

一、党中央和胡锦涛总书记高度重视我国核能事业的发展

在十七届五中全会上，中共中央关于“十二五”发展规划的建议提出，“在确保安全的基础上高效发展核电。”

9月4日至6日，胡锦涛总书记在广东深圳考察工作期间，专程考察了广东大亚湾核电基地。胡锦涛说：“核电是当今世界公认的清洁能源。积极发展核电是优化我国能源结构、减少温室气体排放的一项重要举措。希望中国广东核电集团有限公司把握有利时机，依靠科技创新，加快发展步伐，尤其要把安全放在首位，为促进我国经济社会可持续发展作出新的更大贡献。”

二、岭澳核电站二期1号机组、秦山二期扩建工程3号机组先后投入商运。我国投运核电装机容量突破千万千瓦

7月15日，我国首座采用自主品牌核电技术建设的核电机组——中广核集团岭澳核电站二期1号机组首次并网成功，成为我国第12台并网发电的核电机组；9月20日，岭澳核电站二期1号机组正式投入商业运行。8月1日，我国“十一五”期间首个开工建设的大型核电项目——中核集团秦山核电二期扩建工程3号机组首次并网成功；10月21日，秦山核电二期扩建工程3号机组正式投入商业运行。这也结束了我国连续3年没有新的核电机组投运、徘徊不前的状况。至此，我国投运核电装机容量突破千万千瓦。

三、一批新的核电工程项目相继开工建设。截至年底，我国在建核电机组达28台，占世界在建核电总量的40%以上

2010年内，我国相继开工建设了10台新的核电机组：1月8日福建宁德核电站3号机组；4月15日广东台山核电站一期工程2号机组；4月25日海南昌江核电站1号机组；6月20日山东海阳2号机组；7月30日广西防城港核电一期工程1号机组；9月29日福建宁德核电站一期工程4号机组；11月15日广东阳江3号机组；11月21日海南昌江核电工程2号机组；12月28日广西防城港核电一期工程2号机组；12月31日福建福清核电工程3号机组等。我国已成为世界上在建核电规模最大的国家。

四、我国在内蒙古地区发现3万吨以上的超大型铀矿床

12月7日媒体报道，经过10多年的努力，我国地质工作者在内蒙古发现大型铀矿，除了在鄂尔多斯盆地，内蒙古二连盆地中部地区目前也已探明产于白垩纪河湖相地层中的3万吨以上的超大型铀矿床。

《鄂尔多斯盆地北部地浸砂岩型铀矿时空定位和成矿机理研究》项目当选为“地质科技十大进展”之一，《新疆察布查尔县蒙其古尔铀矿床勘查取得重大突破》项目当选为“地质找矿十大成果”之一。

五、我国首座动力堆乏燃料后处理中间试验工程热调试成功

12月21日，我国首座动力堆乏燃料后处理中间试验工程——中核四○四中试工程热调试取得成功。这是中国在核能研发领域取得的一项重大技术突破，我国在核燃料“闭路循环”道路上迈出的重要一步。

六、自主化百万千瓦级核反应堆压力容器研制成功，标志着我国百万千瓦级核岛主设备的制造达到了国际先进水平

12月18日，由中国核动力研究设计院设计、中国第一重型机械集团公司制造的我国首台完全自主化的红沿河核电站1号机组核反应堆压力容器，各项技术指标全部满足要求，在中国一重大连制造基地完工并发往红沿河核电站。核反应堆压力容器的研制成功，标志着我国百万千瓦级核岛主设备的制造已基本实现国产化，达到了国际先进水平，具备了提供成套装备的能力。

七、中国实验快堆反应堆首次临界，这是我国核电领域的一次重大自主创新

7月21日，中国第一座快中子反应堆——中国实验快堆实现首次临界，这是中国核电领域的一项重大自主创新成果。发展快中子增殖反应堆可以大大提高铀资源利用率并减少高放废物。

八、中国核能行业协会科学技术奖首批奖项诞生

11月9日，通过中国核能行业协会科学技术奖评审委员会审定，共产生了中国核能行业协会科学技术奖一等奖2项，二等奖13项，三等奖42项。

为增强核能行业自主创新能力，表彰为我国核能行业发展作出突出贡献的单位和科技工作者，中国核能行业协会、中国核工业集团公司、中国广东核电集团有限公司、国家核电技术有限公司、中国电力投资集团公司、中国华能集团公司和中国

大唐集团公司等作为首批出资设奖者申请设立“中国核能行业协会科学技术奖”，并于7月20日获国家科技部正式批准。

九、采用三代技术AP1000与EPR的两项核电工程6台机组全部开工建设

6月20日，山东海阳2号机组开工建设。至此，我国采用三代技术AP1000建设的浙江三门和山东海阳核电工程共4台机组，采用三代技术EPR建设的广东台山核电工程2台机组，总共6台三代核电机组已经全部开工建设。

十、《原子能法》有望列入国家立法工作计划

9月，国务院领导同志在北京大学4位院士联合写的关于尽快制定《原子能法》的建议上作出批示。我国核能领域基本法《原子能法》的论证起草工作继续深入开展，并有望列入国家立法工作计划。

2010 年中国核能行业大事记

1 月 3 日，中共中央政治局常委、中央政法委书记周永康莅临东汽视察指导工作。周永康对节日期间坚持加班生产的东汽职工表示慰问，对东汽干部职工大灾面前不弯腰、努力生产创佳绩表示钦佩。

1 月 6 日，中共中央政治局常委、国务院副总理李克强来到中国船舶重工集团，考察能源技术装备和管理服务情况并出席现场会。他强调，要适应世界经济技术变革和国内发展的新形势，把推进能源技术装备进步和调整优化能源结构、发展节能增效产业结合起来，加快经济发展方式转变，切实保障能源供应安全，保持经济平稳较快发展和社会和谐稳定。

1 月 6 日，国家能源局举行授牌仪式，首批 16 个国家能源研发（实验）中心正式成立。其中与核能相关的研发（实验）中心分别是：重大装备材料研发中心、核级锆材研发中心、核电站核级设备研发中心、核电站数字化仪控系统研发中心、快堆工程研发（实验）中心等。

1 月 7 日，岭澳核电站 2 号机组顺利结束第七次换料大修，一次并网成功。此次大修实际工期 22.94 天，刷新我国百万千瓦级核电机组大修工期记录，安全质量控制良好，此举表明大亚湾核电基地的运营管理再上了一个新台阶。

1 月 8 日，宁德核电厂 3 号机组核岛主体工程开工。

1 月 11—12 日，中国核工业集团公司在京召开 2010 年度工作会议，集团公司党组书记、总经理孙勤作了题为《改革创新，求真务实，努力实现核工业又好又快安全发展》的工作报告。

1 月 11 日，国家核电技术有限公司所属国核工程公司与中国第二重型机械集团公司（德阳）重型装备股份公司签订了三门核电站 1 号机组、海阳核电站 1 号机组国产化主管道采购合同。这是我国加快推进第三代核电自主化发展的又一项重大突破。

1 月 15 日，胡锦涛总书记来到临港重装备制造基地考察，参观了核电设备有限公司、电站临港工厂和船用曲轴有限公司，同企业干部职工共谋装备制造业调整振兴之策。

1 月 15 日，浙江三门核电站 2 号机组核岛开工建设。

1 月 15 日，由中国原子能科学研究院承担的国家“973”计划项目——“中国先进研究堆中子束应用关键技术及若干科学问题”在北京正式启动。这标志着我国中子散射技术研究迈上新台阶。

1 月 16 日，国家环保部副部长、国家核安全局局长李干杰到宁德核电站视察工作并颁发 3、4 号机组建造许可证。

1 月 18—19 日，中国核工业建设集团公司在京召开 2010 年工作会议。集团公司党组书记、总经理穆占英作了题为《深化改革，做强主业，实现集团公司跨越式发展》的工作报告。

1月21日，中广核集团公司新疆分公司、中广核铀业新疆发展有限公司在乌鲁木齐揭牌，标志着新疆维吾尔自治区成为中广核集团继广东、湖北之后的第三个重要战略基地，中广核集团与新疆维吾尔自治区在铀资源和清洁能源开发领域的合作步入新阶段。

1月21—22日，内陆核电厂选址国际研讨会在京举行。15位中外专家作了学术报告。围绕中国内陆核电厂建设选址过程中将会遇到的重要问题进行了广泛而深入的研讨。

1月21—22日，国家核安全局组织检查组对阳江核电站3、4号机组核岛基坑负挖进行了例行安全检查。检查结论认为，阳江项目3、4号机组可以开展FCD前的准备工作。

1月27日，中国政府网发布《国务院办公厅关于成立国家能源委员会的通知》，为加强能源战略决策和统筹协调，国务院决定成立国家能源委员会。通知公布了国家能源委员会的组成人员。委员会主任由国务院总理温家宝担任，国务院副总理李克强任副主任，委员合计21人。国家能源委员会办公室主任由国家发改委主任兼任，副主任由国家能源局局长兼任，办公室具体工作由国家能源局承担。

1月27日，防城港核电厂一期工程项目申请报告核准评估会开幕式在南宁举行，20多家相关单位的领导和专家及投资方代表160余人参加了会议。此次评估会由中国国际咨询公司受国家发改委委托组织召开。会议期间，与会专家从9个方面对项目申请报告进行分析、审查。

1月28—29日，国家核电技术公司2010年度工作会议暨一届一次职代会在北京召开。公司党组书记、董事长王炳华作了《提升创新能力，强化战略协同，坚定不移地推进三代核电自主化进程》的工作报告。

1月30日，吴邦国委员长视察上海重型机器厂有限公司，仔细询问了核电大型铸锻件生产情况，并对自主研制的世界最大吨位油压机等多种锻件制造设备表示赞赏。

2月1—2日，第十届世界核电运营者协会（WANO）双年会在印度召开，中广核集团公司董事长钱智民当选为第十一届WANO总裁，高级顾问昝云龙获WANO核能卓越奖。会议期间，中广核集团与乌克兰国家核电公司签署合作谅解备忘录，双方将在核电站设计、建设、运营和技术维护，以及核电站设备研发、制造、供货等方面进行合作和经验技术交流；大亚湾核电运营管理有限责任公司与美国EXELON公司签署战略合作协议，双方将共同分享在安全高效运营核电站方面的管理经验和实践经验。

2月2日，中广核集团收购澳大利亚EME公司（能源金属有限公司）庆祝活动在澳大利亚西部城市帕斯举行。该收购项目获得国家发改委、商务部以及澳大利亚外资审查委员会等中澳两国主要政府部门的批准，并得到EME公司股东的支持。截至目前已得到了EME公司66%的股权。

2月3—4日，中电投集团公司核电安全工作会议在海阳核电厂现场召开。会议总结了集团公司过去一年核电系统内的安全工作，并对当年的安全工作进行了具体安排。

2月8日，上海核工程研究设计院召开建院40周年庆祝大会。江泽民、吴邦国、曾培炎等领导为院庆题词，俞正声、张国宝等发去贺信。有关方面领导王炳华、余剑锋、张华祝等应邀出席了庆典，并发表了热情洋溢的讲话。

2月9日，秦山核电二期扩建工程4号机组反应堆压力容器在中国一重竣工。

2月9日，中广核集团与广东省江门市政府正式签署《关于共同推进台山清洁能源（核电）装备产业园规划建设的战略合作框架协议》。根据协议，中广核集团将与江门市政府共同努力，将台山打造成为清洁能源和核电装备产业基地。

2月10日，中共中央政治局常委、国务院副总理李克强作出重要批示："2009年，中广核集团发展新能源取得可喜成绩，望继续把握机遇，夯实基础，坚持安全第一、质量第一，确保核电建设经得起历史检验。"

2月25日，我国首座采用CPR1000技术（中国改进型压水堆核电技术）建设的核电机组——岭澳核电站二期1号机组，完成了为期41天的热态功能试验，该机组主要系统完全满足商业运行条件下高温高压的要求。

2月11日，大型先进压水堆和高温气冷堆核电站重大专项任务合同书签字仪式在京举行。9个课题承担单位参加了签字仪式。

2月28日，我国第三代核电自主化依托项目、世界首台AP1000核电机组——浙江三门核电站1号核岛的结构模块CA05整体运输吊装就位。CA05模块为钢结构墙模块，共分8个子模块。模块外形尺寸约15.7米长，13.3米宽，8米高，结构总重达69吨，安装就位于核岛反应堆厂房内2、3区。在CA05吊装完成之前，核岛内8个子模块全部吊装就位。

3月1日，中国二重为东方阿海珐研制的CPR1000核电主泵泵壳在铸造厂一次性浇注成功。这标志着集团公司向核电核心领域——核岛铸件的制造迈出了实质性的一步。

3月1日，由中国一重承担制造的秦山核电二期扩建工程4号机组反应堆压力容器，经多方专家的严格评审，一次验收合格，准许出厂。

3月6日，中国华能集团公司和辽宁省政府在京签署《关于加快核电项目开发建议的会商纪要》。

3月8日，中国核工业集团公司与浙江省进行了战略合作会谈，双方就在海盐建设中国核电城进行签约，将抓紧开展核电关联产业对接，共同建设中国核电城。

3月11日，福建宁德核电站首台主管道自动焊机在施工现场完成组装并成功引弧，这是自动焊技术首次应用于中国核电建设，相比手工焊单台机组总焊接工期将直接缩短30~45天。并可有效控制焊接质量。

3 月 13 日，台山核电厂 2 号机组常规岛浇筑第一罐混凝土。

3 月 16 日，总投资 4 亿元的中电投烟台核电基地在高新区举行开工仪式。

3 月 18 日，中核建中核燃料元件有限公司为岭东核电站制造的首批初级中子源棒顺利运交用户。

3 月 20 日，台山核电站 1 号核岛反应堆钢衬里模块成功完成吊装。

3 月 23 日，第十一届国际核工业展览会在北京农业展览馆隆重开幕。展会主题是："绿色核能，低碳未来"。

3 月 23 日，中国国家副主席习近平在访问俄罗斯期间，与俄罗斯副总理茹科夫共同出席了《中国核工业集团公司与俄罗斯国家原子能集团公司关于在中国合作建造 BN-800 型示范快堆核电站 2 号机组的谅解备忘录》，以及田湾核电站扩建工程 3 号和 4 号机组框架合同签字仪式。

3 月 24 日，国务院副总理张德江、国务委员梁光烈、马凯、孟建柱等参观了第十一届中国国际核工业展览会。

3 月 25 日，山东核电有限公司分别与上海核工程研究设计院和国核电力规划设计研究院，正式签署山东海阳核电项目二期（3、4 号机组）工程设计与技术服务框架协议和常规岛工程设计与技术服务框架协议。

3 月 25 日，中国广东核电集团所属的大亚湾核电运营管理公司在巴黎荣获法国电力公司 2009 年度安全业绩挑战赛"能力因子"和"工业安全"两项桂冠。同时还获得了"辐射防护（900 MW 组别）"、"核安全 / 自动停堆"第二名和"厂房管理"第三名。

3 月 26 日，国家核安全局向北京广利核系统工程有限公司颁发了我国第一个《民用核安全电气设备设计 / 制造许可证》。

3 月 28 日，中核集团与浙江省核电关联企业合作信息对接发布会在杭州举行。中核集团 9 个部门、33 个企业 130 人与浙江省 150 多家关联企业的 500 多位来宾面对面进行了洽谈。

3 月 31 日，华能山东石岛湾核电有限公司 52 名生产准备员工获得 10 MW 高温气冷实验堆操纵员执照。

4 月 1 日，中共中央政治局委员、广东省委书记汪洋视察台山核电现场。汪洋强调，广大核电建设者要把台山项目打造成中国三代核电的范本，并提出"广东一年开工一处新厂址，一年开工一台新机组"等具体要求。

4 月 1 日，国家发展改革委副主任、国家能源局局长张国宝视察防城港核电现场。张国宝表示在支持一期工程尽早开工的同时，将积极研究二期工程开展前期工作的问题。

4 月 7 日，中核集团桃花江核电有限公司、华东电力设计院、德国 GEA 公司下属北京能源技术有限公司三方签约，建设桃花江核电工程自然通风冷却塔（高达 200 米，塔基直径 160 米），建成后将成为世界上最大和最高的冷却塔。

4 月 7 日，中国核电工程有限公司在浙江海盐组织召开秦山 310MW 机组提升电功率技术评审会，经专家组审议，秦山

310 MW 机组额定电功率定位 325 MW。

4 月 8 日，国家核电技术有限公司与美国西屋公司共同出资建设的我国核级海绵锆项目主体工程奠基仪式在在江苏省南通经济技术开发区举行。

4 月 8 日，韶关核电有限公司在广东省韶关市揭牌成立。韶关核电项目规划建设四台百万千瓦级压水堆核电机组，一次规划、分两期建设，总投资约 560 亿元。

4 月 12 日，江泽民同志视察上海电气临港重装备制造基地，并听取了上海电气集团领导关于临港基地建设、发展高效清洁能源和核电产业情况的汇报。

4 月 13 日，国家主席胡锦涛出席在华盛顿会议中心召开的核安全峰会，在会上胡锦涛发表了题为《携手应对核安全挑战 共同促进和平与发展》的讲话。

4 月 13 日，中共中央政治局常委、中央纪律检查委员会书记贺国强视察东方汽轮机八角井新基地时说，东汽是我国的骨干企业，建厂几十年来，为国家作出了重要的贡献，这次抗震救灾经受住了特殊的考验。

4 月 13 日环境保护部（国家核安全局）在北京审议通过了广西防城港核电厂 1、2 号机组设计阶段环境影响报告书。

4 月 14 日，国内首支 110 万千瓦核电半速转子在中国二重通过联检，并包装发往用户。这标志着我国已能自主生产超大型核电半速转子。

4 月 14 日，福建宁德核电站压水堆主管道自动焊接技术模拟焊接正式启动，该技术的应用将大大提高主管道焊接效率，缩短项目周期。

4 月 15 日，广东台山核电站一期工程 2 号机组核岛浇筑第一罐混凝土。一个月前，2 号机组和反应堆压力容器、蒸汽发生器，分别在广东和上海的制造工厂开工制造。

4 月 16 日，中国核工业二三建设有限公司核电建造研发项目奠基仪式在北京顺义区举行。

4 月 17 日，中广核集团、淮安市政府和江苏国信集团签署了合作开发盱眙核电项目框架协议。根据协议，三方将紧密合作，积极推进盱眙核电项目。

4 月 18 日，中共中央政治局委员、国务委员刘延东专程到中国原子能科学研究院视察中国实验快堆。

4 月中旬，江苏核电有限公司与俄罗斯原子能建设出口公司正式签署了田湾核电站 1、2 号机组最终验收证书，标志着后者完成了迄今为止中俄经济合作的最大项目——田湾核电站一期工程建设总合同规定的所有任务。

4 月 19—21 日，由中国核能行业协会主办的“第一期核能行业高级管理人员质量保证培训班”在北京举办。来自 53 个单位的 104 名部门经理以上领导参加了培训。

4 月 22 日，中核核电有限公司揭牌仪式在中国核工业集团公司总部举行。

4 月 23 日，大亚湾核电站 2 号机组在连续安全运行 509 天后顺利与电网解列，开始第 14 次换料大修。连续安全运行 509 天创造了国内核电机组单个燃料循环连续运行天数的新纪录。

4 月 25 日，由中国核工业集团公司和中国华能集团公司共同出资建造的海南昌江核电工程正式开工。中共中央政治局常委、国务院副总理李克强为海南昌江核电工程开工作出重要批示。

4 月 27—28 日，由中国核能行业协会主办，核动力运行研究所承办的“2010 核电厂寿命管理研讨会”在武汉市举行。研讨会的主题是：“重视核电厂寿命，实现安全、经济、长期的核电供应”。

4 月 28 日，由中国核能行业协会、台湾财团法人核能科技协进会共同举办的海峡两岸核废物处理技术研讨会在京举行。来自海峡两岸的 11 位专家、70 余位代表参加了研讨会。

4 月 28 日，中核集团福建三明核电有限公司在福州市举行揭牌仪式。

4 月 28 日，中核北方核燃料元件有限公司压水堆核电燃料元件生产线在内蒙古包头市成功取得投浓料生产许可证和合格性鉴定证书。

4 月 29 日，中国核工业集团公司与法国电力公司在京举行了核电合作框架协议签字仪式。中核集团总经理孙勤和法国电力公司总裁普格里奥出席签字仪式并在协议上签字。此次核电合作框架协议，旨在加强双方在核电管理、核电运行、核电工程建设以及核电研发等方面的合作。

4 月 29 日，中广核集团公司与法国电力公司签署了关于执行全球伙伴关系协议的谅解备忘录。这是对双方于 2007 年 11 月 26 日签署的全球伙伴关系协议的补充，为双方加强在核电工程设计、采购、运营、研发等领域的全面合作提供了广阔的空间。

4 月 29—30 日，受中国核工业集团公司委托，中国核能行业协会组织 42 名核电专家，在北京召开了国产化二代改进型核电机组重大改进项同行专家审评会。专家对国产二代改进型核电机组重大改进项进行了评审。专家一致认为国产化二代改进型核电机组具有安全性、成熟性、经济性和一定的先进性，通过审评方案。

4 月 29 日，中国第一重型机械集团公司承制的中国首台国产化 AP1000 反应堆压力容器——三门核电 2 号机组压力容器在中国一重大连核电石化事业部开工制造。

5 月 4 日，中国代表团团长、中国常驻联合国代表李保东在第八次《不扩散核武器条约》审议大会上发言说，中国坚决反对任何形式的核武器扩散。中国欢迎美国和俄罗斯最近签署新的双边核裁军条约。他又说，和平利用核能是各国的合法权利，应当得到充分尊重和维护。

5 月 6 日，财政部、海关总署和国家税务总局下发通知，对包括风电、核电等在内的重大技术装备进口税收政策暂行规定所附装备目录与商品清单予以调整。

5 月 6 日，“无二次中子源装料方案”在大亚湾核电站 2 号机组第 14 次大修时成功实施，这次该项技术在国内的首次成功尝试。

5 月 9 日，中国一重与山东核电有限公司及江西核电有限公司签订了山东海阳核电厂 3、4 号机组，江西彭泽核电厂 1、

2号机组反应堆压力容器供货合同，公司为上述两公司各提供2台AP1000反应堆压力容器设备。

5月10日，东方汽轮机德阳新基地隆重举行竣工投产大会。国务院总理温家宝作出重要批示以示祝贺，国务院副总理张德江也对东汽重建取得的显著成绩表示祝贺。

5月11日，中国电力投资集团公司成为首个加入WANO美国亚特兰大中心的企业。

5月12日，中法核安全合作指导委员会在京召开。国家核安全局局长李干杰、法国核安全局局长拉考斯出席会并讲话。会议交流中法双方两国核电发展现状、规划及核安全监管面临的问题和困难，就设备制造监督、在役检查、放射性废物管理安全等专项议题展开深入交流和讨论。

5月12日，国际原子能机构（IAEA）原总干事汉斯·布利克斯（Hans Blix）先生参观华能石岛湾核电厂。

5月13日，由中核集团中国原子能科学研究院研发、设计和建造的具有世界先进水平的中国先进研究堆实现首次临界。

5月13日，中国核工业集团公司与中国电力工程顾问集团公司在京签署了长期战略合作协议。

5月13日，中广核集团公司总经理贺禹与中电控股董事局主席米高·嘉道理爵士、总裁兼首席执行官包立贤先生举行定期会晤。双方同意到2016年由岭澳核电项目增加送中电核电50万千瓦，到2020年按照大亚湾的供电模式由专门输送线路向香港再增加供核电150万千瓦，以确保供港电力的安全可靠。

5月15日，海阳核电1号机组常规岛浇筑第一罐混凝土。

5月16日，三门核电厂2号机组常规岛浇筑第一罐混凝土，比原计划提前14天。

5月17日，国家能源局副局长钱智民一行到荣成市对华能石岛湾核电厂项目进展情况进行调研。副省长李兆前会见了钱智民一行。

5月17日，世界上首台第三代核电AP1000屏蔽电机主泵第三次中间试验在位于宾夕法尼亚州匹兹堡市的美国科蒂斯·赖特（CURTISS-WRIGHT）公司EMD主泵制造厂取得成功。

5月17日，由中国核能行业协会主办的《2010年中国核能行业协会年会暨2010中国核能可持续发展论坛》在北京举行。本次论坛的主题是《机遇与挑战—核电装备制造》。在年会上，张华祝理事长作了工作报告，马鸿琳副理事长兼秘书长作了《关于修改中国核能行业协会章程的报告》。在论坛会上，有14个单位的16名专家作了大会演讲。

5月18日，第18届国际核工程大会在陕西省西安市拉开帷幕。来自全世界40多个国家和地区的近千名专家和学者就当前核能发展存在的问题与挑战以及未来发展趋势展开深层次、多方面的交流和探讨。

5月18日，由中国二重研制的第三代核电关键设备AP1000主管道在北京通过专家鉴定。证明中国二重具备承担

AP1000核电站成套主管道的制造能力。

5月20日，中核五公司承建的秦山二期扩建工程4号机组主控室投用，这一里程碑节点较三级进度计划提前81天完成。

5月21日，中共中央政治局常委、全国人大常委会委员长吴邦国视察东方电气新基地时强调，新基地不是简单的搬迁，而是要把恢复重建与结构调整、产业优化升级紧密结合起来，再造一个新东气。

5月24日，举行了浙江省秦山核电二期场内外联合演习。此次演习是省、核设施营运单位核应急两级组织在秦山核电二期扩建工程3号机组首次装料前组织的联合演习，共有约800人投入演练。

5月26日，国家科技重大专项高温气冷堆核电站示范工程全范围模拟机供货合同签署。中广核仿真技术有限公司在该项目投标过程中中标。

5月27日，秦山三期1号机组首批国产21根辐照后钴调节棒全部安全卸出反应堆，比原计划提前三天完成更换操作任务。这是国内首次成功实现利用重水堆批量生产钴-60同位素，填补了国内空白。

5月27日，中国工程院主席团名誉主席宋健到中国原子能科学研究院，视察中国先进研究堆和中国实验快堆的进展情况。

5月27—28日，“第十三届中国北京国际科技产业博览会　第六届中国能源战略层论坛”在北京国际会议中心隆重举行。来自11个国际组织和20多个国家和地区的70个政府和经贸代表团，国内30个省、区、市，以及港、澳、台地区的代表团参加了本届科博会。

5月30日，秦山第二核电厂3号机组首炉装料工作正式开始。

5月31日，国家发展改革委正式发文同意辽宁红沿河核电站二期工程开展前期工作。二期工程与一期工程为同一厂址，采用相同技术方案建设两台百万千瓦级压水堆核电机组。

6月1日，在温家宝总理访问蒙古期间，在中蒙两国总理的共同见证下，中国核工业集团公司总经理孙勤与蒙古核能署长恩和巴特签署了《关于放射性矿产和核能行业合作谅解备忘录》。

6月1日，中电投海阳核电项目AP1000常规岛主蒸汽、主给水及旁路（大口径）管道首件试制评定会在武汉举行。专家一致认为：“武汉重工首件试制，生产工艺可行、技术措施合理、各项检验结果符合已签订的技术协议和国标要求，武汉重工已具备批量生产AP1000大口径钢管的条件和能力。”

6月2日，秦山30万千瓦核电机组额定功率，从310兆瓦安全提升至320兆瓦。

6月3日，中核集团ACP600科技重大专项工作启动会在成都中国核动力研究设计院召开。

6月上旬，哈电集团设计制造的国内首台自主百万千瓦核电常规岛倒置立式高压加热器在田湾核电站完成性能调试，并实现满负荷并网发电，给水升温、疏水下端差等各项性能指标均优于设计指标，标志着该设备研制成功。

6月上旬，国家核安全局正式发文批准向江苏核电有限公司颁发田湾核电站1、2号机组《运行许可证》。田湾核电站1、2号机组《运行许可证》的有效期分别至2045年10月18日和2047年3月16日。

6月8日，巴基斯坦恰希玛核电厂3、4号机组安装工程建造合同在上海金山签订。中国中原对外工程有限公司总经理毛晓明与中国核工业第五建设有限公司董事长兼总经理庄火林在合同上签字。

6月9日，辽宁红沿河核电有限公司宣布，红沿河核电站海水淡化系统正式使用。

6月9日，在国家主席胡锦涛和乌兹别克斯坦总统卡里莫夫的见证下，中广核集团与乌兹别克斯坦纳沃伊矿业联合企业签署《天然铀贸易合同》。

6月10日，岭澳核电站二期1号机组首次达到临界状态，标志着我国首座采用中国改进型压水堆核电技术CPR1000正式启动进入运行状态。

6月4—5日及11—12日，中国核能行业协会分别在北京和深圳组织了对中广核集团的14项科技成果的鉴定。鉴定委员会由十余家企事业单位的25位相关领域的专家组成。

6月11日，中广核集团公司领导班子成员任免宣布大会在深圳召开，国务院国资委和中共国资委委员会任命贺禹同志为中广核集团公司董事长、法定代表人、党组书记，不再担任总经理职务。

6月12日，秦山第三核电有限公司1号机组第五次大修后首次并入华东电网，至此，该机组提前5天全面完成105大修工作。

6月12日，在国家主席胡锦涛和哈萨克斯坦总统纳扎尔巴耶夫的见证下，中广核集团与哈萨克斯坦国家原子能工业公司签订1100吨天然铀采购合同。

6月13日，中广核集团在乌兹别克斯坦首个铀资源合资开发企业——中乌铀业有限责任公司揭牌。

6月12—13日，受国家能源局委托，中国机械工业联合会在无锡支持召开了国内首台百万千瓦级压水堆核电站辅助给水汽动泵样机鉴定会。由中国核电工程有限公司与上海阿波罗机械制造有限公司研制的样机通过鉴定。

6月13日，三门核电2号机组钢制安全壳底封头在经过起吊、平移、对位、下降、定位、脱钩等程序后，稳稳就位于核岛支架上。

6月16日，国际热核聚变实验堆（ITER）组织第六届理事会会议在江苏省苏州市召开。

6月17—18日，中国核能行业协会在北京组织召开了三代核电机组关键零部件、原材料进口清单专家审查会，针对清单，专家们提出了建议，并形成了专家意见。

6月18日，中广核集团召开ACPR1000项目启动会，会议明确了ACPR1000研发的三大目标，即要实现“走出去”、要有自主知识产权、要达到三代技术水平。

6月18—19日，2010核能行业可靠性维修（RCM）应用工作组会议在北京召开。来自中国核能行业协会和有关集团公司、核电厂、研究院所及高校等17个单位的20多位专家参加了会议。

6月20日，我国第三代核电自主化依托项目第四台机组——山东海阳核电厂2号机组核岛筏基第一罐混凝土开始浇筑。至此，首批AP1000四台机组已全部进入主体工程建设阶段。

6月24日，中共中央政治局常委李长春视察东方电气集团公司时强调，希望东方电气集团、东方电机能够在转变经济发展方式上狠下功夫，以转变经济发展方式为主线，争当世界一流企业。

6月24日，中广核集团与澳大利亚北部省资源部签署谅解备忘录。

6月24日，在中国及加拿大有关部长的共同见证下，在加拿大首都渥太华，中广核集团与CAMECO（卡梅克）集团签署了战略合作框架协议，中核集团与CAMECO（卡梅克）集团签订了为期10年的天然铀供应长期合同，总量将超过一万吨。

6月26日—7月3日，由中国核能行业协会和法国电力公司（EDF）共同筹划组织的中法内陆核电站选址和建设研讨会议在法国巴黎成功举行。中国核能行业协会副理事长赵成昆出席会议并做主旨发言。

6月28日，由中国核能行业协会、世界核大学、清华大学共同举办的世界核大学清华周北京培训研讨会在清华大学举行，来自核能领域的180余位代表参加了本次研讨会。

6月下旬，中核建中燃料元件有限公司燃料元件生产线扩建项目建议书获得国家国防科工局批复。同意该项目正式立项。该项目的实施，将实现新增400吨铀/年的生产能力。

7月1日，中国核工业集团公司与中国国电集团公司在京签订了新能源合作协议。

7月2日，在有关领导和嘉宾的见证下，中广核集团、粤电集团与中电控股集团三方代表签订了《阳江核电站项目合作协议》；中广核集团、粤电集团代表签订了《关于台山核电站项目等相关初步合作协议》。

7月3日，田湾核电站2号机组在第3次换料大修后并网成功，开始第4个燃料循环运行。

7月6日，三门核电3、4号机组反应堆压力容器、堆内构件、控制棒驱动机构和3号机组蒸汽发生器采购合同签字仪式在上海举行。

7月6—8日，主题为“钠冷快堆法规及标准”国际核工业标准化学术研讨会在京召开，来自俄罗斯、印度、日本、国际原子能机构以及国内有关单位的50名专家代表出席了会议。

7月8—9日，中国核能行业协会专家委员会在成都召开铀资源专业会议。

7月8—9日，国家能源局在深圳召开了第二届核电工程建设经验交流会，共有160余人出席了会议。

7月10日，《中核江西烟家山核电项目科研阶段工程总承包合同》签字仪式在井冈山市举行。标志着烟家山核电项目可研阶段工作全面展开。

7月12日，国内首台三代核电技术生产运行人员培训模拟机——台山核电第一台EPR模拟机正式投入使用。

7月13日，秦山二核3号机组反应堆安全达到首次临界状态。

7月15日，岭澳核电二期1号机组首次并网。

7月15日，国务院正式核准广西防城港核电站一期工程开工建设。

7月16日，东方电气（广州）重型机器有限公司庆祝东方电气出海口基地三期工程联合厂房圆满竣工验收并投入生产。

7月16日，辽宁红沿河核电站5、6号汽轮发电机组供货合同签约仪式在东方电气隆重举行。

7月18日，国家能源局局长张国宝、副局长钱智民专程到红沿河核电厂考察指导工作。辽宁省省长陈政高、常务副省长许卫国等陪同考察。

7月19日，国务院核准了广西防城港核电项目一期工程，建设2台单机容量为108万千瓦的核电机组，采用中国改进型压水堆核电技术CPR1000。

7月20日，经国家科技部和国家科学技术奖励办批准，正式设立中国核能行业协会科学技术奖。

7月21日，我国自主研发的中国第一座快中子反应堆达到首次临界。

7月21日，第75届WANO理事会在俄罗斯召开，会议一致同意贺禹董事长继任钱智民先生作为WANO总裁，任期至2011年10月第11届WANO双年会。

7月23日，国家能源局在北京人民大会堂向22项重大能源科技进步成果颁发了2009年度国家能源科技进步奖。第二批国家能源研发（实验）中心命名和国家超超临界燃煤技术创新联盟启动仪式同时举行。

7月28日，高温气冷堆核电站示范工程反应堆压力容器下筒体I特大锻件（第一件）经全体积超声波探伤，检测结果合格，反应堆压力容器锻件制造工作取得突破性进展。

7月30日，广西防城港核电站一期工程开工仪式举行。中共中央政治局常委、国务院副总理李克强为工程开工作重要批示，国务院原副总理曾培炎同志为工程开工题词。

7月30日，山东海阳核电站厂址废物处理设施（SRTF）供应合同签字仪式在北京举行。

8月1日，秦山核电二期工程3号机组一次成功并入华东电网，比计划提前3个月。

8月1日，三门核电1号核岛安注箱A、B分别成功吊装就位。

8月2日，国家能源局在哈尔滨召开AP1000核电技术装备自主化第二次工作会议，国家能源局局长张国宝出席会议并讲话。张国宝指出，推进核电技术装备国产化是国家战略。

8月3日，三门核电1号机组汽轮机

低压2号转子高速动平衡试验和超速试验顺利完成，试验结果合格。

8月6日，中国核能行业协会在北京组织召开了核电厂大型变压器运行技术专家会，来自核电厂业主、营运单位、核电工程公司、研究院所、大型变压器制造单位等的20位专家参加了会议。

8月8日，宁德核电站2号机组穹顶吊装成功。

8月9日，“国产首台百万千瓦级压水堆核电站反应堆压力容器研制”科技成果鉴定会在广州召开。鉴定委员会专家认为东方重机研制的该项成果各项技术指标满足RCC–M规范及合同要求，达到了国际先进、国内领先的水平，具备了批量生产条件。一致同意通过鉴定。

8月9日，中国核工业集团公司在成都主持召开了“百万千瓦级核电站棒控棒位系统（RGL）设备”产品鉴定会。

8月10日，中国核工业集团公司与河南省人民政府共同推进核电建设框架（补充）协议签字仪式在郑州举行。

8月15日，福清核电站1号机组穹顶吊装成功。

8月16日，由中国国家原子能机构主办，中国核能行业协会承办的“国际原子能机构与中国研讨会”在北京召开。会议邀请了国际原子能机构、中国国家原子能机构等政府部门和研究单位的8名官员和专家作报告。140余名代表出席了研讨会。

8月16日，中国国家原子能机构与国际原子能机构签署了核安保合作协议。

8月17日，国际原子能机构总干事天野之弥一行，在国家原子能机构秘书长王毅韧的陪同下，来到中国原子能科学研究院参观访问。

8月17日，中广核集团与国家核电技术公司、中国船舶重工集团公司和武汉市政府在武汉分别签署《咸宁核电厂一期工程核岛总承包合同框架协议》、《共同组建湖北新能源核电设备有限公司出资协议》、《共同推进武汉核电装备产业园建设合作框架协议》等三项合作协议。湖北省委书记罗清泉、省长李鸿忠等出席签字仪式。

8月18日，中核集团福清核电站1号机组成功实现穹顶吊装，比计划工期提早了81天，这标志着福清核电1号核岛已由土建阶段全面转向设备安装阶段。

8月18日，鞍钢重机公司成功锻造了长6.444米、重54.44吨的AP1000核电站主管道锻件。

8月19日，海阳核电1号机组CA05结构模块整体吊装就位。

8月中旬，中国广东核电集团公司与越南原子能院在河内签署核电领域合作备忘录，中广核集团将在核电技术转让、信息交换和技术人才培养方面给予越南帮助。

8月下旬，哈电集团哈尔滨电站阀门有限公司与法国万纳托公司举行合资公司签字仪式。

8月22日，中共中央政治局常委、国务院副总理李克强到田湾核电站视察，强调要始终把确保核安全放在第一位。

8月25日，贺禹董事长在北京拜会

了来华进行国事访问的南非总统祖马，就南非核电项目合作交换了意见。祖马总统表示，希望与中广核集团进一步加强合作交流。此前，在国家主席胡锦涛和南非总统祖马的见证下，国家能源局与南非能源部签署了两国能源合作谅解备忘录，支持中广核集团与南非进行更加深入的合作。

8月26日，岭澳核电站二期1号机组首次实现满功率运行。

8月28日，由我国自主设计制造的二代改进型核电百万千瓦级蒸汽发生器，在上海临港核电基地竣工。这是上海电气为辽宁红沿河核电一期工程承制的核电站顶级核岛设备，也是上海电气在临港核电产业基地完整制造的第一台百万千瓦级蒸汽发生器。

8月30日，中俄总理定期会晤委员会核问题分会第十四次会议在北京召开。中方代表团团长、国防科工局局长陈求发与俄方代表团团长、俄罗斯国家原子能集团公司总经理C.B.基里延科主持会议，并代表中俄双方签署了本次会议纪要。

8月30日，广东阳江核电站1号机组反应堆厂房钢衬里穹顶吊装成功完成，这标志着该机组由主体土建阶段全面转入设备安装阶段。

8月31日，中国核工业集团公司与甘肃省人民政府在北京举行战略合作框架协议签字仪式，双方就合作开发建设甘肃省内核电及关联产业事宜达成协议。

9月3日，中核国际（02302.HK）宣布，通过全资附属公司焦点国际与一家非洲尼日尔注册公司SOPAMIN订立八氧化三铀（U_3O_8）销售合约，据此焦点国际将向SOPAMIN购买300吨八氧化三铀。

9月4日，宁德核电厂4号机组常规岛浇筑第一罐混凝土。

9月5日，在深圳经济特区建立30周年之际，中共中央总书记、国家主席、中央军委主席胡锦涛在中共中央政治局委员、广东省委书记汪洋等陪同下考察大亚湾核电基地，充分肯定了中广核集团的成绩和贡献，希望集团把握有利时机，依靠科技创新，加快发展步伐，尤其要把安全放在首位，为促进我国经济社会可持续发展做出更大贡献。

9月5日，中共中央政治局常委、中央书记处书记、国家副主席习近平考察宁德核电基地，充分肯定了中广核集团与宁德核电项目建设取得的成绩，希望集团把握机遇、再接再厉、艰苦拼搏，争取早日建成具有标志性意义和历史意义的宁德核电项目。

9月7日，中国核工业集团公司地质局、金原铀业公司与内蒙古自治区通辽市举行战略合作框架协议签署仪式。

9月7日，海南昌江核电2号反应堆厂房预应力张拉廊道环墙混凝土浇筑完成，为2号反应堆厂房的FCD奠定了坚实的基础。

9月11日，国务院原副总理曾培炎视察国家核电技术公司在沪4家单位。

9月12日，世界首台AP1000核电机组——三门核电1号机组钢制安全壳CV筒体第三环，在完成索具连接、调平、起吊、旋转、变幅、落钩等动作后，与筒体第二环顺利对接，成功吊装就位。

9月13日，广东省核电建设联席会议第一次会议在深圳召开。会议期间，中广核集团分别与广州市政府、深圳市政府签署核电产业园合作协议。

9月19日，为纪念我国核工业创建55周年，中共中央政治局委员、国务院副总理张德江出席了在北京举行的“新时期核工业又好又快安全发展座谈会”，并发表讲话，提出要大力推进核技术和平利用，促进核工业又好又快安全发展。

9月19日，中核核电运行管理有限公司正式注册成立。

9月20日，岭澳核电站二期工程1号机组投入商业运行庆祝大会在北京人民大会堂举行，中共中央政治局常委、国务院副总理李克强作出重要批示。现场举行了全国电力装机容量突破9亿千瓦授牌仪式。

9月20日，中国代表在维也纳召开的国际原子能机构第54届大会上提出，全球核能发展复苏为国际原子能机构在相关领域发挥更大作用带来了历史性机遇，国际原子能机构应重点在促进核能可持续发展、加强核安全和解决敏感地区核问题方面发挥更大作用。

9月26日，国家副主席习近平参观上海高新技术产业化展览，在上海电气核电产业发展展板、模型和实物前作了较长时间停留，仔细询问了上海电气核电设备国产化有关情况。

9月26日，秦山第二核电厂3号机组首次达到满功率。

9月27日，在国家主席胡锦涛和来华访问的俄罗斯总统梅德韦杰夫共同见证下，中核集团江苏核电有限公司、中国核电工程有限公司、中国原子能工业有限公司与俄罗斯原子能建设出口公司在北京签署了《田湾核电站3、4号机组技术设计合同》。

9月27日，海阳核电一期工程1号核岛重量最重、体积最大的CA01结构模块成功落坐在1号核岛反应堆厂房底板上，吊装一次成功。

9月下旬，法国发电和轨道交通设备巨头阿尔斯通集团与东方电气签订价值近1亿欧元的合同，为中国福建宁德与福清以及江苏田湾3座核电站提供发电设备和服务。

9月28日，秦山核电厂扩建项目（方家山核电工程）1号机组反应堆厂房穹顶吊装成功。

9月28日，中国核工业集团公司与中国进出口银行战略合作协议签字仪式暨海南核电公司贷款合同签字仪式在京举行。

9月29日，宁德核电站一期工程4号机组核岛主体工程正式开工建设，标志着该项目一期工程4台机组全面开工建设。

9月29日，国家核电技术有限公司与上海交通大学、西安交通大学、华北电力大学在京签署了共建核电软件工作站协议，共同推进核电软件自主化工作。

10月10日，由中核建设集团五公司承建的巴基斯坦恰希玛二期核电工程汽轮机非核冲转取得成功，标志着该机组常规岛首次实现整体启动并试运行。

10月12日，海阳核电站1号机组钢制安全壳（CV）筒体第二环成功吊装就位。这是该机组继9月27日CA01结构模块成功吊装就位后完成的又一重大里程碑节点。

10月13—14日，由中国核学会与台湾财团法人核能科技协进会主办，江苏核电有限公司承办的第十届海峡两岸核能学术交流研讨会在田湾举行。

10月14—15日，电力行业共性问题研究座谈会第四次会议在大亚湾基地召开。会议围绕核电发展及核电行业存在的共性问题进行了交流。

10月17—25日，中国核能行业协会组织专家评估队对田湾核电站5、6号机组进行了同行建设评估。

10月18—22日，由国际原子能机构（IAEA）主办、国家原子能机构（CAEA）承办、中国核能行业协会（CNEA）协办，亚洲核安全网（ANSN）指导委员会第12次会议暨ANSN能力建设协调组（CBCG）第3次会议在北京国家会议中心召开。来自15个国家的37名代表出席会议。

10月19—21日，由中国核能行业协会主办、中广核工程公司和国家能源核电工程建设技术研发中心共同承办的“2010核能行业核电厂调试启动研讨会”在深圳召开。来自48个企事业单位的120名专家和代表参加了研讨会。

10月20—21日，世界核电运营者协会（WANO）第76届理事会及核能CEO会议在深圳召开，贺禹董事长作为WANO总裁出席会议。会议探讨了WANO的战略发展方向，审查通过了WANO 2011至2015年工作计划、新成员申请等事项，审议了由中广核集团承办的2011年WANO双年会工作方案。

10月21日，我国“十一五”期间首个开工建设的核电工程——秦山核电二期3号机组举行商业运行庆典，至此我国投入商业运行的核电机组数量已经达到13台，装机容量超过1000万千瓦。

10月22日，国务院原副总理曾培炎在山东海阳视察了三代核电自主化依托项目建设进展情况，并看望了中外员工。同日，还视察了华能石岛湾核电厂。

10月22日，大亚湾核电站1号机组在第十四燃料循环连续运行530天后，顺利与电网解列，开始了该机组的第14次换料大修。连续安全运行530天的纪录，打破了2010年4月份由该电站2号机组创造的连续安全运行509天的纪录。

10月22日，浙江三门核电1号机组CV4环拼装完成。

10月22日，经过江苏核电有限公司首批国产VVER核燃料组件验收组审查，田湾TW1/2R04燃料组件在中核建中核燃料元件有限公司顺利通过出厂验收。

10月23—24日，国产首台核电6300千瓦1E级应急柴油机发电机组鉴定会在西安举行。来自30个单位的78名专家和代表参加了会议。会议组成以叶奇蓁院士为组长的鉴定专家组。经评审，鉴定专家组认为，陕西柴油机重工有限公司及有关协作单位设计研制的国产首台核电6300千瓦1E级应急柴油机发电机组的性能和可靠性指标均满足IEEE387-1995等标准规范的要求，一致通过鉴定。

10月24日，具有自主知识产权的核安全级数字化控制平台研制成果在北京发布。这是我国核电仪控发展史上具有里程碑意义的重大突破。

10月24日，国家科技重大专项——华能石岛湾核电厂高温气冷堆核电站示范工程全厂DCS（数字化仪控）系统合同在北京签订。

10月25日，国家科技重大专项大型先进压水堆及高温气冷堆核电站专项监督评估结果的反馈与交流会在京召开。

10月29日，中央政治局委员、全国人大常委会副委员长、中华全国总工会主席王兆国在福建省委书记孙春兰、省长黄小晶的陪同下考察宁德核电基地。

10月30日，中电投山东海阳核电项目2号核岛CV底封头吊装工作圆满完成。今天吊装就位的海阳核电2号核岛CV底封头由64块钢板拼装焊接而成，总重量近700吨。

11月1日，由中国核能行业协会、财团法人核能科技协进会共同主办，福建宁德核电有限公司承办的“2010年海峡两岸核电厂安全运行技术培训研讨班”在福建宁德举办。

11月1日，海口海关与海南昌江核电项目相关企业海南核电有限公司、中国核电工程有限公司、中国原子能工业有限公司在海口签订了《关企合作备忘录》。

11月1日，广东台山核电站1号机组核岛安装工程正式开工，这意味着国内首座采用EPR三代核电技术的核电站由此全面进入安装阶段。

11月1日，四川汉龙集团在香港设立的汉龙能源有限公司，与国际大型铀矿开发商Marenica能源有限公司签署合作协议，合作开发纳米比亚铀矿。汉龙集团将出资500万澳元为可行性研究、项目开发和未来策略性收购提供资金支持。

11月2日，中央政治局常委李长春在视察东方电气（武汉）核设备有限公司时说，希望你们在国家清洁能源建设上做出更大的努力，特别是在自主创新上能够形成有中国特色的核电技术，不仅能够为我们国家自己的清洁能源建设作贡献，还要走向世界，使我国早日成为世界上少数几个生产先进核电站设备的国家之一。

11月3日，重庆机电集团所属企业研制的核电专用大型离心式冷水机组和压水堆核电站离心式上充泵，打破了核电装备同类产品国外长期垄断的局面，成为国内核电装备该类产品的唯一国内供应商。

11月3日，国核自仪系统工程有限公司与美国洛克希德·马丁公司在华盛顿签署合作开发反应堆保护系统平台合同。

11月4日，在胡锦涛主席和法国总统萨科奇的见证下，中国核工业集团公司总经理孙勤与法国阿海珐集团总裁罗薇中签署了《关于中国大型商业后处理——再循环工厂项目的谅解备忘录》和《中国阿海珐上海营业有限公司合资合同》。仪式上，中国广东核电集团公司与法国阿海珐集团也签署了铀产品采购合同，未来十年向广东核电提供2万吨铀。

11月4日，中国广东核电集团公司完成亚美电力有限公司并购项目全部收购款项支付，并于5日在香港完成文件交割手续，获得股份证书。美亚电力正式成为中广核集团全资收购的子公司。

11月5日，财政部关税司在浙江三门核电站组织召开了重大技术装备进口税收政策专家评审会议。通过认真讨论，会议对三代核电进口清单和进口不予免税商品目录修订建议提出了修改意见，并形成了专家评估意见。

11月7—9日，中国核能行业协会在北京召开了“2010年中国核能行业协会科学技术奖评审会”。经评委会讨论和评议，委员投票表决评出一等奖2项，二等奖13项。三等奖42项。

11月10日，中国核工业集团公司总经理孙勤与美国西屋电气公司总裁兼首席执行官康睿世签署了技术服务合作备忘录。

11月11日，国核示范电站有限责任公司与国核工程有限公司、上海核电工程研究设计院组成的“国核联队”在北京签署了《国核压水堆示范工程承包框架协议》。

11月11日，中哈签署了天然铀长期供货合同。

11月11日，海南昌江核电2号机组正式开工，这标志着海南核电首期工程全面开工建设。

11月12日，国家核电技术公司与美国西屋电气公司在北京签署了大型非能动核电站（LPP）业务开发、技术咨询服务以及AP1000后续项目仪控合作等共5个协议。

11月12日，国家核安全局向阳江公司颁发阳江核电站3、4号机组建造许可证证书。

11月12日，华能山东石岛湾核电有限公司在秦皇岛组织召开了高温气冷堆核电站示范工程蒸汽发生器及主氦风机项目高层协调会。

11月13日，我国首个综合性核工业科技园——中核北京科技园在北京房山区奠基开建。该园区以核科技研发为主，覆盖核电、核燃料、核技术应用、核安全和核环保等核工业关键领域，将进一步加快推动我国核工业产业转型升级。

11月15日，作为CPR1000改进型技术的示范工程，阳江核电站3号机组主体工程正式开工。

11月15日，第三代核电AP1000屏蔽电机主泵第四次中间试验在美国宾夕法尼亚州匹兹堡市科蒂斯·赖特（Curtiss-Wright）公司EMD主泵制造厂取得成功，标志着世界首台AP1000屏蔽电机主泵已完成型式试验，成功过渡至最终鉴定试验阶段。试验结果显示，主泵达到我国首台AP1000屏蔽电机主泵的设计要求。

11月15日，中广核集团贺禹董事长在南非约翰内斯堡拜会了南非总统祖马；大亚湾核电运营管理有限责任公司与南非国家电力公司签署了大亚湾核电站和KOEBERG核电站姊妹电厂协议。

11月16日，中国实验快堆产业化技术创新战略联盟在京成立。这将进一步推动我国快堆技术发展，打造快堆产业链，促进商用快堆电站自主设计、建造、运行和管理能力形成，以及研发我国具有自主知识产权的商用快堆电站品牌。

11 月 16 日，我国第三代核电自主化依托项目——三门核电 2 号机组钢制安全壳 (CV) 筒体第一环成功吊装就位。

11 月 16—18 日，2010 中国国际矿业大会在天津梅江会展中心召开。国务院副总理李克强出席会议并致辞。大会活动包括高峰论坛、行业展览和专题活动等三部分，来自 50 多个国家和地区的 3500 多名代表参会。中国核能行业协会参加了会议并与加拿大专家 GARY Delaney 先生共同主持了“矿产品专题——铀”分论坛。

11 月 18 日，由中国国家原子能机构、日本内阁府、日本原子能委员会共同主办，中国核能行业协会承办的第十一届亚洲核合作论坛（FNCA）部长级会议在北京举行，来自中国、日本、韩国等 12 个成员国的政府主管部长级高官及 60 余位代表出席会议。中国国家原子能机构主任陈求发出席会议，提出了加强成员国核领域合作的四点建议。

11 月 18 日，由中国第一重型机械集团公司承制的我国首台完全自主开发的红沿河核电站 1 号机组核反应堆压力容器，完工并发往辽宁红沿河。

11 月 18 日，总投资 30 亿元的庄明核电及重型容器锻件制造项目在青岛市即墨女岛船舶工业功能区正式开建。2012 年建成投产后，将成为中国核电装备业第四个大型重工业锻造基地。

11 月 18 日，中国华能集团公司与美国杜克能源公司在杜克公司总部签署了关于核电培训的合作备忘录。

11 月 19 日，由上海电气集团上海电机厂有限公司研制的国产首台核电 1E 级 6300 千瓦应急柴油发电机通过鉴定。专家一致认为，该应急柴油发电机主要性能和可靠性指标满足技术规格书和相关标准要求，达到了国外同类产品的先进水平。

11 月 19 日，中广核集团南非办事处在约翰内斯堡揭牌成立。

11 月 20 日，中广核集团公司与中国工程物理研究院签订了《战略合作协议》。根据协议，双方将在核技术应用、核能及核电工程技术开发、核电建设和运行核电的技术服务、新能源等领域开展合作。

11 月 21 日，海南昌江核电厂 2 号机组正式开工。

11 月 23 日，在中俄两国总理的共同见证下，中核集团江苏核电有限公司与俄罗斯原子能建设出口公司签署了《田湾核电站 3、4 号机组的总合同》，这标志着田湾核电二期工程进入全面实施阶段。

11 月 23 日，中共中央政治局委员、国务院副总理张德江到东方汽轮机厂视察，殷切希望东方电气再接再厉，取得更大的成绩，走出国门，面向全球，有更大的作为。

11 月 23 日，中国核能行业协会张华祝理事长在京会见了来访的美国 Exelon 公司总裁 Chris Crane 先生一行。双方针对核电厂运营、管理、同行评估和经验交流等进行了深入交流。Crane 先生同时还是世界核协会现任主席，双方针对两协会的合作初步交换了看法。

11月23日，中国核能行业协会与世界核协会在北京举行双边会谈，并签署了两协会间的合作协议。

11月24—25日，由中国核能行业协会与世界核协会共同举办的中国国际核工业研讨会在北京举行。

11月27—28日，受国家能源局委托，由"国际能源核电站寿命评价与管理技术研发（实验）中心"和"能源行业核电标准化技术委员会"联合主办的首届"核电站寿命与管理技术研讨会"在苏州召开，共51家相关单位130余位专家、学者及专业人员参加了研讨会。

11月29日—12月1日，由中国核能行业协会主办、环保部核与辐射安全中心和中核集团秦山第三核电公司承办的"2010核能概率安全分析(PSA)研讨会"在浙江宁波召开。15名专家作了大会主题报告，34名专家和学者作了分组报告。

11月30日，国家核电技术公司在上海召开AP1000后续项目工程造价课题汇编研讨会。

11月，由上海电气核电设备有限公司和上海重型机器厂有限公司联合申报的"百万千瓦压水堆核电蒸汽发生器和堆内构件大锻件"在2010中国国际工业博览会上获得金奖。

12月1日，岭澳核电站二期2号机组热态功能试验正式完成，历时66天9小时，标志着2号机组基本具备整体启动条件。

12月2日，湖北新能核电设备有限公司在武汉正式揭牌成立，建成后以生产AP1000核电设备模块、结构模块和钢制安全壳等产品为主。

12月7日，中国一重成功浇注580吨大钢锭，这支大钢锭是为咸宁核电项目——AP1000低压转子生产的。

12月7—9日，中国核能行业协会副理事长赵成昆率团出席了在香港举办的亚洲核能会议。赵成昆应邀代表协会作了题为《中国核能发展的现状和挑战》的主旨发言。

12月8日，中国核工业集团公司与广东省汕头市签署战略合作框架协议。

12月9日，中广核集团大亚湾核电站1号机组实现安全运行3000天，继续保持并创造着国内核电站单机组安全运行最高纪录。

12月10日，《中国核科学技术进展报告》（第一卷）完成印刷，正式出版发行。这是我国首套涉及核领域各专业的原创论文集，收录了中国核学会首届全国学术年会889篇论文。

12月14日，湖南桃花江核电一期工程总承包框架协议在京签署，根据协议，由中国核电工程有限公司总承包该项工程。

12月14日，中国原子能科学研究院—德国于利希研究所中子散射联合实验室揭牌仪式在原子能院中国先进研究堆现场举行。

12月16—17日，国家核电技术公司组织AP1000设备36家制造集团、企业及国家核电下属单位，在上海举办了AP1000技术设备自主化经验交流会，48家企业的120余位代表参加了会议。

12 月 17 日，国家能源快堆工程研发（实验）中心学术委员会在京成立。这将推动研发中心早日实现“研发技术，培养人才，促进产业化”目标。

12 月 18 日，红沿河核电站 1 号机组核岛反应堆压力容器发运仪式在大连举行。这是由中国一重承制的我国首台自主化的百万千瓦级核电站反应堆压力容器。

12 月 20 日，由东方电气（广州）重型机器有限公司自主制造的两台核电蒸汽发生器整装待发运往福建宁德。

12 月 21 日，我国首座动力堆乏燃料后处理中间试验工程——中核四〇四中试工程热调试取得圆满成功，这表明中核集团在核燃料循环产业实现重大突破。

12 月 21 日，我国第三代核电自主化依托项目——中电投山东海阳核电项目二号核岛 CA20 模块成功吊装就位，顺利完成了 2010 年度的最后一个工程节点，至此，海阳核电项目 2010 年度计划安排的 11 个工程节点全部完成，全面实现了年度工程目标。

12 月 21 日，中国核工业建设股份有限公司在北京注册成立。

12 月 22 日，秦山核电有限公司负责调试的巴基斯坦恰希玛核电厂 2 号机组开始装料。

12 月 24 日，在田湾核电站现场，国家核安全局局长李干杰向江苏核电有限公司颁发了田湾核电站 1、2 号机组《运行许可证》。

12 月 26 日，由宝钢制造的首批国产核电蒸汽发生器用 690U 型管交货仪式在江苏省宜兴市宝银特种钢管有限公司举行。

12 月 27 日，国家发展改革委正式批准广东陆丰核电项目开展前期工作，以岭澳核电站为参考电站，按 6 台百万千瓦级机组规划，先按照“翻版加改进”方式建设两台百万千瓦级机组。

12 月 28 日，我国首台自主设计的百万千瓦级核电站全范围模拟机在福建宁德核电站正式投入使用。

12 月 28 日，广西防城港核电站一期 2 号机组主体工程正式动工。

12 月 29 日，中核核电技术服务有限公司在武汉揭牌成立。

12 月 30 日，我国首个海外铀矿开发项目尼日尔阿泽里克项目试生产出第一桶铀产品。

12 月 30 日，国家能源局组织召开 CAP1400 概念设计专家审查会，CAP1400 概念设计获通过。

12 月 31 日，中核集团福清核电工程 3 号机组核反应堆厂房开始浇筑第一罐混凝土，正式开工建设。

核能协会
活动报道

2010年中国核能行业协会主要活动报道

协会秘书处召开2009年工作总结会(2010-01-06)

1月4日，核能协会秘书处召开了2009年工作总结会。协会副理事长兼秘书长马鸿琳主持了总结会，协会秘书处全体在职工作人员按照“德、能、勤、绩、廉”等5个方面，通过丰富多彩的PPT形式，认真全面地对一年来的思想和工作进行了个人总结。

马鸿琳秘书长在总结会上指出，对核能协会而言，2009年是重要的一年。一年来，在政府部门的指导帮助和会员单位的积极支持下，完成了政府部门委托的各项任务，实现了理事会确定的工作目标，得到了有关部门的肯定和表扬，扩大了协会的社会影响力和知名度。

中国核能行业2009年度十大新闻评选揭晓(2010-01-22)

（参见《中国核能年鉴》2010年卷大事记部分）

内陆核电厂选址国际研讨会在北京举行(2010-01-22)

1月21—22日，由中国核能行业协会（CNEA）、环境保护部核与辐射安全中心（NSC）、华能核电开发有限公司（HNPDC）和法国辐射防护与核安全研究院（IRSN）共同主办，法国电力公司（EDF）、比利时哈蒙公司（Hamon）和北京代邦能源技术公司（Dynabond）协办的内陆核电厂选址国际研讨会在北京举行。来自法国驻华使馆核工业处、法国辐射防护与核安全研究院、法国电力公司和比利时哈蒙公司的官员、专家，国内来自有关政府部门、相关企业集团、部分省市能源局、重大装备技术办公室，以及与核能相关的科研设计院所、设备制造企业、电力规划部门，进行内陆核电厂选址前期开发工作的核电公司、项目筹备处，共有68个单位、200多名高管、专家出席了研讨会。

在研讨会开幕式上，中国核能行业协会理事长张华祝致开幕辞，华能核电开发有限公司总经理王迎苏和法国辐射防护与核安全研究院马泰（Jean Marie MATTEI）先生分别致辞。中国核能行业协会副理事长赵成昆主持了开幕式。

赵成昆在总结讲话中肯定了研讨会所取得的成果。他说，这么多的代表出席这次研讨会，充分说明了大家对内陆核电厂选址问题的高度重视，体现了大家的热切期盼。他强调，科学选址是保证核电厂顺利建设的前提，是确保核电厂安全性、经济性和可靠运行的第一步，所以，内陆核电厂选址是个值得高度重视的问题，尤其对起步阶段更具重要意义。

协会领导与中电投集团核电事业部同志座谈(2010-01-27)

1月26日下午，中国核能行业协会理事长张华祝会见了来访的中国电力投资集团公司核电事业部（中电投核电有限公司）主任严嘉鹏，副主任汪映荣、王晓航等一行8人，并进行了座谈。核能协会副理事长兼秘书长马鸿琳、副理事长赵成昆，副秘书长徐玉明、冯毅等参加了座谈。

张华祝理事长首先代表核能协会，对中电投集团核电事业部的来访表示热烈的欢迎！中电投集团是核能行业协会的创始会员单位之一，三年来对核能协会的工作给予了极大的支持。对此，张理事长表示了衷心的感谢。

张理事长说，中电投集团高起点地跨入了控股核电的门槛，正在承担着核电国产化依托项目——山东海阳核电站的建设任务，同时还承担了红沿河等核电项目的任务。任务艰巨而光荣。核能协会将全力以赴，为中电投集团提供更好的服务。

严嘉鹏主任代表中电投集团核电事业部感谢核能协会的支持，介绍了2009年核电工作的进展情况。中电投集团在过去的一年中，核电工作取得了很大的进步，在经济效益方面也有明显的业绩。

严主任表示，中电投集团是核电战线上的一名新兵，承担着艰巨的核电项目建设任务，可谓任重而道远。希望今后能继续得到核能协会的支持与帮助。

双方围绕核电建设中的有关问题，以及双方能够开展合作的方面进行了探讨，热情而友好地交换了意见。协会副理事长赵成昆，副秘书长徐玉明、冯毅，中电投集团核电事业部副主任王晓航等，都发表了很好的意见和建议。

张理事长最后说，这是一次很好的沟通和交流，对核能协会更是一次很好的学习机会。会后双方将进一步研究，如何具体落实合作的议题。他说，在核电领域，中电投集团已经是一支不可小觑的重要力量。核能协会将和中电投集团一起，共同努力，为推动中国核电事业的发展贡献力量。

2010年中国核能行业协会负责人座谈会在京召开（2010-01-29）

1月28日，中国核能行业协会2010年协会负责人座谈会在北京西苑饭店召开。

张华祝理事长汇报了2009年工作情况与2010年工作思路。

张理事长在汇报中全面回顾了核能协会2009年的工作

张华祝说，在过去的一年中，核能协会认真完成了政府部门委托的各项任务、竭诚为会员单位提供服务、拓展工作领域打造协会服务品牌、继续推进国际交流与合作、加强基础建设 提升业务能力和服务水平等方面的任务。

张理事长在报告中归纳了3点工作体会：政府部门的支持与指导是协会发展的

重要前提；会员单位的广泛参与是协会发展的基础；加强自身建设，重视规范运作，是协会发展的基本保证。

关于核能协会2010年的工作思路

一是抓好已有的业务。协会将进一步做好课题研究、安全培训、网络与刊物、核电厂运行评估等项工作。

二是巩固新拓展的领域。协会将进一步做好核电建设项目评估工作，2010年争取做2个、确保做1个建设项目的评估；进一步完善提高质量保证培训工作，并将这两项工作作为协会的核心业务。

三是抓好拟开拓的工作领域。协会将花大力气抓好设奖、行业统计和制定行业标准等三方面的工作。只有在设奖、行业统计和制定行业标准等三方面有所作为，把这三项工作开展和完善起来，协会才算得上进入较成熟期。

四是做好其他有关的工作。包括：关于吸收境内注册的外资企业入会的工作，做好章程的修改；要在加强企业文化建设经验交流工作的基础上，积极推进核能行业文化建设工作；要进一步加强秘书处队伍建设。

会议听取了会刊编辑部的工作汇报

受《中国核能》杂志主编马鸿琳的委托，协会秘书处网刊部主任汪兆富代表杂志编辑部，向《中国核能》编委会全体编委汇报了办刊情况及2010年重点工作安排。大家肯定了杂志编辑部一年来的工作，同意编辑部关于2010年重点工作的安排意见，并希望《中国核能》会刊越办越好。

真实记录中国核能行业的发展历程（2010–02–01）

我国首部由中国核能行业协会主编的《中国核能年鉴》2009年卷，于2010年1月28日正式出版。中国核能行业协会理事长张华祝为该书撰写了序言。

《中国核能年鉴》是由中国核能行业协会组织编纂的一份综合性资料年刊，于2009年创刊。创办此刊旨在如实记载我国核能行业各个领域改革发展和企业文化建设的情况，力求具有全面、系统、详实、准确、权威的特点。《中国核能年鉴》的出版发行，可以为广大会员单位提供丰富的可以信赖的信息资源，可以为政府有关部门和各级领导科学决策提供可靠的依据，也可以为国内外各界人士了解、认识我国核能行业开启一扇窗口。

《中国核能年鉴》2009年卷采用分类编辑法，主体内容分为栏目、分目、条目3个层次，少数条目下设子目。全书30余万字，除了“编辑说明”、“序”、“《中国核能年鉴》编委会、编辑部组成人员名单”之外，共设7个栏目：特载、核能行业发展、核能骨干企业、行业协会与学会、企业风采、大事记、附录。

首批年鉴已发送给中国核能行业协会负责人和《中国核能》杂志编委会成员。春节前后，该书将寄送至各有关部门和核能协会各会员单位。

2010 核电大型变压器技术研讨班在保定举办（2010-02-01）

由中国核能行业协会主办、中科华核电技术研究院承办、天威保变电气股份有限公司协办的“2010 核电行业大型变压器技术研讨班”于 1 月 28 日在河北省保定市举办。中国核能行业协会副秘书长冯毅主持了研讨班开班仪式并讲话，中科华核电技术研究院运行技术中心副主任卢文跃、天威保变股份有限公司总工程师张喜乐分别致辞。研讨中，17 位专家作了大会交流发言。来自核能协会、核电营运、研究设计、工程管理、大型变压器制造、维修服务等 26 个单位的 57 位专家和代表参加了研讨，并对开展核电大型变压器技术分析活动形成了共识。

核能协会领导与中科华核电技术研究院有限公司领导座谈（2010-02-02）

2 月 1 日，中国核能行业协会理事长张华祝，副理事长兼秘书长马鸿琳、副理事长赵成昆，以及副秘书长徐玉明、冯毅，在协会会见了来访的中科华核电技术研究院院长杨忠勤，副院长张一心、周毅文等一行 10 人，并进行了座谈。

张华祝理事长首先对中科华核电技术研究院同志的来访表示热烈的欢迎！他说，三年来，中科华核电技术研究院始终全方位地坚定支持核能行业协会的各项工作，是核能协会重要的合作伙伴。我们感谢中科华的支持与帮助，重视与中科华的合作，并愿意继续为包括中科华在内的所有会员单位服好务。

赵成昆副理事长在发言中说，几年来，中科华的工作起点很高，取得了全方位的发展。感谢中科华在质保培训与核电建设项目评估工作中对协会工作的大力支持。

中科华核电技术研究院院长杨忠勤在发言中说，由于我们抓住了一些有利的机遇，事业得到了较大的发展，经济实力有了较大的提升，而且，约 30% 的营业收入来自中广核之外的服务。1 月 6 日，国家能源局举行授牌仪式，我国首批 16 个国家能源研发（实验）中心正式宣告成立。“国家能源核电站核级设备研发中心”在中科华核电技术研究院有限公司正式挂牌。我们这次到协会来拜访，感到像走亲戚一样。我们感谢核能协会对中科华的支持与帮助。

杨忠勤院长说，中科华利用核能协会这个平台，开展了大量的活动，扩大了自己的影响力。在核电站老化与寿命管理等重大任务方面，我们得到了有关部门和协会的支持。今后，中科华将一如既往，主动、积极地参与核能协会的各项活动并做好服务工作。

2010 年核能行业质保培训工作会议在北京召开（2010-02-02）

2 月 1 日，中国核能行业协会在北京召开了 2010 年核能行业质保培训工作会议。来自中国核工业集团公司、中国广东核电集团有限公司、国家核电技术有限公司和环保部核与辐射安全中心，以及培训承办单位苏州热工研究院等9个单位的相关领导和专家出席了会议。

核能协会副理事长赵成昆主持了会议。会议听取了核能协会技术服务部关于2009年质保培训工作总结和2010年质保培训工作安排意见。与会人员充分肯定了2009年质保工作所取得的成绩，并对今后质保培训工作的开展提出了若干改进和完善的意见。

2009年，为适应我国核电快速发展需要，协会在政府有关部门、各有关单位及专家的大力支持和努力下，经过认真准备，举办了4期核能行业质量保证监查员培训班，共350人参加了培训。经考试合格人员，由中国核能行业协会分别颁发了主监查员资格证书、监查员资格证书、实习监查员资格证书和培训合格证书。

2010年，协会将根据行业的实际需求，不断加大培训力度，提高培训质量，切实有效、有针对性地实施质保培训工作。

张华祝应邀出席上海核工院成立40周年庆典（2010-02-08）

2月8日，上海核工程研究设计院迎来了建院40周年华诞。中国核能行业协会理事长张华祝应邀出席了庆典，并在庆典上发表了热情洋溢的致辞。他说，非常高兴出席上海核工程研究设计院成立40周年庆典！首先，请允许我代表中国核能行业协会，向全院员工和全体离退休老同志，致以最热烈的祝贺！

张理事长回顾说，毛主席等第一代中央领导人在上世纪50年代初就强调要发展原子能事业，提出了和平利用核能的历史性任务。1955年，我国首部《原子能计划12年大纲》强调“用原子能发电是动力发展的新纪元，具有远大前途”，并明确提出了在我国“应用原子能发电”的设想。1956年，《全国电力工业12年科技规划》提出了和平利用原子能，即发展核电的建议。从此，我国开始了对核能开发利用的探索。

40年前的1970年2月初，周恩来总理曾就核电建设问题作出重要指示：“从长远来看，要解决上海和华东地区用电问题，要靠核电。”当年2月8日，上海市组织传达了周总理关于建设核电的指示精神，并研究了落实措施，我国首座核电站（代号为“728”）的自主设计工作正式启动。同年11月7日周总理进一步提出，“我国发展核电站的方针是：安全、适用、经济、自力更生”。12月15日他又亲自主持中央专门委员会，专门听取了核电站建设方案的汇报。

周总理的重要指示，掀开了中国民用核能事业发展的新篇章。40年来，中国几代核电人走过了既充满艰辛又不断取得成果的创业历程。在核能大发展的今天，我们不会忘记老一辈革命家和核能战线上的前辈们为中国核能事业进行的艰辛探索和作出的历史性贡献！

张理事长强调，在我国核电从起步到

发展的整个进程中，上海核工程研究设计院始终发挥着重要的作用。作为总包设计院，完成了我国第一座自行设计、建造的秦山30万千瓦核电站的设计与技术服务任务，为中国大陆核电实现“零的突破”作出了重要贡献；完成了中国第一座出口核电工程——巴基斯坦恰希玛30万千瓦核电站的设计任务，为我国高新技术出口赢得了声誉；在秦山三期重水堆核电站工程建设中，承担了技术后援和部分建造管理工作，为该项目的顺利建成作出了积极的贡献。经过40年的发展，上海核工院的核心竞争力和自主创新能力不断增强，成为我国核电技术发展与工程设计的中坚力量。

张理事长说，当前，我国经济社会持续发展面临着能源需求不断增长与应对气候变化的双重压力，大力发展可再生能源和核能的任务正现实地摆在我们面前，我国核电步入了快速发展的新时期。2007年以来，上海核工院开始承担我国三代核电国产化依托项目的总体设计与技术服务、AP1000国产化后续项目自主化设计和大型先进压水堆核电站重大专项的研发和总体设计等多项重点工作，肩负着确保三代核电引进、消化、吸收工作的顺利推进，实现我国核电技术的跨越、形成具有自主知识产权的三代核电品牌的历史重任。任务艰巨，使命光荣！

张理事长说，上海核工院是一支有着优良传统的队伍，在40年发展的历程中，积淀了丰富而厚重的文化底蕴。面对繁重的任务，只要我们继续坚持博采众长、自主创新，坚持大力协同、团结合作，坚持对外开放、中外合作，坚持安全第一、质量第一，就一定能够抓住发展机遇，应对各种挑战，圆满地完成各项重大任务，实现上海核工院核心竞争力大幅跃升的战略目标。

在致辞中，张理事长代表中国核能行业协会感谢上海核工院的宝贵支持。协会将始终坚持为政府、为行业、为企业服务的宗旨，充分发挥协会的平台作用，根据会员单位的需要，努力做好服务，为促进我国核电和核能产业快速、健康、持续发展，为把我国建设成一个核能大国、核能强国贡献力量。

最后，张理事长再次祝贺上海核工程研究设计院40周年华诞，并衷心祝愿上海核工院，在今后的新征途上取得更加辉煌的业绩，为发展我国的核能事业作出更大的贡献！

张华祝：核电安全 时刻不能放松（2010-02-24）

中国核能行业经历了2009年的洗礼，进入到了一个全新的发展时期。核能行业从致力于消除制约核能发展的因素，转变为更加关注核能行业的健康发展。2009年，我国成为了世界在建核电机组最多的国家，未来的发展空间更为广阔，但越是在这样的形势下，核电安全越显得尤为重要。中国核能行业协会理事长张华祝日前接受《中国能源报》专访，核电安全成为他谈论最多的话题。

核电发展不会出现大的波动

中国能源报：您觉得2009年我国核能行业发展出现了哪些新的变化？

张华祝：应该说去年整个核能行业出现了一些新的变化，这些变化我归纳为五个方面。首先从全球来说，核能受到国际社会的进一步重视，去年国际原子能机构在北京举行的部长级核能大会形成的共识就充分反映了这一点。第二个方面就是我国正式把核能作为调整能源结构的战略重点，作为应对气候变化的首要选择。第三方面，我国在运的核电机组继续保持安全稳定运行，同时我国还成为世界上在建核电机组最多的国家。第四方面应该是核电国产化取得了新的进步，国内外的铀资源开发取得新的进展，为核电发展提供了重要支撑。第五个变化就是核电的运行安全和工程质量进一步受到重视，政府有关部门以及核能行业的各企业事业单位，在这方面形成普遍的共识。

中国能源报：也有一种观点认为，去年国家能源局领导曾表示，2009年要开工5个核电项目，但实际上只开工了三个，所以我国在控制核电发展的节奏。您怎么看这种观点？今年，又将会开工多少个项目呢？

张华祝：实际上，说2009年新核准了三个核电项目并没错，但却是开工了8台机组。2008年我国新开工了7台机组，2007年开工了1台机组。所以，从开工的强度来说，2009年没有出现波动。只能说是2009年核准的项目数量和原来预期的有点差异，但是并没有影响新开工的机组数。2009年我国的核电建设保持了一个持续较快的发展态势。至于今年要开工多少个项目还很难说，这要由政府部门具体安排，但是我觉得今年或者是今后几年，整个核电行业的建设强度不会有大的波动，不会一年特别多，下一年又很少，每年8台左右这样一个强度会继续保持较长一段时间。

多方面着手 提高核电安全水平

中国能源报：随着核电行业的发展，国家对核电安全越来越重视。您觉得应该怎样进一步提高我国的核电安全水平？

张华祝：核电安全问题是所有发展核电的国家任何时候都必须重点关注的问题，对我国来说，从核电的起步到现在，核电安全始终备受关注，一刻也没有放松过。正因为如此，我国的核电建设和运行一直保持了良好的运营记录。那么，当前我国核电进入了快速发展的时期，面铺得很广，这么大规模的建设我们从来没有碰到过。同时，许多核电建设团队也是新组建的，管理经验不足，高级管理人员不是很充裕。在这种情况下，是不是能够一如既往的坚持“安全第一，质量第一”的方针，是不是能够确保我国核电建设的质量，满足设计标准和安全法规的要求，确实是一个新的问题。

中国能源报：具体来讲，都有哪些方面呢？

张华祝：从建设方面来说，由于建设项目全面铺开，在运核电厂很多管理骨干、运行骨干被调离核电厂，人们也担心这会不会冲击核电厂安全运行的体系和制度。

在这种情况下，政府部门、集团公司及其营运单位和我们协会都关心这个问题。所以去年 12 月，国家能源局与国家核安全局联合主办了一次经验交流会，在这之前还搞过安全检查，就是希望进一步提醒参与核电建设和运行的单位，重新审视我们在这方面的管理是不是严格。我觉得这是为了保证我国核电健康持续发展的一个必要措施。

这个问题处理好了，我们核电就不会出现大起大落的问题。如果处理得不好，比如，建设当中出现重大的质量问题、运行当中发生与安全相关的重大事件，那么就可能使得我国核电的建设速度受到影响，起码会停下来看一看。所以，现在狠抓建设质量和运行安全，我觉得是非常必要的。

从技术上来看，我国现在采用的二代核电技术是成熟技术，它在安全上也是可以接受的。三代核电技术比二代技术的安全性更高，但是它现在正在做依托项目，依托项目做完后还有后续项目和重大科技专项，将形成有自主知识产权的三代核电品牌。所以，目前我们选择的技术本身可以保证我国未来核电发展的安全，只要严格按照设计要求去做，安全上是有保障的。

另外，设备的制造质量和现场的施工质量必须确保。现在我国对设备制造的质量非常关注，我觉得这个环节是非常重要的。有好的设备才能组成好的系统，它是核电厂安全运行的基本物质保障，所以说对设备制造质量和现场施工质量的有效控制，是我们整个工程建设质量的一个中心环节、一个根本。当然为了保证设备和施工的质量，无论是设备制造厂还是施工单位的质量保证体系必须有效运转，使得每个环节都符合质保体系的要求，每个人都熟知他所从事的工作和质量之间的关系。

最后，也是最基础的就是人员素质。我觉得，人员本身的良好基本素质和核安全文化培育非常重要，这是长期起作用的。

核电发展的四大挑战

中国能源报：前段时间，您谈到核电发展面临的几个挑战。对全球各个发展核电的国家来说，这种挑战是同步的吗？

张华祝：这几年大家都在说挑战。我们从大的方面来说，全球各个国家对核电的认识有差异，存在差异的原因主要在于对挑战的认识不同。有的认为这种挑战是可以接受的，有的觉得这个挑战不太好接受。实际上，从这个意义上说，核电在全球范围内面临四个挑战，这些挑战可能都是要长期面临的。

首先就是安全性。国家是不是有足够的能力来保障公众的健康、不破坏环境，从核电开始发展那天起这就一直是大家都关注的。比如，欧洲一些国家前几年放弃了核电，最重要的问题就是他们觉得现在很多民众认为核电安全得不到保障、有很多疑虑，所以政府为了获得选票就得尊重选民的意见，放弃了核电。但是最近几年他们又受到气候变化的压力，觉得完全放弃核电可能还有一些问题，于是一些国家又回过头来重新认识核电。放弃核电也好、重新捡起来也好，关键还是对核电的安全性能不能接受的问题。各个国家有不同的意见，但是不管怎么说，核电安全始终是伴随核电发展的一个最大的挑战。我国现在积极发展核电，也非常关心核电的安全问题，这也是我国面临的一个长期的挑战，必须时刻不能放松。

第二个问题是经济性，也就是说核电和其他能源在竞争当中有怎样的经济优势。这是各个发展核电的国家，特别是市场化程度较高的国家很关注的问题。投资者把钱投到核电，而不是其他能源项目上去，他一定会考虑核电的经济性是不是可以接受。在我国，核电的发展实际上也有经济性的问题。合理控制建设和运行成本，努力提高核电的经济性将伴随着我国核电发展的整个过程。

第三个挑战就是资源和环境的可持续性。首先是资源，铀资源能够保证全球核电发展多大规模、多少年？这个问题仍是国际社会关注的问题。最近几年，几个权威的国际组织在这方面都给出积极的信号。同时，世界上很多国家都在积极开发快堆技术，快堆技术一旦大规模的应用，铀资源的利用率会提高几十倍，这样可以从根本上解决铀资源可持续性的问题。另外一个就是环境的可持续性，比如我们的高放废物，它是不是能够得到妥善处理，不给子孙后代留下隐患？这也是国际社会所关注的问题。包括我国在内的各个国家投入很大的研发力量来寻找妥善处理的办法。从技术上讲，处理和最终处置高放废物是没有问题的，关键是工程实施需要一个过程。

第四方面就是防扩散的问题。国际社会在发展核能技术的同时，也特别关注如何防止核敏感技术和核材料的扩散，这是全球防扩散体系面临的一个现实挑战。

2010年内陆核电难开工

中国能源报：最近有消息称，我国在2010年将有内陆核电项目开工建设。您也曾提到过我国内陆核电建设的条件已基本成熟。您觉得2010年我国能够开工首个内陆核电站吗？

张华祝：我在我们协会主办的内陆核电厂选址国际研讨会上所说的“内陆核电建设条件基本具备”是指厂址条件和地方的电力发展需要。在内陆核电站只采用三代核电技术的前提下，我觉得2010年开工内陆核电站几乎是不可能的。因为去年上半年，我们刚刚开工三代核电技术的依托项目，那么后续项目应当在首台机组建设经历一段时间、有足够经验反馈的情况下再开工。所以，这么看来2010年内陆开工建设三代核电技术的项目可能性不大。

按照稳妥的做法，应该在依托项目首台机组建成并有一、两年运营经验反馈以后，开始批量建设，这可以最大限度地减少风险。但是也有一些专家认为，没有必要等那么长时间，主张首台机组开工两年后就可以建设后续自主化三代核电项目。即便如此，两年以后也是明年了，国家有关部门能不能放行也得看今年项目的进展情况，各方面都在为此努力。

中国能源报：在核电大发展的形势下，您觉得民营企业在其中都有哪些机会呢？

张华祝：现在有些民营企业已经进入

到核电设备、材料的供应商行列中了。设备和材料市场还是比较大的，但我是指一般的设备，比如阀门水泵、仪器仪表、各种管材、电缆等。核电站主要设备这一块，民营企业没有那么强的实力，现在能够制造主要设备的就是“三大动力”等国有大型企业集团。民营企业本身的生产能力、技术水平与之相比差距较大，所以进入核电主要设备市场的可能性不大。能否拿到订单关键要看自己的能力是否具备，诸如是否有相应的生产和研发能力，是否有质量保证体系并能有效运转，是否具备核电合格供应商的基本条件等等。若要生产核级设备还得依照规定，向国家核安全局申请相应的许可证。这些条件具备了，民营企业还是可以在核电发展中获益的。

中国核能行业协会荣获5A等级（2010-02-26）

2月26日，国家民政部在人民大会堂召开了全国先进社会组织表彰暨社会组织深入学习实践科学发展观活动总结大会。中共中央政治局委员、国务院副总理回良玉给大会发了贺信。贺信强调，社会组织已成为党和政府联系人民群众的桥梁和纽带，在经济社会生活中发挥着越来越重要的作用。希望各级各类社会组织遵守国家法律法规，加强自身能力建设，以服务国家、服务社会、服务公众、服务会员为己任，充分发挥优势，为政府分忧，替百姓解难，为促进我国经济社会又好又快发展，做出新的更大的贡献。

全国社会组织学习实践科学发展观活动指导小组组长、民政部党组书记、部长李学举作了题为《加强行业协会基层党组织建设 为社会组织科学发展提供坚强保障》的报告。广东省食品（医药）行业协会、中国机械工业联合会、中国红十字基金会、中国计算机学会等代表分别作了大会发言。大会向学习实践科学发展观活动先进单位、全国先进社会组织代表颁奖，向评估等级为5A、4A的社会组织授牌。

经全国性行业协会商会评估委员会评定，中国核能行业协会荣获5A等级，并被评为全国先进社会组织。张华祝理事长代表中国核能行业协会登台领奖。

中国核能行业协会荣获《全国先进社会组织》称号（2010-03-04）

2月4日，国家民政部发文（民发〔2010〕16号）表彰全国先进社会组织，中国核能行业协会等595个社会团体、民办非企业单位和基金会荣获《全国先进社会组织》称号。2月26日，国家民政部在人民大会堂召开了全国先进社会组织表彰暨社会组织深入学习实践科学发展观活动总结大会，大会向获奖单位颁发了《全国先进社会组织》奖牌。

民政部文件指出，近年来，社会组织建设和管理取得了很大成绩，社会组织发展迅速，布局得到调整，结构不断优化，质量逐步提高，已经成为一支不可忽视的社会力量。这次表彰的全国先进社会组织遵纪守法，组织机构健全，内部制度完善，运作程序规范，党团组织发挥作用，社会责任感强，社会公信度高，在经济和社会发展中发挥了积极作用，树立了良好的形象。

发展核电必须在科技研发上下大功夫（2010-03-10）

张华祝接受人民日报记者采访时强调：发展核电必须在科技研发上下大功夫。

我国核电事业的未来前景如何？与发达国家的差距在什么地方？中国如何由核电大国变为核电强国？就这些问题，全国政协委员、中国核能行业协会理事长张华祝于3月2日“两会”召开前夕接受了《人民日报》记者的采访。《中国核能》记者参加了采访。

——针对当前我国核电发展的形势和未来前景，张华祝说，自2005年起，我国的核电政策由“适度发展”变为“积极发展”，核电发展迎来了又一个春天。特别是，党中央、国务院把发展核电作为应对气候变化的重大举措，列入了大力培育的战略性新兴产业，为我国核电的长远发展提供了有力的政策保障。

目前，我国建成投运的核电机组共有11台，总装机容量为907万千瓦；截至2009年底，已核准10个核电项目共28台机组，总容量为3140万千瓦，其中20台、2192万千瓦开工建设。我国已成为世界上核电在建规模最大的国家。

已核准的这些机组将在2020年之前建成运营。这样，到2020年我国投运核电的总装机容量将达到4000万千瓦。从目前发展趋势看，4000万千瓦的目标将提前5年实现。我国核电发展目标将会作出调整，到2020年有望达到7000万千瓦。如果实现这个目标，从规模上讲，我国核电有望在全球排名前三。

——针对我国核电与发达国家相比存在差距的问题，张华祝强调，核电发达国家，主要包括美国、法国、俄罗斯、日本、加拿大、韩国等。与这些国家相比，我国核电的最大差距还是体现在研发能力上。无论是核电新技术的研发、核电主要设备的研制、核燃料技术的研发，还是乏燃料后处理技术、核电站的运行检修技术及保障服务水平等，我国都还有相当大的差距。

之所以存在这些差距，一方面是因为我国的核电起步较晚、研发积累不够，同时也与在2005年之前我国发展核电的动力不足、资金投入不足有关。

——针对记者关于我国怎样才能从核电大国变为核电强国的提问，张华祝说，确实是，核电大国不等于核电强国。2009年4月在北京召开的国际原子能机构部长级核能大会上，很多发言者在谈到核电新技术研发时，总会提到美国的西屋公司、通用电气公司（GE），法国的阿海珐，俄罗斯的Rosatom核能公司，日本的三菱，唯独没有中国的公司。这是因为这些公司都拥有自己的核心技术，都拥有各自的技术标准体系。

判断一个国家是不是核电强国，不是看你的核电装机规模有多大，而是看你是否掌握核电的关键核心技术，是否是某项核电技术的引领者。

在这一点上，美国的经验值得学习。自 1979 年 3 月 28 日三里岛核电站 2 号堆发生堆芯熔化事故后，美国 30 年没有上新的核电项目，但是，他们一直没有停止技术研发。西屋公司把核电设备制造等业务都卖掉了，但唯独保留了核电研发的核心力量，经过 20 多年的努力，在 AP600 的基础上 研发出了 AP1000，把核电技术提升到了第三代；GE 研发出先进的沸水堆技术，早就在日本得到了应用。

同时，美国对国内的老核电机组大力进行了技术改造，全面提升了核电站的运行和管理水平，使核电机组的负荷因子从上世纪 80 年代中后期的 70% 提高到 90 年代末的 90%，电站运行期限由 40 年延长至 60 年。

所以，美国一直保持了全球核电技术的领先地位，成为名副其实的核电强国。

——针对记者关于怎样才能尽快提高我国的核电研发能力的问题，张华祝指出，近年来，我国政府逐步加大了对核电研发的投入力度，核能企业和相关高等院校、科研院所的研发步伐明显加快。国家启动实施了大型先进压水堆及高温气冷堆核电站重大科技专项，国家核电技术公司在引进 AP1000 建设自主化依托项目的过程中加大了消化、吸收、再创新的力度，中国核工业集团公司和中国广东核电集团公司等也都纷纷集中人力、物力和财力加强核电技术研发，清华大学研发的模块式高温气冷堆——山东石岛湾核电厂 200 MW 高温气冷堆核电站示范工程不久将正式开工建设。

国内外的经验表明，在核电研发上不能分散兵力、单打独斗，更不能关起门来闭门造车，而必须发扬我国集中力量办大事的传统，集中全国的优势力量，集体攻关，联合作战。

核电研发尽管投入大、周期长，但它是关系全局、决定长远的基础性工程，事关我国核电事业的可持续发展，我们必须从战略高度上给予高度重视。

台湾核能科技协进会客人访问协会（2010-03-25 ）

3 月 24 日，财团法人核能科技协进会（台湾）副执行长李振甦、执行董事许信惠一行访问中国核能行业协会，与协会国际合作部主任龙茂雄等进行了愉快的交谈。双方就将于下月合办的“海峡两岸核废物处理技术研讨会”的日程安排、主要报告和台湾参会人员等事宜交换了意见，并对两会下一步深入开展实质性合作，共同推动两岸核能事业健康发展进行了探讨。

中国核能行业协会第一届理事会第四次会议在京召开（2010-04-01 ）

中国核能行业协会第一届理事会第四次会议，于 2010 年 3 月 31 日在北京国谊宾馆召开。69 名协会理事（或委派代表）出席了会议，会议由中国核能行业协会理事长张华祝主持。

会议审议并通过了：中国核能行业协会副理事长兼秘书长马鸿琳代表协会所作的“中国核能行业协会2009年工作情况汇报及2010年主要工作安排意见”的工作报告；综合管理部主任高玉兰受时传清副理事长委托、代表协会经费管理委员会作的关于2009年财务决算和2010年财务预算的报告；李永江副理事长代表协会组织管理委员会作的关于新入会单位资格审查情况的报告以及关于对两年以上未缴会费单位的处理意见。

会议审议并表决通过了：马鸿琳秘书长作的关于修改中国核能行业协会章程的报告和副理事长、常务理事、理事增补调整的问题。

会议还听取并审议了冯毅副秘书长关于设立中国核能行业协会科学技术奖工作进展情况的汇报。

代表们围绕会议各项议题进行了讨论。大家认为，协会秘书处认真贯彻落实第一届理事会第三次会议精神，圆满地完成了理事会确定的全年各项任务。代表们对协会评为5A级社会组织，并被民政部评为全国先进社会组织，给予了充分肯定。同时，也对2010年的工作提出了很好的意见和建议，对协会的工作充满信心。

第五期核能行业质量保证监查员培训班在苏州举办（2010–04–01）

由中国核能行业协会主办、苏州热工研究院核电培训中心承办的“第五期核能行业质量保证监查员培训班”，于3月22—27日在苏州举办，来自核电厂业主、营运单位、研究设计、工程、建安、设备制造、高等院校等59个单位，共114名学员参加了培训。中国核能行业协会副理事长赵成昆在培训班上讲话，并为培训班讲了第一课《核能安全管理与核安全文化》。

第六期核能行业安全生产培训班在京举办（2010–04–07）

中国核能行业协会主办、核工业培训中心承办的第六期核能行业安全生产培训班，于3月29日至4月2日在核工业培训中心举办。中国核能行业协会副理事长赵成昆出席了培训班开班仪式，并为学员讲授了题为《核能行业安全管理体系》的第一课。中国核能行业协会副秘书长徐玉明讲授了《核事故应急预案编制与应急处理》。来自核能行业25个企事业单位的80名负责人和安全生产管理人员参加了培训。

赵成昆会见法国电力公司亚太区中国首席执行官（2010–04–09）

4月8日，中国核能行业协会副理事长赵成昆在京会见了法国电力公司（EDF）亚太区中国首席执行官吉强毅（Jean–Yves GUIGNARD）先生并共进午餐。

双方交流了两国核能发展的进展情况，回顾了双方长期以来在核能领域的友好合作，并探讨了未来加强合作的方式和途径。法方表示，EDF十分重视中国核能行业协会在中国核电快速发展过程中的积极作用，并希望借助协会这个平台，与中国核能界进一步开展广泛而深入的合作。为此，中方向法方介绍了中国核能行业协会对在境内注册的境外法人独资企业入会方面的最新情况。

赵成昆会见德国莱茵集团公司客人（2010-04-16）

4月15日，中国核能行业协会副理事长赵成昆在京会见了来访的德国莱茵集团公司全球功能安全经理Heinz Gall一行。赵成昆副理事长首先介绍了协会的成立背景、成员单位构成及协会主要活动情况，莱茵集团客人随后对集团背景、业务领域、组织构成和功能安全认证业务等进行了介绍。最后，双方就今后可能开展的合作交换了意见。

2010核电厂应急柴油发电机组运行技术研讨会在西安举办（2010-04-19）

由中国核能行业协会主办，核动力运行研究所承办，陕西柴油机重工有限公司协办的“2010核电厂应急柴油发电机组运行技术研讨会”，于4月13—14日在陕西省西安市举办。中国核能行业协会副秘书长冯毅主持了开幕式并讲话，陕西柴油机重工有限公司董事长兼总经理宫惠明、核动力运行研究所副总工程师吴国安分别在开幕式上致辞。

张兰岐等15位专家在研讨会上作了交流发言。来自核能协会、核电营运、研究设计、工程管理，以及柴油发电机组制造、维修服务等27个单位的52位专家和代表参加了会议，并就核电应急柴油发电机组经验反馈活动的开展形成了共识。

三代核电机组原材料和关键零部件进口免税问题商讨会在沪举行（2010-04-19）

4月16日，“三代核电机组原材料和关键零部件进口免税问题商讨会”在上海东湖临港大酒店顺利召开，中国核能行业协会副理事长赵成昆主持了全体会议，并致开幕辞和总结发言。会议针对《财政部 发展改革委 工业和信息化部 海关总署 国家税务总局 国家能源局关于调整重大技术装备进口税收政策的通知》（财关税［2009］55号）中关于三代核电机组原材料和关键零部件进口免税问题进行了讨论，会议一致同意由各相关单位在4月30日前将三代机组有关进口免税清单提交核能协会，以便推动国家支持核电发展、设备国产化和振兴装备制造业的有关政策的落实。

本次会议得到了上海电气（集团）总公司及其所属单位的大力支持，会议由上海电气重工集团承办，上海电气（集团）总公司副总裁、上海电气重工集团总裁吕亚臣参加了会议，并致欢迎辞。来自中广核集团公司、中电投集团、国家核电技术公司、上海电气（集团）总公司、哈尔滨电气集团公司、东方电气集团公司、中国第一重型机械集团公司等20余家企业的40余位代表参加了会议。

广东省举行第六次核事故联合应急演习（2010-04-21）

3月30日，广东省在深圳举行了第六次核电站事故应急演习。国家核事故应急办公室组织了由国家核应急协调委部分成员单位联络员和国家核应急协调委专家咨询组部分专家，对演习进行了评估。来自香港、浙江、江苏等地的90多名代表全程观摩了演习。

本次演习的重点是，演练深圳市、区、街道政府在事故状态下快速响应、保护公众、保护环境的能力；演练深圳市政府和核电运营公司在事故背景下实际工作与应对媒体咨询的能力。广东省核管委、深圳市、中广核集团和大亚湾核电运营公司等共50个单位、约1900人参加了演习。

演习结束后，广东省核管委组织召开了演习评估总结会。评估团认为，本次演习达到了预期目的，取得了圆满成功。演习的成功，体现了广东省、深圳市领导以及各级核应急组织的指战员对核应急工作的高度重视，展示了广东省多年来在核应急准备工作中取得的丰硕成果和各专业队伍应对突发事件的能力。

中国核能行业协会副秘书长徐玉明代表国家评估团宣读了评估意见。国家核应急办公室副主任许平对演习作了进一步总结，并对今后一段时期核应急工作提出了具体要求。

国家核应急“十二五”规划编制工作研讨会在京召开（2010-04-21）

4月6日和8日，国家核事故应急办公室在北京组织召开了两次国家核应急“十二五”规划编制工作研讨会。国家核应急办公室、国家核应急协调委成员单位核应急联络员、各省（区、市）的核应急机构的代表以及规划编写组成员共50余人参加了研讨。

国防科工局系统工程二司司长董保同、国家核事故应急办公室副主任许平出席研讨会，通报了国家“十一五”核应急规划的执行情况，并就核应急“十二五”规划编制工作提出了原则要求，希望有关单位积极建言献策，为规划编制提出更多更好的意见建议。规划编写组组长、中国核能行业协会副秘书长徐玉明向与会代表介绍了《国家核应急“十二五”规划纲要（草案）》的目标、任务等初步设想。

与会代表认为，通过“十一五”规划纲要的实施，我国的核应急工作取得了重要成效。随着国家核电和核科技工业的快速发展，核应急工作的重要性与日俱增，“十二五”规划的重要性和紧迫性更加突出，国家核应急办公室抓紧“十二五”规划的编制十分必要和及时。代表们结合本单位“十一五”期间核应急工作取得的成绩和需要加强的工作，就“十二五”期间核应急工作目标、思路以及措施等进行了研讨，对规划编制工作提出了许多建设性的意见和建议。

杨岐出席KAIF、JAIF年会并发表演讲（2010-04-22）

4月14—16日、4月20—22日，第25届韩国原子力产业协会（KAIF）年会和第43届日本原子力产业协会（JAIF）年会分别在韩国首尔和日本松江举行，中国核能行业协会副理事长、中国核动力院名誉院长杨岐应邀出席会议，并就中国核电的现状与未来挑战发表了演讲。

第25届KAIF年会的主题是“促进核能利用方面的国际伙伴关系”，约有320名代表参加了会议。会议包括6个议题：核电厂的运行与维护；核电厂的设计、工程制造与建造；核安全与监管；核燃料技术与核燃料循环；提高核科学与技术在未来的应用；放射性废物管理。

第43届JAIF年会的主题是“能源供应和全球变暖对策的主要支柱：思考核能的未来”，约有400余名代表参加了会议。会议包括3个议题：在政治和社会现实环境中，如何将核电定位为解决气候变化的一张王牌；各国为实现核复兴所制定的核能与能源政策；回顾松江过去的40年核能发展并展望核能对其未来发展的贡献。国际原子能机构（IAEA）总干事天野之弥应邀出席会议，并发表了题为“IAEA：应对全球问题”的报告，报告着重介绍了IAEA在核能、核科技应用以及核不扩散方面发挥的作用。

会议期间，杨岐副理事长分别与JAIF执行长Takuya Hattori先生、KAIF副理事长Kang Chang-Sun先生举行了会谈，中日韩三方均表示，希望未来继续加强彼此间信息、科技与核电厂运行管理等领域的交流与合作，以共同促进亚洲地区核能的可持续发展，从而确保能源供应与环境的安全。

第一期核能行业高级管理人员质保培训班在京举办（2010-04-23）

由中国核能行业协会主办的“第一期核能行业高级管理人员质量保证培训班”，于4月19—21日在北京举办。来自核电厂业主、营运单位、研究设计、工程、建安、设备制造、高等院校等53个单位，共104名部门经理以上级别的领导参加了培训。中国核能行业协会理事长张华祝出席开班仪式并发表讲话，副理事长赵成昆主持了开班仪式。

在讲话中，张华祝分析了我国目前核能界的大好发展机遇，强调核能安全和质量管理的重要性。他说，我国核能行业面临着诸多的挑战，特别是一大批生力军投入到核电设计、设备制造、建设和运行领域。人力资源和管理工作能不能适应、建设质量和建设后的安全运营能不能保证，已成为政府部门、核能行业和社会各界关注的焦点。因此，重视人员培训、持续改进管理，加大安全、质量管理工作力度，培育核能行业安全文化、质量文化，增强与提高核电从业者的质量意识和质量管理水平，确保核电建设质量和核电运行安全，是我们全行业必须担起来的神圣职责。

培训班邀请的4名专家，根据《核能

行业质量保证培训大纲（试行）》的要求，按计划完成了核安全文化、质量文化和质量管理、法规和标准、质量事件案例分析等方面的教学任务。参加培训的人员，将获得以中国核能行业协会名义颁发的培训合格证书。

张华祝会见财团法人核能科技协进会董事长欧阳敏盛一行（2010-04-29）

4 月 27 日下午，中国核能行业协会理事长张华祝在京会见了前来参加“海峡两岸核废物处理技术研讨会”的财团法人核能科技协进会董事长欧阳敏盛先生一行。宾主间互致问候后进行了亲切会谈。双方就于 28 日共同举办的研讨会议组织筹备情况、开幕式、技术研讨和闭幕式等环节交换了意见。应台方要求，张华祝理事长向台湾客人介绍了协会章程关于在境内注册的境外独资企业加入协会，成为“联系会员”的修改情况；台方还通报了大陆电厂操纵员赴台培训的有关协调情况，介绍了大陆人员赴台的作业流程。

财团法人核能科技协进会执行长陈胜朗、中国核能行业协会副理事长兼秘书长马鸿琳等参加了会谈。

2010 年海峡两岸核废物处理技术研讨会在京召开（2010-04-29）

4 月 28 日，由中国核能行业协会（以下简称核能协会）、台湾财团法人核能科技协进会（以下简称核能协进会）共同举办的海峡两岸核废物处理技术研讨会在京召开，来自海峡两岸的 11 位专家、70 余位代表参加了为期一天的研讨会。核能协会理事长张华祝、财团法人核能科技协进会董事长欧阳敏盛出席开幕式并发表讲话，核能协会副理事长兼秘书长马鸿琳出席会议，核能协会副理事长赵成昆主持了会议开幕式、闭幕式，并与核能协进会执行长陈胜朗共同主持了技术研讨活动。

张华祝首先对与会专家和代表表示欢迎。他在发言中指出，中国大陆核电发展势头强劲，但是也面临诸多的挑战。其中，如何妥善处理核电站产生的各类放射性废物，保护公众和环境，保持核能事业的健康可持续发展是我们面临的一大挑战，也是社会公众普遍关注的问题。近年来，大陆有关研究机构和核电业主密切合作，在核电厂放射性废物处理研究方面取得了一定的进展，台湾地区的有关同行在核电站放射性废物处理及减容技术开发与应用方面取得的成效也令人瞩目。

张华祝说，中国核能行业协会将本着为会员单位服务、为行业服务的宗旨，充分发挥协会的平台作用，积极推动海峡两岸核能业界的技术交流与合作，促进核能进一步造福于两岸人民。本次研讨会将是一个良好的开端。

欧阳敏盛在致辞中指出，严格要求是进步的动力。台湾的核能电厂三废的处理，达到了较高的水准，愿借本次会议与大陆同行分享经验，共同追求进步。他表示相信，通过本次研讨会，海峡两岸同行分享了好的东西，会建立更深的友谊、取得更大的进步，为现在和未来的核能建设尽最大的力量，也给两岸人民带来最大的福祉。

随后，双方的专家针对大陆放射性废物管理概况、两岸核电厂废物处理最新技术进展和实践经验进行了报告和研讨。

欧阳敏盛董事长和赵成昆副理事长分别在闭幕式上致辞，都表示在各位专家和与会代表的共同努力下，研讨会议取得了圆满成功，双方将共同致力于推动两岸核能合作进入实质性阶段。

研讨会得到与会代表的一致好评，纷纷表示本次技术研讨会议内容丰富、组织得当，希望两会组织更多的类似技术活动，为两岸核能合作搭建平台。

中国核能行业协会在哈举办核安全文化及质保培训班（2010-04-30）

4月27—28日，应哈尔滨动力设备股份有限公司的邀请，中国核能行业协会举办了一期定向的核安全文化和质量保证培训班。来自哈尔滨电气集团公司、哈尔滨动力设备股份有限公司及其所属公司领导及有关部门负责人近70人参加了培训。中国核能行业协会副理事长赵成昆在开班仪式上作了讲话，国家核电技术公司专家委委员郁祖盛和哈电集团领导班子主要成员出席了开班仪式。哈电集团董事长宫晶堃致欢迎辞，开班仪式由哈尔滨动力设备股份有限公司副总经理韩建伟主持。

在讲话中，赵成昆对哈电集团领导班子高度重视核安全文化和质保工作给予了肯定。他说，哈电集团在我国国民经济特别是电力，作出了卓越的贡献，在核电加快发展的环境下，承担着艰巨的任务。积极发展核电是我国一项重要的能源战略决策。我国核电建设正在加快推进，我国核电设备制造业的研发和制造能力持续稳步提升，核电装备国产化取得了新的突破。他指出，机遇和挑战共存，在我国核电建设多元发展的态势下，一大批生力军投身到核电设计、设备制造等领域，人才稀释、制造业供货能力和铀资源问题就比较突出。我们要清醒地看到，在安全优质高效和实现我国核电发展目标两个方面均面临着诸多挑战。如何适应新形势，不断提升管理能力，加强质量管理工作，培育行业的安全文化和质量文化，提高从业者的质量意识和质量管理水平，确保核电建设质量和核电的运行安全，需要我们进行深入积极的探索。国务院总理温家宝多次指出："核安全是国家安全的重要组成部分。"最近，国务院领导指示："我们有了核电发展规划，我们还要制定核安全规划。"这充分表明中央对核安全的重视。政府有关部门也在大力加强核能行业的管理工作。2009年，国家能源局组织开展了全国核电安全大检查，并召开核电建设及运行管理经验交流大会，以促进我国核电项目管理水平的提高。安全是核电发展的生命线，质量保证是基础，所以，核能行业各企事业单位、行业协会，如何在政府有关部门的指导和支持下，开展多种形式和层次的核安全文化和质保培训工作，对保证核电事业又好又快又安全发展，顺利实现我国核电中长期发展规划具有十分重要的意义。高的质量水平不仅是干出来的，也是严格管理出来的。他对哈电集团在培育良好的企业文化中，严格贯穿核安全文化和质量文化教育、不断提升企业整体安全和质量管理水平表示肯定。

开班仪式后，赵成昆就我国核能及核能安全现状、核能行业安全管理体系、核安全文化和核安全监督及许可证管理等内容讲了第一课。

本次培训还邀请郁祖盛专家，重点讲解质量事件案例分析、启示，法规及质量保证基本要求等内容。中国核能行业协会将向参加培训的人员颁发培训证书。

国产化二代改进型核电机组重大改进项同行专家审评会在京举行（2010-05-04）

受中国核工业集团公司委托，中国核能行业协会于4月29—30日在北京组织召开了国产化二代改进型核电机组重大改进项同行专家审评会。国家环境保护部、国家能源局、国防科学技术工业局、中国核能行业协会，以及国内有关核电集团、研究设计院、高校等单位的专家和代表参加了会议。

在会议开幕式上，中国核能行业协会理事长张华祝、国防科学技术工业局系统工程二司司长董保同、国家环境保护部核安全管理司副司长俞军、中国核工业集团公司总经理孙勤分别发表了讲话。会议听取了编制单位代表关于国产化二代改进型核电机组开发工作的报告、联合研究工作报告以及堆芯改进、布置改进、安全壳改进等专题报告。通过会议提问与答辩，并经专家认真讨论，形成了审查意见。专家们认为：国产化二代改进型核电机组具有安全性、成熟性、经济性和一定的先进性；在已掌握核电技术的基础上，通过技术改进和创新，掌握了百万千瓦级核电的核心技术，开发出了具有自主知识产权的百万千瓦级压水堆核电机组，提高了核电国产化和自主化能力。同时，与会专家还对国产化二代改进型核电机组的设计的优化工作提出了建议。

2010核电厂寿命管理研讨会在武汉举办（2010-05-04）

由中国核能行业协会主办、核动力运行研究所承办的“2010核电厂寿命管理研讨会”于4月27—28日在湖北省武汉市举行。此次研讨会的主题是：“重视核电厂寿命管理，实现安全、经济、长期的核电供应”。

会议认为：十多年来，欧盟和美、日等核电发达国家十分重视核电厂老化及寿命管理工作，不断完善相关基础管理结构，把核电厂延寿和功率提升作为增加核电供给的重要策略。同时，为把全球在役核电厂寿命从40年延长到60年，国际原子能机构（IAEA）也做出了不懈努力。我国的秦山核电厂和大亚湾核电厂已分别运行了19年和16年，在核电老化管理方面亦做出了很多探索，积累了不少经验。当前，我国正加快推进核电建设，在建核电规模较大。因此，积极总结、借鉴国内外经验，深入开展核电的系统性老化管理、战略性全寿命管理，对实现我国核电安全性、可靠性及经济性的高度统一具有十分重要的意义。

会议呼吁，政府有关主管部门、核能行业企事业单位、核电设备供应商应对核电厂寿命管理给予更大关注，并切实配置必要的资源。会议认为，目前，我国亟待在核电厂寿命管理的政策、标准、评价技术、重大设备更换、状态监测、经济性分析、定期安全评价等方面形成行业的核心能力。

来自国家核安全局、核能协会、核电运营、工程设计和研发等25个单位的80余位专家和代表参加了研讨活动。

核能协会增设核专业人才培养专业组（2010-05-05）

为适应我国核电快速发展的形势需要，中国核能行业协会第一届常务理事会第五次会议决定增设中国核能行业协会专家委员会核专业人才培养专业组，并确定了组成单位名单。另外，因相关专业研究工作需要，设备专业组增补委员1人，铀资源组增补委员11人。

核专业人才培养专业组（增设专业组，14人）

组长：程建平

组员（按姓氏笔画为序）：王守信、王安民、刘晓东、别必凡、吴宜灿、杨毅、苏光辉、邹树良、周荣生、夏虹、彭敏俊、程建平、薄涵亮、魏锁。

法国核工业协会驻中国代表访问核能协会（2010-05-13）

5月12日，中国核能行业协会国际合作部主任龙茂雄，与到访的法国核工业协会中国代表徐靖策先生进行了会谈。双方通报了自2007年11月签订合作意向书以来所开展的主要工作，介绍了各自近期计划开展的主要活动。针对核能协会明年4月将在深圳举办第9届中国国际核电工业展览会，双方认为这是加强和深化两家协会合作的良好平台。法方将组织会员单位参加展览会，双方对在展览会期间共同举办有关产品和技术推介活动交换了意见。双方一致同意，将在信息交流、合作办会等方面进一步加强合作，为双方会员单位搭建平台，促进中法两国核能业界的合作与交流。

核电厂同行评估及经验交流相关软课题专家审评会在北京召开（2010-05-14）

为促进我国核电厂同行评估及经验交流工作体系的有效运转，充分发挥软科学技术研究的支撑作用，中国核能行业协会于5月14日在北京组织召开了核电厂同行评估及经验交流相关软课题专家审评会。来自中国核能行业协会、核电集团公司、核电厂营运单位及研究院所等的18位专家参加了会议。会议上，与会专家针对技术支持单位申报的30个软课题进行了认真讨论，通过审评打分，形成了审查意见。

《2010年中国核能行业协会年会暨2010中国核能可持续发展论坛》在京举行（2010-05-17）

由中国核能行业协会主办的《2010年中国核能行业协会年会暨2010中国核能可持续发展论坛》，于2010年5月17日在北京国谊宾馆举行。来自有关政府部门的领导和来宾，以及协会专家委员会专家、会员单位的代表、论文作者等共258人出席了会议。

国家国防科技工业局副局长王毅韧、系统工程二司副司长刘永德，国家能源局总工程师吴贵辉，环境保护部核安全司司长刘华、副司长江光，中国机械工业联合会副会长孙昌基等出席了会议开幕式。王毅韧、吴贵辉、刘华等领导在会上作了讲话。他们在讲话中分析了我国核能发展的喜人形势，指出了发展中存在的问题与短板，阐述了解决这些问题的措施与对策，并对协会今后的工作提出了要求与希望。

在中国核能行业协会年会上，中国核能行业协会理事长张华祝做了工作报告；中国核能行业协会副理事长兼秘书长马鸿琳做了《关于修改中国核能行业协会章程的报告》。年会由中国核能行业协会副理事长时传清主持。

在报告的第一部分，张华祝从8个方面概括地总结了2009年我国核能行业的主要进展：在役核电机组安全稳定运行；核电建设继续加快推进；核电装备国产化取得新突破；核工程设计、建设和管理能力持续提升；铀资源和核燃料保障能力进一步提高；核能国际合作与海外开发取得重大成果；核科技创新和人才建设取得新的成绩；核行业管理进一步加强。

在报告的第二部分，张华祝全面回顾了2009年协会的工作。他说，为了适应核能事业加快发展的需要，协会认真履行宗旨，热心做好服务，积极开展活动，努力促进发展，各项工作都取得了新的成绩，行业凝聚力、向心力进一步提高。2009年，协会认真完成政府部门委托的各项任务；努力为会员单位提供服务；拓展工作领域，推出协会新的服务项目；积极推进国际交流与合作；进一步加强协会自身建设，提升业务能力和服务水平。

张华祝理事长还对协会2010年主要工作提出了安排意见。他说，面对核能行业发展的新形势、新任务、新要求，2010年，协会要在政府有关部门的指导下，深入贯彻科学发展观，按照国务院办公厅《关于加快推进行业协会商会改革和发展的若干意见》的要求，抓好已有的业务，巩固新拓展的工作，继续开拓业务领域，进一步提高办会能力和水平，为我国核能行业又好又快又安全发展作出新的贡献。

最后，张华祝强调，加快核能发展是我国优化能源结构、应对全球气候变化的重要战略举措，事关经济社会发展全局。做好2010年核能领域的各项工作，任务艰巨，责任重大，我们要在党中央、国务院的领导下，在政府有关部门的指导下，在全体会员单位的支持下，全面落实科学发展观，再接再厉，开拓进取，努力做好中国核能行业协会的各项工作，为促进我国核能行业又好又快又安全发展作出新的更大的贡献。

会议代表对张华祝理事长的工作报告给予充分肯定。会议以举手方式表决通过了《中国核能行业协会章程修改草案》。

2010 年是中国核能行业协会第二次主办“中国核能可持续发展论坛”。核电装备制造能力是核电发展的重要基础条件，也是影响我国核电快速发展的重要因素之一。为此，中国核能行业协会将这次论坛的主题确定为《机遇与挑战—核电装备制造》。政府有关部门领导、国内核能行业知名企业高管、专家围绕这一主题撰写了精彩的论文，就我国核电设备制造国产化、设备设计和制造能力提升、技术攻关与创新、核电设备标准体系和制造质量保证体系建设、核安全监管和相关人才培养等方面的现状、经验、发展目标、思路进行了分析，并中肯地提出了自己的意见和建议。这些经验和建议，将对实现我国核电发展规划目标起到积极的推动作用。

本次论坛收到很多内容丰富的论文，其中 61 篇论文被收入了《2010 中国核能可持续发展论坛文集》。论坛上，上海电气重工集团、国家核安全局、中国东方电气集团公司、中国第一重型机械集团公司、哈尔滨动力设备有限公司、国家核电技术有限公司、中国广东核电集团公司、中国核电工程有限公司、清华大学核能与新能源技术研究院、中核苏阀科技实业股份有限公司、北京广利核系统工程有限公司、国核宝钛锆业股份公司、中国核动力研究设计院、中科华核电技术研究院有限公司等 14 个单位(部门) 的 16 位专家作了大会讲演，受到与会代表的欢迎。

中国核能行业协会副理事长赵成昆，中国核能行业协会专家委员会委员、中国东方电气集团公司原总经理李宗文，中国核能行业协会常务理事兼副秘书长徐玉明，中国核能行业协会副理事长、上海电气重工集团副总裁朱根福，分别主持了上下午的论坛。

核电装备国产化工作取得了新突破。2009 年，通过技术改造和新基地建设，我国核电装备制造业的研发和制造能力继续稳步提升。二代改进型百万千瓦级压水堆核电站核岛、常规岛及 BOP 系统中，除核主泵等少数关键设备尚需引进技术外，已基本可以立足国内提供。引进 AP1000 三代技术的装备国产化工作取得实质性突破，主泵国产化组织体系进一步完善，主管道、反应堆压力容器、蒸汽发生器锻件实现了国产化。

可以说，这次年会和论坛是在中国核能行业快速健康发展的大好形势下召开的。

在政府有关部门的指导帮助和广大会员的大力支持下，经过协会全体同志的共同努力，经全国性行业协会商会评估委员会评定，中国核能行业协会在全国性行业协会商会评估中荣获 5A 等级，并被民政部授予“全国先进社会组织”称号。新通过的《中国核能行业协会章程》，在“第三章会员”增加了以下内容：在中国境内依法取得工商登记法人营业执照、与核能利用相关的境外独资企业，凡遵守中华人民共和国法律法规、承认本协会章程、愿意参加本协会活动、按时缴纳会费，均可申请成为本协会的联系会员。这进一步体现了开放办会的理念和原则。协会会员单位已从协会成立之初的160家发展到251家。所以，这次年会和论坛也是在协会工作不断取得进步和成绩的大好形势下召开的，是一次鼓舞人心、激励斗志的大会。

《中国核能》、《能源》、《中国核电》等杂志，以及《中国军工报》、《中国工业报》、《中国能源报》、《21世纪经济导报》、《中国核工业报》等国内行业报刊的记者应邀参加了本次年会和论坛。

日本原子力产业协会代表团访问田湾核电站（2010–05–18）

应日本原子力产业协会的要求，经过中国核能行业协会与中核集团公司、田湾核电站协商，5月15日，日本原子力产业协会常务理事石塚昶雄一行访问了田湾核电站。江苏核电有限公司副总经理黄潜会见了来访的代表团，宾主双方就工程建设、机组运行和扩建工程前期工作情况交换了意见。访问期间，代表团参观了田湾核电站1号机组主控室、汽轮机厂房等。

日本原子力产业协会成立于1956年，2009年11月与中国核能行业协会签署了《和平利用核能协议》，双方一致同意，通过定期互访、人员培训、信息交换等方式，加强中日两国的核能合作。

张华祝会见西班牙对华核企联盟总经理（2010–05–18 ）

5月18日，中国核能行业协会理事长张华祝在协会总部会见了来访的西班牙对华核企联盟总经理Camelo Palacios先生。会谈中，国际合作部主任龙茂雄介绍了协会的基本情况和主要活动，Camelo Palacios先生介绍了联盟的基本情况和成员单位的主要业务。随后，宾主双方共同回顾了中西两国核能业界的合作情况，并对未来加强信息交流、建立合作关系、共同举办活动等达成了初步意向。

该联盟驻华代表处能源国际公司副总经理张骏宇，核能协会国际合作部有关人员参加了会见。

第六期核能行业质保监查员培训班在苏州举办（2010–05–20）

由中国核能行业协会主办、苏州热工研究院核电培训中心承办的“第六期核能行业质量保证监查员培训班”，于5月10—15日在苏州举办，来自核电厂业主、营运单位、研究设计、工程、建安、设备制造、高等院校等32个单位，共72名学员参加了培训。中国核能行业协会副理事长赵成昆在培训班上讲话，并为培训班讲了第一课“核能安全管理与核安全文化”。苏州热工研究院核电培训中心主任金心明致欢迎辞。

赵成昆在讲话中说，在我国核电加快发展的新形势下，核能界面临大好发展机遇，同时也存在诸多挑战，其中一个突出问题是人才稀释。如何适应发展新形势，提升从业者的专业技术能力，提高行业管理水平，确保核电建设质量和核电的运行安全，需要核能界进行深入探索和做出积极的努力。安全是核行业的生命线。党中央国务院对核安全非常重视。国务院领导指示："我们有了核电发展规划，我们还要制定核安全规划"。政府有关管理部门也在大力加强核能行业的监督工作。协会基于当前形势和行业普遍需求，组织了核能行业质量保证培训，旨在通过培训，增强从业人员的核安全意识和质量意识，促进安全质量管理水平，确保我国核能事业又好又快又安全地发展。他希望学员珍惜本次6天的培训机会，认真学习，积极参与互动，学以致用。

2010西门子工业论坛在苏州举行（2010-05-24）

5月16—21日，西门子工业自动化集团、驱动技术集团和楼宇科技集团，在江苏苏州举行了为期6天的工业论坛。论坛安排了《如何利用创新的驱动解决方案塑造美好未来》等6大主题分会场活动。与会专家、代表围绕包括核能在内的话题进行了探讨。

作为中国2010年上海世博会的全球合作伙伴，西门子公司安排代表参观了世博园，介绍了西门子技术在40多个世博项目中的广泛应用，其中包括中国馆、主题馆、世博轴、世博中心、世博演艺中心、德国馆、汉堡之家、天下一家、新闻中心、西门子接待中心和世博协调局大楼等。

中国核能行业协会网刊工作部主任汪兆富、国际合作部主任龙茂雄，受协会领导委派，应邀参加了论坛5月20—21日的活动，并出席了《绿色能源管理——西门子与您共创未来机遇》专题讲座，围绕核能发展议题与代表们进行了交流。

赵成昆会见WANO主席一行（2010-05-26）

5月25日上午，中国核能行业协会副理事长赵成昆会见了到访的世界核电运营者协会（WANO）主席Laurent Stricker先生一行。

会见中，Stricker先生首先介绍了该组织的成立目标、会员制度、组织架构、会员单位的权利义务以及主要活动。赵成昆副理事长介绍了协会有关情况，特别介绍了开展运行核电厂和在建项目同行评估及经验反馈的工作。随后，双方就共同关心的话题进行了探讨，一致认为，保证核安全对于核能的可持续发展是至关重要的，双方将加强在这些方面的合作。

世界核电运营者协会成立于1989年，目前世界上所有核电运营者都是该组织的会员，其使命是通过全球核电运营者互相支持、共享信息及最佳实践的借鉴，共同对机组运行进行评价、对标和改善，以提高全球核电站的安全性、可靠性。WANO下设四个区域中心，分别是亚特兰大中心、莫斯科中心、巴黎中心和东京中心。

2010年第一期核电厂运行评估培训班在海口举办（2010–05–31）

5月25日至27日，由中国核能行业协会主办，核动力运行研究所承办、海南核电有限公司协办的“2010年第一期核电厂评估员培训班”在海南省海口市举办。来自国内有关核电集团公司、核电厂营运单位、核电技术研究院所的29位专家和代表参加了培训，并经考核获得评估员培训合格证书。海南核电有限公司副总经理吴美景、核能行业协会副秘书长冯毅、核动力运行研究所室主任吴有运，应邀分别就核电厂运行评估现状、评估流程、方法与技巧、评估标准、数据分析、评估报告编写及相关经验反馈等内容进行了授课。

第十三届中国北京国际科技产业博览会　第六届中国能源战略层论坛在京举行（2010–05–31）

5月27—28日，由科学技术部、商务部、教育部、工业和信息化部、中国贸促会、国家知识产权局等六部（局）和北京市共同主办，“第十三届中国北京国际科技产业博览会　第六届中国能源战略层论坛”在北京国际会议中心隆重举行。来自11个国际组织和20多个国家和地区的70个政府和经贸代表团，国内30个省、区、市，以及港、澳、台地区的代表团参加了本届科博会。中共中央政治局委员、北京市委书记刘淇出席了科博会主题报告会。

作为科博会协办单位，中国核能行业协会副理事长兼秘书长马鸿琳在中国电力峰会上，作了题为《我国核电发展面临的机遇与挑战》的主旨演讲。

秦山二期核电扩建项目调试及生产准备同行评估回访活动圆满结束（2010–06–03）

5月15—21日，应核电秦山联营有限公司邀请，由中国核能行业协会组织的核电同行评估回访队，对秦山第二核电厂扩建项目调试及生产准备专项评估进行了跟踪回访。评估队队长、宁德核电有限公司生产部经理赵昔，评估队副队长、江苏核电有限公司调试生产准备处主任工程师刘瑚，电厂代表、核电秦山联营有限公司总经理助理洪源平，以及各领域主评、对口人约30人全程参加了回访活动。核电秦山联营有限公司总经理杨兰和、中国核能行业协会副秘书长冯毅参加了离场总结会。依据行业卓越标准，回访队通过现场巡视、人员访谈、文件查阅、实事确认，对2009年专项评估待改进领域纠正行动计划的落实情况进行了认真核实，并给出了评估结果。这次评估取得的积极成果，有助于核电秦山联营有限公司进一步提高扩建工程调试和生产准备的管理水平，也为丰富我国核能行业核电建设同行评估实践积累了宝贵经验。

第二届核电厂运行评估及经验交流委员会第三次全体会议在京召开（2010-06-10）

第二届核电厂运行评估及经验交流委员会（以下简称“委员会”）第三次全体会议于6月9日上午在北京召开。委员会主任、中国核能行业协会理事长张华祝主持会议并做总结，国家能源局电力司、相关核电集团公司、核电营运单位、技术支持院所的委员和代表共26人参加了会议。

会议审议通过了“核电厂运行评估及经验交流工作报告（2009年度）”、“2009年度工作经费决算和2010年度工作经费预算”；会议评议了“2009年核电厂运行情况”和“2009年核电工程建设同行评估情况”两个专题报告；会议原则同意相关软课题科研项目立项。

会议认为，在政府主管部门的指导下，2009年委员会在维持工作体系有效运转，推进重点工作任务落实，拓展核电同行评估领域，深化行业经验反馈与交流，增强服务功能以及委员会秘书处自身建设等方面取得了很大成绩，应予充分肯定。

关于2010年工作安排，会议同意秘书处提出的工作建议。

中法核能技术研讨会议在广州举行（2010-06-11）

6月8日，由法国驻广州总领事馆、法国核工业协会、法中电力协会等单位举办的中法核能技术研讨会议在广州举行，会议主题为加强和促进法国核工业中小企业与广东省的核能合作关系。法国40余家从事核电装备制造的中小企业以及法国电力公司（EDF）的代表70余人参加了研讨会。国家核安全局、广东省发改委、省能源局、广州海关、广东知识产权局以及中广核集团的有关领导和专家出席会议并作报告。

会议针对广东核产业链发展规划、海关税收规定、核设备安全监管、知识产权保护和中广核设备采购程序等法国企业普遍关注的问题进行了研讨。受协会领导的委派，中国核能行业协会国际合作部主任龙茂雄应邀参加了会议。

第七期核能行业质量保证监查员培训班在苏州举办（2010-06-17）

第七期核能行业质量保证监查员培训班于6月7—12日在苏州举办，来自核电公司、研究设计、工程、建安、设备制造等40个单位，共87名学员参加了培训，本次培训由中国核能行业协会主办，苏州热工研究院核电培训中心具体承办。

本期培训班邀请了业内有经验的5名专家为教员，根据《核能行业质量保证培训大纲（试行）》的要求，安排了7个方面的教学内容，重点强化了质保监查技术及监查练习，通过案例分析及讲解、答疑和交流等互动环节，增加了实际应用能力的训练，按计划完成了培训任务。经培训班专家小组综合考评，评定出了主监查员、监查员各若干名。中国核能行业协会将向学员颁发相应的资格证书。

中广核集团14项科技成果通过行业鉴定（2010-06-18）

6月4—5日及11—12日，中国核能行业协会分别在北京和深圳组织了对中广核集团的14项科技成果的鉴定。鉴定会由中国核能行业协会副秘书长徐玉明主持，鉴定委员会由中国核工业集团公司、中国核电工程有限公司等10余家企事业单位共25位相关领域的专家组成。

鉴定委员会听取了科技成果完成单位所作的科技研究总结报告，审查了成果的科技查新报告、知识产权及成果应用证明等资料，经过委员们对成果内容的质询、汇报人答疑及委员们讨论等环节，从行业高度分别对14项成果的先进性、创新性做出了科学、客观的鉴定。

“WXY系列核级硅酮防火封堵材料”通过行业鉴定（2010-06-18）

中国核能行业协会会同江苏省经信委、镇江市科技局，于5月29日，在江苏省扬中市联合组织了江苏南自通华电气集团江苏欣安新材料技术有限公司研制开发的“WXY系列核级硅酮防火封堵材料”产品鉴定会，来自中国核工业集团公司、中国广东核电集团有限公司、中国核工业建设集团公司、国家核电技术有限公司等单位的专家出席了会议。

与会专家认为，该公司提交的技术文件资料完整、齐全，检测报告数据可信，符合鉴定要求。依据试验大纲和相关标准的要求，在有资质的国家检测机构完成了各项检测报告，试验结果满足相关标准的要求。“核电厂级硅酮防火封堵材料”产品完全是自主研发生产，填补了国内空白。产品耐火性能等技术指标均达到国外同类产品的指标要求，并具备核电产品设计、制造的质量保证体系，运行有效。

该公司已具备产品生产能力，可替代同类进口产品在核电站使用。鉴定委员会一致同意“WXY-V硅酮泡沫、WXY-Ⅵ硅酮高密度弹性体、WXY-Ⅶ液体硅酮核级防火封堵材料”通过鉴定。

三代核电机组进口清单专家会在京举行（2010-06-18）

根据2010年4月中旬在上海召开的三代核电机组关键零部件和原材料进口免税问题商讨会的会议纪要，各单位积极提交了本单位有关三代核电机组国产化所需关键零部件、原材料的进口清单和进度表。为尽快整理出三代核电机组进口关键零部件、原材料清单，报有关政府部门审核。应会员单位要求，中国核能行业协会于6月17—18日在北京组织召开了三代核电机组进口清单专家会议，核能协会副理事长赵成昆主持会议。

会议期间，核能协会组织业内专家和提交清单的相关单位的代表分别对AP1000、EPR需要进口的关键零部件、原材料清单进行了汇总和审议。专家组对汇总后的三代压水堆进口清单进行认真审议后，认为有关单位牵头汇总的清单基本符合“财关税 2010(17)”、“财关税 2009（55）”文的精神，满足三代核电国产化的需要。针对清单，专家们提出了建议，并形成了专家意见。各相关单位将根据专家意见，对汇总后的清单进一步完善后提交核能协会。

2010 核能行业可靠性维修应用工作组会议在京召开（2010-06-23）

6 月 18—19 日，2010 核能行业可靠性维修（RCM）应用工作组会议在北京召开。来自中国核能行业协会和有关集团公司、核电厂、研究院所及高校等 17 个单位的 20 多位专家参加了会议。中国核能行业协会副秘书长冯毅参加开幕式并宣布核能行业 RCM 应用工作组正式成立。中科华核电技术研究院有限公司运行技术中心副主任卢文跃主持了工作组会议。

在充分交流国内外核能领域 RCM 应用及新进展的基础上，与会专家重点讨论了核能行业 RCM 应用规划思路、核能 RCM 分析师培训大纲（草案）及工作组 2010 年工作计划及协作分工。

据悉，该工作组由各有关单位推荐的专家组成，其主要任务是拟定和起草 RCM 相关的工作规则和标准、中长期应用规划，开展相关基础研究和推广服务工作等。

2010 年世界核大学清华周北京培训研讨会圆满落幕（2010-07-06）

7 月 2 日，由中国核能行业协会、世界核大学、清华大学共同主办，清华大学核能与新能源技术研究院承办的世界核大学清华周北京培训研讨会圆满落幕。来自有关集团公司、电站设备厂、研究设计院所及高等院校的 180 余位代表参加了为期一周的培训研讨课程，并取得世界核大学、中国核能行业协会与清华核研院共同颁发的证书。

中国、美国、英国、阿根廷等国及国际原子能机构（IAEA）、国际能源机构（IEA）、国际辐射防护委员会等的 10 余位专家进行了 20 余场主题演讲，深入探讨了世界核能发展形势、铀资源和核燃料、核电厂设计、核安全与辐射防护、核经济与核法律、核废物处理、许可证发放等议题。

清华大学核研院副院长孙玉良代表主办单位致闭幕辞，世界核大学教务长 Steve Kidd、中国核能行业协会网刊部主任汪兆富与清华大学核研院副院长孙玉良为学员颁发了结业证书。

中法内陆核电站选址和建设研讨会议成功举行（2010-07-06）

经精心筹备，6 月 26 日—7 月 3 日，由中国核能行业协会和法国电力公司（EDF）共同筹划组织的中法内陆核电站选址和建设研讨会议在法国巴黎成功举行。来自中电投集团、中国华能、中国大唐、中国核电工程公司、上海核工程研究设计院、中核桃花江核电有限公司、中电投江西核电公司、中核吉阳核电有限公司、有关地方政府，以及中国核能行业协会和法国电力公司、法国核安全与辐射防护研究院（IRSN）的专家共30余人参加了研讨会议。中国核能行业协会副理事长赵成昆出席会议并做主旨发言。中法双方共有9位专家先后针对内陆核电站选址和建设的法律法规问题、废物排放、地质地震条件、温排放和冷却塔设计、大件运输和外部事件影响、应急和环境监测以及相关的技术问题进行了深入交流和探讨。

活动期间，中方参会代表还应邀参观了法国首台EPR核电机组建设现场，重点考察了法国富有代表性的内陆核电站——卡特浓核电站，听取了核电站有关领导和技术人员的详细讲解，就普遍关心的技术问题进行了探讨。应法中电力协会的邀请，中方代表与法中电力协会、比利时哈蒙公司专门就冷却塔设计、建设、运行、监控和维护，以及核电站周边环境全自动实时剂量监控等内容进行了交流。

6月30日，法国电力公司副总裁马识路（HERVE Machenaud）先生在EDF总部会见了参加研讨会的中方全体代表，并就中国核电发展、法国内陆核电建设和中法核电合作等双方共同关心的议题与中方代表进行了沟通和交流。

7月1日，中方代表应德国莱茵集团的邀请，参观了该集团电磁、地震、环境等功能实验室，并就核设备安全功能验证等内容进行了交流。

协会专家委员会铀资源专业会议在蓉召开（2010-07-12）

2010年7月8—9日，中国核能行业协会专家委员会召开铀资源专业会议。铀资源专业组的各位专家，四川、江西、湖南、广东、陕西、辽宁、青海核工业地质局的领导，以及成都理工大学的专家，共聚成都，为我国铀资源勘查开发事业的发展建言献策。

国家国防科工局系统工程二司吕晓明处长到会介绍了我国铀资源勘查开发事业的现状、面临的挑战，以及“十二五”的改革发展思路。协会研究开发部副主任郑玉辉宣读了关于增补中国核能行业协会专家委员会委员的通知，对铀资源专业组的工作提出了希望。铀资源专业组组长张伟星、协会专家康荣元分别做了“核能源与低碳经济”和“关于我国核燃料产业发展及体制机制改革的思考”的发言。会议承办单位四川核工业地质局局长金有忠致欢迎词。

与会专家建议，在核电加快发展的形势下，我国铀资源保障面临严峻的挑战。“十二五”期间，要进一步加强铀矿地质勘查，尽快摸清铀资源家底，探明一批新的大中型铀矿产地；坚持天然铀保护性开采战略，适度提高国内天然铀生产能力；加快实施“走出去”战略，加大天然铀海外开发力度。同时要加强体制机制创新，探索建立探矿权流转机制，进一步调动铀矿地质勘查工作的积极性；推进采冶企业与地勘队伍及其他单位的协调合作；制定并实施支持海外铀资源开发的政策措施。

核能协会向财政部关税司汇报三代核电机组关键零部件和原材料进口免税清单工作的进展情况（2010-07-16）

7 月 15 日，中国核能行业协会国际合作部主任龙茂雄等一行 7 人前往财政部，向关税司杨全州处长等汇报了核能协会应会员单位的迫切要求，组织编制三代核电机组关键零部件和原材料进口免税清单工作的进展情况，以及下一步工作计划。

杨处长在听取了汇报后，对核能协会所做的大量、严谨细致的工作表示肯定，并认为这是对政府有关工作的有力支持，他还介绍了政府出台相关免税政策的初衷和国家的战略考虑。随后，双方针对清单草案交换了意见，关税司的有关领导提出了许多很有针对性的修改意见。最后，杨处长希望核能协会在已有工作的基础上，抓紧修订清单，争取在 7 月底或 8 月初报财政部，以此推动国家有关政策的落实。

参加汇报的还有东方电气集团公司、上海电气（集团）总公司、中国广东核电集团公司、国核工程公司、台山核电公司等单位的专家。

协会领导会见日本技术者联盟客人（2010-07-20）

7 月 19 日下午，中国核能行业协会副理事长兼秘书长马鸿琳会见了到访的日本技术者联盟常务理事兼秘书长井户田功一行。

马鸿琳首先对日本朋友的来访表示欢迎。协会国际合作部龙茂雄主任就协会成立的背景、组织结构、活动方式进行了介绍。井户田功先生介绍了日本技术者联盟的基本构成和主要任务，并特别阐明该协会在国际人才派遣方面所开展的工作。双方针对人才培养方面的问题进行了沟通，并就双方下一步的合作进行了探讨。

日本太比雅集团副所长窪田秀雄先生，北京太比雅公司、核能协会国际合作部相关人员参加了会见。

国务院研究室到协会召开“核电改革与发展”座谈会（2010-07-20）

7 月 19 日，国务院研究室到协会在国谊宾馆召开座谈会，邀请核电行业的有关专家就核电改革与发展的相关问题进行研讨。

座谈会由国务院研究室唐元、范必两位司长主持。来自中国核能行业协会、国家发改委能源研究所、中国机械工业联合会、中国东方电气集团公司、电力规划设计总院、环保部核安全中心等单位的十余位专家参加了研讨。中国国际经济交流中心和核能协会研究开发部的有关同志列席了座谈。

专家围绕近年来我国核电和相关产业发展情况、核电发展面临的国际国内环境、核电发展中的突出矛盾和主要原因、中国未来核电发展展望、对深化核电体制改革的意见和建议以及促进核燃料、核工程、装备制造等相关行业健康发展的思路等 6

个问题展开了热烈讨论，提出了许多建设性的意见和建议，座谈会在热烈的讨论气氛中圆满结束。

北京广利核两项科技成果通过核能协会鉴定（2010-07-22）

7月8日，中国核能行业协会在北京组织了北京广利核系统工程有限公司“反应堆保护系统定期试验装置”和“百万千瓦压水堆核电站核岛三废处理数字化控制系统”两项科技成果的鉴定。

鉴定委员会听取了两项科技成果的研制与技术总结报告、试验与检测报告和产品质量控制报告，审查了相关技术资料，到广利核公司进行了现场考察，对两套装置进行了现场系统测试。经过专家对成果内容的质询和讨论，鉴定委员会分别对两项成果做出了鉴定意见。

鉴定委员会认为，北京广利核系统工程有限公司的科技成果，紧密结合核电项目的工程实践，有较强的应用性。其中，反应堆保护系统定期试验装置是核电站反应堆保护系统的重要检测装置，可在停堆和运行工况下完成反应堆保护系统的定期试验。目前，该装置已在大亚湾核电站投入使用。百万千瓦压水堆核电站核岛三废处理数字化控制系统是采用国产DCS系统自主研制成功的KSN系统，实现了我国百万千瓦压水堆核电站KSN系统的国产化，完全可以替代国外产品，具有良好的经济效益和社会效益。

国家科技部批准设立中国核能行业协会科学技术奖（2010-07-22）

7月20日，经国家科学技术部和国家科学技术奖励办公室批准，正式设立中国核能行业协会科学技术奖。

中国核能行业协会、中国核工业集团公司、中国广东核电集团有限公司、国家核电技术有限公司、中国电力投资集团公司、中国华能集团公司、中国大唐集团公司等共同成为中国核能行业协会科学技术奖首批设奖单位。

根据奖励承办单位中国核能行业协会的工作计划，2010年中国核能行业协会科学技术奖的正式申报工作将于近日启动。

核电厂运行评估及经验交流委员会第二次协调员工作组会议在京召开（2010-08-02）

7月28—30日，核电厂运行评估及经验交流委员会（以下简称“委员会”）第二次协调员工作组会议在北京召开。委员会秘书长冯毅、副秘书长程建秀、据存有分别主持了会议,来自国家能源局电力司、相关核电集团公司、核电厂营运单位、技术支持院所和核电工程公司的协调员、观察员、软课题负责人等共54人参加了会议。

会议传达了2010年委员会第三次会议精神，协调了年度工作计划，讨论了十五项软课题研究开题报告，并就秘书处常驻联络工程师方案、核电厂运行信息报送、核电建设信息共享机制等议题进行了认真协商，形成了广泛共识。此外，与会代表还交流了各单位的业务进展情况及良好管理实践。

会议认为，在委员会的领导下，秘书处和协调员工作组应切实履行工作职责，全面落实 2010 年度工作计划，力争为我国核电安全运行、建设项目顺利推进提供更有价值的服务。

三代核电机组进口关键零部件、原材料清单汇总会在台山召开（2010–08–05）

根据财政部尽快提交三代核电进口关键零部件、原材料清单的要求，在各相关单位的大力支持下，中国核能行业协会于 8 月 4 日在广东台山召开了三代核电机组（AP1000、EPR）进口关键零部件、原材料清单汇总会。来自东方电气集团公司、上海电气集团公司、中广核集团公司、国核工程公司、哈尔滨汽轮机厂、哈尔滨电机厂以及台山核电联营公司的近 20 名专家和代表参加了会议。台山核电联营公司总会计师蔡梓文出席会议并致欢迎辞；专家组组长、东方电气集团公司高级顾问李宗文主持了会议研讨；中国核能行业协会国际合作部主任龙茂雄主持了会议开（闭）幕式，并对会议议程进行了部署。

会议按照“财关税【2009】55 号”、“财关税【2010】17 号”文件的要求，参照二代改进型核电机组进口关键零部件、原材料清单，对 AP1000 和 EPR 机组进口清单进行审查和汇总。经过充分讨论后，专家们初步制定出了三代核电机组进口关键零部件、原材料清单，并对后续工作提出了建议和意见。

张华祝会见英维思集团首席执行官一行（2010–08–11）

8 月 10 日，中国核能行业协会理事长张华祝在京会见了到访的英国英维思（Invensys）集团公司首席执行官 Ulf Henriksson 先生一行。

会见中，核能协会国际合作部主任龙茂雄介绍了协会的情况。英维思集团首席执行官 Ulf Henriksson 介绍了英维思的业务及与中国的合作情况，并表达了旗下相关公司加入协会、加强与协会合作的愿望。双方还就中国核电市场、人力资源、核电站自动化控制系统等方面的议题进行了深入的交流。

中国核能行业协会副秘书长徐玉明参加了会谈。

核电厂大型变压器运行技术专家会在京召开（2010–08–13）

8 月 6 日，中国核能行业协会在北京组织召开了核电厂大型变压器运行技术专家会，来自核电厂业主、营运单位、核电工程公司、研究院所、大型变压器制造单位等的 20 位专家参加了会议。协会副秘书长冯毅主持了开幕式并讲话。大亚湾核电运营管理有限责任公司技术部副总工程师于庆斌主持了交流、研讨和有关事项的讨论。

冯毅强调了本次会议的目的和任务，并对今后活动提出了希望。他说，为凝聚专家智慧，优化核电设备制造，协会组织成立了核电厂大型变压器运行技术分析工作组。2010年1月，协会在河北保定举办了大型变压器运行技术研讨会，并取得了初步成果。希望通过工作组平台，研究解决该领域的技术难题，减少核电厂因大型变压器故障引起的非计划停堆事件，推进我国核电设备国产化进程。

会议推选于庆斌作为小组组长，总体负责小组技术交流活动。

在充分交流核电大型变压器典型事件的基础上，与会专家重点讨论了《核电厂大型变压器运行状态技术分析（初稿）》、2010年度工作计划及安排，并详细讨论规定了成果报告的完成进度。会议达到了预期效果。

田湾核电厂同行运行评估回访活动圆满结束（2010–08–18）

8月7—13日，应江苏核电有限公司邀请，由中国核能行业协会组织的核电同行运行评估回访队，对田湾核电厂进行了跟踪回访。评估队队长、台山核电有限公司总经理助理廖伟明，电厂代表、江苏核电有限公司副总经理申彦锋，以及8位评估员、21位对口人全程参加了回访活动。依据核电行业卓越管理标准，通过现场巡视、人员访谈、文件查阅、实事确认等基本方法，回访队对2008年田湾核电厂运行综合评估待改进领域纠正行动计划的落实情况进行了全面、认真的核实，并给出了回访结论。评估队认为，自2008年10月以来，田湾核电厂针对运行评估提出的待改进领域，做了大量卓有成效的工作；管理层维持了较高的管理期望和要求，实施运行规范化管理，提升了安全文化水平，运行、维修、设备管理状态有较大改善，确保了机组的安全稳定运行和良好的运行业绩，每台机组分别有9和10项WANO指标进入世界前1/4。评估队也对进一步优化田湾核电厂运行管理提出了建议。

国际原子能机构与中国研讨会在北京成功召开（2010–08–18）

8月16日，由中国国家原子能机构主办，中国核能行业协会承办的“国际原子能机构与中国研讨会”在北京成功召开。会议邀请了国际原子能机构、中国国家原子能机构、中国常驻国际原子能机构代表团、国家环保部以及中国原子能科学研究院、中国农业科学院、哈尔滨工程大学的8位官员和专家，就国际原子能机构的概况和中国与国际原子能机构在核安全、保障监督、核安保、核农学、核电专项等方面的合作情况作了全面和详细的报告。来自政府部门及企事业单位的140余名代表出席了研讨会。

国家国防科工局局长兼中国国家原子能机构主任陈求发、国际原子能机构总干事天野之弥到会并发表了讲话，国家国防科工局副局长兼中国国家原子能机构秘书长王毅韧主持了开幕式，中国核能行业协会理事长张华祝出席了开幕式。

陈求发主任在开幕致辞中指出，多年来，国际原子能机构作为核领域唯一的国际组织，在促进核能和平利用、防止核武器扩散领域开展了卓有成效的工作，在促进核能可持续发展方面，机构所做的工作得到了国际社会的公认。中国一贯重视国际原子能机构在核能领域的地位和作用，自加入国际原子能机构以来，双方在核能发展和技术应用、核安全、核安保、核不扩散等方面开展了卓有成效的合作。近年来，核能在世界范围内出现了明显的复苏态势，中国核工业也已进入快速发展时期，这为中国和国际原子能机构扩大合作提供了新的历史机遇。中国是国际原子能机构技术援助的受益者，也愿意通过国际原子能机构的渠道为发展中国家提供力所能及的帮助。因此，双方应加强沟通和协调，进一步强化在核能发展、核技术应用、核安全、核安保、核不扩散等领域的合作。中国愿意通过技术合作以及评审服务等渠道，积极参与国际原子能机构倡导的加强新兴核能国家核基础等活动，为发展中国家经济社会发展做出贡献。中国国家原子能机构作为中国政府联系国际原子能机构事务的归口管理部门，将继续积极推进与国际原子能机构的合作，希望与会代表通过本次研讨会深入了解国际原子能机构的职能，通过国家原子能机构这一平台，进一步加强与国际原子能机构的合作，促进核能安全可持续发展，促进核材料实物保护有序高效地推进。

天野之弥总干事在发言中指出，自1957年成立以来，国际原子能机构致力于两项基本目标，一项是防止核武器的扩散以及帮助实现核技术的和平利用，此外在核能、人体安全、健康安全、粮食以及农业、水资源环境等方面帮助成员国。中国自1984年加入国际原子能机构以来，一直是机构非常积极与尽责的成员国。此次研讨会涵盖了机构活动的各个领域，其中包括技术合作，以及核技术在农业、核电、核安全、安保以及保障监督方面的应用，可以说机构不只是世人所了解的核监管部门。未来，国际原子能机构的工作重点将是帮助核电新兴国家，目标就是为他们提供有关如何建立合理的法律和监管机制，同时确保高水平的安全安保以及保障监督，最终使这些国家能在掌握知识的基础上，以安全安保的方式来发展核电。中国在技术创新方面一直走在前沿。当前，亚洲是处于核能大发展的核心，国际原子能机构鼓励中国能够将其在安全、成功运行核电方面的成功经验与本地区的新发展核电的国家进行分享，希望中国和国际原子能机构之间的合作能够不断地稳定发展。

国防科工局系统工程二司司长董保同主持了会议报告部分并致闭幕词。他总结说，中国核工业进入了一个快速发展的新阶段，中国的核工业和国际原子能机构之间的合作也正在进入一个新的阶段，我们希望通过推进与国际原子能机构的合作，充分利用、积极发挥这一平台与渠道，为我国核工业的发展提供更优质的服务。

中国核能行业协会科学技术奖评审委员会第一次会议在京举行（2010–08–18 ）

8 月 12 日，中国核能行业协会科学技术奖评审委员会第一次会议在京举行。叶奇蓁院士等20名评审委员参加了会议。中国核能行业协会、中国核工业集团公司、中国广东核电集团有限公司、国家核电技术有限公司、中国电力投资集团公司、中国华能集团公司、中国大唐集团公司等 7 家设奖者单位的代表出席了会议。会议由评审委员会副主任赵成昆主持。中国核能行业协会理事长张华祝代表设奖者讲话，他阐述了科技创新的重要意义，强调支持核能科学技术的发展是中国核能行业协会的责任。他希望评委会认真履责，不负重托；严格标准，确保水准；公正公平，建立信誉，把评奖工作做好。

徐玉明副秘书长代表奖励办公室向委员会汇报了中国核能行业协会科学技术奖 2010 年评奖工作安排，并就申报和评审时间安排、评审程序及委员缺席候补制等议题征求评委们的意见。与会委员和代表就相关议题进行了讨论，并提出了很多实质性的建议。

赵成昆副理事长对会议进行了总结。

“国产首台百万千瓦级压水堆核电站反应堆压力容器研制”科技成果鉴定会在广州召开（2010–08–19）

8 月 9 日，“国产首台百万千瓦级压水堆核电站反应堆压力容器研制”科技成果鉴定会在广州南沙召开。中国核能行业协会组织行业反应堆压力容器和核安全等方面的专家对项目进行了鉴定。中国核能行业协会副理事长赵成昆主持了会议，中国机械联合会总工程师隋永滨担任鉴定委员会主任，广州市及南沙区科技局领导出席了会议。

东方重机总经理王宏发表致辞，他首先感谢中国核能行业协会对东方重机的大力支持与帮助，并回顾了东方重机国产首台百万千瓦级反应堆压力容器的研制经历，以及核电的高速发展给公司带来的从单项目向多项目、单业主向多业主、单品种向多品种、单件生产向批量生产的几大变化。他强调，在变化中应注重核电生产安全第一、质量第一，加大自主创新力度，掌握核心技术、推动核电装备的发展。

通过听取东方重机所做的《研发工作报告》、《技术总结报告》和《检测与质量报告》，查阅相关文件资料，考察生产制造现场，鉴定委员会专家认为，东方重机研制的中国首台百万千瓦级压水堆核电站反应堆压力容器各项技术指标满足 RCC–M 规范及合同要求，达到了国际先进、国内领先的水平，具备了批量生产条件。该项成果对推动我国核电装备国产化具有重要意义。鉴定委员会专家一致同意通过鉴定。

第三届 21 世纪和谐核电系统国际会议在哈尔滨举行（2010-08-24）

8 月 23 日，由哈尔滨工程大学核科学与技术学院主办的第三届“21 世纪和谐核电系统国际会议（ISSNP2010）”在哈尔滨举行。来自中国、日本、韩国的 60 余位代表参加了会议。哈尔滨工程大学副校长姚郁出席会议并致开幕辞，国家国防科工局系统工程二司副巡视员郭永吉、中国核能行业协会国际合作部主任龙茂雄到会并致辞。

“21 世纪和谐核电系统国际会议（ISSNP）”由中国、日本和韩国联合发起，其目的是通过探讨先进的核电技术，实现核电安全可靠运行，促进核电与人类、环境、社会的协调发展。ISSNP 系列国际会议由中、日、韩三方轮流主办。本次会议以探讨先进的核电技术，实现核电安全可靠运行，促进核电与人类、环境和社会的协调发展为主题，中日韩三国代表共同深入讨论和谐核能系统技术，将进一步促进国际同行之间的学术交流和核人才培养，为核能和平利用技术和核能与人类社会和谐共生发展做出贡献。

核行业安全生产第四期再培训班在北戴河举办（2010-08-26）

8 月 22—24 日，受国家国防科工局委托，由中国核能行业协会主办，核工业培训中心承办的核行业安全生产第四期再培训班在北戴河成功举办。非铀地矿单位已取得《安全资格证书》的 39 名单位负责人和安全生产管理人员参加了培训。按照培训大纲的要求，培训内容主要包括：核工业事故案例分析，国务院令 562 号《放射性物品运输安全管理条例》解读，以及核设施事故应急预案的编制及典型方案分析等。培训班聘请了核行业有关领导和专家讲课。学员普遍反映课程内容实用性较强，对搞好安全生产有较好的指导作用。

核能协会专家组考察浙江苍南和福建平潭核电厂址（2010-08-30）

8 月 24—27 日，应中国广东核电集团有限公司的邀请，中国核能行业协会专家组踏勘了浙江苍南核电项目霞关厂址和福建平潭核电项目大练厂址，并分别在温州和平潭召开了浙江苍南核电项目推进咨询会和福建平潭核电项目初步可行性研究报告咨询会。参加本次活动的专家和代表来自中国核能行业协会、国家核安全局、国家核电技术公司、环保部核安全中心、苏州热工院，以及中国广东核电集团有限公司、浙江省能源集团有限公司、深圳中广核设计公司、浙江省电力设计院等。中国核能行业协会理事长张华祝参加了考察活动并在会议上致辞。浙江和福建两省的省、市、县有关部门领导出席相关会议并介绍当地能源规划和发展情况。

核能协会专家组通过踏勘厂址和认真

讨论，分别形成了咨询意见。对于浙江苍南厂址，专家认为该厂址地壳稳定，取排水、大件运输、大气弥散等条件好，是我国沿海地区难得的条件较好的核电厂址，加快该厂址的项目推进，有利于浙江省“十二五”能源发展规划的实施和环境的改善。同时，专家们建议项目单位在下一步的工作中要重视工程技术方案的优化研究。对于福建平潭厂址，专家们认为，选择在小岛上建设核电站是一项开创性的工作，有利于扩大我国核电选址范围、促进核电可持续发展。针对岛屿上建设核电站的特殊性，专家们提出了具体的建议和意见。

张华祝出席上海电气首台百万千瓦级蒸汽发生器发运仪式（2010-08-30）

8 月 28 日，国内首台自主设计和制造的二代改进型核电百万千瓦级蒸汽发生器在上海电气临港基地隆重举行发运仪式。中国核能行业协会理事长张华祝出席仪式并致辞。

张华祝理事长在致辞中指出，百万千瓦级蒸汽发生器研制成功，是上海电气、中广核集团和中国核动力研究设计院等单位在核电主设备国产化过程中，联合攻关、精诚合作所取得的一项重要突破。上海电气成功实现了跨越，这也是百万千瓦级蒸汽发生器批量化制造的开始。针对我国核电的快速发展，张理事长希望上海电气在首台取得成功的基础上，继续努力，保质保量按期完成后续批量化生产任务，并早日建设成为世界级的核电设备制造基地，与国内相关单位合作，克服机制体制上的障碍，打造中国的核蒸汽供应商，为我国核电设备走出去做出贡献。

蒸汽发生器是核电站的关键设备之一，其功能是传递反应堆内载热剂的热量，产生一定压力的蒸汽供汽轮机工作。蒸汽发生器与反应堆压力容器相连，其载热剂带有放射性。所产生的蒸汽干燥度要求高于 99.9%，以确保电站的功率与效率。同时，蒸汽发生器在进行热量交换的同时，起着阻隔放射性载热剂的作用，对核电站安全至关重要。因此，蒸汽发生器的一级安全等级，I 类抗震类别，一级规范级别和 Q1 级的质量要求，以及材料和制造的高技术含量均为当代制造业之最。

由中国核动力研究设计院自主设计、上海电气核电设备公司制造的辽宁红沿河核电一期工程首台百万千瓦级蒸汽发生器总长度 21.7 米，最大一端直径为 5.5 米，内部装有 U 型管等上万个各类精细零件，总重量达 345 吨。

核能行业防人因失误研讨会在大亚湾举办（2010-08-30）

由中国核能行业协会主办、大亚湾核电运行管理有限责任公司承办的“核能行业防人因失误研讨会”，于 8 月 26 日 – 27 日在深圳大亚湾核电基地召开。来自政府有关主管部门、核能行业协会、核能企业集团、核电公司、科研院所、高等院校、设计工程公司等 22 个企事业单位的 65 名专家和代表参加了研讨。中国核能行业协会副秘书长冯毅致开幕词，大亚湾核电运营管理公司副总经理郭利民致欢迎辞，大亚湾核电运营管理公司培训中心主任致闭幕词。国家核安全局调研员方贤波出席会议并讲话。陈泰、张力、张志权、孙向红等9名专家在研讨会上作了专题技术交流。

方贤波在讲话中强调了核安全监管和防人因失误的重要性。他说，行业协会组织研讨怎样避免人因失误，对促进核电安全发展意义重大。他希望核能界更加重视防人因失误管理，实现更高水平的核安全。

冯毅在开幕词中说，在我国核电产业规模化加快发展的新阶段，各位专家共聚一堂，交流和研讨核能安全文化、防人因失误的目标驱动管理大计，对贯彻“安全第一，质量第一”工作方针，不断提升行业核安全管理水平具有积极而重要的意义。面对我国核电发展的历史机遇，核电界应当头脑清醒，志存高远，脚踏实地，如履薄冰，要切实珍惜来之不易的大好局面。他强调，安全文化是核电行业的核心软实力，防人因失误管理是核电人的必修课、硬功夫，是推动行业安全文化建设的硬抓手。他希望借本次研讨会的契机，归纳总结成果，充分凝聚共识，促进核能防人因失误的研发、训练和应用推广，全面提升行业防人因失误管理水平，支撑核安全文化建设的务实推进。

本次研讨会共收到30多篇论文，涉及核安全文化建设、人因工程理论、人机界面、防人因失误评估与分析、防人因失误现场良好实践、训练等。与会专家围绕主题开展了较充分的研讨与交流。与会全体人员还应邀参观了大亚湾人因研发与训练中心，并亲身体验了防人因失误技能训练课目。

中日韩大型项目功能性合作国际研讨会在京召开（2010-09-01）

8月31日，由国务院发展研究中心主办、中国日本商会和中国韩国商会协办的中日韩大型项目功能性合作国际研讨会在北京召开。该会议是在落实中日韩三国领导人关于建立“中日韩自贸区”倡议，推动东北亚地区经济一体化进程的大背景下举行的。来自外交部、工业和信息化部、商务部、中国社会科学院、中国贸易促进会、中国核能行业协会、中国汽车工业协会、中国钢铁行业协会、发改委对外经济研究所、中核集团公司、宝钢集团公司、中方大型企业集团，日本、韩国驻华大使馆和商会，以及日本贸易振兴机构、日本东芝（中国）有限公司、韩国电力、现代汽车（中国）投资公司、三星集团等日韩企业集团的60余位代表参加了研讨会。

国务院发展研究中心副主任侯云春到会并致词。研讨会邀请有关政府部门、行业协会、研究院所、企业集团的20多位代表就借鉴欧洲空中客车项目合作经验，中日韩三国开展大型项目功能性合作、推动建立中日韩自由贸易区作了报告。核能协会国际合作部主任龙茂雄在会上作了题为“加强东北亚地区合作，促进世界核能发展”的报告。

2010核电工程项目管理评估员培训班在承德举办（2010-09-13）

9月7日至10日，由中国核能行业协会主办、中科华核电技术研究院协办的“2010核电工程项目管理评估员培训班”在承德举办。中国核能行业协会副理事长赵成昆全程参加了活动并在开班式上讲话。来自三门核电有限公司、中广核工程公司、中核核电有限公司等17个单位的31位专家和代表参加了培训，经考核获得了核能行业评估员培训合格证书。中国核能行业协会副秘书长冯毅、中广核工程公司副总工程师秦国安，以及中科华核电技术研究院核电评估中心主任琚存有、中心经验反馈所所长汪德伟，分别就国内外核电厂运行及建设评估现状、评估流程、方法与技巧、数据分析、评估报告编写、核电工程项目管理业绩目标和准则、相关经验反馈等内容进行了授课。

中国核能行业协会召开“百万千瓦级压水堆核电站核岛通风空调系统成套设备科技成果鉴定会”（2010-09-14）

应南方风机股份有限公司申请，9月10—11日，中国核能行业协会组织的“百万千瓦级压水堆核电站核岛通风空调系统成套设备科技成果鉴定会”在广东省佛山市召开。

中国核能行业协会理事长张华祝及协会其他领导出席了本次鉴定会。参加会议的还有广东省科技厅、中国核电工程有限公司、中广核工程有限公司、国家核电工程有限公司等单位的领导和用户单位代表共60余人。

鉴定委员会由叶奇蓁院士、孙玉发院士、叶璲生教授等11名专家组成。

委员们对“百万千瓦级压水堆核电站核岛通风空调系统成套设备”的生产试验现场进行了考察，分组对技术资料进行了认真审阅，对样机实行抽样检查和现场性能测试，并就有关报告内容进行了质询答疑，形成了鉴定意见。

鉴定委员会认为，南方风机股份有限公司成功研制的系统成套设备样机，使我国具备了百万千瓦级压水堆核电站核岛通风空调系统成套设备设计、制造和供货能力，其技术达到了国际先进水平。南方风机股份有限公司的装备优良，工艺先进，测试手段完善，核电质保体系健全，具备批量生产的能力，一致同意通过鉴定。

吉林核电项目专家咨询会在吉林市召开（2010-09-19）

9月16—17日，应中国广东核电集团公司的邀请，中国核能行业协会在吉林市主持召开了吉林核电项目推进咨询会。核能协会理事长张华祝出席会议并作总结发言。参加会议的专家分别来自中国核能行业协会、中核集团科技委、国家核电技术公司专家委员会、电力规划设计总院、环境保护部核与辐射安全中心、苏州热工研究院。吉林市人民政府、蛟河市人民政府、舒兰市人民政府以及中广核集团公司、深圳中广核设计公司的领导和代表参加了会议。

会议前，中国核能行业协会的专家组考察了吉林核电项目的蛟河市松江厂址和舒兰市亮甲山厂址。会议期间，吉林市人民政府有关领导到会介绍了吉林省能源发展规划和吉林市发展概况，设计单位介绍了有关厂址情况。经过认真讨论，专家组认为蛟河市松江厂址和舒兰市亮甲山厂址均具备建设核电厂的条件，并根据吉林省经济发展对能源的需求和改善能源结构、节能减排的繁重任务，建议将吉林核电项目列入正在修编的吉林省“十二五”电力规划，并积极争取列入国家核电中长期发展规划。同时，专家们依据考察情况，针对厂址取排水、废物处理、大件运输和环境相容性等提出了具体意见和建议。

协会召开第一届常务理事会第六次会议（2010-09-20）

7 月 26 日，中国核能行业协会以通信方式召开第一届常务理事会第六次会议。会议审议了《中国核能行业协会会员资格管理办法（修改稿）》、《关于申请入会单位情况的报告》、《关于调整理事、副理事长人选的建议》。

会议通过了修改后的《中国核能行业协会会员资格管理办法》。

会议审议了组织管理委员会《关于申请入会单位情况的报告》，同意陕西柴油机重工有限公司、中国电力工程顾问集团华北电力设计院工程有限公司、江苏申港锅炉有限公司、南京新核复合材料有限公司、浙江电力建设监理有限公司、北京金瑞致科技发展有限公司、宁波泰索科技有限公司、苏州维瑞科技咨询有限公司和北京市万商天勤律师事务所等 9 家为会员单位；同时，根据新修改的《中国核能行业协会章程》，法国电力公司北京办事处、福建上润精密仪器有限公司、贝迪投资管理（上海）有限公司、斯堪伯奥科技（北京）有限公司和堡盟电子（上海）有限公司等 5 家境外法人独资企业（含台港澳法人独资企业）成为中国核能行业协会第一批联系会员单位。

会议审议了组织管理委员会《关于调整理事、副理事长人选的建议》，同意上海电气（集团）总公司推荐该公司副总裁吕亚臣担任协会副理事长；同意中国广东集团有限公司推荐深圳中广核工程设计有限公司总经理蒋达进担任协会理事。

第八期核能行业质量保证监查员培训班在苏州举办（2010-09-25）

9 月 13—18 日，由中国核能行业协会主办，苏州热工研究院承办的第八期核能行业质量保证监查员培训班在苏州举办，来自核电公司、研究设计院、工程建设安装公司、设备制造厂及高等院校等 49 个单位，共 125 名学员参加了培训。协会副理事长赵成昆为培训班讲了第一课《核能安全管理与核安全文化》。

培训班邀请了业内 4 名资深专家为教

员，根据《核能行业质量保证培训大纲（试行）》的要求，安排了48学时、7个方面的教学内容，重点强化了质保监查技术及监查练习，通过案例分析及讲解、答疑和交流等互动环节，增加了实际应用能力的训练，按计划完成了培训任务。

经过考试并经培训班专家小组综合考评，评定出了主监查员、监查员各若干名。中国核能行业协会将向学员颁发相应的资格证书。

2010中国新能源国际峰会暨展览会在成都召开（2010–09–29）

9月28日上午，2010中国新能源国际峰会暨展览会在成都新国际会展中心拉开帷幕。中国核能行业协会应邀作为本次活动的协办单位，协会理事长张华祝出席了开幕式并致辞，赵成昆副理事长在主题峰会上发表题为"中国核能产业发展的现状及趋势"的报告。

本次活动是由中华全国工商业联合会新能源商会、中国可再生能源学会、中国资源综合利用协会可再生能源专业委员会、成都市人民政府共同主办，参会代表共计900余人，其中国外代表100余人。国际峰会为期2天，峰会由12场论坛及专题研讨会组成，其中包括核能技术与产业发展论坛、中美可再生能源产业合作前景研讨会、光伏光热技术与产业发展论坛、中国–东盟新能源与可再生能源技术应用研讨会、风能技术与产业发展研讨会等。

为期一天半的核能论坛将分别由核能协会副理事长赵成昆、杨岐主持，论坛主题为"发挥产业优势，推动核能快速发展"，旨在介绍核能产业发展的新动向，交流产业发展战略及研发和制造能力，促进区域性核能产业和研发能力的聚集。参加本次论坛的中外企事业单位有20余家，其中包括中国核工业集团公司、中国广东核电集团有限公司、中国电力投资集团公司、中国华能集团核电开发公司、中国大唐集团公司、中国核动力研究设计院、西南物理研究院、东方电气集团公司、法中电力协会、阿海珐中国区总部、加拿大原子能公司等。

与国际峰会同时举办为期3天的新能源国际展览，中外参展商共计80余家，其中包括中国工程物理研究院、中国核动力研究设计院、核工业西南物理研究院、东方汽轮机有限公司、德国莱茵集团等。中国核能行业协会也应邀参加展览，通过视频及纸质媒介向观众全面介绍了协会的基本概况，并通过协会出版的《中国核能年鉴》、《中国核能》会刊、会议文集、培训教材、技术丛书等资料生动地展示了协会自成立以来所开展的主要活动。

中国核能行业协会发布中国国际核电工业展览会新标识（2010–09–29）

为适应全球核能欣欣向荣的复苏态势和中国核电加快发展的新形势，中国核能行业协会组织有关设计公司，设计了中国国际核电工业展览会新标识（LOGO），现正式予以发布。

新标识以绿色的地平线上冉冉升起的发光原子核作为视觉主体，形象而直观地呈现出核电清洁、环保的绿色能源特性，象征着核能复苏和我国核电加快发展的大好形势。同时，绿色部分宛如一只在阳光下展翅飞翔的鸽子，形象地诠释了原子能的和平利用。CIENPI为中国国际核电工业展览会的英文缩写，与图案完美结合，寄寓着展览会推动核电发展的美好愿望。

迄今为止，中国国际核电工业展览会已成功举办了8届。“第九届中国国际核电工业展览会”将于2011年4月6—8日在深圳展览中心举行，本次展览会由中国核能行业协会主办，国家国防科工局新闻宣传中心和香港海岸国际展览有限公司负责承办。

赵成昆接受《中国新能源》报记者专访（2010-10-11）

10月11日，中国核能行业协会副理事长赵成昆接受了《中国新能源》报记者的专访，就我国核电当前发展的形势，发展过程中存在的突出问题，以及如何科学合理地开展核电规划布局等问题详细回答了记者的提问。

核能行业RCM应用工作组业务沟通会在秦山召开（2010-10-14）

9月28日，核能行业RCM（以可靠性为中心的维修）应用工作组业务沟通会在秦山三核召开。RCM应用工作组组长、中科华核电技术研究院电站运行技术研究中心副主任卢文跃，RCM应用工作组副组长、秦山第三核电有限公司副总经理徐利根，以及相关单位的部分RCM专家共18人参加了会议。

与会专家对RCM工作组成立以来的业务活动进行了回顾，并重点商讨了RCM应用规划编制和今明两年的主要活动安排等事项。大家认为，组织好RCM工作组的活动，对促进RCM在核能行业的应用有着十分积极的作用。

据了解，核能行业RCM应用工作组成立于2010年6月，由核能行业协会、相关核电集团公司、核电厂运营单位、核电技术研究院所和高等院校等23家单位的40多位专家共同组成。该工作组在核电厂运行评估与经验交流委员会组织下开展工作。

首届国际企业文化高端论坛在京召开（2010-10-15）

10月13—14日，由中国文化管理学会、中国社会经济文化交流协会、中国建筑文化研究会、世界经济和文化研究中心、欧洲教练技术学院主办，中国组织文化测评基地、中国核能行业协会等协办，“2010首届国际企业文化高端论坛暨国际企业文化最新学术成果中国发布会”在北京中央电视台梅地亚中心召开。

本次论坛隆重颁布了“关于‘十二五’加强全国组织（企业）文化建设的若干意

见”，公布了“《中国组织文化管理体系测评标准2.0》升级意见”，首次在中国发布了国际企业文化最新学术研究成果，会上还表彰了企业文化建设先进单位和优秀个人。

中国文化管理学会会长汪建德致开幕词。中国组织文化测评基地理事长郑启清作了题为《为中国组织（企业）文化走上去和走出去做出贡献》的主题报告。

中国核能行业协会副理事长兼秘书长马鸿琳出席论坛并发表了题为《加强企业文化建设 推进核能事业发展》的主旨发言。

大庆油田和获得“全国首家集团文化建设示范基地”荣誉称号的冀中能源集团的代表在会上介绍了各具特色的企业文化建设经验。欧洲极具影响力的经济学家和心理学家、欧洲教练技术学院院长沃尔夫冈·施密特等国外专家发布了各自最新的企业文化学术研究成果。

中国核工业集团公司、中国核工业建设集团公司、中国电力投资集团公司、中国华电集团公司等会员单位，以及《中国核能》杂志编辑部的代表出席了论坛和发布会。

核能行业协会召开《原子能法》立法论证会（2010-10-19）

10月15日，中国核能行业协会在京召开《原子能法》立法论证会。来自工业和信息化部政策法规司、军民结合推进司、中国核能行业协会、中国核工业集团公司、中国广东核电集团公司、中国核科技信息与经济研究院的领导和专家参加了论证会。工业和信息化部政策法规司副司长李国斌、中国核能行业协会副理事长兼秘书长马鸿琳到会指导。

论证会由中国核能行业协会副秘书长冯毅主持，协会研究开发部副主任郑玉辉代表《原子能法》立法研究课题组就《原子能法》立法的必要性和迫切性、《原子能法》的起草过程、起草《原子能法》的指导思想和立法思路、《原子能法》的主要内容、与国际原子能机构对核法律编制要求的对比、《原子能法》与相关法律法规的关系等问题作了汇报。与会领导和专家对相关问题进行了热烈讨论，提出了许多宝贵的建议。

李国斌副司长在总结讲话中对课题组的工作给予了充分肯定，同时要求课题组进一步做好原子能特性、发展现状和存在问题的分析，加强制度需求必要性的论证，加强《原子能法》立法定位的论证，在我国原子能事业加快发展的形势下，积极、务实地推进《原子能法》立法工作。

第三期《中国核能》通讯员培训班在秦山举办（2010-10-21）

10月17—20日，中国核能行业协会第三期《中国核能》通讯员培训班在秦山核电基地举办。来自各会员单位的60余名通讯员参加了学习。

协会网刊部主任汪兆富，代表协会副理事长兼秘书长、《中国核能》杂志主编马鸿琳，热烈欢迎通讯员来到秦山核电基地参加培训学习，并对秦山基地领导的大力支持表示感谢！

围绕通讯员在实际工作中迫切需要掌握的知识和技巧（例如：怎样撰写工作通讯和人物通讯，如何拍摄出好的摄影作品等），培训班邀请了坚持20多年不懈宣传核电的知名记者丁燕，中国摄影家协会会员、嘉兴市摄影家协会副主席、嘉兴日报摄影记者袁培德等给学员授课。

《中国核能》编辑部主任马文军向大家汇报了会刊办刊情况，分析了通讯员写稿中需要注意的问题，并就如何发挥通讯员的作用、通讯员应具备的素质要求、通讯员应掌握的几项基本技能，对大家提出了要求。秦山二核宣传科科长、中核集团“十大杰出青年”、《中国核工业报》记者程洁，围绕常规工作的宣传如何“增强吸引力”、主旋律的宣传如何让人“过目留影”、会议报道如何“跳出固有模式”等，结合自己的工作实践谈了体会。

除了听专家授课以外，培训班还组织学员参观了秦山核电基地，组织部分学员参观了上海世博会。

汪兆富在讲话中介绍了核能行业协会成立三年多来所开展的重要工作和取得的主要成绩，我国当前核能发展的形势和需要引起重视的问题，以及协会网刊工作部成立一年来的情况。

中核集团秦山核电二期3号机组投入商业运行庆祝仪式在工程现场举行（2010-10-21）

10月21日上午，中核集团秦山核电二期3号机组投入商业运行庆祝仪式在工程现场举行，约160人出席了仪式。

中核集团秦山核电二期3号机组于10月5日0时正式投入商业运行，满功率达65万千瓦。该机组创造了53个月零7天的国内同类核电机组建设工期最短的纪录，工程设备国产化率达到77%。

中国核能行业协会致信表示祝贺，网刊工作部主任汪兆富代表协会出席庆祝仪式。

ANSN指导委员会第12次会议在京召开（2010-10-22）

10月18—22日，由国际原子能机构（IAEA）主办、国家原子能机构（CAEA）承办、中国核能行业协会（CNEA）协办，亚洲核安全网（ANSN）指导委员会第12次会议暨ANSN能力建设协调组（CBCG）第3次会议在北京国家会议中心召开。

来自15个国家的37名代表出席会议。国家原子能机构国际合作司宋功保副处长致开幕辞，国家核安全局国际合作司姜苇副司长致欢迎辞，国家核安全局彭俊处长做了亚洲核安全网中国国家报告。IAEA官员郭凌权先生报告了ANSN近期的主要活动。各国代表分别介绍了本国近期与ANSN有关的核安全方面的问题、2011年的国家需求、国家行动计划的准备工作、能力建设与基础设施建造的实例。会议还讨论了如何进一步加强地区间的合作等议题。

ANSN成立于2002年，目的是在成员国之间集中、分析和分享核安全信息、现有和最新的知识以及实践经验，以促进可持续的地区合作，并在成员国专家之间建立互联互通的平台，加强参与国的核设施安全，最终确保和提高地区核设施的安全水平。目前，ANSN 共有 9 个参与国家，分别是中国、印度尼西亚、日本、韩国、马来西亚、菲律宾、新加坡、泰国和越南；4 个支持国家，分别是澳大利亚、法国、德国和美国；巴基斯坦和孟加拉国是 ANSN 在核电厂安全和加强监管框架活动方面有关系的国家。

2010 核能行业核电厂调试启动研讨会在深圳召开（2010–10–25）

由中国核能行业协会主办、中广核工程公司和国家能源核电工程建设技术研发中心共同承办的“2010 核能行业核电厂调试启动研讨会”，于 10 月 19—21 日在深圳盐田大梅沙海湾召开。来自核能行业协会、核能企业集团、核电运营及工程公司、科研院所、高等院校、火电专业调试机构等 48 个企事业单位的 120 名专家和代表参加了研讨会。中国核能行业协会副秘书长冯毅致开幕词，中广核工程公司总工程师黄学清致欢迎辞，中广核工程公司调试中心主任禹阳致闭幕词。会上，吴忠俭、孙景义、禹阳等三位专家应邀作了主题发言。

冯毅在开幕词中说，安全是核电建设的生命线，是保持核电持续、稳定、健康发展的前提和基础。调试启动是核电厂建造过程的最后阶段，是综合验证设计、建造质量，发现和消除缺陷，使设备与系统的性能符合规定要求，并向生产移交的重要环节。做好新一轮核电调试启动管理的全面准备，是我国顺利推进核电建设的必然要求。他希望与会代表，珍惜研讨机会，真诚交流，凝聚共识，为促进核电调试领域专业发展、形成行业技术创新网络，提升核电调试安全管理水平贡献智慧。

本次研讨会共收到论文 100 多篇，其中 50 余篇被收入会议论文集，内容涉及核电调试的组织管理与战略转型、核电厂调试启动过程、技术体系建设、接口控制以及包括 AP1000、EPR 等三代技术的调试新工艺、新技术、新方法等。围绕研讨主题，夏利明、杨宗佑、张俊学、樊治国、李德佳、樊武、杨宗伟、吴齐文、陈寿根、段鹏等 10 位专家作了专题技术报告。

国产首台核电 6300 千瓦 1E 级应急柴油机发电机组通过鉴定（2010–10–26）

10 月 23—24 日，国产首台核电 6300 千瓦 1E 级应急柴油机发电机组鉴定会在西安举行。中国船舶重工集团公司科技部主持鉴定，来自中国核工业集团公司、中国电力投资集团公司、国家核电技术公司、中广核工程公司、中国核电工程公司、中电投电力工程公司、中国电能成套配套设备公司，红沿河、宁德、三门、昌江、山东等核电公司，西安船舶设备工业公司、哈尔滨工程大学等 30 个单位的 78 名专家和代表参加了会议。

中国核能行业协会郑玉辉作为鉴定专

家组成员参加了会议。

国产首台核电 6300 千瓦 1E 级应急柴油机发电机组的设计和研制由 ALSTOM、ALSTOM 武汉、MAN 和陕西柴油机重工有限公司组成的联合体承担。陕柴重工负责柴油机和公共底座国产化设计和制造，以及机组的总成、鉴定和出厂试验；上海电气上海电机厂负责发电机的国产化研制；上海自动化仪表股份有限公司负责仪控机柜的制造。该机组设计和研制成功，将为红沿河、宁德等在建核电站提供国产化设备。

会议组成以叶奇蓁院士为组长的鉴定专家组。专家和代表听取了陕柴重工所作的机组试制总结报告、机组鉴定型式试验报告和机组制造质量控制报告。机组测试组专家在现场见证了多种状态下的试验，结果均满足要求。经过认真讨论和评审，鉴定专家组认为，陕西柴油机重工有限公司及有关协作单位设计研制的国产首台核电 6300 千瓦 1E 级应急柴油机发电机组的性能和可靠性指标均满足 IEEE387-1995 等标准规范的要求，一致通过鉴定。

中国核能行业协会第一届常务理事会第七次会议在京召开（2010-11-26）

11 月 26 日，中国核能行业协会第一届常务理事会第七次会议在北京国谊宾馆举行。中国核能行业协会常务理事（或全权委托代表）共 40 人出席了会议。协会秘书处各部门负责人列席了会议。中国核能行业协会理事长张华祝主持了会议。

——中国核能行业协会副理事长兼秘书长马鸿琳从四个方面，向会议报告了 2010 年核能行业协会的主要工作进展情况。

——会议听取了中国核能行业协会副理事长、组织管理委员会主任李永江关于新申请入会单位的报告。

——会议审查了组织管理委员会关于有关单位副理事长、常务理事人选变更的报告。

——会议听取了中国核能行业协会副秘书长徐玉明“关于中国核能行业协会科学技术奖申报和评奖工作情况的报告”。

经过讨论，中国核能行业协会第一届常务理事会第七次会议通过了如下事项：

——中国核能行业协会常务理事会同意马鸿琳同志的工作报告，并充分肯定了协会 2010 年所做的工作。

——会议同意吸收海南核电有限公司等 15 家为中国核能行业协会会员，日立（中国）有限公司等 7 家境外独资企业为中国核能行业协会联系会员。

——会议同意中国广东核电集团有限公司推荐贺禹同志、国家核电技术有限公司推荐魏锁同志担任协会副理事长，同意中国核工业二三建设有限公司推荐于福庆同志担任协会常务理事。

会议同意吕华祥同志不再担任副理事长，王有志同志不再担任常务理事，并对吕华祥同志担任副理事长、王有志同志担任常务理事期间所做的工作表示敬意和感谢。

——会议充分肯定了中国核能行业协

会科学技术奖评奖委员会所做的卓有成效的工作，并祝贺首批中国核能行业协会科学技术奖项（共包括一等奖 2 项、二等奖 13 项、三等奖 42 项）的顺利诞生。

张华祝理事长在讲话中说，协会成立 3 年多来的成长和发展，完全得益于全国核电发展大好形势的推动，得益于政府部门的支持，得益于广大会员单位的积极参与。他强调，与核能发展的大好形势相比，协会工作仍存在许多不适应的地方，将根据各位常务理事的意见和建议安排好明年的工作。

第十一届亚洲核合作论坛（FNCA）部长级会议在京召开（2010–11–29）

11 月 18 日，由中国国家原子能机构、日本内阁府、日本原子能委员会共同主办，中国核能行业协会承办的第十一届亚洲核合作论坛（FNCA）部长级会议在北京举行，来自中国、日本、韩国等 12 个成员国的政府主管部长级高官以及 60 余位代表出席了会议。哈萨克斯坦和蒙古国作为新成员国参加了会议。国家原子能机构主任陈求发出席会议，并致开幕词、做国家报告。国家国防科工局副局长王毅韧出席了会议。

陈求发在国家报告中提出了加强 FNCA 成员国核领域合作的四点建议，一是加强核能研发合作，促进核研发能力提高。中国期望与各成员国在核能研发方面深入合作，分享经验，充分发挥大型核设施的作用，促进成员国间和平利用核能研发能力的提高。二是加强核电建设合作，促进地区核能发展。中国愿意在亚洲核合作论坛的框架内为各成员国的核电建设提供支持和帮助。三是加强核技术应用合作，促进社会经济发展。中国愿意在亚洲核合作论坛框架内，就核农学、核医学、技术应用等领域与各成员国交流经验，促进各成员国共同发展。四是加强核领域人才培养合作，促进核能可持续发展。中国主张在核领域人才培养、经验交流方面进一步加强合作，为地区核能发展打下坚实的人才基础。

会议期间，各成员国代表分别就本国的核能研究以及 FNCA 活动情况作了国家报告，并对 FNCA 框架下的合作成果给予了充分肯定。各国代表还在圆桌会议讨论中，就进一步加强核能开发、辐射和同位素技术应用合作两个专题进行了深入讨论。

“亚洲核合作论坛（FNCA）”成立于 2000 年，目前有中国、日本、韩国、澳大利亚、越南、泰国、马来西亚、菲律宾、印度尼西亚、孟加拉国、哈萨克斯坦和蒙古国共 12 个成员国。论坛框架下共设有研究堆应用、核农学、核医学、核能公众信息、放射性废物管理、核安全文化、人力资源开发与核技术工业应用等 8 个合作领域，我国参加了所有 8 个合作领域的活动。

第十期核能行业质量保证监查员培训班在苏州举办（2010–11–29）

由中国核能行业协会主办，苏州热工

研究院核电培训中心承办的第十期核能行业质量保证监查员培训班于11月22—27日在苏州举办,来自核电、铀业、中船重工、研究设计院、工程建设安装公司及设备制造等47个单位,共114名学员参加了培训。协会副理事长赵成昆为培训班讲了第一课“核能安全管理与核安全文化”。

培训班邀请业内3名资深专家为教员,根据《核能行业质量保证培训大纲(试行)》的要求,安排了质量保证法规和标准、质保基本知识、监查技术、监查练习等6个方面的教学内容,完成了大纲规定的培训任务。

张华祝会见美国Exelon公司总裁一行(2010-11-29)

11月23日,中国核能行业协会张华祝理事长在京会见了来访的美国Exelon公司总裁Chris Crane先生一行。双方分别介绍了各自组织的基本情况,并针对核电厂运营、管理、同行评估和经验交流等进行了深入交流。Crane先生同时还是世界核协会现任主席,双方针对两协会的合作初步交换了看法。

中国核能行业协会与世界核协会签署合作协议(2010-11-29)

中国核能行业协会与世界核协会在东方君悦大酒店举行双边会谈,并签署了两协会间的合作协议。

张华祝理事长在会谈中表示,中国核能行业协会是一家新成立的社会组织,是随着中国核电的快速发展应运而生的,其宗旨是贯彻国家的相关方针政策,促进核能行业的健康发展。张华祝谈到,核能协会自成立以来已经与世界核协会开展了良好的合作,双方曾共同举办过多次世界核大学北京周培训活动,并取得了良好的效果。随着两会合作协议的签署,双方将进一步加强在核能领域的信息交流、人才培训、联合办会等方面的合作,促进核能事业的健康发展。

世界核协会总干事John Ritch先生表示,中国核能领域的主要单位几乎都已是中国核能行业协会的会员,能与核能协会签署合作协议感到非常荣幸。希望协议签署后,能够进一步推进中国与世界核领域之间的沟通与互动,以共同促进世界核能的可持续发展。

世界核协会现任主席、美国Exelon公司总裁兼首席执行官Chris Crane先生对双方合作协议的签署表示祝贺。中国核能行业协会副理事长赵成昆、副秘书长冯毅等参加会谈并出席了签字仪式。

首届中国国际核工业研讨会在北京召开(2010-11-29)

11月24—25日,由中国核能行业协会与世界核协会共同举办的中国国际核工业研讨会在北京东方君悦大酒店召开。中国核能行业协会理事长张华祝先生出席开幕式并致欢迎辞,世界核协会主席、美国Exelon公司总裁兼首席执行官Chris Crane

先生主持了开幕式并致辞。国际原子能机构副总干事索科洛夫先生出席会议并作了“对着手发展核电的国家的政策和建议”的报告。

来自国内外的90余家企业、3个国际组织的近200位代表参加了会议。本次会议议题由8个部分组成，涉及中国核电发展现状与战略规划、先进核能技术及其应用、核燃料及核供应链、核电运行安全、核工业基础设施等领域。中核集团公司、中广核集团公司、中电投集团公司、国家核电技术公司、华能集团公司、大唐集团公司，以及美国西屋公司、Exelon公司、绍尔集团公司、法国电力公司、阿海珐公司、日本东芝公司、三菱重工、香港中华电力有限公司、世界核电运营者协会等的高级别领导或资深专家作了39篇报告。核能协会副理事长赵成昆向会议作了题为“中国核电的发展现状与趋势”的报告。

中国核能行业协会副理事长兼秘书长马鸿琳、世界核协会总干事John Ritch先生出席会议并致闭幕辞。

2010核能概率安全分析（PSA）研讨会在宁波召开（2010-12-01）

11月29日至12月1日，由中国核能行业协会主办、环保部核与辐射安全中心和中核集团秦山第三核电公司承办的“2010核能概率安全分析（PSA）研讨会”在浙江宁波召开。

本次会议的主题是：贯彻国家核安全局于2010年2月发布的《技术政策：概率安全分析技术在核安全领域中的应用》（试行），进一步深化核能概率安全分析领域的学术研究、工程实践、风险决策体系规划建设，促进核能PSA技术在我国核电建造、运行管理和核能科学研究中的广泛应用。来自国家核安全局及相关核安全监管技术支持单位、各有关集团公司、核电营运、工程设计、研究院所、高等院校等47个国内外单位的125名专家和代表参加了本次研讨活动。中国核能行业协会理事长张华祝出席研讨会并致开幕辞，中核集团秦山第三核电有限公司副总经理张振华致欢迎辞，环保部核与辐射安全中心柴国旱就PSA技术的政策环境、PSA在我国核安全管理中的应用做了政策性讲话，中核核电有限公司副总经理刘敬在开幕式上致辞。协会副秘书长冯毅主持了开幕仪式。薛大知、周全福、冯炳良、黄祥瑞、吴洁等15名专家作了大会主题报告，34名专家和学者作了分组报告，共同交流研讨了对PSA应用技术政策的学习体会、国内外PSA法规和标准、PSA模型构建和风险管理应用的进展、规划和前景展望等。

张华祝理事长在讲话中强调了核安全和质量管理的重要性。他说，安全是核能事业的生命线，夯实核电安全基础、促进健康持续发展，始终是核能行业的共同责任。本次会议有120余位专家集聚一堂，共同研讨和交流我国核能概率安全分析（PSA）技术的推广应用大计，对进一步贯彻“安全第一、质量第一”核能发展方针，落实政府主管部门发布的PSA技术政策，持续改进核安全管理，促进核能行业科学发展，具有十分积极而重要的现实意义。张理事长指出，核电运行和建设的安全质量管理持续改进的任务具体而繁重，同时，我们还面临着日益突出的安全质量和速度的矛盾、人才紧缺、关键核电装备存在瓶颈等不利因素，我国核能界应给予高度重视，要采取有效措施，管理好潜在的风险。近日发布的《中共中央关于制定国民经济和社会发展第十二个五年规划的建议》明确提出了“在确保安全的基础上高效发展核电”的指导意见，强调了核安全的基础性地位。

张华祝说，PSA技术是三十多年实践证明了的减低风险的有效工具，国家核安全局今年2月发布的PSA应用的技术政策，引起核能界的重视和关注，建议国家核安全局在此基础上，逐步完善相应法规和标准，建议行业主管和各有关单位管理层给予必要的经费支持，着手研究PSA应用试点工作，积极稳妥推进PSA技术的具体应用。同时他对开好本次研讨会也提出了具体的要求。

本次研讨会共收到论文80多篇，涉及核能PSA技术政策的学习、响应与实践、国外PSA技术应用法规和标准、PSA在CPR1000、AP1000设计中的应用、我国核能PSA技术应用的路线图及关键问题对策；PSA模型、数据、方法、质量、评价经验等方面。其中，83篇编入《2010核能概率安全分析(PSA)研讨会会议文集》，为会后进一步交流提供了丰富的素材。

日本原子力产业协会专家到访协会（2010-12-03）

11月30日，日本原子力产业协会（JAIF）国际合作部专家中杉秀夫访问了中国核能行业协会，与国际合作部主任龙茂雄等进行了会谈。日方对核能协会为JAIF有关专家11月访问中方相关单位的周到安排表示感谢，并对此次调研结果进行了沟通。日方认为本次访问很成功，将会有助于JAIF成员单位转变观念，探索与中方未来合作的新模式。

JAIF代表团此次访问的主要目的是交流中日两国核电的发展情况，为今后的两国业界合作进行调研。JAIF代表团参加了中国国际核工业研讨会，并走访了中国核电企业、研究院所和核电站，包括：中国核工业集团公司、中国广东核电集团有限公司、国家核电技术有限公司、中国电力投资集团公司、中国核电工程有限公司、中国原子能科学研究院的实验快堆、东方电气（广州）重型机器有限公司和台山核电站等。

会谈中，双方交流了各自协会正在开展的主要工作和协会运作经验，并在扩大和加强人员互访、合作办会等方面进行了探讨。

第十一期核能行业质量保证监查员培训班在三门举办（2010-12-09）

中国核能行业协会第十一期核能行业质量保证监查员培训班，于12月3—7

日在三门核电站举办。本期培训班是应浙江电力建设监理有限公司的申请，由协会组织实施的一次专项培训服务。来自浙江电建监理公司的 87 名业务骨干参加了培训。协会副理事长赵成昆在开班仪式上讲话，浙江电力建设监理公司总经理张永明致欢迎词。

赵成昆在介绍协会宗旨和任务时说，协会成立 3 年多以来，在我国核电快速发展的形势下，本着服务政府、服务会员这个宗旨开展了大量工作，打开了工作局面，培训就是协会提供服务的内容之一。自 2009 年 7 月第一期监查员培训试点班至今，已经培训了近千名从事核能质保专业的技术人员，为核电建设管理水平的提升起到了促进作用。浙江电力建设监理公司已经跨入核电建设的领域，正积极向核岛发展，申请举办今天的培训班，充分体现了公司领导高度重视核安全文化建设和质量管理水平的提高，重视人才培养和储备。监理公司不直接制造产品，而是提供智力支持与服务，通过实施监督来提高工程建造产品的质量水平。赵成昆强调，监理单位在核电建造阶段发挥着举足轻重的重要作用，监理单位要有高素质的专业技术人员、高水平的专业配套能力，只有这样才能在实际监督中发现问题，解决问题。2010 年初，国家核安全局发布的《关于进一步加强商用核电厂建造阶段核安全管理的通知》，对监理公司的经验和资质条件提出了明确要求。他说，监理置于业主和工程公司之间，作为独立的第三方，应当公正、独立、自主地开展监理工作，在问题的判断处理上要有公正性和科学性。

赵成昆希望来自生产一线、辛勤劳累的同志们，抓紧时间，克服困难，在特殊的形势下，充分利用好本次学习机会，学习和掌握更多的知识，学以致用。也请大家多提宝贵的意见和建议，以利于改进我们的培训工作。

开班仪式后，赵成昆就核安全文化与核安全管理、质量事件案例分析等内容讲了第一课。

培训班邀请了业内 3 名资深专家为教员，根据《核能行业质量保证培训大纲（试行）》的要求，安排了质量保证法规和标准、质保基本知识、监查技术、监查练习等 7 个方面的教学内容，完成了大纲规定的培训任务。根据培训班专家小组综合考评的结果，将由中国核能行业协会向学员颁发相应的资格证书。

赵成昆出席亚洲核能会议（2010-12-10）

12 月 7—9 日，中国核能行业协会副理事长赵成昆率团出席了在香港举办的亚洲核能会议。赵成昆应邀代表协会作了题为《中国核能发展的现状和挑战》的主旨发言，介绍了中国核能发展的历程、现状、管理机构、面临挑战和应对措施等。会议专门设立了中国专题，协会组织中国原子能科学研究院、中国核动力研究设计院和清华核研院的专家，就快堆、中小型反应堆和高温气冷堆的发展情况作了专题报告。中方代表的报告引起了与会代表的关注和好评。

来自印度、越南、印度尼西亚、香港等亚洲国家和地区的代表介绍了所在国家和地区的核能发展计划。美国、英国、澳大利亚、日本等国家的代表就亚洲国家发展核电在投融资、执照许可、法律基础结构，以及铀资源、设备供应、人力资源、废物处理、核电安全、防核扩散等方面的问题作了报告。

会议期间，赵成昆副理事长还应邀与参加会议的英国国家原子能机构主席芭芭拉女士举行了双边会谈，讨论了中国与法国、加拿大、俄罗斯、美国等国在核电领域的合作等情况，并回答了记者们提出的相关问题。

日本技术者联盟代表团访问核能协会（2010-12-16 ）

12月14日，由日本技术者联盟组织的日本核电代表团访问了核能协会。国际合作部主任龙茂雄向客人介绍了协会情况，并根据日方会员单位要求，对2011年第九届中国国际核电展览会的筹备情况和参展方式作了说明。日本代表团副团长、日本发电设备技术检查协会理事户根孝义介绍了日本核电发展现状，并就双方感兴趣的话题进行了探讨。双方还就今后合作的领域与方式交换了意见。

日本代表团此行将访问包括中国电力投资集团公司、国家核电技术有限公司、中国大唐集团公司、中国东方电气集团有限公司、中国核电工程有限公司、中国第二重型机械集团公司、中广核工程有限公司等在内的中国企业，目的是加深对中国核电发展的了解，为今后在人员、技术、管理方面的合作奠定基础。

此次日方代表团成员包括日本技术者联盟、日本海外电力调查委员会、日本发电设备技术检查协会以及三菱重工、神户制钢所在内的多家日本企业。

“第二期核能行业高级管理人员质保培训班”在京举办（2010-12-17）

由中国核能行业协会主办的“第二期核能行业高级管理人员质保培训班”，于12月14—16日在北京举办。来自政府有关监管部门、集团公司、核电厂业主、营运单位、研究设计、工程、建安、设备制造、高等院校等42个单位，共78名领导和代表参加了培训。中国核能行业协会副理事长赵成昆主持了开班仪式，秘书长马鸿琳汇报了协会今年主要工作进展情况。

培训班邀请的4名专家，根据《核能行业质量保证培训大纲（试行）》的要求及部分会员单位的建议，为使高级管理人员质保培训更加紧密结合我国当前核电建设中质量管理的实际情况，对本期培训内容作了适当调整，按计划完成了核安全文化、质量管理和质量文化、法规和标准、民用核安全设备总体活动情况、核电厂运行及建设同行评估及总体趋势分析、芬兰EPR建设经验反馈等方面的教学任务。

培训班结束时，副理事长赵成昆作了

总结。在学员意见反馈调查中，学员们对培训班给予了高度评价。普遍认为：本次培训班授课内容结合当前实际，适合企业需求，建议增加课时，展开并细化有关民用核安全设备、同行评估等内容的讲解。学员对今后培训的教学方式、内容和讲课，以及培训班的组织等提出了宝贵意见。

2010核能行业设备失效根本原因分析研讨会在深圳召开（2010–12–22）

12月16—17日，由中国核能行业协会主办，大亚湾核电运营管理有限责任公司和中科华核电技术研究院有限公司共同承办的“2010核能行业设备失效根本原因分析研讨会”在深圳召开。

研讨会的目的是促进我国核能行业设备失效根本原因分析工作经验交流，探索建立该领域的经验共享和相互支持机制。来自各核电厂、核电工程公司、核电运行服务公司、设计院所、高等院校、制造厂家、核保险等36家单位的80名代表参加了研讨会。中国核能行业协会技术服务部副主任杨波参加了会议并致开幕辞，大亚湾核电运营管理有限责任公司总经理助理戴忠华代表承办方致欢迎辞。大亚湾核电运营管理有限责任公司生产部副经理黄辉章和中科华核电技术研究院有限公司电站运行中心副主任卢文跃主持了研讨会。

研讨中，来自大亚湾核电运营管理有限责任公司、美国安治化工有限公司等单位的15名专家作了专题报告。与会代表就设备失效根本原因分析方法及管理体系、国内外设备失效根本原因分析技术、应用实例及实践心得以及该领域经验交流机制设想等议题进行了深入讨论。会议对设备失效根本原因分析工作对我国核电发展的重要性及其在核能行业的发展方向和基本思路等达成共识。

中国核能行业协会科技成果鉴定会在沪召开（2010–12–22）

中国核能行业协会于12月15—16日在上海核工程研究设计院（简称上海核工院），主持召开了“巴基斯坦恰希玛核电厂热检修车间设计研究和技术开发”、“电厂承压部件寿命实时监测和评估技术研究”、“钴调节棒组件设计研究”、“重水堆产钴堆芯设计及热工安全分析技术研究”、“钴调节棒组件（水下）操作工艺设计和操作工具研制”等5项科技成果鉴定会。中国核能行业协会副秘书长徐玉明主持了鉴定会。

由来自中国核工业集团公司、秦山核电有限公司、中原对外工程公司、中国核工业建设集团公司、中国同位素公司、中核北方核燃料元件公司、中国核电工程有限公司等核电领域知名专家组成的鉴定委员会对成果进行了鉴定。叶奇蓁院士担任了鉴定委员会主任。上海核工院院长郑明光、副院长顾国兴、国家核电科技主管，院科研管理部以及课题主要完成人参加了本次鉴定会。经鉴定，专家们一致认为：此次鉴定的五项成果整体研究水平先进，创新点突出，具备新颖性和创造性。其中，“电厂承压部件寿命实时监测和评估技术研究”集理论推导、系统开发和实验研究于一体，对电厂承压部件疲劳评估和寿命管理具有重要意义，其成果已成功在火电厂应用，属国内首创，达到国际先进水平；“巴基斯坦恰希玛核电厂热检修车间设计研究和技术开发”项目综合了放射性设备去污、检修、检测、储存的功能，工艺先进、高效，检修专用设备新颖、实用、专业化程度高，去污技术指标等国际领先，整体技术已达到国际先进水平并拥有自主知识产权，具有很好的经济效益和社会效益；“钴调节棒组件设计研究”、“重水堆产钴堆芯设计及热工安全分析技术研究”、“钴调节棒组件（水下）操作工艺设计和操作工具研制”等3项成果属国内首创，达国际先进水平，并且打破国外对钴-60生产的垄断，有较高的经济和社会效益。

漳州核电项目厂址适宜性评估会议在漳州云霄召开（2010-12-24）

12月21—22日，应国电集团漳州核电项目筹建处的邀请，中国核能行业协会在福建省漳州市云霄县组织召开了漳州核电项目厂址适宜性专家评估会。评估期间，中国核能行业协会专家组考察了漳州核电项目的刺仔尾厂址。中国核能行业协会理事长张华祝出席会议并致辞；福建有关省市县的领导到会讲话；项目建设单位和设计单位介绍了有关厂址情况。

经过认真讨论，专家组形成了专家评估意见。专家组认为，福建省经济发展迅速，电力需求旺盛，在漳州发展核电，有利于优化当地能源结构、满足闽南地区供电需要；厂址附近区域范围内未发现能动断层，大件运输、温排水、大气弥散等条件好，建设AP1000机组是适宜的。同时，专家组就厂址工程技术方案优化、海洋功能区划和近岸海域环境功能区划调整、工程海域使用论证以及周围海域养殖业控制等方面提出了具体意见和建议。

专家组由来自国家核安全局、环保部核与辐射安全中心、中国电力工程顾问集团公司、中国电力投资集团公司、国家核电技术公司专家委员会、中国核电工程公司、苏州热工研究院的专家组成。来自福建省核电办、经贸委、国土资源厅、环保厅，漳州市发改委、海洋与渔业局，项目设计单位华东电力设计院和专题承担单位（中国水利水电科学研究院、南京水利水电科学研究院、国家海洋局第三研究所、国家海洋局第一研究所、国电环境保护研究院、福建省气候中心、中兵勘察设计院）的50余位代表参加了会议。

中国核能行业协会副理事长赵成昆、副秘书长徐玉明作为专家组成员参加了评估活动。

申港锅炉核设备发展战略专家咨询会在张家港举行（2010-12-30）

12月28—29日，应江苏申港锅炉有限公司（申港锅炉）的邀请，中国核能行业协会在江苏张家港组织召开了申港锅炉核设备发展战略专家咨询会。中国核能行业协会理事长张华祝参加了会议并致辞。会议期间，专家组听取了公司有关领导和技术负责人关于公司基本情况、核设备制造发展战略及相关问题的报告，参观了压力容器、锅炉等生产车间。

通过实地考察和研讨，专家组认为申港锅炉在常规电站锅炉、压力容器、热交换器、管道预制等方面有较强能力和良好业绩，为超超临界电厂提供了大量的合格产品。公司新建了重型容器车间，购置了一批配套的设备，同时加紧软件资源配置与建设，大力实施转型升级战略，为向核电设备制造转型创造了条件。专家组还针对该公司的具体情况，就加强核质保体系建设等提出了具体建议。

核能协会副理事长兼秘书长马鸿琳、副理事长赵成昆、副秘书长徐玉明等，以及来自环保部核与辐射安全中心、中国机械研究院、核电秦山联营有限公司、三门核电有限公司的专家参加了会议。

协会领导在江苏宜兴考察相关企业（2010-12-30）

12 月 27—28 日，中国核能行业协会理事长张华祝应邀赴江苏省宜兴市考察了远东电缆有限公司和江苏银环精密钢管股份有限公司。

27 日，远东电缆有限公司首席执行官蒋华君等介绍了公司发展历程、未来战略和规划，以及该公司在核级电缆研发、生产方面的情况。在交谈中，张华祝理事长介绍了中国核电发展的现状、国内核电设备制造供应情况后指出，作为国内电缆行业龙头企业，远东电缆集团积极投身核电建设，按照核级产品生产要求，建立质保体系，培育核安全文化，必将对公司的品牌，管理和发展理念等方面，起到很大的提升作用。张华祝在公司领导的陪同下考察了交联电缆生产车间、核级电缆生产车间、产品出厂测试车间、辐照交联厂等，参观了该公司陈列室、职工活动中心等。

28 日，张华祝一行来到江苏银环精密钢管股份有限公司，听取了公司董事长庄建新等关于公司发展历程、与宝钢集团等合资成立宝银特种钢管有限公司开发研制英科镍 690 蒸汽发生器 U 型传热管、高温气冷堆蒸汽发生器传热管研制以及快堆传热管研制等的情况汇报。随后，参观考察了有关生产车间。张华祝理事长对银环公司和宝银公司成功开发出英科镍 690 蒸汽发生器传热管表示十分欣慰和赞赏，他充分肯定了该产品的自主研制成功，对于打破国外垄断，加快核电设备国产化进程的重大意义，希望公司能够总结经验，稳定工艺和生产流程，尽快实现批量化、规模化。他还表示，政府有关部门应该加大对这类敢于攻关、不断进取的民营企业的政策支持，用户要充分理解其困难和实现国产化的意义，共同支持这类企业的成长和壮大。

（括号中日期为上网时间）

附 录

中国核能行业协会年会

中国核能行业协会理事长张华祝在协会年会上的报告（摘录）

一、“十一五”我国核能行业的主要进展（详见“核能行业综述”）

（一）在役核电机组安全生产业绩稳步提升，核电装机容量首超千万千瓦

（二）核电建设加快推进，在建规模世界领先

（三）以核电工程建设为依托，核电装备国产化取得新突破

（四）核电项目管理实行集约化、专业化方式，核电站施工达到国际先进水平

（五）加强铀资源勘查开发，提高核燃料保障能力

（六）大力推进核科技创新，高度重视核专业人才培养

（七）核能国际合作进一步深化，海外开发取得重大成果

（八）核行业管理进一步加强，促进了核能行业健康、快速发展

各位代表：五年来，我国核能行业健康、快速发展，取得了举世瞩目的成绩，实现了新的跨越。这些成绩的取得，是党中央、国务院坚强领导的结果，是政府有关部门科学决策、加强管理的结果，是核能战线广大干部职工开拓创新、锐意进取、艰苦奋斗、扎实工作的结果。

展望“十二五”，以科学发展为主题，以转变发展方式为主线，核能将会在确保安全的基础上高效发展，在清洁能源和经济社会发展中扮演更加重要的角色。3月16日召开的国务院常务会议就加强核安全工作做出了四项重要决定，今年初召开的全国能源工作会议、国防科技工业工作会议对在确保安全的基础上高效发展核电、建设先进的核燃料循环产业、推进核心能力建设和自主创新，提出了总体发展思路和具体的发展目标，对今后五年我国核能行业健康有序发展具有重要的指导作用。

今后五年，目前在建核电机组按计划建成投产，我国核电总装机容量将超过4000万千瓦，核电年发电量将达到3200亿千瓦时，核电占一次能源消费比重将达到2.2%，就运行核电规模来说，我国将进入世界核电大国行列。首批三代核电机组建成投产，标志着我国三代核电技术的引进，成功地走过了消化吸收全过程，对顺利推进后续项目建设和增强自主创新能力意义重大。

按照国务院常务会议精神，我国将抓紧编制核安全规划，调整完善核电中长期规划，我国的核电发展将更加健康、有序。

今后五年，天然铀供应与核燃料保障能力将得到进一步加强；国家科技重大专项和其他一些重大科研项目将取得新进展，核电研发能力得以提升；设备制造与供应更加适应核电发展需要，三代核电关键设备国产化将成为攻关重点；人才紧缺

状况可望缓解，人才建设的重点将更多地转向注重提高人员素质。

今后五年，核安全将会放在更加重要的位置。3月11日，日本东北海域发生里氏9级地震并引发海啸，造成福岛第一核电厂发生放射性泄漏事故。这是继1979年美国三里岛事故、1986年前苏联切尔诺贝利事故之后，世界核工业历史上发生的最严重的核事故。核安全再次引起世界的广泛关注，也受到党中央、国务院的高度重视。当前，我们必须按照国务院常务会议精神，以对国家和人民高度负责的精神，充分认识核安全的重要性和紧迫性，切实把安全放在第一位，把四项决定贯彻好、落实好。要认真汲取日本福岛核电厂事故的经验教训，进一步提高安全意识、质量意识和风险意识，更加注重严重事故的预防，更加注重应对自然灾害能力的提升，更加注重安全管理监督，确保核电安全运行，确保核电建设质量，确保从业人员、公众和环境的安全，让国家放心，让人民放心。

回顾世界核电发展历程，三里岛事故和切尔诺贝利事故曾使全球核电发展受到重大影响，但并没有阻止人类和平利用核能的步伐。而且，正是因为有了这两起事故的沉痛教训和经验反馈，才推动了过去20多年全球运行核电站的技术改进和管理创新，推动了核电新技术的开发和应用。我们有充分的理由相信，日本福岛核电厂事故同样不会让全球核电发展就此止步，而只能促进各国核电同行加强合作和交流，在科学分析的基础上认真吸取事故教训，针对薄弱环节采取得力措施，使核电安全建立在新的更加牢固的基础上，使核电在全球低碳能源发展中继续扮演重要角色。

二、2010年协会的主要工作（详见“行业协会与学会”中的中国核能行业协会）

（一）开展重大课题研究，为核能立法和制定战略规划服务

（二）积极推进核电厂运行评估和核电工程建设项目评估，建立经验共享、持续改进工作机制

（三）继续开展安全生产培训和质量保证培训，促进核能行业安全发展

（四）开展科技奖励工作，促进核能行业科技进步

（五）瞄准行业发展需求，不断拓展新的服务领域

（六）发挥专家群体优势，提供多种形式的技术咨询服务

（七）做好信息交流和对外宣传工作，推进核能行业文化建设

（八）坚持“请进来、走出去”的方针，加强国际合作与两岸交流

（九）成功举办2010年中国核能行业协会年会暨中国核能可持续发展论坛

（十）加强协会自身建设，不断提高秘书处工作水平

各位代表：协会成立四年来，我们顺应核能行业快速发展的大好形势，在有关政府主管部门的指导下，在广大会员单位大力支持和热情参与下，经过协会理事会

和秘书处的共同努力，协会从无到有，从小到大，不断成长壮大。课题研究、核电评估、质保培训、专家咨询、科技奖励等方面的工作正在构成协会的核心业务和服务特色，网刊信息和国际合作已经成为会员、公众和国外相关机构了解协会、开展互动的重要窗口。中国核能行业协会已经成为核能界初具影响力的民间社会团体，成为政府部门和成员单位可以信赖的全国性行业组织。

尽管做了一些工作，取得了一些进步，但与科学发展观的要求相比，与核能行业快速发展的形势相比，与广大会员单位的需求相比，我们还有许多差距和不足。我们要用更加努力的工作，更加有效的服务，更加出色的业绩，来回报各有关政府部门的指导帮助以及广大会员单位的大力支持。

三、协会2011年的重点工作

2011年是“十二五”开局之年，也是我国核能行业发展面临严峻挑战的一年。为适应核能行业发展的新形势、新任务和新要求，协会要在有关政府部门的指导下，深入贯彻科学发展观，认真落实3月16日国务院常务会议精神和全国能源工作会议、国防科技工业工作会议精神，进一步发挥桥梁纽带作用，努力提高服务水平，积极拓展业务领域，为我国核能行业安全高效发展作出新的贡献。

（一）全力做好《原子能法》立法支持工作

《原子能法》已正式列入国务院2011年的立法计划，协会将在工业和信息化部和国防科工局的领导下，具体负责法律文本及编制说明的起草工作，任务繁重，协调工作量大，难度不可低估，我们将全力以赴做好有关工作。

与此同时，根据政府有关部门的要求，围绕核能发展战略、行业规划和产业政策等事关行业发展的重大问题，协会要进一步组织好课题研究工作，为政府管理和决策提供参考和建议。

（二）积极推进核电评估及经验交流工作

近两年来，协会在抓好核电厂运行评估及经验交流工作的同时，开展了核电工程建设项目评估及经验交流工作，取得了良好成效。为了更好地适应新的形势，拟于本月晚些时候召开的核电厂运行评估及经验交流委员会第四次会议将研究讨论进一步改进委员会工作的问题，并对2011年工作做出具体安排。初步计划，开展5~6场评估或评估回访工作，其中包括对山东海阳和海南昌江两个核电建设项目进行评估，探索建立核电建设经验反馈及信息共享机制，举办10多场专项技术研讨活动等。

（三）认真做好质量保证培训和项目管理培训工作

在认真总结2010年工作的基础上，继续做好质量保证培训工作。计划再举办4期质量保证监查员培训班，1~2期高级管理人员质量保证培训班。

核能行业快速发展的形势，对核能项目管理经理人员的素质提出了更高的要求。经过认真的调研和论证，协会计划系统开展核能行业项目管理经理人员资格培训及考核工作。这是一项新的工作。目前，培训及考核大纲、培训手册编写工作均已完成。计划2011年试办2期培训班。

（四）进一步做好科技奖励和科技成果鉴定工作

2011年中国核能行业协会科学技术奖将进一步突出重点，适当提高核安全与核电站运行、核电设计与建造、核设备与材料领域的奖励指标；同时，拿出部分奖励指标，专门用于奖励核电运行与建设领域的软科学成果，包括发展战略规划研究、核安全文化建设、质保体系建设，以及其他管理创新成果。项目申报受理时间计划安排在5—7月，初评工作计划安排在8月，评委会复评安排在9月。

科技成果鉴定是对科技创新成果进行技术评价的重要环节，也是科技奖励的重要参考依据。2011年协会要进一步加强科技成果鉴定工作，以满足行业及会员的需要。上半年计划安排一次科技奖励和成果鉴定方面的培训。

（五）提供更加有针对性的技术咨询服务

充分发挥协会的平台作用和技术优势，为会员单位提供技术咨询服务，是协会的重要职责。要加强对事关行业发展的一些共性问题的研究；做好会员单位委托项目的服务工作和委托课题的研究工作；根据中小企业会员单位不断增加的特点，2011年要对中小企业会员单位的需求进行调研，有针对性地提供相关服务。

（六）组织好核电安全宣传活动

日本福岛核电厂核事故发生后，核电安全问题成为公众关注的热点和焦点。为了落实国务院常务会议精神，进一步做好公众宣传工作，2011年国家能源局、国家核安全局将联合组织一次全国性的大型核电安全宣传活动，中国核能行业协会将承担此次宣传活动的有关具体组织工作。协会要根据国家能源局、国家核安全局的要求，认真把这件事情办好。

（七）召开核专业人才培养研讨会

核专业人才培养问题一直是业内十分关注的问题。计划于2011年第三季度，召开第三次核专业人才培养研讨会，进一步研究核专业人才培养工作面临的形势和存在的问题，交流工作经验，探讨解决问题的办法与途径，向政府主管部门建言献策。

（八）加强核能行业信息交流工作

充分发挥“三刊一网”（《中国核能》会刊、《核能新闻》电子月刊、《中国核能年鉴》和协会网站）的平台作用，进一步加强科普宣传和公众宣传，为行业发展创造良好的舆论环境；进一步加强信息交流，促进行业文化建设，扩大核能行业的影响力。2011年，协会将再次向国家新闻出版总署申报创办有全国统一刊号、可向国内外公开发行的《中国核能》期刊。协会CAINA-NEA网站已完成改版升级，改版后的网站的功能有较大幅度的提升，协会要充分发挥网站的功能，为会员单位提供更多更好的服务。

（九）继续推进国际合作与两岸交流

积极争取政府有关部门对协会国际合

作工作的帮助与指导，继续为政府部门做好国际合作方面技术支持和服务。

继续加强与海外核能组织的合作，加强两岸核能交流。今年，我们将再度与世界核协会合作，在香港举办第二届中国国际核工业研讨会，为会员单位参与国际核能界高端交流搭建平台。11 月，WANO 的双年度会议将在深圳召开，为我们进一步加强与WANO的合作提供了良好机会。

根据行业发展和会员单位的需求，积极组织开展高水平的学术交流活动。向会员单位通报重要国际会议或其它的活动信息，并提供相关服务工作。

（十）办好协会 2011 年年会和第九届国际核电工业展览会

一年一度的协会年会和两年一次的国际核电工业展览会是协会的两项重要活动。昨天第九届国际核电工业展览会举行了隆重的开幕式，今天协会 2011 年年会首次在京外召开。我们要集中精力，把展会办好，把年会开好，全面展示我国核能行业的新成就，促进国际核电工业的交流与合作，促进我国核能行业的新发展。欢迎各位代表利用参加年会的机会参观国际核电展。

（十一）进一步加强协会组织建设

按照协会章程，2012 年协会理事会将进行换届。协会秘书处要提前向有关政府部门请示汇报，加强与会员单位的沟通，理事会要及时审议协商有关问题，为换届做好充分的准备工作。

继续加强秘书处队伍建设、文化建设和制度建设，进一步提高办事能力和工作效率，把秘书处的各项服务工作提高到新水平。

各位代表：在确保安全的基础上高效发展核电，是核能行业在新形势下面临的光荣而艰巨的使命。我们要在党中央、国务院的领导下，在政府有关部门的指导下，在全体会员单位的参与和支持下，认真履行协会宗旨，努力做好各项工作，为实现“十二五”良好开局、开创我国核能行业发展的新局面做出新的更大的贡献。

中国核能可持续发展论坛

基本情况

由中国核能行业协会主办的《2010年中国核能行业协会年会暨2010中国核能可持续发展论坛》，于5月17日在北京召开。来自有关政府部门的领导和来宾，以及协会专家委员会专家、会员单位的代表、论文作者等共258人出席了会议。

2010年是中国核能行业协会第二次主办《中国核能可持续发展论坛》。核电装备制造能力是核电发展的重要基础条件，也是影响我国核电快速发展的重要因素之一。为此，中国核能行业协会将这次论坛的主题确定为《机遇与挑战——核电装备制造》。政府有关部门领导、国内核能行业知名企业高管、专家围绕这一主题撰写了精彩的论文，就我国核电设备制造国产化、设备设计和制造能力提升、技术攻关与创新、核电设备标准体系和制造质量保证体系建设、核安全监管和相关人才培养等方面的现状、经验、发展目标、思路进行了分析，并中肯地提出了自己的意见和建议。这些经验和建议，将对实现我国核电发展规划目标起到积极的推动作用。

本次论坛收到很多内容丰富的论文，其中61篇论文被收入了《2010中国核能可持续发展论坛文集》。论坛上，上海电气重工集团、国家核安全局、中国东方电气集团公司、中国第一重型机械集团公司、哈尔滨动力设备有限公司、国家核电技术有限公司、中国广东核电集团公司、中国核电工程有限公司、清华大学核能与新能源技术研究院、中核苏阀科技实业股份有限公司、北京广利核系统工程有限公司、国核宝钛锆业股份公司、中国核动力研究设计院、中科华核电技术研究有限公司等14个单位（部门）的16位专家作了大会讲演，受到与会代表的欢迎。

现从《2010中国核能可持续发展论坛文集》中选登5篇论文。

论文选登

顺势而为 优化管理 实现中国核电装备业的健康发展

朱根福
（上海电气重工集团总公司）

一、 中国核电装备业迎来了历史性的发展机遇

当前，随着减少温室气体排放、积极应对气候变化的呼声日趋高涨，全球能源供应和低碳减排的压力日益加大，解决能源供应安全问题和环境保护问题越来越受到世界各国的重视。经济发展较快的国家，

特别是发展中国家普遍面临着能源保障对经济发展的制约。

核电作为一种清洁、安全、技术成熟、供应能力强、能大规模应用的发电方式，已成为转变能源结构、保障经济发展的重要支撑。核电发展对保障我国能源供应与安全，保护环境，实现能源结构优化和可持续发展，提升我国综合经济实力、工业技术水平和国际地位具有重要的战略意义。

尽管当前经济危机阴影仍在，但在利用核能方面，世界上越来越多的国家已形成基本共识。表现为：已建成运行核电站的国家正在新建或增加计划新建数量；无核电站国家正在积极规划新建核电站。据国际核能协会统计，未来10年内，中国、印度、俄罗斯、美国、日本将计划新建10台以上反应堆；乌克兰、意大利、阿联酋、南非等国表示有意在未来20年内新建10台以上反应堆。

核电业界逐步形成的发展共识是：追求从机组到系统的安全理念，更低的工程造价和发电成本，满足防核扩散的要求；由一次燃料循环向闭合燃料循环发展；由有限规模向大规模工业发展。核电发展路线也有了较大变化，主要体现在：由机型升级换代转为建设先进核电系统；由单一核电机型发展转为核电机型和燃料循环结合的核电体系；要求满足环境生态和资源利用的可持续发展；实现全球协调发展。

目前核电发展的主要路线有：延长在役核电站的使用寿命；阶段性地、批量化地建设二代改进型机组；开工或计划建设AP1000、EPR、ABWR等第三代技术核电机组；积极开发第四代核电技术堆型。从进一步提高核电安全性、改善经济性、减少核废物、防止核扩散等方面考虑，当前技术发展的主流是积极推广第三代技术，加快三代技术堆型的完善和建设。

装备制造业是我国核电发展中的一个重要环节。在整个产业链，特别是重大装备中，集中反映了我国核电设计水平、材料水平、质量控制和管理水平、加工技术水平。纵观我国各行业或大型国家项目，各种关键技术的突破最终都要通过装备制造行业予以实现，核电行业发展也不例外。因此，装备制造业的发展是国家核电发展战略的最重要保障。

在我国政府大力发展核电的政策指引下，批量化核电项目已经启动。基于又一轮积极发展核电的环境，核电装备制造业正在抓紧历史性发展机遇，顺势而为，实现中国核电装备业的健康发展。在核电装备国产化政策的积极推动下，各核电装备集团积极确立核电产业在集团发展战略中的重要地位，以市场为导向，以项目建设为基础，以能力提升促发展，对标世界先进核电装备集团，重点疏通核电发展的制约瓶颈，优化核电管理，加大硬件、软件的建设力度，向专业化、批量化、规模化、集约化方向加快核电装备产业的发展步伐。

二、核电装备业取得了长足的发展

近五年来，在国家大力发展核电的宏观环境推动下，核电装备业取得了长足的发展和重要的突破。

1. 通过秦山二期翻版、岭澳二期和巴基斯坦恰希玛二期等项目的建设，巩固和发展了核电队伍、生产设施和管理体系；

2. 通过红沿河、宁德、福清、阳江、方家山等核电项目的建设，固化了批量生产百万千瓦级二代改进型机组的核电设备制造体系和能力；

3. 通过三门和海阳的三代AP1000依托项目，以及台山EPR项目的设备分包或承包，形成三代核电关键设备制造国产化和自主化能力。

几年来，各核电装备企业加快关键制约瓶颈的突破，取得了一系列关键设备的制造业绩，不仅从制造能力和管理水平方面上了台阶，也基本确保了核电工程的进展，为国家核电设备的可靠供应、安全运行，为核电自主化、批量化、规模化建设提供了重要保障。

为了适应核电快速发展的要求，东方电气、中国一重、哈电集团、中国二重和上海电气等国内主要核电制造集团都进行了史无前例的大规模投入和专项技术改造，重型装备制造基地和铸锻件改扩建生产基地也相继投入使用，使我国核电专业制造基地的装备水平可与国际先进水平相媲美。在核岛关键设备制造能力上，压力容器、蒸汽发生器、堆内构件、控制棒驱动机构、核级泵阀、数字化仪控系统等国产化能力和产能有了快速提升；大型铸锻件、关键材料和主泵等制约瓶颈也被逐步突破。

1. 大型关键设备国产化取得了重要进展。核电装备集团纷纷加大技术投入，短时间内基本实现了重大装备国产替代进口的重要角色转换，加快了二代改进和三代核电关键设备的制造技术开发，使关键设备制造能力显著增强，包括主泵、压力容器、蒸汽发生器等百万千瓦级关键核岛设备产品都已在国内二代改进项目中成功交付。

2. 大型铸锻件等基础性技术瓶颈取得了重大突破。中国一重、中国二重和上重公司在百万千瓦级核电大型铸锻件的研发方面都取得了突破性业绩。中国一重目前已提供了AP1000全套压力容器锻件和蒸汽发生器管板等关键锻件，通过了CPR1000压力容器和蒸汽发生器全套锻件的能力评审，并实现了批量化出产，目前正积极开展EPR锻件评定工作；中国二重完成了AP1000主管道的试制；上重公司实现了堆内构件用大型锻件的批量化供应。

3. 加大加快产能提升的步伐，稳步推进专业化制造进程。近几年，在打造批量化、规模化、集约化发展的核电设备专业化制造集团方面，各企业集团都有了长足的进步：建设世界级核电制造新基地；配置高性能的大型制造设备、压机和关键设施；加快核电资质的转移或取证工作；转变核电管理意识和理念，分离核电产品与常规火电等产品，逐步组建了核电制造专业化的研发、生产、质量管理等团队；按照核电行业要求，优化管理流程，实现核电装备制造业的专业化发展。

4. 加快核电产业结构调整和内外部资源整合。以专业化发展和集约化供货为目标，各核电制造集团纷纷筹建或组建新产品开发队伍，涉足核电设备设计领域，其中包括蒸汽发生器、堆内构件、控制棒驱动机构、主泵、主管道及核岛设备设计等。

5. 提升全员的核安全文化理念，推进质量诚信，加强质量管理。重点处理好质量管理体系与制度、质量控制与生产进度、质量水平与技术攻关之间的协调关系。重视过程透明，增强全员屏障作用，确保全过程的质量受控。注重质量风险的事先预防，杜绝质量隐患的发生。

6. 健全项目管理流程，抓好制度落地和管理精细化。在理顺核电管理体制、调整核电管理组织机构、完善工作程序、优化工作流程、加强计划的可操作性等方面，各核电制造企业开展了一系列有益的探索。尤其是在加强项目的前期管理，加强锻件和关键材料资源的落实等方面，取得显著成绩。

7. 加强队伍建设和人才培养工作。提高复合型人才和技术工人的比例和水平，重视人才队伍的知识与年龄结构、专业基础与实践水平，做好核电培训工作。

三、 核电装备制造企业的发展思考

近两年，我国核电的快速发展为核电装备企业发展提供了历史性机遇，同时也带来了新的挑战。面对批量性的设备签约或签订意向协议，各制造企业充分意识到一些制约因素的改善将有利于促进核电事业又好又快、安全发展，如：硬件投入与软件能力的同步提升；质量管理的全面覆盖；关键人力资源的加速储备；新人培训培养力度的加大；支持关键材料国产化；为配套性外部协作能力提升创造条件；加强项目的前期准备和全过程管理；合理安排制造周期等。解决和处理好这些制约因素，将会促进设备制造质量提升，实现合同按承诺交付，提高制造竞争能力，从而促进核电装备业健康发展。

李克强副总理指出：“我们现在在建的核电站也不少，安全问题要特别重视，不能有任何差错。如果核电站要是出了点问题，那要比煤矿爆炸等事件要严重得多，那是毁灭性的。不仅断送了我们整个核电事业，也可以说断送了整个中国经济，任何人也负不起这个责任！”

1. 尽快明确国家中长期核电发展规划，提供装备制造业可持续发展的外部环境。

近几年，各核电制造企业集团的重组和扩能力度很大，规划和规模在不断地扩张，都在着力打造以项目为依托、以设备集成供货能力为主体、以关键材料为支撑的核电制造产业链。这一态势一定程度上是受到外部环境的激励，因为过去两年签订了一批设备合同或意向协议，无论已开工或拟开工，大部分项目的设备交货期均集中在未来三四年。这给各制造企业生产负荷以较大的冲击，也不同程度地刺激了装备集团的扩能欲望。

核能作为清洁能源在我国能源中具有重要的战略地位。但目前的现状是：调整中的国家核电中长期发展规划呼之欲出却又未出。装备制造企业面对订单纷至的局面，困扰于如何规划未来。譬如：国内核电市场长远发展需求究竟对扩能压力有多大？当前订单集中究竟是阶段性需求浓缩还是中长期常态需求的反映？核电设备供应链究竟要扩展到哪些产品？如何组建国家队走向国际市场？如何定位国际市场的现实目标？

在国家核电中长期规划调整尚待明确之际，各核电制造企业有必要对产业的长远规划再作深入的研究、思考和科学分析，积极探讨一些长期性、根本性、谋略性的重大发展问题。

2. 完善多项目、多技术路线、高度集中和交错的项目管理模式。

近两年签订的核电项目已进入了设备制造和交货高峰期。今后三四年，各装备制造企业将面临批量性项目执行和交货的能力考验。由于这一能力不仅体现在自身硬件能力和技术水平，更体现在项目管理能力，即质量管理、计划管理、技术管理、生产管理乃至安全管理等方面的管理能力，所以，从根本上说，多项目的管理能力更是企业核心竞争能力的关键因素，也是我们目前与国际先进水平的主要差距之所在。

核电制造业的多项目管理目前面临的内、外部困难许多，如：前期准备周期过长，各方面准备和材料采购问题较多，生产基地和扩能设备还需磨合等。因此，项目管理面临的困难需各方高度关注。

项目管理必须适应新的外部环境和形势，即完善多项目、多技术路线、高度集中和交错的管理模式。在这一管理模式下，不同项目的先后主次，不会随业主来访的次数、级别或规格的不同而随意变更；也不应随项目的大小、合同金额的多少而随意变更。多项目管理的重点是强调计划的合理性、科学性、可操作性及执行过程中的刚性。据了解，一些核电制造企业为此做了积极的努力，如：

(1) 建立企业的项目统一管理平台。强制要求下属部门根据企业项目计划进行分解，并将分解计划纳入企业统一平台，形成企业的三级计划及五大配套(零部件、文件准备、工艺装备、试验材料、工艺评定)计划，以利于企业资源高效调配和有效的执行监督。

(2) 制订进度专题计划。如发生前道部分工序延期时，改变原来立即调整企业三级计划的做法，采取由延期部门制订相应的赶工计划，配置以相应的必备应急资源和奖惩措施等办法，从而在局部变化时仍保持总体计划的相对稳定，以增强三级计划的严肃性。

(3) 定期评估计划执行状况。评估分为项目评估和专题评估（人力资源、关键设备、关键技术准备项目）等不同种类。编制纵横交错的节点计划，分解责任，定期考核。

(4) 改进项目管理体制，建立专业化项目团队。尝试项目部与制造部合并，从而在体制和责任分解上加强计划部门和执行部门之间的协调性，使计划务实且有支撑，管理简洁且见实效。

(5) 重视项目前期准备工作。重点包括设备调试、文件准备、材料采购等工序。

同时，加强外部协作的管理，加强与业主和设计院的沟通。由于现阶段企业内部管理资源尚在加强中，一些企业还充分利用社会资源，借助外力促进企业管理水平的提高。如邀请外部专家或行家对企业进行专题问诊；聘请国内外专家对企业进行管理、技术指导和人员培训；主动征询业主方驻厂代表和监查人员的建议等。

3. 从质量问题的处理向质量风险预防转化。

倡导“透明、透明、再透明”的核安全文化和自觉接受核安全监管的意识已经在核电制造业得到普及。大力提倡“坏消息”畅通无阻，给业主和监管单位一个全透明、全公开、规范化的质量过程控制，确保问题处理具有真实可靠的信息基础。

在当前核电执行项目快速增长之际，质量管理工作面临着质保体系有效运转、全过程严格受控的挑战。一方面需要加大力度宣贯和培训新人，以提高全员的核安全文化认知度；另一方面多项目、多技术路线、多新产品的制造过程容易导致新问题多发，又增加了质量管理的难度。因此，当前核电质量工作的关键是加快质保体系的完善，加强全过程质量控制力度，提高质量管理的有效性和权威性。为此，各核电制造企业根据自身的经验和管理基础，大胆探索、积极创新一系列行之有效的质量管理方法：

(1) 工序质量风险评估法。为保证工序质量控制的时间裕度和良好的环境氛围，针对产品工序出现质量问题的风险程度事先进行多维度的评估，按质量风险发生的频次、后果、对管理改进的迫切性等维度，对具体工序进行量化评分，实施分级预防管理和过程控制，制订针对性的管理措施，将质量管理从消极的应对变成积极的预防。

(2) 不符合项趋势分析会、根本原因专题分析会。分析企业内部的共性问题，也对同行企业暴露的重大质量问题予以研讨。会议的基础资料从企业内部的质量信息扩大到核安全当局和业主的质量信息。

(3) 质量体系执行和全员核安全文化建设的测评机制。定期评估管理体系本身及执行过程、企业核安全文化建设的完善程度，不定期地专题测评关键部门或质量要素的执行情况。

(4) 质量数据统计、归类分析和信息发布。如工序、材料、外协、外购、检验等一次合格率数据的统计分析，研判走势，寻找质量瓶颈，应用质量分析工具，加强质量问题的预防。

4. 队伍建设是提升软实力的基础。

近两年，装备制造业的核电队伍有了不断发展壮大。大量新人进入和大规模的培训，已使核电制造企业的人才队伍发生了根本变化，也给核电制造业带来了勃勃生气和蒸蒸日上的发展前景。与此同时，协调处理好人才的业内引进与自身的快速有效培养、核心人才队伍的稳定与发展等方面则面临新的挑战，尤其要避免业内互相挖墙脚，避免进人多、培训多、跳槽快等现象的发生。

(1) 核电行业人才队伍总量有待进一步扩大。应通过企业内部加强专业培训和项目实践，利用技术引进和项目合作等机遇，着力培养一批企业自身的管理、技术和操作等各类人才，使员工队伍的综合素质大步提升，同时，也通过激励机制促进企业内部人才的成长和稳定。

(2) 引进非核电行业但业务相关的专业人才。如：探伤专业人员、专机操作人员、有阅历的项目和质量管理人员等。

(3) 加强核心人才队伍的动态管理。建设新一轮核心人才队伍并加快使用，激励职工提高技能，鼓励创新管理和操作软件的推广应用。

(4) 加强分层分类的系统领导力、组织管理能力提升的培训。基于领导者和管理者的特殊作用，会同专业培训机构加强分层分类的系统领导力、组织管理能力提升的培训。同时，鼓励企业基层部门加强两级培训和岗前培训，增强培训的针对性和实用性。

(5) 充分发挥外部资源的作用。推进以科学院院士和工程院院士领衔的“院士工作室”活动，聘请高层次专家对企业进行业务咨询和指导。

5. 持之以恒地推进自主创新。

国家重大专项的设立和推进是充分体现国家制度优势的重要举措。通过项目依托，将设计、制造和科研等优势资源组合在一起，共同开发，共同提高。组建以项目为纽带，以核心设备、核心技术为目标的“国家队”，加快自主开发，增强核心能力。在越来越多的核电项目建设过程中，核电制造企业越来越体会到自主技术的开发和创新工作的重要作用，在技术引进、合作的同时，增加资源投入，加强自主创新。

(1) 突破关键资源对项目的制约。目前核电锻件的攻关和产品开发已进入关键阶段，批量项目的需求驱动已使锻件国产化走上了“华山一条道”，必须尽早实现全面突破，确保关键设备国产化的需要。

(2) 设备设计能力是实现核电制造业健康发展的核心能力。这是一项循序渐进的长期目标，需要制造业持之以恒地、有规划地培育和推进，也需要核电业内各方面的大力支持。

(3) 积极参与三代技术和其他项目的技术引进。重视技术培训及实际应用方面的管理，重视对重大专项等项目实施的管理。

(4) 对标国际。加强与国际优势企业的交流和学习，把握世界核电技术新进展和新动向，确保技术开发和自主创新的正确方向，解决关键问题，紧跟世界核电发展。

(5) 高起点地推进核电基地建设。新的扩能建设高起点地推进和专业化核电制造资源的整合，是建立关键设备制造能力和核心技术创新的扎实基础。

中国装备制造业的健康发展是国家快速发展核电战略的需要，也是又好又快又安全建设中国核电的重要保障；是提升装备制造业自身竞争能力的需要，也是中国核电走向国际的必然。中国核电装备制造业面临着重要的历史发展机遇，任重道远，需要全行业倍加珍惜，共同努力！

全面推进民用核安全设备的监督管理 为中国核电建设又好又快安全发展保驾护航

江 光、刘 璐
（环境保护部核安全司）

随着核电的规模化和批量化发展，目前我国已进入核设备生产的高峰阶段，相对于核电的技术密集性和核电设备的安全可靠性要求来说，我国核设备自主化和国产化的基础还相对薄弱，在核心技术掌握和质量管理方面还存在较大差距，尤其是在核电站中执行核安全功能的机械设备和电气设备，即民用核安全设备，其质量和可靠性对民用核设施的安全稳定运行十分重要，这些设备在设计、制造、安装和运行阶段的重大质量问题都可能导致核设施放射性释放的严重后果。为此，国务院于 2007 年 7 月正式颁布了《民用核安全设备监督管理条例》（国务院 500 号令），从国家层面对民用核安全设备的设计、制造、安装和无损检验活动提出了监管要求，即延续了以往国家核安全局对核承压设备进行有效监管的模式，又结合国内核设备生产的工业基础和管理现状适当调整了监管范围，加大了监管力度，以适应核电大规模发展和核电装备自主化程度持续提高的要求，为预防核事故，保障工作人员和公众的健康，保护环境，促进核电建设又好又快安全发展提供了法律保障。

一、我国核电设备国产化现状和面临的主要困难

实现核电设备国产化是贯彻落实国家“积极发展核电”方针和提高自主创新能力的重大举措。从秦山一期开始，经过 20 多年核电建设的实践，我国的装备制造业通过消化吸收国外先进技术和自主攻关，在核电设备国产化方面已经具备了相当的实力，尤其是近几年，在国家有关部门的积极推动下，国家、地方政府和企业投入了大量资金，建设核电设备研发和制造基地，一些国内企业通过研究开发、试验验证和配套基础设施的完善，已经掌握部分核岛和常规岛关键设备的设计制造技术，核电设备的设计制造技术水平和自主创新能力经过长时间的技术积累，已经到了全面提升阶段。目前，二代改进型核电设备自主化率已达到 80% 以上，三代核电正在逐步引进关键设备设计制造技术，力争在第四套机组实现国内为主成套供应，国产化设备已经成为我国核电市场的主力设备，为我国加快核电发展提供了坚实的设备保障基础。

但是，我们也要清醒地认识到，目前我国的核电设备自主化正处在历史性跨越阶段，国产化战略在全面推进过程中还存在着一些薄弱环节，即“木桶短板”，已经制约了核电的大规模发展。

1. 核电标准体系不统一

核设施营运单位或工程公司在设备采购时执行的标准不完全相同，给制造企业的标准化、批量化生产带来一定困难，也

给管理上带来挑战。应当说，核电标准与规范的编制，是核电自主化的关键，是核电发展实现系列化、标准化和规范化的基础。目前，协调各个标准体系，建立一套适应国情的、统一完整的压水堆核电厂标准体系已经成为核电快速发展的迫切要求。

2. 核设备活动单位核安全意识和管理尚需加强

我国核电装备制造基地的硬件能力已达到国际一流水平，但是在软件水平上，如质量管理水平、制造工艺和关键技术掌握等方面相对于发达国家尚有差距。一些核设备活动单位由于核安全意识欠缺、质量保证体系不健全或过程控制方面的问题而导致设备重大不符合项或重大质量问题屡有发生，已经影响到设备国产化的进程和核电工程项目的顺利推进。要全面实现核设备的国产化，还需提升核设备活动单位的全员核安全文化意识，健全核电质量保证体系，提高质量管理水平。

3. 材料国产化已成为设备制造的瓶颈

国产化核电设备制造能力的发展是一个技术和管理经验逐步积累的过程，其中原材料国产化是基础。目前核电大型铸锻件的制造能力，尤其是质量的稳定性已经成为制约核电设备国产化的关键瓶颈。此外，蒸汽发生器 690 U 型管、核级焊材等特种材料的国产化工作也已制约核电自主化的进程。

此外，针对大型压水堆，尤其是三代核电设备的制造，国内制造企业尚须重点攻克和成熟掌握部分关键工艺技术。

4. 国产化设备批量生产的质量稳定性问题

对于首次使用的国产化核电设备，尤其是安全相关设备，尽管已经完成样机研制并通过相关鉴定，但相比于进口同类设备，在产品批量生产的质量可靠性和性能稳定性上还存在差距，实际产品和样机的差距将给核电厂的安全稳定运行带来一定风险。

5. 营运单位监造能力尚需提高

核设施营运单位或工程公司对核设备设计、制造和安装活动的质量管理和过程控制还存在不足，特别是针对一些在国内首次生产的关键设备，在管理能力和管理经验方面还缺少经验；在实施设备监造上还存在监造体系不完善，现场监造人员配备和专业配置不够等问题；部分监造人员因缺少核设备监造经验或生产实践，培训不到位等原因难以及时发现质量问题，监造水平有待提高等。

6. 核安全监管能力严重不足

核电的大规模发展给核安全监管部门带来了巨大压力，主要体现在三个方面：一是人力不足，尤其是有经验的管理和技术复合型人才严重短缺；二是经费不足，面对迅速膨胀的监管项目和工作量，目前的经费预算与几年前相比没有明显的增加，在核设备活动中监督点的选择、监督的频次和深度等方面均由于经费不足的原因不能全面开展；三是基础设施配备不足，许可和监管所必需的软硬件配备和试验设施几乎是空白，核设备监管手段单一，独立验证工作难以开展。

核电设备国产化能力的提升，对于降低核电造价、保证核电项目的工程进度、提升我国装备制造业的综合实力、实现核电的可持续发展有着极其重要的意义，但相对于核工业的特殊技术和管理要求来说，国内的核电自主设计能力和设备国产化工业基础还相对比较薄弱，在民用核安全设备的设计、制造、安装和无损检验等技术和管理方面与工业发达国家相比还存在较大的差距，在如此情况下，民用核安全设备国产化不可能一蹴而就，否则可能会导致核安全设备的质量问题，进而影响核设备国产化进程。因此，尽快建立和完善我国民用核安全设备管理法规体系，对民用核安全设备设计、制造、安装、无损检验等活动实施有效的监督管理，确保核电设备的质量，核电才能真正做到又好又快安全发展，可持续发展。

二、《民用核安全设备监督管理条例》出台的重要意义和主要管理制度

国家核安全局作为监管部门，对核设备的监督管理始于 1992 年，当时管理的主要法律依据是国家核安全局与原机械电子工业部、能源部联合发布的部门规章《民用核承压设备安全监督管理规定》（HAF 601）及其实施细则等。多年的监管实践表明，民用核承压设备设计、制造和安装许可制度的实施加强了核设备活动单位的监督管理，促进了这些单位的能力建设和质量保证工作，也有效地规范了核设施营运单位的设备采购和质量管理工作，保障了民用核设施的建造质量和安全运行。

随着政府机构改革和职能的调整，原有法规已不能适应监管工作的需要，而我国核电的加快发展和核安全监管体制的转变，需要进一步明确监管职责，完善监管手段，提升监管水平。因此，国务院于 2007 年 7 月正式颁布了《民用核安全设备监督管理条例》（国务院 500 号令），将原有部门规章规定的管理范围、权限和职责分工等等进行了调整和重新界定。

国务院《民用核安全设备监督管理条例》（以下简称《条例》）的出台，在当前核电发展步伐不断加快的形势下有着十分重要的意义。《条例》旨在对民用核安全设备设计、制造、安装和无损检验等活动进行规范和有效的监督管理，保障民用核安全设备的质量，从“源头”上消除核安全隐患；《条例》赋予了国家核安全局在全面实施核安全设备监管方面的职能，并进一步明确监管范围从原来的核承压设备扩充至核安全设备，包括核安全机械设备和核安全电气设备；监管对象从原来的境内单位延伸至境外单位、从原来对实体单位的管理延伸到对个体人的管理；监管手段则主要是通过以下六项制度来具体实现：

一是境内民用核安全设备活动单位的许可证管理制度。《条例》规定国内具备相应技术水平和质量管理能力的单位，应在取得许可证后方可从事民用核安全设备的设计、制造、安装和无损检验活动，这

是确保核安全设备质量的前提和基础。

二是境外民用核安全设备活动单位的注册登记制度。《条例》首次把境外单位纳入核安全监管范围，从立法上解决了如何对境外核安全设备活动单位实施监督管理的问题。

三是特种工艺人员的资格管理制度。《条例》规定，政府监管及主管部门应对特种工艺人员（焊工、无损检验人员）进行考核发证，强调了特种工艺人员在核安全设备质量形成过程中的关键要素地位，体现了特种工艺人员的重要性。

四是进口民用核安全设备的安全检验制度。《条例》首次明确对进口民用核安全设备实施安全检验，只有安全检验合格的，出入境检验机构方可作出商品检验合格的结论，以确保进口设备的质量。

五是民用核安全设备活动的监督检查制度。《条例》明确了国家核安全局、核设施营运单位和核设备活动单位在民用核安全设备活动中必须履行的职责，通过层层把关，实施严格的过程控制。

六是行政处罚制度。《条例》明确规定了政府部门、核设施营运单位和核安全设备活动单位违法依情节轻重所应承担的法律责任，其中，除警告、限期整改、停产整顿和吊销许可证外，在核设备监管活动中也首次引入了罚款制度和对相关个人的处罚制度。

此外，《条例》还强调了民用核安全设备标准在我国核电发展和设备国产化进程中的重要作用，明确要求必须建立健全我国民用核安全设备标准体系，并结合国内现状，明确了各相关部门在核安全设备标准制定中的责任和分工。

《民用核安全设备监督管理条例》的出台，对核设备国产化提出了更高的要求，对加强核安全管理提供了法律依据，对我国核能事业的顺利发展起到保驾护航的作用。

三、全面贯彻《民用核安全设备监督管理条例》，积极推进核设备国产化

国家核安全局作为《条例》的实施主体，在《条例》颁布后，以提升国家整体的核安全设备设计、制造、安装和检验能力为宗旨，以确保民用核安全设备质量为目标，实事求是、全力以赴、全面贯彻落实《条例》的要求，积极推进装备制造业的自主化和国产化。

1. 完善配套法规文件，构建民用核安全设备监管法规体系

为确保《民用核安全设备监督管理条例》自2008年1月1日起顺利实施，国家核安全局颁布了《民用核安全设备设计制造安装和无损检验监督管理规定（修订HAF 601）》、《民用核安全设备无损检验人员资格管理规定（修订HAF 602）》、《民用核安全设备焊工及焊接操作工资格管理规定（修订HAF 603）》、《进口民用核安全设备监督管理规定（HAF 604）》和《民用核安全设备目录（第一批）》等部门规章与《条例》一并开始正式施行；制订了《民用

核安全设备监督管理条例释义》，对《条例》作出进一步的解释，并就《条例》和配套规章实施过程中遇到的问题陆续发布了一些国家核安全局文件以明确监管要求；在广泛调研和征求意见的基础上，积极开展相关技术文件的编制工作，如民用核安全设备申请单位的资格条件，民用核安全设备模拟件制作实施细则，民用核安全设备活动不能分包的关键工艺和技术，核安全设备鉴定的技术要求等，目前这些文件已在监管活动中开始试用；此外，对核安全设备监管法规体系进行了重新规划。这些法规文件的出台，标志着国家核安全局关于民用核安全设备监管工作的法规体系已基本完善。

2. 进一步规范许可证管理，切实做到公开、公正、透明

如前所述，国内目前从事民用核安全设备设计、制造、安装和无损检验的单位在管理和技术方面与国外同行相比还存在一定差距，国内从事同一类型设备活动单位的管理和技术水平也参差不齐，我国的市场经济秩序尚不完善，在一定程度上还存在恶性竞争，给民用核安全设备的最终产品质量带来隐患。此外，在庞大的核电市场需求下，目前希望从事核安全设备设计、制造、安装和无损检验的企业数量相当庞大，并涉及机械、核工业、电力、化工、船舶等众多行业，取证心情也相当迫切。鉴于以上原因，国家核安全局对于民用核安全设备活动单位的许可证管理工作具有相对的针对性，主要体现在许可证审查不断深入和行政审批制度不断完善两个方面。

在许可证审查方面，国家核安全局委托主审单位对许可证申请单位的技术和管理能力进行全面的审查，一是审查申请单位的核质量保证体系是否满足核安全法规要求，重点审查其质量保证体系的完整性、有效性和可操作性等；另外，还要审查其以往质量管理体系运行的情况；二是审查申请单位的人力状况、装备情况和关键技术储备等是否满足其申请许可的设备活动的要求；三是审查申请单位的模拟件试制情况，重点审查其在模拟所申请的产品活动中是否遵守核安全法规和相关规范标准的要求，核质量保证体系是否得到有效的运转等。

在行政审批方面，为了进一步规范核设备的行政审批工作，切实做到公开、公正、透明，国家核安全局积极倡导政务公开，先后在互联网上发布了《民用核安全设备设计制造安装无损检验许可证取证、扩证和延续审批程序》、《民用核安全设备境外单位注册登记审批工作管理程序》、《进口民用核安全设备安全检验工作管理程序》等审批程序，并每周在环境保护部行政许可受理大厅安排专人值班，直接为申请单位提供窗口服务。

国家核安全局在近两年全面贯彻实施《条例》的实践过程中，陆续对有关审批要求进行了明确和细化，主要是：受理有前提，审批有程序。

“受理有前提”是指在受理申请单位的取证、扩证和换证申请时，进一步强化对其以往业绩，尤其是核电相关业绩的要求；对于《条例》要求的五年业绩也有了

明确的解释。

“审批有程序”指的是审批程序更加规范，除了原有的技术审查和专家委员会审议外，还增加了司务会审议和网上公示环节，审批过程更加公开、透明。

截至 2009 年底，国内民用核安全设备持证单位共计 140 家，包括 97 家机械设备单位、23 家电气设备单位、4 家无损检验单位、16 家安装单位；持有设计、制造和无损检验注册登记确认书的境外单位共 89 家。

3. 始终把加强对核设备活动的监督作为重中之重

对于国家核安全局的设备监管工作来说，许可证管理只是一个手段，设备监督一直是重中之重，核心之核心。为此，在《条例》发布以后，国家核安全局在环境保护部北方核安全监督站迅速组建了近 50 人的监督队伍，尽管这支队伍的体制和机制还没有完全理顺，但已经承担起了目前 13 个在建项目（二代改进型、高温示范堆、EPR1000 和 AP1000 项目等）、29 台机组的设备监督任务。

为落实环境保护部李干杰副部长关于科学发展观调研的重要举措，国家核安全局借鉴对核设施的监管经验，在核岛主设备制造单位集中的地区筹建了第一批 6 个驻厂监督办公室，并长期派驻监督人员，依法对核设备制造单位实施日常监督检查。目前已经设立了一重富拉尔基和大连基地、东方电气南沙基地、上海电气闵行和临港基地、四川德阳二重基地等 5 个驻厂监督办公室，设在山东烟台的监督办公室也将在近期内建成。

据统计，目前国内正在进行核安全机械设备活动单位共有 51 个，核安全电气设备活动单位共有 21 个。随着核设备活动的全面展开和监督队伍的不断壮大，国家核安全局将逐步加强对在建核电项目核安全设备的监督检查。以 2009 年为例，共委托北方核安全监督站对 31 家国内核安全设备活动单位和 4 家境外单位进行了综合性监督检查；对存在问题的 5 家制造单位进行了专项检查；对 69 家单位实施了 462 次关键工序的检查（其中 218 次为现场见证点）；由国家核安全局牵头，对秦山二期扩建工程反应堆压力容器安全端焊缝缺陷、宁德核电站反应堆压力容器法兰接管段开孔错误、AP1000 主设备锻件和福清核电站蒸发器管板锻件等重大质量问题进行了调查处理。

4. 进口核安全设备的安全检验工作全面展开

进口民用核安全设备的安全检验工作是《条例》赋予国家核安全局的一项新的职责，应当是核安全监管历史上前所未有的实践，在国际上也没有先例。国家核安全局对进口商检的管理经验进行了全面的调研，并制定了相关管理文件。尽管《条例》中所要求的“检验机构”尚未成立，国家核安全局克服机构和人力方面的重重困难，利用现有资源，委托北方核安全监督站和其它地区监督站共同配合承担任务，自 2008 年 1 月 1 日《条例》正式实施起，就全面启动了安检工作。

截至 2009 年底，国家核安全局共对

报检的513批次设备签发了《进口民用核安全设备口岸检查放行单》（2008年221次，2009年至今292次），14批次因不符合安检要求未准予放行，并对放行的设备进行了相应的开箱检查。这项工作目前仍处于起步阶段，在安全检验过程中发现了报检数量与装箱清单不一致、开箱过程中保护措施不当、设备带有超标缺陷、缺少设备合格证书，甚至存在未完成出厂试验就出具质量合格证书等诸多问题。监管部门自身也存在机构不顺、检验人力不足、检验体系不完善等问题。

随着核安全监管能力的不断加强，体制机制的不断理顺，国家核安全局将不断完善进口核安全设备的安检制度，进一步加强进口核安全设备安全检验，对进入我国核电领域的境外核安全设备严格把关。

5. 积极开展政策研究，在监督管理上尝试创新之路

我国核电的快速发展给核安全监管工作不断带来新情况和新问题，面对新形势新任务，国家核安全局在落实《民用核安全设备监督管理条例》工作中，结合工程实际、实事求是、贯彻科学发展观的要求，积极开展政策研究，结合核设备监管实践，尝试管理上有所创新、技术上有所突破，主要体现在以下几个方面：

一是关于核岛工程总承包单位的监管问题。针对目前核电快速发展的形势，大部分项目的建设都采用了EPC工程总承包的建造管理模式，由工程总承包单位承担对核电厂建造阶段，包括设计、采购、监造和施工等活动的管理，与核安全法规中传统的针对营运单位的监管模式不一致。尽管目前国家核安全局仍坚持针对营运单位的监管模式，但是法规与现实的脱节仍然会带来监管上的隐患和管理成本的提高。针对这种情况，国家核安全局开展了对核岛工程总承包单位的调研，并提出了相应的管理要求，即在现有的法规框架下，把工程总承包单位也纳入核安全监管体系。

二是关于核设备制造单位承担设计工作的问题。从国外核电设备国产化及相关企业成长壮大的过程来看，只有核设备设计工作由制造企业来承担，才能彻底掌握设备制造技术，才能激发企业采用新工艺、提高效率与降低成本的主观能动性，同时责任也更加清晰。设备设计和制造的合理分工，也可以使设计院把精力集中在系统设计和安全性分析等方面，避免把过多的资源安排在处理制造过程中的具体问题上，能够更有效地促进核电设计自主化。2010年，国家核安全局以上海电气电站设备有限公司申请核安全二三级容器设计许可证为试点，对制造单位如何提升设计能力并开展相应的工作摸索出一条管理之路。

三是关于制造集团取证的问题。按照现行的许可证管理政策，设备制造企业集团由于不是制造实体，无法持有核设备许可证，从法律层面上无法对各子企业的核电业务进行有效的管理，也不便对各子企业的资源统筹安排、有效利用，不利于制造集团形成核电设备成套供货的能力。因此，国家核安全局以东方电气集团为试

点，着力推进集团取证的工作，在许可证管理中尝试通过“大证＋小证”的集团管理模式，在监管体系中引入集团层面的管理环节，通过质保体系明确责任和接口，在一定程度上可以缓解政府监管能力和业主监造能力的不足，也可以整合资源，应对快速发展现状。同时，也向着打造中国NSSS供应商的目标，在监管方面开展前瞻性的政策研究。

四是关于在役检查能力验证的问题。为了降低核电站的运行安全风险，减少在役检查过程中核设备的无损检验发生缺陷漏检或误判的可能性，美、法、英、日等核能发达国家已普遍开展对在役检查技术进行能力验证的工作。同时，关于在役检查能力验证的要求也列入到上述国家的核安全监管法规和技术规范中。我国目前还尚未建立起在役检查能力验证体系，国家核安全局在广泛调研的基础上，结合我国国情，经过深入研究提出了“两步走”方案，即“第一步”针对目前需要验证的岭澳二期和秦山二扩两个核电项目，采取以持证单位为主、营运单位负责、政府监督的模式进行过渡性验证。经过4–8年的经验积累，逐步发展到“第二步”，即全面建立起我国自主的在役检查能力验证体系。目前，已经基本完成对秦山二扩和岭东项目役前检查单位无损检验能力验证的监督工作。

增强软硬两种实力 实现核电产业可持续发展

黄伟 唐洪驹
（中国东方电气集团有限公司）

中国东方电气集团有限公司（简称：“东方电气”）自从进入核电设备制造领域以来，积极学习借鉴国外先进技术、先进的核电管理经验，形成了具有自身特色的核电项目管理体系和质量保证体系。

通过岭澳一期核岛重型设备和常规岛汽轮发电机组国产化工作，建立起了一套与国际接轨的核电生产、管理体系和质保体系，培养了一支按核安全要求组织生产的项目管理团队和技术人才队伍，为东方电气核电的稳定发展奠定了基础。通过岭澳二期核岛主回路设备包（包括压力容器、蒸汽发生器、稳压器、硼注射器、安注箱、主泵、主管道、堆内构件、控制棒驱动机构和堆芯测量系统等共32台套关键设备）和常规岛汽轮发电机组设备包（包括汽轮机、发电机、汽水分离再热器和冷凝器及其辅助设备）成套供货，使东方电气全面掌握了核岛主设备制造技术和常规岛汽轮发电机组的设计、制造技术，积累了核电站核岛和常规岛主设备成套供货的项目管理经验，构建了核电设备制造体系，形成了较强的生产制造能力，为核电设备批量化生产和成套供货创造了条件。

本文从东方电气核电产业历史的回顾和现状，核安全文化建设，管理体系和质保体系的建立，筹建核设备设计所等方面进行的探索，阐述东方电气对实现核电可持续发展的认识和下一步的规划目标。

一、东方电气核电产业历史回顾及现状

1. 岭澳一期是东方电气核电重型设备国产化的第一步

1996年，东方电气分别与法国法玛通公司和阿尔斯通公司签订了岭澳核电站核岛重型设备和常规岛汽轮机、发电机分包合同，全面引进法国的核电生产技术、质保体系和管理体系。从认真做好学生开始，在核电业主和国外合作伙伴的支持和帮助下，建立起了一套符合核安全文化要求的质量保证体系，确保了岭澳一期核电设备按照合同所规定的技术、质量和生产进度要求，保质、保量、按期交货。初步显示了东方电气具备按照国际先进技术、标准和与国际接轨的核电生产管理方式生产百万千瓦级压水堆核电重型设备的能力，得到国内核电产业界的认可，为进一步核电设备国产化打下了基础。

2. 岭澳二期核岛主设备包、常规岛汽轮发电机组国产化上新台阶

2005年3月16日，由东方电气牵头与阿海珐公司、中国核动力研究设计院三方组成的项目联合体，与岭东核电有限公司签订了岭澳核电站二期核岛一回路主设备供货合同，成套向业主提供核岛主设备包，实现了百万千瓦级核电站一回路主设备的全面国产化。其中，东方电气实现了包括反应堆压力容器在内的各核岛重型设备的全部国内制造；主泵实现了国产化零的突破（主泵电机由东方电机生产，岭澳4号机的3台主泵关键部件的制造、总装、试验由东方阿海珐核泵有限责任公司完成）。

2005年5月15日，由东方电气作为主包商与岭东核电有限公司签订了岭澳核电站二期汽轮发电机组供货合同。阿尔斯通作为技术支持方向我公司成套转让了1000~1500 MW半转速汽轮发电机组的设计制造技术。岭澳二期3、4号机组的核岛主设备和汽轮发电机组都已全面交货，正在安装调试。

通过岭澳二期核电站项目，东方电气在反应堆压力容器、蒸汽发生器等核岛重要设备上具备了100%的国产化能力，汽轮发电机组达到85%以上的国产化能力，为适应我国核电规模化发展夯实了基础。

3．进入批量化制造阶段

经过15年的不懈努力，东方电气已经建立起符合核安全文化要求的核电项目管理体系、核质保体系，完成了生产制造体系的布局。现已形成广州、自贡、德阳和武汉4个核电设备制造基地，配备了满足批量化生产CPR1000、EPR、AP1000等大型核电站设备的当今世界上最先进的制造装备。经过岭澳一期、二期核电项目，我国百万千瓦级核电站首台反应堆压力容器、蒸汽发生器、稳压器、核电全转速和半转速汽轮发电机组、国产主泵等核岛、常规岛关键主设备均由东方电气制造成功。与此同时，东方电气陆续承担了红沿河、宁德、方家山、福清、田湾等二代改进项目，台山EPR项目，海阳项目、

桃花江项目、咸宁项目等AP1000的核岛常规岛主设备的制造任务，进入了批量化生产核岛主设备、常规岛汽轮发电机组的新阶段。但目前核岛主设备仍然处于来图加工的状况，汽轮发电机组的设计还处于消化吸收阶段，离形成自主设计、自主研发能力还有相当大的距离。

二、东方电气核电产业发展思路

东方电气通过引进学习国外先进技术和建立与国际接轨的核电先进管理体系、质量保证体系，确保了核电设备制造的进度和质量，使我国百万千瓦级核电站关键主设备全面实现了国产化。下一步的目标是在不断探索建立核电核岛主设备、常规岛汽轮发电机组批量化生产的管理团队和管理模式的基础上，优化工艺流程、保证质量稳定、实现批量化制造，做大做强东方电气的核电产业。同时，培养东方电气的核设备设计能力，实现设计、研发、制造的结合，为形成核电设备集成成套能力打好基础。

三、推进核电产业可持续发展的措施

1. 建立符合核电生产和项目管理要求的组织管理体系

东方电气始终把贯彻“核电优先”原则作为全集团的工作方针，从思想上对核电产业的发展给予高度重视，从资源上给予优先保证。最近，我们开始着手把核电管理理念应用于常规设备的生产管理中去，从而促进全集团的管理水平跃上新的台阶，进而促进核电管理常态化。

2004年12月，东方电气组建了核电事业部，归口管理全集团的核电业务，包括拟定集团公司核电发展规划，研究国家能源政策及发展动向，做好核电项目的市场开拓，组织核电项目的投标；组织核电技术的引进与消化吸收，进行生产协调，全面负责核电项目的履约及服务工作。

各相关子企业也设立了专门的核电管理机构，东电、东汽、东锅设立了核电领导小组和核电项目管理机构，东方电气从上到下形成了一个完整的核电管理体系。

同时，东方电气还加大核电人才的培养和引进的力度，着力打造一支专业的核电人才队伍。

2. 全力推进核安全文化建设

从常规设备的生产到核电设备的生产在管理上要经历一次涅槃！无论是意识、理念，还是方式、方法上都要经过一个痛苦的转变过程。东方电气从一开始就树立了当好学生的理念，虚心向国外合作伙伴学习，虚心向业主单位学习，虚心向国内同行学习。在中广核业主的帮助下，东方电气从进入核电设备制造领域伊始，即宣传核安全文化理念，着力建设核安全文化氛围，形成了一系列体现“安全第一，质量第一”，“透明”文化要求的制度，并严格执行，长抓不懈。通过严格执行国家核安全法规、RCC-M标准，遵守质量程序和操作规程，逐步形成了符合核电安全生产要求的行为规范，培养了一支核电安全意识强的管理和专业人才队伍，建立了符合核电设备制造的技术和质量管理体系，“凡事有章可循，凡事有人负责，凡事有人监督，凡事有据可查”的核电管理理念逐步深入人心，为保证核电设备质量创造了良好的软环境。

今天，在我国核电规模化发展的形势下，东方电气已充分认识到批量化制造、压缩制造工期以及其他外部因素带来的新的挑战，在这种形势下，我们将更加坚定地把强化核安全文化建设作为头等大事来抓，把核安全质量的要求变成每个参与者的自觉行动，不折不扣地贯彻执行，保障核电又好又快又安全地发展。这也是我们从大量经验、教训中，并付出昂贵代价后才更加深刻体会到的。

3. 掌握不同堆型的制造技术，适应多品种核电设备制造的需要

通过参加技术引进、派技术人员到国外培训等形式，学习掌握 RCC-M、ASME 等不同体系的技术标准，获取相应资质证书，做好适应多品种核电设备同时制造的准备。

4. 增加核电技改投入，适应核电设备多品种、批量化制造的需要

2004 年以来，面对国家积极发展核电的形势，东方电气以实现自主化，形成完整主设备产品生产能力和适应核电设备多品种、批量化制造要求为目标，进行了必要的投资建设。在核电方面的总投资将达到 50 亿元人民币。

2004 年 5 月，东方电气在广州南沙开发区投资成立了东方电气（广州）重型机器有限公司，建设专门生产大型核电装备的现代化工厂，2006 年全部建成投产；2007 年，进行了一期工程的完善化项目，2009 年投入使用；2008 年 9 月，东方电气在南沙开始了三期工程，2010 年完成后，将形成年产 5 套核岛重型设备的批量化生产能力，以更好地满足我国核电规模化建设的需要。

东方电气的主泵生产能力原设计为年产 6~8 台核电机组主泵。工厂在新增一个试验回路并进行适当扩建后，产能将扩大到年产 15~18 台主泵，可满足 5~6 台核电机组的需要。

2007 年 12 月，东方电气获得了控制棒驱动机构的生产技术，控制棒驱动机构生产厂房已在德阳东汽新基地建成，现正在生产取证用的模拟件，2010 年可具备产品生产条件，制造能力为年产 4~6 套控制棒驱动机构。

2008 年 12 月 31 日，东方电气（武汉）核设备有限公司成立，现已具备生产能力，扩能改造后可年产 4~6 套百万千瓦级堆内构件。

在德阳地区，东方电气针对常规岛的半转速汽轮发电机组的生产制造也进行了相应的技术改造，已形成批量供货能力。尽管遭受 5.12 地震和金融危机，但东方电气对核电产业的投入没有受到任何影响。东方汽轮机在德阳异地重建，已于 2010 年 5 月 10 日举行建成投产仪式，装备水平和制造能力都上了一个新台阶。

总体上，经过新一轮的投资和技术改造，东方电气将逐步形成年产核岛主设备

5套以上和常规岛汽轮发电机组8套以上的设备成套供货能力，为适应我国核电多品种、规模化发展做好了准备。

5. 筹建核设备设计所，谋求长远发展

十几年来，东方电气在引进、消化和吸收国外核岛主设备制造技术的同时，十分关注设备设计的相关事宜，岭澳一、二期均在阿海珐的指导下开展了核岛重型设备（包括反应堆压力容器、蒸汽发生器、稳压器等）的转化设计，核岛重型设备施工设计的成套图纸已成功用于岭澳一期、岭澳二期设备的制造。同时，积极参与第三代核电AP1000、EPR的技术引进工作，派人员参加了相关的技术培训，还将根据需要陆续派人参加相关的设计培训。为掌握设备设计技术，还与其他公司合作培训核岛设备设计人员。东方电气已于2009年底成立了核设备设计所，为培育核设备设计能力做好了组织和人员准备。

核岛主设备方面，通过红沿河、宁德项目的执行和第三代核电项目的技术引进，通过参与第三代核电设备设计工作，东方电气的核电设备国产化和自主化能力将进一步提高，逐步向形成核电设备集成成套供货能力的目标迈进。

常规岛方面，通过岭澳二期、红沿河项目的执行，在宁德、方家山、福清等项目上，东方电气独立承担常规岛汽轮发电机组的工程设计、设备供货、服务和培训等全部合同责任，实现常规岛汽轮发电机组设计制造服务的全面自主化，自主化和技术创新能力将得到进一步提升。

我们希望在国家各有关主管部门的支持和帮助下，东方电气和国内各兄弟单位一道，能在不远的将来实现核电设备设计制造一体化的目标，为实现中国核电的自主创新、可持续发展和中国核电设备走向世界共同努力。

东方电气将继续在核安全文化建设、质量保证体系的有效运行、制造能力的配套完善等软、硬两种能力建设上下功夫，保证东方电气的核电产业可持续发展，从而满足我国核电规模化建设对核电关键设备的需求，为实现我国核电建设的规划目标作出应有的贡献。

大功率核电汽轮机现状、发展方向及对策

张秋鸿 杨晓辉
（哈尔滨汽轮机厂有限责任公司）

一、背景

当前，核电已成为我国战略性新兴产业，已进入规模化、批量化建设的新阶段。我国核电装备国产化工作也稳步推进，以三大动力和两大重型设备集团为代表的制造企业，通过技术改造、产业升级和新基地建设，制造能力和管理水平不断提高。

作为核电站常规岛的关键设备——核电汽轮机及其相关设备的发展和国产化，不仅关系到核电站建设能否顺利实施，更是决定我国核电战略能否实现的关键因素之一。

大功率核电汽轮机的设计和制造的发展状况，综合反映研发设计、产品配套、加工制造和系统集成水平，体现了一个企业的制造水平、科技创新能力和市场竞争力。

本世纪以来，火电站建设快速发展，通过与国外汽轮机制造企业的合作，国内企业技术研发水平、加工制造能力不断提升，火电机组与国外先进公司差距逐步缩小。在核电汽轮机研发制造上，由于起步相对较晚，核电汽轮机技术创新能力、加工制造能力、主要设备的配套能力与发达国家还存在较大的差距，在国际市场竞争中处于弱势地位。在核心技术自主化率，自主创新能力，自主知识产权拥有率等方面亟待突破和发展。

随着国家积极发展核电政策的稳步推进，核电站建设的快速发展，各大汽轮机制造厂都把核电作为主导产品，在创新体系建设、科技投入、人才培养等方面都取得了很大的进步。在核心技术研究、新产品开发等方面都在稳步推进，都将创造具有自主知识产权、自主品牌的大功率核电汽轮机技术作为今后的主要发展方向。

二、国内核电汽轮机现状

经过几十年的发展，我国的汽轮机制造业已形成一定的规模优势、产品种类优势、创新优势。在全转速核电汽轮机制造上，上汽为秦山一期制造了 300 MW 汽轮机，哈汽为秦山二期设计制造出了 650 MW 汽轮机。2005 年开始，国内核电建设进入了快速发展的时代，相继开始了以岭澳二期、阳江核电等为代表的 CPR1000 核电站和以三门、海阳核电为代表 AP1000 三代核电的建设。与此同时，核电汽轮机也全面进入了百万等级半转速时代，三大制造厂在大容量半转速核电汽轮机设计及制造方面取得了极大进展。

国内三大制造厂都从国外技术支持方引进了相应的技术，通过引进、消化、吸收、再创新四步走的发展策略，可以满足生产制造的需要，在核文化建设、质保体系建立、生产制造工艺等方面已经基本能满足核电发展的要求。在生产制造能力、再创新能力、关键技术研发和科技投入、人才队伍建设等方面取得了相当大的进展。具

体表现在五个方面：

第一，我国大容量核电汽轮机制造能力取得了飞速发展。为了适应核电站建设的快速发展，各大制造厂以依托工程为契机，以合作或制造许可证的方式进行了百万等级半速核电汽轮机的生产制造工作。从技术支持方引进加工制造图纸和主要工艺，同时相继加大了加工设备的投入力度。为满足三门核电项目的要求，哈汽公司与三菱重工合作，以制造许可证的方式引进了与AP1000核岛相匹配的汽轮机及辅机制造技术，同时增添了转子轮槽铣床、围带车床等加工设备，满足大尺寸部件的加工需要。新建了重型主、辅机厂房，大大提升了低压缸、冷凝器等主辅机加工能力。对阀门、隔板，叶片等关键部件加工设备进行了改造，加工精度大幅度提高，完全能满足核电的质量要求。

第二，核电汽轮机产品的配套能力得到加强。由于核电产品产业链条长，涉及的相关企业较多，国内制造厂普遍建立起以大型铸锻件供应商为代表的原材料和配套产品供应体系。为满足工程进度，哈汽以满足业主要求为最低目标，重新对配套厂商进行资格审查，建立起了完善的供应配套体系。

第三，工程管理能力普遍得到提升。通过对依托工程合同的严格执行，以满足和适应不同业主管理要求为基本要求，以工程主要进度节点为依据，建立了相应的核电管理制度。为了适应核电进度管理需要，哈汽购买了P3E管理软件，以该软件为管理平台，建立了三级进度管理体系，建起了业主、技术支持方共享的信息管理平台。

第四，质量管理意识和执行力大幅加强。由于核电质量管理的标准要求高、管理程序复杂，为了满足业主的总体质量控制要求，制造厂都建立了相应的质量管理体系。哈汽公司通过对三门首台产品的设计、加工制造等过程的实施，建立了核电质量管理体系和具体的通用及专用管理程序。强化员工的质量意识，从常规火电的目标质量控制转变为过程质量控制，严格按不符合项处理程序处理质量问题，建立权、责、利相结合的考评体系，质量的执行能力得到了有效加强。

第五，核电的设计能力得到快速提高。由于我国百万等级半转速核电汽轮机技术都是从国外引进的，首台项目机组性能一般由外方负责，中方负责图纸的设计转化和工艺转化，随着项目的进展，制造厂设计人员对机组设计理念、工程设计、接口配合等都有了较深入的了解。哈汽以依托工程为契机，通过中方设计人员的全程参与已基本上掌握了设计技术，工程设计和接口配合能力也得到了大幅度提高。

三、国内核电汽轮机的发展方向

我国核电发展战略由“适度发展核电”变为“积极发展核电”。国家将三代核电AP1000作为今后我国的核电发展方向，同时作为国家重大科技专项之一，改进型压水堆CAP1400的研制也提上日程。目前，国家核电技术公司正在进行示范工程

CAP1400的前期准备工作。为了适应核电快速发展的需要，开发研制出先进的、成熟的与改进型压水堆CAP1400堆型相匹配的更大容量半转速核电汽轮机及其辅助系统，为我国建设更大容量的第三代压水堆核电站提供具有更高的可靠性、更高的效率、更大的输出功率、具有国际竞争力的半转速核电汽轮机是我国核电汽轮机今后的主要发展方向。为此，必须加强科研投入，具体体现在以下几个方面：

第一，CAP1400核电汽轮机的研制是发展的重点；

第二，具有自主知识产权的核心技术的创新是发展的内在动力；

第三，具有较强的系统集成能力和接口配合能力是发展的必然要求；

第四，国产化是发展的根本要求；

第五，高质量的人才梯队建设是发展的基础保证。

四、发展策略

大功率核电汽轮机的发展是实现我国核电发展战略的必然要求，要满足发展的需要必须加大技术创新力度，增大科技投入和人才的培养力度，加快国产化进程，增大产学研合作力度等多种措施相结合，具体主要从以下几个方面进行：

第一，CAP1400压水堆核电站作为国家核电发展的重点，集成创新型CAP1400核电汽轮机是创新的重中之重。汽轮机制造业是技术密集型企业，通过与技术支持方的合作和技术交流，在消化吸收的基础上搞好二次开发，形成以CAP1400大功率核电汽轮机为代表的典型机组，超长叶片设计技术、系统集成技术等一批拥有自主知识产权的主导产品和核心技术。

哈汽公司以三门、海阳核电项目为依托，通过引进、消化、吸收基础上进行再创新的发展思路，扎扎实实地做好引进型AP1000核电汽轮机及辅助系统的消化吸收工作，在完成依托项目过程中，掌握设计、工艺技术和管理方法。在后续项目中，能够独立完成设计和供货。通过有针对性地深入开发超长叶片等关键技术研究，结合具体项目进行试验验证，加大对引进技术的消化吸收程度。结合未来拟开发的产品，通过集成创新和原始创新进行三缸四排汽内陆AP1000方案设计、CAP1400方案设计工作。力争在核心技术上形成自己的设计体系，拥有自主知识产权的专有技术，完善自主研发平台，自主完成CAP1400示范项目相配套的核电汽轮机及主要辅机的工程设计。

第二，具有自主知识产权的核心技术的创新是发展的内在动力。我国是电站汽轮机的制造大国，但与发达国家相比还有较大的差距。最大差距是缺乏创新能力，大部分设计和制造技术依靠引进，缺乏具有自主知识产权的核心技术，原创性技术和产品更少。没有自主创新能力，没有自主知识产权，就不可能真正成为汽轮机制造强国。

为了尽快缩短与技术支持方的差距，哈汽公司秉承高起点、大投入的科研发展思路。科研目标瞄准世界最先进技术水平，把满足CAP1400机组需要的超长叶片的开发设计、气动分析计算、大型转子锻件、大尺寸轴承和主要阀门的研制等工作作为研发的重点。加大产学研的科技投入力度，大力推进产学研相结合的科技投入，以企业为科研主体，充分发挥高等院校和科研院所、相关企业的作用，推进科技、人才、信息等资源与重点行业和企业的有机结合。大力组织产学研联合技术攻关、新产品开发以及科技成果转化工作。

对关键的难点技术，单个企业难以独立完成的重大技术装备，集中力量组织科研攻关。以超长叶片开发设计、转子锻件、系统集成设计技术、控制技术为重点，增加研发投入，增强创新能力。以国家重大专项子课题“大型半转速饱和蒸汽关键技术研究”为依托，以上海电力成套院为主要牵头单位，国内三大动力制造厂全面参与进行核电汽轮机组重大共性关键技术研究，优化资源配置，对一些关键技术进行专项研究，实现科研能力优势互补，科研成果共享的创新模式。

第三，较强的系统集成能力和接口配合能力是核电汽轮机综合设计能力的综合体现。根据目前在建核电站的经验，业主对T&G的辅助系统都要求设备供应商进行系统布置设计、管道计算、支吊架和系统配套设备等工作。这些工作以往在火电项目上都由设计院负责，而现在汽轮机制造厂必须建立系统设计及计算的技术平台满足常规岛整体设计的要求。同时，由于核电设计管理比较严格，业主往往有一套成熟的接口管理程序，较强的接口配合管理能力也是今后发展的重点。哈汽公司为了满足今后核电发展的需要，相继购买了先进的管道布置和计算软件，通过对员工的培训，对三门核电项目进行验算，总结设计和计算经验，建立自己的设计平台。对后续项目争取有能力实现对系统的设计和计算，从而扩大常规岛的供货范围。在接口配合方面，根据不同项目需要建立相应的管理程序，做到接口的准确性、完整性、交换的及时性。

第四，国产化是大功率核电汽轮机发展的根本要求。国产化能大幅降低汽轮机制造的成本，并带动相关产业的快速发展。国产化要以设计国产化为核心，以管理自主化为手段，带动设备制造的国产化。

设计的国产化是国产化的龙头，目前在百万等级半转速核电汽轮机设计上主要以转化引进图纸为主要工作。中方在依托项目上无论是在材料替代、技术改进、设计标准等，都要经过外方的严格审批，中方几乎没有设计的自主权。实现设计的国产化首先应在行业内部形成国家统一的设计及制造标准，该标准作为指导设计的规范性文件，是制造厂、业主必须遵守的技术底线。其次，以依托项目为基础实现设备材料的国产化是设计国产化主要内容。最后，经过对技术引进、消化、吸收、再创新四步走战略来完善和健全企业设计体系，便于建立设计标准、判别准则，以及设计手段的升级换代，建立统一的设计平台，进而形成自己的设计特色。

管理自主化是核电发展的基本要求。

核电设备制造是一个复杂的系统工程，管理很重要的一个方面就是通过依托工程的实施，总结业主和技术支持方先进的管理经验，建立适应公司实际的核电管理体系。

哈汽公司始终把核文化建设作为公司文化发展的方向，在文化建设上以满足核电业主管理体系要求为基础，参照技术支持方——三菱重工的核电管理模式，以“凡事有章可循、凡事有人负责、凡事有人监督、凡事有据可查”作为管理的理念。在管理上坚持“核文化”内涵贯穿核工作始终，形成自己特色的核电管理体系，适应核电的发展要求。

制造国产化是发展的保证。随着CAP1400的顺利推进，对关键部件的加工制造能力提出了更高的要求。由于机组容量的增大，对制造厂目前的加工设备和关键工艺提出了更高的要求，能否加工制造出更大功率的核电汽轮机主要部件是国产化的一个重要指标。

哈汽公司为适应大功率机组的发展需要，在加工设备和工艺上进行持续的改进，满足汽缸、转子、叶片的加工需要。通过对依托工程关键件加工工艺的研究，建立严格的加工标准和质量检查标准。制定自主制造的目标，力争实现关键设备的逐步制造本地化目标。

主要原材料的供应和配套产品的国产化是汽轮机设备制造国产化能否顺利实现的重要制约因素。目前国内大型铸、锻件厂家对大容量汽轮机汽缸、转子、超长叶片等大型铸、锻件在技术上还不是很成熟，在交货周期上还不能满足工程进度要求。提高主要原材料国产化需要汽轮机制造企业与国内大型铸、锻件厂家组成战略联盟和合作体系，二者是互为依存，唇齿相依的。通过强强联合，优势互补，技术合作，战略联盟，共同联手开展科技攻关，早日实现主要原材料的国产化。目前哈汽与中国一重对AP1000核电汽轮机低压转子锻件进行了联合攻关，哈汽联合三菱重工提出了FAI计划、材料订货条件等技术资料，一重编制锻造工艺和质量计划，共同进行联合攻关，目前正在进行试验件的试制工作。

第五，加大核电人才的培养力度是核电发展的保证。深化企业内部改革，鼓励企业建立和完善人才培养激励机制；健全与技术发展相适应和配套的科技研发、加工制造、项目管理、质量保证等相关的人才体系；加强对工程技术人员和熟练工人的培养，形成以初级为基础、中级为主体、高级和技师为骨干的人才梯队，不断增强他们的创新活力。

五、 前景和展望

总之，依据国家积极发展核电的政策，以依托项目为基础，以CAP1400示范工程建设为契机，确立“大容量核电汽轮机的国产化、本地化”为终极目标。以“引进、消化、吸收为手段，自主设计和创新为发展方向”的发展思路，通过高起点引进、消化和吸收、不断创新这“四步走”，形成自主设计、自主采购、自主制造、自主管理的核文化体系，最终自主创新出哈汽自己的核电汽轮机品牌，设计制造达到或接近世界先进水平，并拥有自主知识产权，使我国大型核电汽轮机设计制造能力跻身世界强国之列，从而使我国有能力基本依靠自己的力量，批量生产大型核电汽轮机，实现跨越式发展。

加快组建中国核蒸汽系统供应集团　做大做强我国核电产业

曾文星[1]　李宗文[2]　赵成昆[3]
（1 中国广东核电集团有限公司　2 中国东方电气集团公司　3 中国核能行业协会）

一、引言

进入 2010 年，我国核电大发展已经箭在弦上。从国际看，应对世界气候变暖、发展低碳经济、发展新能源产业已成共识；从国内看，经济要高速、持续发展，首先要保证能源供应安全和可持续发展。我国领导人已向世界庄严承诺，到 2020 年国内单位生产总值的二氧化碳排放量要比 2005 年减少 40%~45%，而非化石能源占一次能源比例要达到 15%。这充分说明，我国应对全球气候变暖的策略已定，新能源必须加速发展。而结合国情切实可行的，还是要靠进一步加快核电的大规模发展。因此，进入 2010 年，在中国做大做强核电产业已不仅“箭在弦上”，而且是“不能不发”了。

但是，尽管我国核电已经取得了巨大成就，已是目前世界上发展规模目标最宏伟、在建核电项目最多的国家，在这马上要起飞之时，业内上上下下又仍似乎还有不少问题，需要进一步解决，似乎我们还没有完全准备好，问题在哪里呢？

1. 从上面看：部分领导同志仍有疑虑，我们搞这么多（核电）、这么快，能搞得过来吗？能保证质量、保证核安全吗？各方面工作都跟得上吗？

2. 从业内看：虽已形成了中国核工业集团公司、中国广东核电集团有限公司、国家核电技术有限公司三大核电发展主体，但他们对我国如何发展核电，似乎各有想法，且自成系统，相互竞争，相互影响；国内的有限核电资源难以优化利用，形不成国家的整体优势。

3. 从产业结构看：我国已是第二次从国外引进先进的核电技术，但国内的产业体制、产业结构变化很少，并没有及时将国外先进的工业化产业体系引进来，对原产业结构进行改进、调整。迄今为止，制造厂还是只能来图加工，连设备详图设计都仍由设计院做；总体上，我国核电产业体系仍是以设计院为主导，通过散件采购，施工单位现场组装的产业模式，与先进国家的核电产业体制相比还存在较大的差距。

4. 从市场化程度看：限于核电产业的社会化平台尚未建立，几大电力公司虽然有投身核电主战场的巨大积极性，但还受限于“核门槛”，不能作为“控股股东”进入核电市场。

5. 从产业创新看：目前我们只能靠国

家来组织和投资，核电产业内的创新主体、创新机制和体制尚未形成，影响产业的长远发展。

6. 从“走出去”的战略看：中国目前还缺乏与国际接轨，参与国际竞争的核电产业体制，需要尽快搭建。另外，“走出去”的整体实力尚未具备，某些技术还受制于人。

我们认为，这些问题是实际存在的，虽表现在多个方面，但其核心是我国核电产业的确存在结构重组的问题，亦是我国核电发展进程中必须逐步加以解决的问题，只有这些问题解决了，中国核电产业才能做得更大，做得更强。同时，我们也认为，这些问题只要下决心，并不难解决，而且，只有通过产业结构调整的途径解决，现在正是着手解决这个问题的最佳时机。

下面，我们仅就中国核电产业应搞什么样的结构，为什么要组建核蒸汽系统（NSSS）供应商集团等重大问题，提出一些不成熟的看法和建议，与同行们商榷，请予斧正。

二、我国核电工业体系改革分析

世界核电原创型的国家以美俄为代表，美国发展核电时采用了全市场化模式：业主、主设备供应商（核蒸汽系统供应商、T/G 供应商）、AE 公司三大基本要素分立，各司其职；而前苏联（现俄罗斯）一直采用国家垄断、计划经济模式，军民不分，业主、设计、设备制造、施工、运营、管理统一在一个行政部门内，靠行政管理、协调来运作。最近，俄罗斯为适应国际竞争，虽作了一些适应性调整，但本质上没有改变。而我国的核电产业是从苏俄的核工业管理模式演变而来，虽向市场化方向迈进了一步，有所改革，但未彻底，正处于十字路口，待最终选择方向。

世界其他国家，多数是从美国引进核电技术，同时也引入美国市场化的管理模式，形成适合自己国情，但主要是市场化模式的产业结构。如：

(1) 法国：唯一业主，单一堆型，业主与 AE 合为一体，利于项目控制和项目标准化推进；形成了核岛（NSSS）和常规岛（T/G）独立供应商，创新和市场开拓能力强。

(2) 日本：多业主，南北地区体制上有差异，历史上制造财团势力强大，从美国引进两种堆型，管理上作了调整。由制造商（NSSS + T/G）负责 AE，向业主“交钥匙”、“包维修”等，形成独特的但仍是市场化的产业结构体系。

(3) 韩国：单一业主，发展单一堆型，业主、AE、NSSS 系统设计合为一体，研发工作也以业主为主，制造商仅负责设备设计和制造。

总体来看，世界上有核电产业的国家，除俄罗斯基本上是计划经济体系结构和韩国为不完全市场化结构外，其余国家大都采用了市场化产业结构，且有多个 NSSS 供应商和 AE 公司的公用平台，供各业主选用。

而从这两种结构体系的比较来看，国际上公认：无论在产品质量和质量保证体系上，核电的可用率上，对市场的适应性上，以及产业的效率及劳动生产率等方面，市场化模式都远优于计划经济模式。

从历史上看，我国核电产业是在带着浓厚计划经济色彩的原核工业体系基础上调整和发展过来的。由于种种原因，长期以来由于核电并未在我国电力产业中扮演重要地位，国家亦缺乏一个明确的、要坚决执行的核电发展规划，所以，我国核电虽然起步不晚，但始终没有形成产业规模和合理的产业结构。虽然两次引进国外技术，但没有同时引入国外先进的产业结构体系和管理体系，至今核蒸汽供应系统（NSSS）及其主要设备设计、核燃料组件设计仍与制造厂分离，制造厂只能来图加工，但不具备设备设计的能力；一个核电项目，主要设备从国内外分散采购，现场集成，既影响效率，质量控制成本亦高。我们认为，自2007年颁布我国核电中长期发展规划以后，核电已作为解决我国能源问题的一种重要战略选择，要加快发展；同时，为了实现我国核电中长期发展目标，核电应逐步走向市场化体系，且要按市场化操作。但就目前情况而言，与欧美市场化的产业结构相比相差甚远，最核心的NSSS供应商和社会化的AE公共平台还未形成。这种局面在核电未扮演重要角色之前似乎矛盾并不突出，但在核电大规模发展的今天却难适应，如不尽快加以扭转，势必影响我国核电做大做强，影响国家核电发展战略目标的顺利实现。

三、加快组建中国核蒸汽系统供应商集团

为什么要将中国核电做大做强，就一定要组建NSSS供应集团呢？从国际的经验中，我们体会到以下几点：

1. 它是核电产业核心的核心，是核电产业安全、质量保证的基础

核电站的核心是核岛，而核岛的核心是NSSS（核蒸汽供应系统）。要确保核电的安全和质量，首先要靠NSSS的安全和质量来保证。核岛的安全指标、性能指标主要是靠NSSS供应商来做出承诺和保证。按国际上的惯例，AE公司也可向业主“交钥匙”，但AE公司是承诺做错了重做，而不承担对核电站或核岛性能的保证责任。如果由NSSS公司对业主“交钥匙”，则NSSS供应商必须对核电站或核岛做出性能保证，并承担违约惩罚责任。因此，在我国核电产业中，若没有NSSS供应商，仅由AE公司散件采购后，由现场施工单位安装集成，这意味着无人对业主承担核岛的性能保证。明显地，这是中国核电产业结构上的缺陷，亦不符合国际的惯例，不利于又好又快又安全地发展我国核电事业。

2. 它是产业创新的主体

世界上所有的反应堆型号都是打上了相应NSSS供应商的印记的（如西屋、法马通、三菱等），因为，它们都是由相应的NSSS供应商研发出来的。在市场经济环境下，为了战胜对手，争夺市场，NSSS供应商最关心技术创新，最积极主

动去创新，因此，世界各国的 NSSS 供应商必然成为本国核电的创新主体。

从技术来讲，核蒸汽供应系统本身就是一部高科技、精密、综合的复杂大型设备，在研发过程中需要众多专业参与，进行设计、制造、科研共同攻关，将 NSSS 系统设计、设备设计、加工工艺等多方面专家组合一起进行统筹攻关是最佳组织模式。而且一旦攻关成功，不再需要科研向生产的转换，立即可以转化为工业生产，即组织模式堆生产和工业化推广。这也是国际上核电产业的创新从研发开始，直至工业化推广均以 NSSS 供应商为主体推进的重要原因。

目前，我国没有 NSSS 供应商，在引进、消化、吸收和翻版阶段还体会不深，但我国总要创新自主品牌，若不早下决心组建 NSSS 这个核电产业主体，将对核电自主创新和持续发展不利。

3. 它是核电产业工业化推进的排头兵

纵观世界核电先进国家的工业化组织，可以清晰地看到：NSSS 供应商不仅可以设计、制造、采购供应全套的 NSSS 系统和设备（包括核燃料组件），而且可以提供安装、调试、维修等方面的技术支持和服务。如业主要求，还可以提供整个核岛甚至整个核电站的“交钥匙”。因此，各国都以 NSSS 供应商为核心，将产业链延伸，从而形成整套 NSSS/ 或核岛的工业产业群。同样的，环绕着 T/G（汽轮发电机组）和 AE 公司分别形成相应的常规岛和 BOP 的产业群。这三大工业群链接和交织，形成本国核电产业的完整工业体系。这些产业群的形成、发展和成熟，相应地推进了各国核电产业发展和成熟。因此，最能代表一个国家核电产业竞争力和产业化水平的，还是该国的 NSSS 供应商及其相应产业群的工业化成熟度和水平，从而影响到该国核电发展进程和国际竞争力。

我国目前的 AE 大散件采购为主，现场组装的模式，某种意义上影响着我国核电产业工业化的进一步推进，尤其是 NSSS 供应产业群和 CI 及 BOP 相关产业群的形成和成熟，影响着我国核电整个产业工业化的程度。其直接后果在于产业效率，特别是单位劳动生产率远低于国际先进水平。据岭澳一期工程的统计，法国的一个人工时的产值（1GP）约等于我国安装熟练工人的 1.5 个人工时，原因不在于我国工人的熟练程度比法方差，而在于我国与法国在工业体系的工业化程度方面存在着巨大的差距。但世界各国产业竞争的最终胜败关键在于产业劳动生产率的竞争，这一点启发我们，要将我国核电产业做大做强，走向世界，还必须从产业的工业化体系、工业化程度上下功夫，以提高我国核电产业劳动生产率，使中国核电不仅价格最低，且效率最高。

4. 它是推进核电市场化的重要要素和必要条件

国际经验表明，一个大国有若干个 NSSS 供应商，若干个有经验的 AE 公司，若干个有经验的施工承包商，再加上若干个专业化的核电运营公司，任何投资者，只要愿意投资，都可以毫无障碍地成为核电投资者，乃至控股方，并可以通过市场竞争，选择到优化的组合来协助业主（投资者）实现建设和运营。这也是目前美国的现状，从而为众多小型业主提供了核电建设和运营的选择。

我国目前就是缺乏这些核电产业的社会公共专业化的平台，加上对核安全监管的考虑，才不得已设置了“门槛”。若打造好这些平台，则不仅几大电力公司当然可以进入并控股，即使私人企业要进来也是可能的。

5. 它是参与国际核电市场竞争的重要主体

世界核电市场上，相当多的核电站，尤其新兴国家是以投标方交钥匙（工程总承包）或分岛招标设备成套供应商方式来建设的。投标方，特别是核岛的投标方，一般都是以 NSSS 供应商为主体的。这同火电和水电大型项目类似，主承包方既掌握核心技术，以承担性能保证和合同经济责任。

近年来，我国火电和水电设备设计制造技术均有长足的进步。我国发电设备集团依靠国家政策，在电力行业大力支持下，从设计到制造，从软件到硬件，从质量保证体系到工艺装备，较全面、系统地引进、消化、吸收国际先进技术，并着力自主创新。火电从亚临界 600 MW 机组发展到批量设计制造超临界 600 MW 和 1000 MW 机组（600℃，30MPa 等级）。水电以三峡工程为依托，引进技术并自主开发，现已具备 700 MW 以上机组核心技术（转轮）自有开发能力，达到国际领先水平。

近 30 年来，我国发电设备集团已经在海外承接交钥匙工程和设备成套供应项目上亿千瓦装机容量合同（含在建），包括超临界 600 MW 等级机组，积累了丰富国际工程承包经验。我国常规发电设备集团的经验亦充分说明了这一点。

我国核电市场只要解决好体制问题，组建好 NSSS 供应商集团和相关社会公共专业化平台，就会在很大程度上提高我国未来核电国际市场的竞争能力。

四、结语

从当前我国核电产业实际情况来看，我们的工业实力、核电经验、拥有的资源及国家支持程度都超过 20 世纪 60 年代的美国和 70 年代的法国，核电的主要参与企业几乎均为中央企业或国有控股企业，只要好好地策划和利用现有资源，完全有条件打造出若干个 NSSS 供应商、AE 公司、施工承包商和专业核电运营商。如何打造 NSSS 供应商，国外已有大量成功经验可供参考，我们可发挥国家整体优势和创新精神，比他们做得更好。我们充分相信，一旦实现，通过市场推动，我国目前的核电规划不仅一定能够实现，核电规模还可以加大，速度还可以加快。

关键在于决心和信心。

2010 年度国家能源科学技术进步奖终审评审结果（核能项目）

一等奖项目 (1 项)

序号	项目名称	主要完成单位	主要完成人
	中子学软件与次临界堆概念研究	中国科学院合肥物质科学研究院 中国科学技术大学	吴宜灿 黄群英 陈红丽 胡丽琴 曾 勤 龙鹏程 罗月童 宋 钢 刘松林 柏云清 蒋洁琼 曹瑞芬 宋 勇 李 贵 邹 俊

二等奖项目 (11 项)

序号	项目名称	主要完成单位	主要完成人
1	田湾卧式蒸汽发生器吹扫工艺的创新及应用	江苏核电有限公司	黄 潜 王建瑜 谢江红 任光辉 余紫群 唐 明 欧阳钦 严巍峰 毛志新 胡光辉 陈大武 管玉峰 王鸿禧 刘春龙 杨均勇
2	大型核电站高燃耗燃料组件骨架自动焊接装置研究	中核建中核燃料元件有限公司	兰智彬 朱国胜 畅 欣 庞建新 郭旭林 刘 波 孙毓宝 尤 勇 余家强 童慎修
3	百万千瓦压水堆核电站HSD150–80型上充泵	中国核电工程有限公司 重庆水泵厂有限责任公司	王晓江 陈 晴 赵自成 周德良 张吉来 曲昌明 王天周 赵兴英 王 滨 向 群
4	中国实验快堆过程检测系统的数字化安全监测装置	北京广利核系统工程有限公司 中国原子能科学研究院	左 新 陈道龙 柏祥基 池立勇 尹宝娟 窦勤民 郝志坚 朱毅明 李新颖 段天英
5	百万千瓦级核电站用电气贯穿件	上海发电设备成套设计研究院 海科达机电控制有限公司 中广核工程有限公司	黄定忠 李国平 项立峥 栾广富 耿 远 毛伟钢 骆建文 黄 强 史振翔 俞高伟

续表

序号	项目名称	主要完成单位	主要完成人
6	900MW 反应堆控制棒驱动机构上部 Ω 焊缝检测系统	核动力运行研究所	聂 勇 蔡家藩 廖述圣 丁冬平 朱 琳 文 斌 李宜全 杨崇安 徐玉虎 周礼峰
7	核电站堆外核测探测器	中核（北京）核仪器厂	陆双桐 杨道广 王永迪 胡铁强 宣肇祥 吴 军 邓 鹏 孙宏坤 于秀华 黄国良
8	中国先进研究堆（CARR）回路系统总体设计	中国原子能科学研究院	黄兴蓉 张金山 韩海芬 庄 毅 李 清 姜百华 赵光辉 石家娟 李军德 段佳青
9	国产首台百万千瓦级压水堆核电站反应堆压力容器研制	东方电气（广州）重型机器有限公司	唐 伟 王卫东 邓智勇 邹 杰 易 飞 周振虎 钟标全 程怒涛 刘晓鸿 杨 帆
10	中国东方电气集团出海口及大型先进核电核岛主设备自主化制造基地建设项目	中国联合工程公司 东方电气（广州）重型机器有限公司	王 宏 郭杭锋 刘志虹 宓红烈 彭 勇 郭伟华 邹 杰 胡建林 王光远 甘军明
11	比例喷雾阀	中核苏阀科技实业股份有限公司 上海核工程研究设计院	张宗列 蒋 琦 王翠芳 翁明辉 陈 刚 马志才 王志敏 龙云飞 章 程 盛燮康

三等奖项目 (17 项)

序号	项目名称	主要完成单位	主要完成人
1	核工程抗强辐射屏蔽混凝土试验研究	中国核工业第二四建设有限公司	伍崇明 陈良柱 张辉赤 黎世龙 从成河 沈媛媛 赵景发
2	移动式铀浸出液处理装置研究	核工业北京化工冶金研究院	张建国 阙为民 周根茂 孟 晋 赵武成 邓舜勤 姚益轩

续表

序号	项目名称	主要完成单位	主要完成人
3	CPR1000核电站工程建设进度优化研究	中广核工程有限公司	唐晓茗 肖 钧 范 凯 钟 波 叶勇军 侯德毅 左丽红
4	核级K3类电气、仪控设备认证体系建立与可靠性分析方法	大亚湾核电运营管理有限责任公司 中科华核电技术研究院有限公司北京分院	戴忠华 黄卫刚 孔海志 邱建文 吴宇坤 马 蜀 王成铭
5	核电站停堆工况内部事件一级概率安全评价模型的建立与应用	中科华核电技术研究院有限公司 大亚湾核电运营管理有限责任公司	杨志超 郭建兵 张 宁 陈捷飞 郑 伟 郗海英 李季学
6	棒位探测器的改进技术	中核集团秦山核电有限公司	卢才华 周诗光 刘义初 王 岩 黄平儿 汪兆强 欧明秋
7	百万千瓦压水堆核电站核岛三废处理数字化控制系统（KSN）	北京广利核系统工程有限公司	马吉强 宋宪均 张睿琼 王 刚 钟立平 贺伟超 李春光
8	秦山核电厂实物保护系统综合改造	中核集团秦山核电有限公司	吴美景 王迎庆 周拯晔 秦大林 王 波 张林生 陈海燕
9	异种金属焊缝表面、近表面检测技术开发	国核电站运行服务技术有限公司	严 智 于 岗 李劲松 袁光华 曹 刚 张国丰 周路生
10	VVER-1000燃料组件定位格架栅元管自动成型装置研制	中核建中核燃料元件有限公司	叶远东 胡万伦 谢志刚 于小焱 钟 鸣 曹子昆 蒋 庆
11	百万千瓦级压水堆核电站先进燃料管理1/4换料技术研究与实施	中科华核电技术研究院有限公司	肖 岷 张 洪 高立刚 韩庆浩 李 雷 张世顺 周 洲

续表

序号	项目名称	主要完成单位	主要完成人
12	大亚湾核电站反应堆保护系统T2实验装置改造	大亚湾核电运营管理有限责任公司 北京广利核系统工程有限公司	宗文彪 刘新东 崔国华 柏祥基 高 超 张春雷 季 涛
13	大亚湾岭澳核电站事故规程体系系统优化	大亚湾核电运营管理有限责任公司	常宝盛 徐文兵 陈伟仲 黄辉章 陈观福 张立军 李琳教
14	岭澳二期先进控制室设计验证平台开发及应用研究	中广核工程有限公司	徐晓臻 张 矾 谢红云 王 婷 刘高俊 李季学 王志方
15	核电站海水过滤系统大型滤水设备鼓形滤网国产化	沈阳电力机械总厂	符 滨 吴春明 上官斌 岳 君 左振刚 陈景良 黄海滨
16	百万千瓦压水堆核电站HSD150-80型上充泵	重庆水泵厂有限责任公司	陈 晴 于湘智 向 群 周德良 王天周 赵兴英 袁景秋
17	核能发电配套用系列中大型三相立式异步电机的开发	湘潭电机股份有限公司	史建萍 吴若欣 李春林 周玲慧 郭灯塔 文世武 李发根

2010 年度中国核能行业协会科学技术奖获奖项目

一等奖项目 (2 项)

序号	项目名称	主要完成单位	主要完成人
1	国产首台百万千瓦级压水堆核电站反应堆压力容器研制	1. 东方电气(广州)重型机器有限公司 2. 中广核工程有限公司	唐　伟　王卫东　邓智勇 邹　杰　易　飞　程怒涛 周振虎　钟标全　刘晓鸿 杨　帆　江国焱　张宗强 戴光明　李　萌　邓道勇 何为民　冯　浩　宋建滨 陈振伟　邢如军
2	中子学软件与次临界堆概念研究	1. 中国科学院合肥物质科学研究院 2. 中国科学技术大学	吴宜灿　黄群英　陈红丽 胡丽琴　曾　勤　龙鹏程 罗月童　宋　钢　汪卫华 刘松林　柏云清　许德政 蒋洁琼　曹瑞芬　李　佳 李　贵　张俊军　王国忠 邱岳峰　宋　勇

二等奖项目(13 项)

序号	项目名称	主要完成单位	主要完成人
1	田湾卧式蒸汽发生器吹扫工艺的创新及应用	江苏核电有限公司	黄　潜　王建瑜　谢江红 任光辉　余紫群　唐　明 欧阳钦　严巍峰　毛志新 胡光辉　陈大武　管玉峰 王鸿禧　刘春龙　杨均勇
2	大型核电站高燃耗燃料组件骨架自动焊接装置研究	中核建中核燃料元件有限公司	兰智彬　朱国胜　畅　欣 庞建新　郭旭林　刘　波 孙毓宝　尤　勇　余家强 童慎修
3	百万千瓦级核电站用电气贯穿件	1. 上海发电设备成套设计研究院 2. 上海科达机电控制有限公司	黄定忠　李国平　项立峥 栾广富　耿　远　毛伟刚 骆建文　黄　强　史振翔 俞高伟　逯乾鹏
4	900MW 反应堆控制棒驱动机构上部 Ω 焊缝检测系统	核动力运行研究所	聂　勇　蔡家藩　廖述圣 丁冬平　朱　琳　文　斌 李宜全　杨崇安　徐玉虎 周礼峰
5	核工程抗强辐射屏蔽混凝土试验研究	中国核工业第二四建设有限公司	伍崇明　陈良柱　张辉赤 黎世龙　丛成河　沈媛媛 赵景发　路进学　谌　甫 祁　珲
6	百万千瓦压水堆核电站 HSD150-80 型上充泵	1. 中国核电工程有限公司 2. 重庆水泵厂有限责任公司	王晓江　陈　晴　赵自成 周德良　张吉来　曲昌明 王天周　赵兴英　王　滨 向　群　于湘智　王志刚 张怀鑫　袁景秋　甘淑德
7	中国先进研究堆(CARR)回路系统总体设计	中国原子能科学研究院	黄兴蓉　张金山　韩海芬 庄　毅　李　清　姜百华 赵光辉　石家娟　李军德 段佳青　昝怀敞　李传霞 李　华

续表

序号	项目名称	主要完成单位	主要完成人
8	移动式铀浸出液处理装置研究	核工业北京化工冶金研究院	张建国 阚为民 周根茂 孟 晋 赵武成 邓舜勤 姚益轩 赵海军 李海辉 刘国宏 王 亮
9	一种大流量中压凝结水精处理设备	1. 中国华电工程（集团）有限公司 2. 华电水处理技术工程有限公司	李永明 王正平 沈建永 彭桂云 付岩峰 张宇龙
10	核级 K3 类电气、仪控设备认证体系建立与可靠性分析方法	1. 大亚湾核电运营管理有限责任公司 2. 中科华核电技术研究院有限公司北京分院	戴忠华 黄卫刚 孔海志 邱建文 吴宇坤 马 蜀 王成铭 弟利民 姜 千 肖 军 王 东 朱 钢 王永年 陈志林 崔建春
11	核电站停堆工况内部事件一级概率安全评价模型的建立与应用	1. 中科华核电技术研究院有限公司 2. 大亚湾核电运营管理有限责任公司	杨志超 郭建兵 张 宁 陈捷飞 郑 伟 郗海英 李季学 琚存有 焦 萍 黄卫刚 冯炳良 刘萍萍 彭常宏 钟 山 肖 军
12	棒位探测器的改进技术	秦山核电有限公司	卢才华 周诗光 刘义初 王 岩 黄平儿 汪兆强 欧明秋
13	核电站反应堆保护系统定期实验装置	北京广利核系统工程有限公司	柏祥基 高 超 张春雷 徐先柱 孙 娜 袁玉国 尹宝娟 李幼媛 池立勇 郭晓飞 刘纯斌 左 新 白 涛 宋立新 程 康

三等奖项目 (42 项)

序号	项目名称	主要完成单位	主要完成人
1	百万千瓦压水堆核电站核岛三废处理数字化控制系统（KSN）	北京广利核系统工程有限公司	马吉强 宋宪均 张睿琼 王 刚 钟立平 贺伟超 李春光 曾波建 张 岚 康炤旭

续表

序号	项目名称	主要完成单位	主要完成人
2	秦山核电厂实物保护系统综合改造	秦山核电有限公司	吴美景 王迎庆 周拯晔 王　波 张林生 陈海燕 秦大林 张明生 龚　瑞
3	Pm-147高活度源的研制	中国原子能科学研究院	孙玉华 简利民 冯嘉敏 许荣旺 李士英 平杰红
4	异种金属焊缝表面、近表面检测技术开发	国核电站运行服务技术有限公司	严　智 于　岗 李劲松 袁光华 曹　刚 张国丰 周路生 刘一舟 汪明辉 钟志民
5	VVER-1000燃料组件定位格架栅元管自动成型装置研制	中核建中核燃料元件有限公司	叶远东 胡万伦 谢志刚 于小焱 钟　鸣 曹子昆 蒋　庆 肖建平
6	四川省铀矿资源基地勘查规划研究报告	核工业西南放射性地质矿产管理办公室	金有忠 李庆阳 刘建华 张庆亨 田文浩 梁玉山 敬国富 任　武 曾迪吉 洪锡荣
7	松辽盆地东南部康平-门达-梨树地区1/25万铀资源区域评价	1. 核工业北京地质研究院 2. 核工业二四三大队	林锦荣 景建安 董文明 夏毓亮 戚大能 腰善丛 于文斌 佘新民 范　光 刘汉彬
8	基于遥感技术的西藏羌塘盆地铀成矿地质条件调查研究	核工业北京地质研究院	叶发旺 方茂龙 韩晓青 王树红 付　锦 张宏光
9	分量化探法在砂岩型铀矿勘查中的研究与应用	核工业北京地质研究院	尹金双 葛祥坤 张建锋 李子颖 金贵善 刘汉彬 陆士立 范　光 张彦辉 张良圣
10	燃料组件修复装置研制	上海核工程研究设计院	沈秋平 陈志清 朱丽兵 徐道平 蔡银根 胡士光 刘家正 黄国军 翁志敏 丁　捷

续表

序号	项目名称	主要完成单位	主要完成人
11	装卸料模拟机系统开发	核电秦山联营有限公司	王奇文 莫晓蔚 周金保 杨青松 童楚华
12	百万千瓦级压水堆核电站先进燃料管理1/4换料技术研究与实施	中科华核电技术研究院有限公司	肖 岷 张 洪 高立刚 韩庆浩 李 雷 张世顺 周 洲 李伟才 厉井钢 卢向晖
13	LLS汽轮机试验参数测量装置	大亚湾核电运营管理有限责任公司	杨秀武 付英民 李 江 柴伟东 黎志政 吴粉山 黄祥君 任合斌 张 伟 黄成才
14	大亚湾核电站上充泵零流量管线安全阀波纹管多次破裂的原因分析及处理	大亚湾核电运营管理有限责任公司	雷合成 张鸿泉 冯 平
15	大亚湾岭澳核电站事故规程体系系统优化	大亚湾核电运营管理有限责任公司	常宝盛 徐文兵 陈伟仲 黄辉章 陈观福 张立军 李琳教 张仕为 曹光炳 黄永建
16	汽轮机转子轮槽复杂空间形状喷丸工艺和装置	大亚湾核电运营管理有限责任公司	黎志政 黄祥君 何志德 柴海燕 高海清 杨秀武 苏志刚
17	田湾核电站海水循环水系统问题研究与改进	江苏核电有限公司	黄 潜 胡国锋 徐节升 石 岭 申彦锋 支凤春 刘永生 许卫东 杨均勇 张新建
18	核电站一回路在线滴定式硼酸浓度分析方法	江苏核电有限公司	张建忠 洪远进 韩建鸿 赵东海 张得胜
19	安全相关仪表作业专家支持系统	江苏核电有限公司	李东旭 任春香 管运全 李德江 郭 春 李烨刚 曾 海 高 冬

续表

序号	项目名称	主要完成单位	主要完成人
20	核电厂运行经验交流体系的建立与运转	核动力运行研究所	黄　芳　马丽华　孙　林　李　丹　程建秀　丁云峰　凌建群　刘　伟　范炜玮　姚祥英
21	气动两位阀测试诊断系统	核动力运行研究所	黄　萍　张　剑　戴　兵　张振潭　沈勇波　李　杰
22	百万千瓦级压水堆核电站辅助给水电动泵	上海阿波罗机械股份有限公司	明国卿　陆金琪　张景新　姚学良　于丽红　顾建国　袁海锋　林　湘　谷鹏飞　孙　臻
23	核级柔性石墨板材及金属缠绕垫片	浙江国泰密封材料股份有限公司	孙锦龙　吴益民　王仕江　章佳红
24	核1级耐高温控氮不锈钢无缝钢管的研制	1. 中兴能源装备股份有限公司 2. 中广核工程有限公司	仇云龙　孙振平　姜志军　陈卫平　马小瑜　杨春娥　薛　源　刘金贵
25	核电站用的氮–16辐射监测系统	中核（北京）核仪器厂	解苑明　季维同　谢学涛　康纪位　王立杰　李京峰
26	核电厂检修用水下焊接技术	1. 上海核工程研究设计院 2. 北京石油化工学院	沈秋平　焦向东　余　燕　周灿丰　陈　煜　顾国兴　高　辉　张俊宝　朱加雷　陈志清
27	核电厂用YHD型1E级（K1 K3类）系列电动机研制	1. 中国核电工程有限公司（原核工业第二研究设计院） 2. 南阳防爆集团股份有限公司（原南阳防爆集团有限公司）	范君龙　魏华钧　王　劲　白照昊　王国权　靳　芝　白双建　高学功　杨盛成　葛跃东
28	百万千瓦级压水堆核电站核二级阀门样机研制	1. 中国核电工程有限公司 2. 中核苏阀科技实业股份有限公司	朱京梅　曲昌明　易全伟　龙云飞　王晓江　刘　平　郎瑞峰　龚　钊　高志岗　薛卫光

续表

序号	项目名称	主要完成单位	主要完成人
29	中国实验快堆超压保护系统液封器用有机硅油的研制	中国原子能科学研究院	李文宏 董碧波 曾 劲 毛 杰 周立军 余华金 马勇刚
30	核反应堆厂房水闸门充气式密封技术研究	1. 江苏核电有限公司 2. 陕西特种橡胶制品有限公司	韩永红 苏有学 黄 潜 张福海 刘永生 孙永平
31	辽宁省大连市红沿河核电站海水淡化安装工程推广应用	河北省电力建设第一工程公司	陈志华 尹永亮 王玉谭 朱晓伟 杜洪岭 于中凯
32	中国先进研究堆（CARR）应用孔道设计及本体构件密封技术	中国原子能科学研究院	范月容 张占利 昝怀啟 石辰蕾 郎瑞峰 李 华 李传霞 戴长年 王 强 李 松
33	中国先进研究堆（CARR）余热导出设计	1. 中国原子能科学研究院 2. 中国核动力研究设计院	庄 毅 刘天才 周 缘 黄兴蓉 张金山 石家娟 李晓钟 刘兴民 李 华 杨长江
34	中国先进研究堆(CARR)热工水力设计	中国原子能科学研究院	刘天才 郝老迷 刘兴民 李文双 杨长江 吕 征 沈 峰 孙志勇 郎瑞峰 张占利
35	CPR1000核电厂地坑滤网堵塞问题解决方案研究及工程实施	1. 中广核工程有限公司 2. 中国核电工程有限公司 3. 中国环境保护部核与辐射安全中心	王庆礼 李 军 柴国旱 张宏伟 李海伦 堵树宏 郑 华 李嫦月 唐 辉 韩志航

续表

序号	项目名称	主要完成单位	主要完成人
36	基于间接边界元法的核电厂地震响应数值仿真分析	中广核工程有限公司	李忠诚
37	浅滩淤泥海域超宽堤岸工程施工方法创新	1. 中广核工程有限公司 2. 中交四航局第二工程有限公司	史力生 王有为 王 雄 李 辉 龚 海 李松斌 王 健 王 勇
38	SF_6 气体绝缘金属封闭管道母线施工技术	天津电力建设公司	葛占雨 邹云博 吕源泉 李志军 刘顶超
39	事故后安全壳过滤排气系统（EUF）研发	核电秦山联营有限公司	周志贵 戚屯锋 洪源平 侯英东 吴小海 吴军铁 屠庄炜
40	特种不锈钢（马氏体）放射性污染的去污工艺开发	1. 核电秦山联营有限公司 2. 中国辐射防护研究院	邹益民 王 川 金卫阳 张建博 杨 晨 邬 强 李守平 曾进忠 张 晶 郑 亮
41	肝纤维化血清标志物放免分析药盒的研发	1. 中国同位素有限公司 2. 北京北方生物技术研究所	赵玉军 吕东川 袁鹏飞 郑嘉庚 谷泽亮 白云鹏 于 爽 曾 玲 张庚宽 张锦广
42	中国原子能科学研究院网络升级暨应用系统开发	中国原子能科学研究院	吕建友 王国保 邵 勇 宋莉华 王 斌 王建平 钮大骞 王锐键 田 君 王继东

中国核能行业协会

中国核能行业协会组织结构

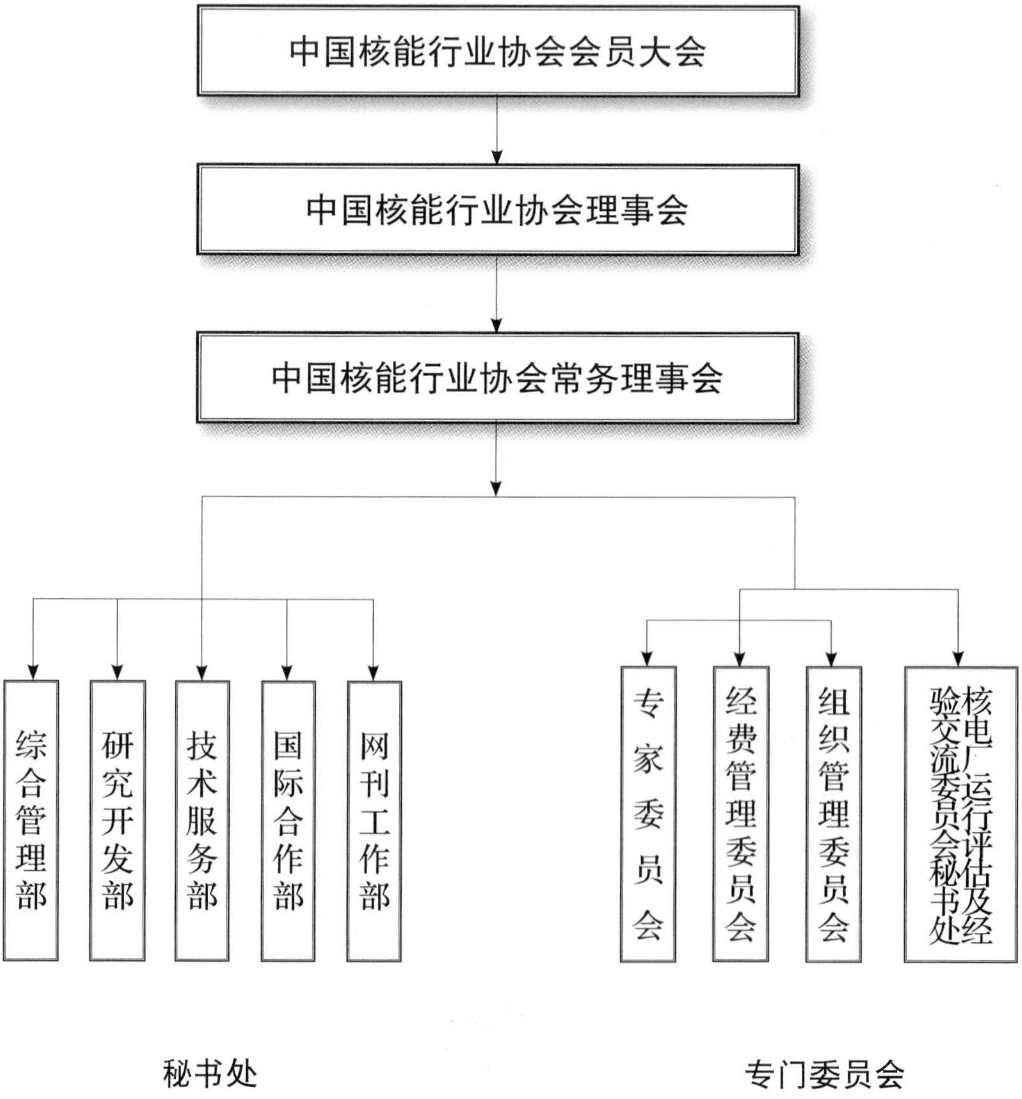

中国核能行业协会第一届理事会、常务理事会及协会负责人名单

理事长				
序号	姓 名	性别	工 作 单 位	单位职务
	张华祝	男	中国核能行业协会	理事长
副理事长（按姓氏笔画为序）				
序号	姓 名	性别	工 作 单 位	单位职务
1	丁中智	男	中国电力投资集团公司	副总经理
2	马鸿琳	男	中国核能行业协会	副理事长兼秘书长
3	云公民	男	中国华电集团公司	总经理
4	王毅韧	男	国家国防科技工业局	副局长
5	吕亚臣	男	上海电气（集团）总公司	副总裁
6	余剑锋	男	中国核工业集团公司	副总经理
7	张廷克	男	中国华能集团公司	副总经理
8	张善明	男	大亚湾核电运营管理有限责任公司	中广核集团副总经理
9	时传清	男	中国核工业建设集团公司	副总经理
10	李永江	男	核电秦山联营有限公司	董事长
11	李冠兴	男	中国北方核燃料元件公司	原厂长
12	杨 岐	男	中国核动力研究设计院	原院长
13	贺 禹	男	中国广东核电集团有限公司	董事长
14	赵成昆	男	中国核能行业协会	副理事长
15	斯泽夫	男	中国东方电气集团公司	总经理
16	程建平	男	清华大学	副校长
17	韩建伟	男	哈尔滨动力设备股份公司	副总经理
18	翟若愚	男	中国大唐集团公司	总经理
19	魏 锁	男	国家核电技术有限公司	副总经理
常务理事（按姓氏笔画为序）				
序号	姓 名	性别	工 作 单 位	单位职务
1	于福庆	男	中国核工业第二三建设公司	总经理助理
2	王 骏	男	国家能源局新能源和可再生能源司	司长
3	王迎苏	男	华能核电开发有限公司	总经理
4	王常力	男	北京和利时系统工程股份有限公司	总裁
5	王德林	男	中核金原铀业有限责任公司	总经理
6	严嘉鹏	男	中电投核电有限公司	副总经理
7	何小剑	男	秦山核电公司	总经理
8	张志宏	男	科技部高新产业司	副司长
9	李大宽	男	秦山第三核电有限公司	总经理

续表

序号	姓 名	性别	工 作 单 位	单位职务
10	李德连	男	中国核工业地质局	局长
11	束国刚	男	中广核工程有限公司	总经理
12	陆素娟	女	财政部国防司	副司长
13	陈宝智	男	中国核工业华兴建设有限公司	副总经理
14	陈晓非	男	长沙中联重工科技发展股份有限公司	市场总监
15	周士荣	男	国家核安全局	副司长
16	周振兴	男	中广核铀业发展有限公司	总经理
17	林 坚	男	广东核电合营有限公司	总经理
18	赵 洁	女	中国电力工程顾问集团公司	副总经理
19	徐玉明	男	中国核能行业协会	副秘书长
20	蒋国元	男	江苏核电有限公司	总经理
21	潘 力	男	广东省粤电集团有限公司	董事长
理事（按姓氏笔画为序）				
序号	姓 名	性别	工 作 单 位	单位职务
1	戈晓海	男	核工业北京化工冶金研究院	院长
2	毛晓明	男	中国中原对外工程公司	总经理
3	王 宏	男	东方电气（广州）重型机器有限公司	副总经理
4	王凤学	男	山东核电有限公司	总经理
5	王俊峰	男	中核四〇四总公司	总经理
6	车大水	男	中核第四研究设计工程有限公司	院长
7	卢洪早	男	福建福清核电有限公司	总经理
8	史庆丰	男	中核陕西铀浓缩公司	总经理
9	左岚林	男	大全集团有限公司	总经理
10	刘 滨	男	中核新能核工业工程有限责任公司	院长
11	刘伟瑞	男	上海市核电办公室	副主任
12	刘志颖	男	中国第二重型机械集团公司	副总工程师
13	孙忠飞	男	上海第一机床有限公司	总经理
14	曲志敏	男	国防科工局核技术支持中心	主任
15	汤 搏	男	国家环境保护部核与辐射安全中心	副主任
16	许大庆	男	上海自动化仪表股份有限公司	副总经理
17	吴 岗	男	核动力运行研究所	所长
18	吴生富	男	中国第一重型机械集团公司	总经理
19	张卫东	男	辽宁核电有限公司	副总经理
20	张文平	男	哈尔滨工程大学	副校长
21	张作义	男	清华大学核能与新能源技术研究院	院长
22	张献豪	男	中国核工业第二二建设公司	董事长

续表

序号	姓名	性别	工作单位	单位职务
23	李一农	男	福建宁德核电有限公司	总经理
24	杨忠勤	男	中科华核电技术研究院有限公司	常务副院长
25	邹树梁	男	南华大学	党委书记
26	陈良柱	男	中国核工业第二四建设公司	总经理
27	陈建华	男	华电国际电力股份有限公司	总经理
28	陈鉴平	男	中核苏阀科技实业股份有限公司	总经理
29	畅　欣	男	中核建中核燃料元件公司	总经理
30	范　仲	男	中国核电工程有限公司	副总经理
31	郑本文	男	三门核电有限公司	副总经理
32	郑明光	男	上海核工程研究设计院	院长
33	金有忠	男	四川省核工业地质局	局长
34	胡文泉	男	辽宁红沿河核电有限公司	总经理
35	胡修奎	男	东方锅炉（集团）股份有限公司	总经理助理
36	赵　虎	男	中国电力工程顾问集团华东电力设计院	副院长
37	赵志祥	男	中国原子能科学研究院	科技委主任
38	赵晓明	男	中国核工业中原建设公司	总经理
39	钟开华	男	四川省重大技术装备办	主任
40	徐凯祥	男	上海电气核电设备有限公司	副总经理
41	涂　彧	男	苏州大学放射医学与公共卫生学院	副院长
42	黄小桁	男	阳江核电有限公司	总经理助理
43	黄敏刚	男	中国原子能工业公司	副总经理
44	龚　俊	男	核工业标准化研究所	所长
45	蒋达进	男	深圳中广核工程设计有限公司	总经理
46	韩新华	男	西安核设备有限公司	董事长
47	雷增光	男	中国核工业集团公司	总工程师
48	薛思雄	男	中国核工业第五建设公司	总经理

中国核能行业协会会员名录（截至 2010 年底）

序号	会员单位名称
1	中国核工业集团公司
2	中国核工业建设集团公司
3	中国广东核电集团有限公司
4	中国电力投资集团公司
5	国家核电技术有限公司
6	中国大唐集团公司
7	中国华能集团公司
8	哈尔滨电气集团公司
9	中国东方电气集团公司
10	上海电气（集团）总公司
11	中国核动力研究设计院
12	核电秦山联营有限公司
13	中核北方核燃料元件公司
14	大亚湾核电运营管理有限责任公司
15	清华大学
16	上海市核电办公室
17	福建省核电办公室
18	浙江省海盐县核电关联产业办公室
19	浙江省海盐经济开发区管理委员会
20	大唐国际发电股份有限公司
21	山东核电有限公司
22	广东核电合营有限公司
23	广东核电投资有限公司
24	中电投核电有限公司
25	中核集团三门核电有限公司
26	辽宁红沿河核电有限公司
27	辽宁核电有限公司
28	华能山东石岛湾核电有限公司
29	华能核电开发有限公司
30	江苏核电有限公司
31	阳江核电有限公司
32	岭东核电有限公司
33	岭澳核电有限公司
34	秦山核电有限公司
35	秦山第三核电有限公司
36	福建宁德核电有限公司
37	福建福清核电有限公司
38	香港核电投资有限公司
39	中核四〇四有限公司
40	中核陕西铀浓缩公司
41	中核建中核燃料元件公司
42	国核宝钛锆业股份公司
43	中国核工业地质局
44	广东省核工业地质局
45	广西壮族自治区三一〇核地质大队
46	四川省核工业地质局
47	宁夏核工业地质勘查院
48	辽宁省核工业地质局
49	吉林省核工业地质局
50	江西省核工业地质局
51	陕西省核工业地质局
52	青海省核工业地质局
53	浙江省核工业二六九大队（核工业金华建设工程公司）
54	浙江省核工业二六二大队
55	湖南省核工业地质局
56	中核金原铀业有限责任公司
57	中国国核海外铀资源开发公司
58	中广核铀业发展有限公司
59	中核北方铀业有限公司
60	中核抚州金安铀业有限公司
61	中核浙江衢州铀业有限责任公司

续表

序号	会员单位名称	序号	会员单位名称
62	中核集团公司二七二厂	95	广东省粤电集团有限公司
63	中核赣州金瑞铀业有限公司	96	广东火电工程总公司
64	西安中核蓝天铀业有限公司	97	中广核工程有限公司
65	湖北三〇三库	98	中国中原对外工程公司
66	中核金原铀业有限责任公司新疆分公司	99	中国核工业中原建设公司
67	中国电力工程顾问集团公司	100	中国核工业华兴建设有限公司
68	中国电力工程顾问集团华东电力设计院	101	中国核工业第二二建设公司
69	中国工程物理研究院	102	中国核工业第二三建设公司
70	中国原子能科学研究院	103	中国核工业第二四建设有限公司
71	中国核电工程有限公司	104	中国核工业第五建设有限公司
72	中核新能核工业工程有限责任公司	105	中核投资有限公司
73	中国核科技信息与经济研究院	106	天津电力建设公司
74	中国辐射防护研究院	107	安徽电力建设第二工程公司
75	上海发电设备成套设计研究院	108	江苏省电力建设第三工程公司
76	上海核工程研究设计院	109	河北省电力建设第一工程公司
77	广东省电力设计研究院	110	核工业工程勘察院
78	中科华核电技术研究院有限公司	111	核工业西南建设集团公司
79	中核能源科技有限公司	112	核工业南京建设有限公司
80	国防科工委核技术支持中心	113	浙江省火电建设公司
81	国核电力规划设计研究院	114	深圳华泰企业公司
82	国核电站运行服务技术公司	115	中国第一重型机械集团公司
83	国家环境保护部核与辐射安全中心	116	中国第二重型机械集团公司
84	核工业工程技术研究设计有限公司	117	上海一核阀门制造有限公司
85	核工业计算机应用研究所	118	上海电气电站设备有限公司上海发电机厂
86	核工业北京化工冶金研究院		
87	核工业北京地质研究院	119	上海电气电站设备有限公司上海电站辅机厂
88	核工业西南勘察设计研究院有限公司		
89	核工业标准化研究所	120	上海电气电站设备有限公司上海汽轮机厂
90	核工业理化工程研究院		
91	中核第四研究设计工程有限公司	121	上海电气核电设备有限公司
92	核动力运行研究所	122	上海自动化仪表股份有限公司
93	深圳中广核工程设计有限公司	123	上海阿波罗机械制造有限公司
94	湖南省电力勘测设计院	124	上海重型机器厂有限公司

续表

序号	会员单位名称	序号	会员单位名称
125	上海海得控制系统股份有限公司	158	西安核仪器厂
126	上海起重运输机械厂有限公司	159	西安核设备有限公司
127	上海阀门五厂有限公司	160	佛山市南海南方风机实业有限公司
128	上海第一机床厂有限公司	161	沈阳东管电力科技集团股份有限公司
129	大全集团有限公司	162	沈阳盛世高中压阀门有限公司
130	大连大高阀门有限公司	163	沈阳鑫通电站设备制造有限公司
131	大连天瑞机电设备有限公司办事处	164	国核自仪系统工程有限公司
132	大连苏尔寿泵及压缩机有限公司	165	环球阀门集团有限公司
133	大连宝原核设备有限公司	166	陕西煤炭建设公司管件设备厂
134	大连深蓝泵业有限公司	167	哈尔滨电机厂有限责任公司
135	广东亚仿科技股份有限公司	168	哈尔滨汽轮机厂有限责任公司
136	广州秀珀化工股份有限公司	169	哈尔滨锅炉厂有限责任公司
137	南通中兴能源装备股份有限公司	170	贵州航天新力铸锻有限责任公司
138	中国化工供销华北公司	171	浙江三方集团有限公司
139	中国电能成套设备有限公司	172	浙江中达特钢股份有限公司
140	中核（北京）核仪器厂	173	浙江中控技术有限公司
141	中核动力设备有限公司(四七一厂)	174	浙江宏伟实业有限公司
142	中核苏阀科技实业股份有限公司	175	浙江宝纳钢管有限公司
143	江苏一汽铸造股份有限公司	176	浙江金盾风机风冷设备有限公司
144	东方电气（广州）重型机器有限公司	177	浙江嘉上不锈钢有限公司
145	东方电机股份有限公司	178	烟台台海玛努尔核电设备有限公司
146	东方汽轮机厂	179	常州八益电缆有限公司
147	东方电气集团东方锅炉股份有限公司	180	湖南湘投金天新材料有限公司
148	北京广利核系统工程有限公司	181	群星集团公司
149	北京中核东方控制系统工程有限公司	182	嘉兴多角电线电缆有限公司
150	北京和利时系统工程有限公司	183	上海交通大学
151	四川三洲川化机核能设备制造有限公司	184	中国电力投资集团公司高级培训中心
152	宁波奥崎自动化仪表设备有限公司	185	东华理工大学
153	石家庄工大化工设备有限公司	186	华北电力大学核科学与工程学院
154	安徽电缆股份有限公司	187	西安交通大学
155	江苏大明金属制品有限公司	188	西南科技大学
156	江苏华光电缆电器有限公司	189	苏州大学(放射医学与公共卫生学院)
157	江苏苏阀高压阀门有限公司	190	南华大学

续表

序号	会员单位名称
191	哈尔滨工程大学
192	核工业管理干部学院（核工业培训中心）
193	清华大学核能与新能源技术研究院
194	北京柯瑞生物医药技术有限公司
195	苏州大学附属第一医院
196	中国原子能工业公司
197	中国太平洋财产保险股份有限公司
198	中国平安财产保险股份有限公司
199	中国建设银行秦山核电支行
200	上海中核浦原总公司
201	北京宇航恒基文化传播有限公司
202	北京斯帕顿矿产资源投资咨询有限公司
203	兴原认证中心有限公司
204	中国华电集团公司
205	华电国际电力股份有限公司
206	四川省重大技术装备办
207	河北省核电工作领导小组办公室
208	中国建筑第二工程局有限公司
209	中建电力建设有限公司
210	中国华电工程（集团）有限公司
211	中电投江西核电有限公司
212	山东电力工程咨询院有限公司
213	中电投电力工程有限公司
214	国核工程有限公司
215	辽河石油勘探局通辽铀矿
216	中国核保险共同体
217	中国科学技术大学核科学技术学院
218	厦门大学能源研究院
219	沈阳航天新星机电有限责任公司
220	上海工业自动化仪表研究所
221	中能电力科技开发有限公司
222	远东电缆有限公司
223	通裕重工股份有限公司
224	江苏天源华威电气集团有限公司
225	江苏神通阀门股份有限公司
226	申科滑动轴承股份有限公司
227	上海阀门厂有限公司
228	中信建投证券有限责任公司
229	浙江国泰密封材料股份有限公司
230	河南力威管道设备有限公司
231	常州电站辅机总厂有限公司
232	哈尔滨天达控制工程有限公司
233	南通昆仑空调有限公司
234	广州华晟建筑材料有限公司
235	四川省简阳龙头磨料磨具有限公司
236	北京首宏钢科技开发有限公司
237	长沙中联重工科技发展股份有限公司
238	江苏宝丰特钢有限公司
239	湖南爱霖弘川矿业有限公司
240	江苏省核应急办公室
241	无锡市新峰管业股份有限公司
242	浙江博凡动力装备有限公司
243	北京华圣金程科技有限公司
244	秦皇岛融大工程技术有限公司
245	原子能出版社
246	上海元达律师事务所
247	陕西柴油机重工有限公司
248	中国电力工程顾问集团华北电力设计院工程有限公司
249	江苏申港锅炉有限公司
250	南京新核复合材料有限公司
251	浙江电力建设监理有限公司
252	北京金瑞致科技发展有限公司
253	宁波泰索科技有限公司

续表

序号	会员单位名称	序号	会员单位名称
254	苏州维瑞科技咨询有限公司	272	南阳市核电项目前期工作领导小组办公室
255	北京市万商天勤律师事务所		
256	福建上润精密仪器有限公司	273	中国科学院金属研究所
257	法国电力公司（EDF）北京办事处	274	江西省火电建设公司
258	斯堪伯奥科技（北京）有限公司	275	上海森林特种钢门有限公司
259	贝迪投资管理（上海）有限公司	276	日立（中国）有限公司
260	堡盟电子（上海）有限公司	277	大连日立机械设备有限公司
261	海南核电有限公司	278	魏德米勒电联接国际贸易（上海）有限公司
262	中电电力检修工程有限公司		
263	台山市清洁能源核电装备产业园有限公司	279	莱茵检测认证服务（中国）有限公司
		280	广州司态结构监测技术咨询有限公司
264	江西省水电工程局	281	西门子（中国）有限公司
265	吴江市东吴机械有限责任公司	282	希西艾流体控制设备（上海）有限公司
266	江苏华冠电器集团有限公司		
267	苏州宝骅机械技术有限公司	283	核电工程有限公司（五院）
268	江苏新求精不锈钢有限公司	284	兰州宏祥电力技术开发有限责任公司
269	天津华油天元石化设备有限公司	285	北京华思维泰克科技有限公司
270	常熟市辐射技术开发应用研究所	286	宝山钢铁股份有限公司特殊钢分公司
271	北京京能恒基新材料有限公司	287	武汉锅炉集团有限公司

中国核能行业协会专家委员会专家名单（按姓氏笔画为序）

顾问组（12 人）　组长：叶奇蓁（兼）			
姓　名	性别	工作单位	技术职称
王乃彦	男	中国核学会	院士
王大中	男	清华大学核能与新能源研究院	院士
叶奇蓁	男	中国核工业集团公司科技委	院士
朱永赡	男	清华大学核能与新能源研究院	院士
阮克强	男	中国核工业集团公司科技委	院士
孙玉发	男	中国核动力研究设计院	院士
李冠兴	男	中核北方核燃料元件有限公司	院士
陈念念	男	核工业理化工程研究院	院士
周永茂	男	中国核工业集团公司科技委	院士
郑健超	男	中国广东核电集团有限公司	院士
徐大懋	男	中国广东核电集团有限公司	院士
潘自强	男	中国核工业集团公司科技委	院士
政策研究组（21 人）　组长：徐玉明			
姓　名	性别	工作单位	技术职称
王计平	男	中国核工业建设集团公司	研究员级高工
王迎苏	男	中国华能集团核电开发公司	高级工程师
方江涛	男	广东省粤电集团有限公司	研究员级高工
曲志敏	男	国防科工局核技术支持中心	高级工程师
刘　华	男	国家核安全局	研究员级高工
杨　岐	男	中国核动力研究设计院	研究员级高工
李永江	男	核电秦山联营有限公司	高级工程师
束国刚	男	中科华核电技术研究院有限公司	研究员级高工
何木云	男	中国东方电气集团公司	研究员级高工
何建坤	男	清华大学	研究员
汪祖蓉	男	上海市核电办公室	高级工程师
祁恩兰	女	中国电力工程顾问集团公司	研究员级高工
张志俭	男	哈尔滨工程大学核科学与技术学院	教授
陈　桦	男	中国核工业集团公司	研究员级高工
郑本文	男	三门核电有限公司	研究员级高工
郝东秦	男	中国核工业集团公司	研究员级高工
荣　芳	女	国家核电技术有限公司	研究员级高工
徐玉明	男	中国核能行业协会	研究员级高工
常　南	男	中国电力投资集团公司	研究员级高工

续表

姓　名	性别	工作单位	技术职称
傅满昌	男	中国核工业集团公司	研究员级高工
曾文星	男	中国广东核电集团有限公司	研究员级高工
设计与核安全组（22 人） 组长：马 一			
姓　名	**性别**	**工作单位**	**技术职称**
马　一	男	中国核电工程有限公司	研究员级高工
王　俊	男	国家核电技术有限公司	高级工程师
任俊生	男	深圳中广核工程设计有限公司	研究员
刘　敬	男	中核集团公司核电部	研究员级高工
汤　搏	男	国家环保部核与辐射安全中心	研究员
杨传德	男	中国核电工程有限公司	研究员级高工
杨燕华	女	上海交通大学核科学与工程学院	教授
吴宗鑫	男	清华大学核能与新能源技术研究院学术委员会	教授
邱韶阳	男	上海核工程研究设计院	研究员级高工
张敬才	男	中国核动力研究设计院设计所	研究员级高工
张森如	男	中国核动力研究设计院专家委员会	研究员级高工
陈仁杰	男	中国电力工程顾问集团华东电力设计院	研究员级高工
陈志刚	男	中国电力投资集团公司核电部	研究员级高工
南　滨	男	国防科工局核技术支持中心	研究员
赵成昆	男	国家核安全局	研究员级高工
耿其瑞	男	上海核工程研究设计院	研究员级高工
徐　銤	男	中国原子能科学研究院快堆工程部	研究员
郭宗林	男	中广核工程有限公司	研究员级高工
高　峰	男	深圳中广核工程设计有限公司	研究员级高工
常向东	男	国家环保总局核与辐射安全中心	研究员
彭雪平	男	广东省电力设计研究院	高级工程师
曾　曦	男	国家核电技术有限公司	研究员级高工
建安调试组（19 人） 组长：王贵洪			
姓　名	**性别**	**工作单位**	**技术职称**
王小明	男	核工业第四研究设计院四达监理公司	研究员级高工
王贵洪	男	中国核工业第二三建设公司	研究员级高工
王德桂	男	中国核工业华兴建设有限公司核电事业部	研究员级高工
白雪寒	男	广东火电工程总公司	高级工程师
伍崇明	男	中国核工业第二四建设公司	研究员级高工
汤自辉	男	北京中核华辉科技术发展有限公司	研究员级高工
杨晓峰	男	中广核工程有限公司	研究员级高工
李灼贤	男	广东省粤电集团有限公司	高级工程师

续表

姓　名	性别	工作单位	技术职称
吴常苗	男	浙江省火电建设公司	高级工程师
何　剑	男	核工业工程勘察院	研究员级高工
张　斌	男	中国核工业第二二建设有限公司	研究员级高工
张卫兵	男	中国核工业华兴建设有限公司	研究员级高工
荣　峰	男	核工业第四研究设计院	研究员级高工
夏志定	男	国家核电技术公司工程公司	研究员级高工
郭吉林	男	中核能源科技有限公司	高级工程师
梁选翠	女	中国核工业第五建设公司	研究员级高工
韩乃山	男	中国核工业第二三建设公司	研究员级高工
韩庆浩	男	中科华核电技术研究院有限公司	研究员级高工
雷中黎	男	中广核工程有限公司设计管理部	研究员级高工
运行和维护组（23 人）　组长：濮继龙			
姓　名	**性别**	**工作单位**	**技术职称**
丁云峰	男	中国电力投资集团公司核电部	高级工程师
王中堂	男	环保部上海核与辐射安全监督站	研究员
王晓航	男	山东核电有限公司	研究员级高工
卢长申	男	大亚湾核电运营管理有限责任公司	研究员级高工
孙光弟	男	中电投核电有限公司	研究员级高工
杨忠勤	男	中科华核电技术研究院有限公司	高级工程师
苏圣兵	男	辽宁红沿河核电有限公司	研究员级高工
吴　放	男	国家核电技术有限公司	高级工程师
吴炳泉	男	秦山核电公司运行部	研究员级高工
邹正宇	男	秦山第三核电有限公司	研究员级高工
张　涛	男	中核集团核电有限公司	研究员级高工
张福宝	男	国家核电技术有限公司	高级工程师
陈茂松	男	核动力运行研究所	研究员级高工
俞忠德	男	核电秦山联营有限公司	研究员级高工
俞培根	男	中国电力投资集团公司	研究员级高工
饶苏波	男	广东省粤电集团有限公司	研究员级高工
耿昌心	男	秦山核电公司	研究员级高工
柴国旱	男	环保部核与辐射安全中心	研究员
唐炯然	男	秦山第三核电有限公司	研究员级高工
黄　潜	男	江苏核电有限公司	研究员级高工
黄小桁	男	阳江核电有限公司	研究员级高工
缪亚民	男	三门核电有限公司	研究员级高工
濮继龙	男	中国广东核电集团有限公司	研究员级高工

续表

设备组（26 人） 组长：朱根福			
姓　名	性别	工作单位	技术职称
王守革	男	哈尔滨锅炉厂有限责任公司	研究员级高工
朱根福	男	上海电气重工集团	研究员级高工
任一峰	男	上海动力设备有限公司	研究员级高工
刘志颖	男	中国第二重型机械集团公司	研究员级高工
刘恩清	男	中国第一重型机械集团公司	研究员级高工
苏志东	男	沈阳盛世高中压阀门有限公司工艺处	高级工程师
李宗文	男	中国东方电气集团公司	研究员级高工
张文辉	男	一重天津重型装备工程研究有限公司热工艺研究部	研究员级高工
张明康	男	中国二重重容研究所	研究员级高工
张树军	男	机械科学研究总院核设备安全与可靠性中心	研究员级高工
陈　勇	男	四川三洲川化机核能设备制造有限公司	高级工程师
陈英民	男	上海第一机床厂有限公司	研究员级高工
陈鉴平	男	中核苏阀科技实业股份有限公司	高级工程师
罗　安	男	北京和利时系统工程股份有限公司	研究员高工
郑祖明	男	上海自动化仪表股份有限公司 / 上海仪器仪表行业协会	高级工程师
赵昌宗	男	东方电机股份有限公司	研究员级高工
姚宏伟	男	哈尔滨汽轮机厂有限责任公司	高级工程师
索文旭	男	哈尔滨电机厂交直流电机有限责任公司	高级工程师
夏荣芳	男	上海第一机床厂有限公司	高级工程师
徐忠毅	男	上海起重运输机械厂有限公司	高级工程师
唐　伟	男	东方电气（广州）重型机器有限公司	研究员级高工
唐伟宝	男	上海电气核电设备有限公司（原上海锅炉厂有限公司）	研究员级高工
凌　进	男	上海电气重工集团	研究员级高工
童潮山	男	宝山钢铁股份有限公司特殊钢分公司技术中心	教授级高工
缪德明	男	上海电气重工集团	高级工程师
魏　明	男	上海电气核电设备有限公司	
核燃料循环组（13 人） 组长：陈宝山			
姓　名	性别	工作单位	技术职称
王世波	男	中核北方核燃料元件公司	研究员级高工
王伟刚	男	核工业第七研究设计院	研究员级高工
王俊峰	男	中核四○四总公司	研究员级高工
任永岗	男	中核北方核燃料元件公司	研究员级高工
杨启法	男	中国原子能科学研究院堆工所	研究员
张天祥	男	中核四○四总公司科技委	研究员级高工
张凤林	男	中国核动力研究设计院设计所	研究员级高工
陈宝山	男	中核建中核燃料元件公司	研究员级高工
范　仲	男	核工业第二研究设计院	研究员级高工

续表

姓　名	性别	工作单位	技术职称
段德智	男	中核建中核燃料元件公司	研究员级高工
钱福源	男	中核集团公司科技委	研究员级高工
梁光扶	男	中核陕西铀浓缩公司	研究员级高工
雷增光	男	中国核工业集团公司	研究员级高工
铀资源组（24 人）　组长：张伟星			
姓　名	**性别**	**工作单位**	**技术职称**
丁德馨	男	南华大学	教授
王　驹	男	核工业北京地质研究院	研究员
邓　平	男	中广核铀业发展有限公司	高级工程师
刘　翔	男	湖南省核工业地质局	研究员级高工
刘庆成	男	东华理工大学	教授
何观生	男	江西省核工业地质局	研究员级高工
张伟星	男	中国核工业集团公司	研究员级高工
张金带	男	中国核工业地质局	研究员级高工
李庆阳	男	四川省核工业地质局	研究员级高工
沈绍梅	男	广东省核工业地质局	高级工程师
花　明	男	东华理工大学	教授
苏艳茹	女	中核金源铀业有限责任公司科技外事处	研究员级高工
陈明阳	男	核工业北京化工冶金研究院	研究员级高工
孟庆成	男	辽宁省核工业地质局地质处	研究员级高工
苟润祥	男	陕西省核工业地质局	研究员级高工
金有忠	男	四川省核工业地质局	研究员级高工
徐有才	男	中核北方铀业有限公司	研究员级高工
敖文波	男	广东省核工业地质局	高级工程师
郭三民	男	陕西省核工业地质局	研究员级高工
黄代富	男	中核集团公司二七二厂	高级工程师
黄敏刚	男	中国原子能工业有限公司	研究员级高工
彭盛恩	男	核工业西南勘察设计研究院有限公司	研究员级高工
谭亚辉	男	中核金源铀业有限责任公司发展规划处	研究员级高工
戴民主	男	江西省核工业地质局	研究员级高工
核专业人才组（14 人）			
姓　名	**性别**	**工作单位**	**技术职称**
王守信	男	中国核工业建设集团公司	高级经济师
王安民	男	中国核工业集团公司	
刘晓东	男	东华理工大学	教授
别必凡	男	中国广东核电集团有限公司	高级工程师
吴宜灿	男	中国科学技术大学核科学技术学院	教授

续表

姓 名	性别	工作单位	技术职称
杨 毅	男	中国电力投资集团公司	高级政工师
苏光辉	男	西安交通大学核能系	教授
邹树良	男	南华大学	教授
周荣生	男	上海交通大学	副教授
夏 虹	女	哈尔滨工程大学	教授
彭敏俊	男	哈尔滨工程大学	教授
程建平	男	清华大学	教授
薄涵亮	男	清华大学核能与新能源技术研究院	研究员
魏 锁	男	国家核电技术有限公司	高级工程师

中国核能行业协会网站与出版物

为了落实协会领导对网站建设的要求,更好地为广大会员单位提供信息服务,协会网站再一次进行了升级并保持了网站的正常运行,对网站新增功能和新页面进行了测试和运行试验。网站开辟了日常办公窗口,为电子化办公做好了技术准备。目前,协会网站已经具备了较高水准的技术平台,基本上能够满足一般商业网站的运行要求,也为以后预留了可扩展的空间。

2010年以来,上传新闻共2600余条,访问协会网站的嘉宾数量比前一年有较大增加,到2010年底已达104万人(次),日均访问量达2000人(次)。

按计划全年共出版6期协会会刊《中国核能》。《中国核能》杂志已经成为协会与会员单位及社会联系沟通的窗口。10月中旬,协会在秦山核电基地举办了第三期《中国核能》通讯员培训班。来自各会员单位的60余名通讯员参加了学习。

全年共出版了12期《核能新闻》电子月刊。《核能新闻》发挥“短平快”的优势和特点,及时向领导、会员单位和访问协会网站的广大读者提供了国内外的重要核新闻,报道了核能行业协会的重要活动,受到了领导、读者的肯定和欢迎。

在网站和会刊上发布了“中国核能行业2009年度十大新闻”。

1月28日,我国首部由中国核能行业协会主编的《中国核能年鉴》2009年卷出版。张华祝理事长为年鉴撰写了序言。为了增强年鉴的规范化和权威性,经过研究决定,2010年卷由原子能出版社出版。

为了更好地总结、宣传和推广各单位社会主义精神文明建设和企业文化建设的经验,以便于核能企事业单位之间相互学习,相互借鉴,进一步推动整个核能行业的企业文化建设的深化和提高，协会理事会第三次会议决定，在会员单位范围内，开展企业文化建设论文征集活动，入选论文编入《中国核能行业企业文化建设文集》。5 月份，由张华祝理事长作序、原子能出版社出版的《中国核能行业企业文化建设文集》正式与读者见面。

图书在版编目（CIP）数据

中国核能年鉴 . 2011 年卷 / 中国核能行业协会编 .
—北京：中国原子能出版社，2011.12
ISBN 978-7-5022-5414-8

Ⅰ . ①中… Ⅱ . ①中… Ⅲ . ①核能 – 中国 – 2011 – 年鉴
Ⅳ . ① F426.23-54

中国版本图书馆 CIP 数据核字 (2011) 第 275457 号

中国核能年鉴 · 2011 年卷

出版发行　中国原子能出版社（北京市海淀区阜成路 43 号 100048）
责任编辑　谭　俊
责任校对　冯莲凤
责任印制　潘玉玲
印　　刷　北京画中画印刷有限公司
经　　销　全国新华书店
开　　本　787 mm × 1092 mm 1/16
印　　张　29.5　　版面字数　736 千字
版　　本　2011 年 12 月第 1 版　2011 年 12 月第 1 次印刷
书　　号　ISBN 978-7-5022-5414-8　定　　价　178.00 元

网址：http://www.aep.com.cn　

ISBN 978-7-5022-5414-8
9 787502 254148 >